Simone Voigt

Contemporary Architecture in Eurasia

Bauten und Projekte in Russland und Kasachstan
2000 bis 2030

RUSSLAND
KASACHSTAN
Murmansk
Amderma
Norilsk
Naryan-Mar
Inta
Archangelsk
Syktywkar
Chanti-Mansijsk
Surgut
Nischnewartowsk
elsinki
Sankt Petersburg
Tallinn
Wologda
Kirow
Perm
Riga
Nischni Nowgorod
Tscheboksary
Tjumen
Jekaterinburg
Tomsk
Moskau
Kasan
Vilnius
Kaunas
Smolensk
Tscheljabinsk
Ufa
Omsk
Nowosibirsk
Minsk
Tula
Petropawlowsk
Togliatti
Magnitogorsk
Samara
Kostanai
Kokschetau
Orenburg
Saratow
Astana
Uralsk
Kiew
Semei
Lemberg
Aktöbe
Karaganda
Chrakow
Ust-Kamenogorsk
Wolgograd
Dnepopetrowsk
Rostow am Don
Atyrau
Kischinau
Aralsk
Baikonur
Odessa
Astrachan
Krasnodar
Bukarest
Jalta
Aktau
Sotschi
Ürümqi
Almaty
Sofia
Tschimkent
Bischkek
Tbilissi
Istanbul
Urgentsch
Eriwan
Baku
Turkmenbaschi
Buchara
Taschkent
Ankara
Samarkand
Duschanbe
Aschgabat
Athen
Mazar-e Sharif
Teheran

Simone Voigt

Contemporary Architecture in Eurasia

Bauten und Projekte in Russland und Kasachstan
2000 bis 2030

Mit einem Vorwort von Arno Sighart Schmid sowie weiteren
Beiträgen von Tobias Frey und Philipp Meuser

DOM
publishers

> Albert Speer & Partner: Masterplan für die touristische Sonderwirtschaftszone Anapa/Schwarzes Meer (2007)

Die Marke »Made in Germany«

Für Architekten und Stadtplaner bietet das Planen und Bauen im Ausland seit einigen Jahren einzigartige Chancen – außergewöhnliche Projekte können umgesetzt werden und die Einarbeitung in die baulichen Ausdrucksformen und kulturellen Besonderheiten anderer Länder inspiriert zu neuartigen Entwürfen. Doch nicht allein Architekten profitieren vom Schritt über die Grenze. Architekten und Stadtplaner stehen immer am Anfang einer baulichen Entwicklung. Die grenzüberschreitende Erbringung von Planungsleistungen ist Antrieb für die deutsche Wirtschaft insgesamt. Ob Zuliefer-, Dienstleistungs- oder Bauunternehmen: Know-how »Made in Germany« ist in allen Projektphasen gefragt und der Architekt dient der deutschen Wirtschaft als Multiplikator.

Architekten und Stadtplaner aus Deutschland sind für diesen Schritt ins Ausland gut gerüstet. Dies bestätigt eine Umfrage, die wir gemeinsam mit der *forsa Gesellschaft für Sozialforschung und statistische Analysen mbH* bei ausländischen Meinungsbildnern aus Wirtschaft, Politik, Kultur und Medien durchgeführt haben. Dort heißt es, dass der ausgeprägte Qualitätsanspruch, für den Architekten und Stadtplaner aus Deutschland stehen, die tiefe Einarbeitung in Aufgabe und Umfeld sowie die gute Organisation des gesamten Bauprozesses im Ausland immer wieder gern nachgefragt werden.

Eine wachsende Anzahl deutscher Architekten und Stadtplaner plant und baut grenzüberschreitend. Rund fünf Prozent der Büros aus Deutschland haben bereits Projekte im Ausland realisiert. Weitere zehn Prozent besitzen das Potenzial, Architektur- und Stadtplanungsleistungen zu exportieren. Mit dem *Netzwerk Architekturexport* (NAX) unterstützt die Bundesarchitektenkammer grenzüberschreitend tätige Architekten und Stadtplaner.

> Baustelle *Moscow City* (August 2008)

Für die Bundesarchitektenkammer ist das NAX ein Teil der berufspolitischen Aktivitäten auf europäischer und internationaler Ebene, die zum Ziel haben, den grenzüberschreitenden Austausch von Architektenleistungen zu erleichtern und die berufliche Mobilität der Architekten und Stadtplaner zu erhöhen. Das NAX vermittelt, selbstverständlich neutral, Bauherren und Investoren mit Projekten im Ausland den oder die jeweils geeigneten Architekten.

Daher schätzen wir dieses Buch als einen fundierten und wichtigen Beitrag, der sowohl Informationen liefert als auch dem internationalen Interesse an so einzigartigen Ländern wie Russland und den anderen ehemaligen Sowjetrepubliken entgegenkommt.

Prof. Arno Sighart Schmid
Präsident der Bundesarchitektenkammer

WAFI
Bovis

> Baustelle *Moscow City*
(August 2008)

> Neue Wohnbauten an der Metrostation *Begowaja*, Moskau (August 2008)

БИЗНЕС-ЦЕНТР
КЛАССА «А»
NORDSTAR
790 71 71
АРЕНДА ОФИСОВ

> Andrej Bokow/ Mosprojekt-2: Wohngebäude auf dem Gelände des ehemaligen Flughafens *Chodinskoje Polje*, Moskau (2002–2007)

ЩЕНИЯ
57-50
777·33·33
www.grand-park.ru

> Wladimir Plotkin: Wohngebäude *Aerobus* in unmittelbarer Nähe des ehemaligen Flughafens *Chodinskoje Polje,* Moskau (2005–2007)

> M. M. Posochin/
Mosprojekt-2:
Hotel *Moskau*. Der Originalbau von 1937 (Architekt: A. W. Schtschussew) wurde 2004 abgerissen und bis 2008 vom österreichischen Baukonzern Strabag rekonstruiert.

ROLEX
Время твоих

Deutsche Architekten in Russland

Deutsche Baukünstler in Russland und der Sowjetunion

In den vergangenen drei Jahrhunderten hat sich eine Vielzahl deutscher Architekten und Ingenieure zeitweise oder auch für immer nach Russland begeben – mit ihrem Wissen und ihren Fähigkeiten, aber auch mit ihren jeweiligen künstlerischen, gesellschaftlichen und religiösen Traditionen. Teils behielten die Einwanderer ihre kulturelle Eigenständigkeit über Generationen hinweg bei, teils integrierten sie sich vollständig in die Gesellschaft. Deutsche oder »deutschstämmige« Architekten wirkten aktiv an der Gestaltung von Moskau, Sankt Petersburg und anderer großer Städte Russlands. Allerdings kann man aus heutiger Sicht nicht von einer »deutschen Architektur« in Russland sprechen. Einerseits, weil die Architekten jeweils einen völlig unterschiedlichen gesellschaftlichen Hintergrund hatten und es in der Vergangenheit keine nationalen Unterscheidungen in der Architektur gab. Andererseits bestimmten die Auftraggeber, die Rahmenbedingungen und die Traditionen in Russland die Funktion und Gestaltung der Bauwerke.

Das Wirken deutscher Architekten in Russland hat eine lange Tradition, die bis in das 16. Jahrhundert zurückreicht und im 17. Jahrhundert an kultureller und politischer Bedeutung gewann, als zunehmend westeuropäische Einflüsse – vor allem in der Kirchenbaukunst – das russische Barock prägten. Stilistische Vergleiche zwischen der westeuropäischen und der russischen Architektur des 16. Jahrhunderts lassen vermuten, dass bereits bei der Errichtung der ersten Steinbauten in Russland ausländische Baukünstler ihr Können, aber auch ihre gewohnten Formen und Dekore eingebracht hatten, soweit dies technisch und religiös möglich gewesen war. Die wechselseitigen Beziehungen zwischen Deutschen und Russen reichen weit in die Vergangenheit zurück. Schon im frühen Mittelalter arbeiteten Handwerksmeister aus deutschen Ländern auf dem Gebiet des ersten russischen Staates – der Kiewer Rus. In der Baukunst, der Monumentalmalerei und in den Kleinplastiken dieser Zeit lassen sich Einflüsse des romanischen Stils nachweisen, in zeitgenössischen Urkunden ist der Terminus »Meister von Deutschen« zu finden. Unter den ersten Ausländern, die sich im 14./15. Jahrhundert im neuen russischen Moskowiterstaat ansiedelten, waren auch Deutsche. Zu den damaligen Zweckbündnissen auf Staatsebene gehörten vor allem der Handel und der Söldnerdienst. Zahlreiche Deutsche kamen unter Iwan III., »dem Großen«, in der zweiten Hälfte des 15. Jahrhunderts ins Land, als viele westeuropäische Länder diplomatische Beziehungen zum russischen Reich aufnahmen und staatliche Ämter einrichteten. Mitte des 16. Jahrhunderts holte dann Iwan IV., »der Schreckliche«, viele deutsche Söldner in seine Armee, denn diese galten damals als die besten Schützen Europas. Daneben kamen auf Geheiß des Zaren zahlreiche westeuropäische, vor allem deutsche Kaufleute, Ärzte und Handwerker nach Moskau. 1576 wurde die erste lutherische Kirche gebaut, die vermutlich in der Nähe des heutigen Kaluschskaja Platzes stand.

Diese Einwanderungspolitik setzte der Großfürst Boris Godunow fort, in großer Zahl ließ er Fachleute aus dem

> Konstantin A. Thon: Christus-Erlöser-Kathedrale, Moskau (1860–1883). Der Originalbau wurde im Jahr 1931 zerstört und 1995–2000 rekonstruiert.

> Straßenschild der Uliza Baumanskaja im Moskauer Stadtteil Lefortowo, in dem sich im 17. und 18. Jahrhundert deutsche Einwanderer niederließen.

Ausland anwerben. An der Wende zum 17. Jahrhundert wurde ein neues Siedlungsgebiet in Moskau gegründet, in dem vor allem Deutsche, Franzosen, Schweden, Holländer, Dänen, Schweizer und Engländer lebten. Es befand sich östlich der Stadt, damals weit hinter den Stadtmauern, am rechten Ufer des Flüsschens Jausa – auf dem Gebiet des heutigen Stadtteils Lefortowo. Da die ausländischen Einwanderer der russischen Sprache nicht mächtig waren, wurden sie von den Russen als *Nemzy* – die Stummen – bezeichnet. Der Anteil deutschsprachiger Siedler unter ihnen überwog deutlich, so dass diese Bezeichnung später als Synonym für »Deutsche« gebraucht und das Gebiet »Deutsche Vorstadt« (*Nemezkaja Sloboda*) genannt wurde. Hauptstraße der Siedlung war die »Große Straße«, später »Deutsche Straße«, seit 1922 die heutige Uliza Baumanskaja. In einer Regierungsverordnung von 1652 heißt es, dass die Ansiedlung der *Nemzy* innerhalb der Moskauer Stadtmauern so gering wie möglich zu halten sei. Die meisten von ihnen wurden daher umgesiedelt und nur die reichsten und einflussreichsten, am Zarenhof anerkannten Ausländer durften in der Stadt bleiben. Unter Zar Peter I., »dem Großen«, gewann die »Deutsche Vorstadt« stark an Prestige. Ein Grund hierfür waren die häufigen Besuche des Monarchen bei seinem Günstling, dem Schweizer Admiral Franz Lefort, für den er 1699 ein Schloss errichten ließ und dessen Namen die Siedlung später erhielt. Durch ein im April 1702 von Peter I. erlassenes Manifest, das Ausländern in Russland gleiche Rechte sowie Glaubensfreiheit garantierte und wohl vor allem der Anwerbung von Kaufleuten, Ärzten und Offizieren aus Westeuropa diente, kamen viele fremdländische Baumeister in die Siedlung, die ihre bis heute erhaltene europäische Architektur prägten. Auch an den frühbarocken Profanbauten im Umkreis des Kreml wirkten deutsche Architekten mit, so zum Beispiel Johann Christoph Konrad am 1702 begonnenen Arsenal und Peter Heiden am Münzturm (1732–1740).

Als Peter der Große 1703 »sein« Sankt Petersburg gründete, soll er demonstrativ alle russischen Architekten vom Aufbau ferngehalten haben, um dem »Erzrussischen« abzuschwören. Seinem Ruf folgten zahlreiche westeuropäische Baukünstler, unter ihnen neben dem Schweizer Domenico Trezzini auch der bedeutende preußische Architekt und Bildhauer Andreas Schlüter. Nachdem er bei König Friedrich I. wegen Schäden beim Bau des Münzturms am Berliner Schloss in Ungnade gefallen und als Hofbaumeister unehrenhaft entlassen worden war, arbeitete Schlüter für den russischen Zaren und zog 1713 endgültig nach Sankt Petersburg. Zusammen mit seinem Schüler Johann Friedrich Braunstein schuf er den Großen Palast in Peterhof, Sommerresidenz des Zaren, und das Schloss Monplaisir. Auch die Entwürfe für das älteste Gebäude der Stadt, das Kinkin-Palais, und die Terrakottareliefs am Sommerpalast stammen von ihm. 1716, zwei Jahre nach Schlüters Tod in Sankt Petersburg, schenkte Preußenkönig Friedrich Wilhelm I. Peter dem Großen das bekannteste Werk des Baumeisters: das 1701 ursprünglich für das Berliner Schloss geschaffene Bernsteinzimmer.

In der zweiten Hälfte des 18. Jahrhunderts setzten die Zarinnen Elisabeth I. und Katharina II., beide deutscher

< Alexej P. Antropow: Katharina die Große, Öl auf Leinwand, um 1780

<< Bartolomeo Francesco Rastrelli: Winterpalais in Sankt Petersburg, Fassadendetail (1754–1762)

Herkunft, weiter auf eine verstärkte Öffnung des russischen Reichs nach Westen. Sankt Petersburg wurde in dieser Zeit vor allem von italienischen Baumeistern um den Architekten Bartolomeo Francesco Rastrelli geprägt. Während der Herrschaft von Elisabeth I. entstanden die meisten der Prunkbauten – darunter das Winterpalais und das Smolny-Kloster –, die bis heute das Stadtbild bestimmen. 1787 ließ Katharina II. von dem deutschstämmigen Architekten Georg Felten für ihre wachsende Kunstsammlung die Alte Eremitage errichten. Im Allgemeinen bevorzugte sie aber ebenso wie Elisabeth I. für Sankt Petersburg die italienische Baukunst. In Moskau dagegen förderte Katharina II. verstärkt deutsche und deutschstämmige Architekten, darunter Karl Blank. Dessen Großvater war unter Peter I. aus Sachsen nach Russland gekommen, sein Vater hatte als Architekt in Sankt Petersburg gearbeitet. Blanks berufliche Karriere nahm ihren Anfang, als er 1756 eine einzigartige Zeltbedachung für das Neu-Jerusalem-Kloster in Istra (bei Moskau) entwarf und umsetzte. Des Weiteren schuf er vier schlichte, wohlproportionierte spätbarocke Kirchen in Moskau. Blank wurde von der Zarin sehr geschätzt und oftmals als Berater bei aristokratischen Bauprojekten herangezogen. Seine Kühnheit und Selbstständigkeit ließen ihn schnell zu einem der führenden Baumeister Moskaus werden.

Anfang des 19. Jahrhunderts leitete Zar Alexander I. eine Verwaltungsreform im Bauwesen ein, in deren Zuge im Jahr 1816 das *Komitee für Bauwerke und Wasserbau* gegründet wurde. Ihm gehörten, zu unterschiedlichen Zeiten, neben führenden russischen Architekten auch der in Italien geborene Carlo Rossi und der deutschstämmige Konstantin Thon sowie namhafte Verkehrswege-Ingenieure aus Russland und Westeuropa an. Nach ihren Plänen wurden in Sankt Petersburg zwischen 1820 und 1840 umfangreiche Architekturensembles, wie der Schlossplatz, der Senatsplatz und der Michaelplatz, gebaut. Im Zuge der Umstrukturierung des russischen Bauwesens entstand auch die Technische Hochschule an der Akademie der Wissenschaften in Sankt Petersburg – die erste technische Hochschule Russlands, an deren Formierung der Leiter der bayerischen Straßen- und Brückenbauverwaltung, Carl Friedrich von Wiebeking, maßgeblich beteiligt war. Zar Nikolaus I. setzte die intensiven städtebaulichen Beziehungen zwischen Bayern und Sankt Petersburg fort; 1839 bis 1851 ließ er nach den Plänen des Hofarchitekten Ludwigs I. von Bayern, Leo von Klenze, die Neue Eremitage bauen. An den alten Gebäudekomplex anschließend, erhielt sie einen eigenen Eingang und wurde so als öffentliches Museum zugänglich.

Konstantin (Andrejewitsch) Thon war Vertreter einer aus deutschbaltischen und reichsdeutschen Familien zusammengesetzten Schicht, die sich im Laufe des 18. Jahrhunderts in Russlands Verwaltung, Militär, Wirtschaft, Wissenschaft und Kunst etabliert hatte und erheblichen Einfluss auf gesellschaftspolitische Prozesse ausübte. Er kann als führender Architekt seiner Zeit in Russland angesehen werden. Zu seinen bedeutendsten Bauwerken gehören die Christus-Erlöser-Kathedrale, der Große Kremlpalast und die Rüstkammer in Moskau, die als grundlegend für die Herausbildung des »Russischen

> Fjodor Schechtel:
Jaroslawler Bahnhof,
Moskau (1902–1904)

>> Robert Julius (Roman Iwanowitsch) Klein:
Warenhaus ZUM,
Moskau (1906–1908)

Stils« im 19. Jahrhundert durch die Wiederaufnahme historischer Elemente gelten. Daneben dienten sie auch als Ausdruck des nationalen Selbstverständnisses und sollten die Größe und Macht des russischen Imperiums widerspiegeln. Thon, der 1815 sein Studium an der Sankt Petersburger Akademie der Künste abgeschlossen hatte, baute auch in der Stadt an der Newa mehrere Kirchen, die vielen zeitgenössischen russischen Architekten als Vorbild galten. Ebenfalls von ihm stammen die Empfangshallen für die beiden identischen Bahnhofsgebäude der Nikolajewer Eisenbahnlinie in Moskau und Sankt Petersburg, die später als Vorlage für den Bau anderer Moskauer Bahnhöfe durch deutschstämmige Architekten dienten, wie der Pawelezer Bahnhof von J. F. Diederichs, der Jaroslawler Bahnhof von Franz Albert (Fjodor) Schechtel (Umbau) und der Kiewer Bahnhof von Johann Röhrberg (Iwan Rerberg). Diese drei zwischen 1900 und 1914 entstandenen Gebäude kennzeichnen verschiedene Stadien der Architekturentwicklung – vom Neobarock über russischen Jugendstil bis zum Neoklassizismus – und zeigen, wie stark Architekten deutscher Herkunft in die vielfältige baukünstlerische Entwicklung Moskaus eingebunden waren.

Roman Iwanowitsch (Robert Julius) Klein, Sohn eines Moskauer Kaufmanns deutscher Abstammung, studierte von 1877 bis 1882 an der Sankt Petersburger Akademie der Künste und war einer der produktivsten Architekten im damaligen Russland. Er realisierte über einhundert Gebäude – Villen, Mietshäuser, Banken, Handelshäuser, Lehranstalten, Krankenhäuser, Kirchen und Industrieanlagen. Zu seinem Œuvre gehören viele Bauwerke von Weltniveau, wie beispielsweise das Kaufhaus Muir & Merrilies (heute: Kaufhaus ZUM) und das Museum der schönen Künste (heute: Puschkin-Museum für bildende Künste) in Moskau.

Johann Röhrberg (Iwan Iwanowitsch Rerberg) wurde 1869 als Sohn eines deutschen Eisenbahningenieurs in Moskau geboren. Nach dem Abschluss an der Sankt Petersburger Militärakademie arbeitete er als Assistent von Robert Julius Klein. Mitte der Neunzigerjahre des 19. Jahrhunderts machte er sich selbstständig und baute zunächst Häuserkomplexe in den Formen des rationalen Jugendstils. 1912 erhielt er den Auftrag für den Bau des neuen Gebäudes für den Brjansker Bahnhof (heute: Kiewer Bahnhof). Die Besonderheit dieses neoklassizistischen Bauwerks war seinerzeit das gläserne Dach über den Gleisen und Bahnsteigen in 30 Metern Höhe, bei einer Breite von 47 Metern und einer Länge von 230 Metern. In den Zwanzigerjahren des 20. Jahrhunderts errichtete Röhrberg, inzwischen zu hohem Ansehen gelangt, das Gebäude des Zentralen Telegrafenamts auf der Twerskaja Uliza, die Militärfachschule im Kreml und eine Reihe großer Wohnhäuser im Zentrum Moskaus.

Der aus einer bekannten und wohlhabenden Saratower Kolonistenfamilie stammende Fjodor (Franz Albert) Schechtel kam 1875 mit seiner Mutter nach Moskau, als diese nach Verlust des Familienbesitzes (durch Spekulation mit sibirischen Goldminen) eine Stellung als Haushälterin bei dem berühmten Kaufmann Tretjakow annehmen musste. Tretjakows Schwiegersohn Alexander Kaminskij, einer der bedeutendsten Architekten und

< Theodor Rode: Schokoladenfabrik *Roter Oktober,* Moskau (1885)

<< Robert Klein und Wladimir Schuchow: Museum der schönen Künste, seit 1937: Puschkin-Museum, Moskau (1898–1912)

Lehrer an der Moskauer Schule für Malerei, Bildhauerei und Baukunst, förderte Schechtel wesentlich auf seinem Weg zu einem angesehenen und stilprägenden Architekten Moskaus. Schechtel spezialisierte sich auf reiche Privathäuser verschiedener Stilrichtungen. 1896 begann er mit dem »russischen Stil« zu experimentieren. Mit dem Jaroslawler Bahnhof ist es ihm gelungen, eine nationale Variante des Moskauer Jugendstils mit bis dato noch nicht gekannten konstruktiven und dekorativen Elementen zu schaffen. Später entwickelte er eine eigene Jugendstil-Variante – den »rationalen« Jugendstil. Kurz vor Beginn des Ersten Weltkriegs errichtete er in Moskau eine Reihe von modernen Bauten des Neoklassizismus.

1850 kam der Brandenburger Unternehmer Theodor von Einem nach Moskau und eröffnete eine Werkstatt für die Herstellung von Konditoreiwaren. Im Jahr 1867 erwarb er am Ufer der Moskwa ein Grundstück und ließ dort eine Süßwarenfabrik bauen. Nach Gründung der Gesellschaft Einem (1885) errichtete der deutschstämmige Architekt Theodor Rode auf diesem Grundstück ein neues Fabrikgebäude im Backsteinstil, das heute unter dem Namen *Roter Oktober* bekannt ist.

Gegen Ende des 19. Jahrhunderts ließen sich zunehmend deutsche Privatarchitekten in Russland nieder, die sich Hoffnung auf eine Beschäftigung durch private Investoren und Bauherren machten. Der bekannteste unter ihnen war der aus Hamburg stammende Gustav Karl Julius Hellrich, der zahlreiche Mietshäuser und Stadtpalais im späten Jugendstil und Neoklassizismus errichtete. Daneben wirkten die deutschstämmigen Architekten aktiv weiter und prägten zusammen mit den zugereisten Deutschen maßgeblich den Eklektizismus in Moskau. Zur damaligen Zeit lebten dort schätzungsweise 20.000 Deutsche – zum großen Teil Kaufleute, Unternehmer und Architekten mit ihren Familien, die vollkommen in das Leben und die Gesellschaft der Stadt integriert waren. Mit Beginn des Ersten Weltkriegs 1914 veränderte sich die Situation der Deutschen in Russland grundlegend. Obwohl sie zumeist einen russischen Pass besaßen, wurden sie plötzlich zu Kriegsgegnern und deutscher Besitz wurde als Eigentum des Feindes beschlagnahmt. 1915 erließ die russische Regierung ein Liquidationsgesetz zur Umsiedlung der in Russland lebenden Deutschen nach Sibirien, in Moskau kam zu Pogromen gegen Deutsche. Nach der Oktoberrevolution (1917) entzogen die Kommunisten ihnen schließlich, wie allen übrigen »Kapitalisten«, die Verfügung über ihr Eigentum. Zivile Bautätigkeit wurde unmöglich. Nur ausgesprochen wenigen deutschen Architekten gelang es, wieder Anschluss an das Baugeschehen zu finden und am »Aufbau der sozialistischen Gesellschaft« mitzuwirken, bei dem sich völlig neue Bauaufgaben stellten. Es gab keine privaten Auftraggeber, keine freien Büros und keinen Markt für Architekturleistungen mehr. Der Staat mit seinen Verwaltungsorganen war der einzig verbliebene Bauherr, der vor allem Umnutzungen von vorhandenen Gebäuden und einige wenige programmatische Neubauprojekte initiierte.

Doch schon in den Zwanzigerjahren zog das neue Riesenreich – die junge Sowjetunion, die international

> Le Corbusier: *Haus des Zentrosojus*, Moskau (1928–1930)

>> Ernst May: Masterplan von Magnitogorsk (1930–1932)

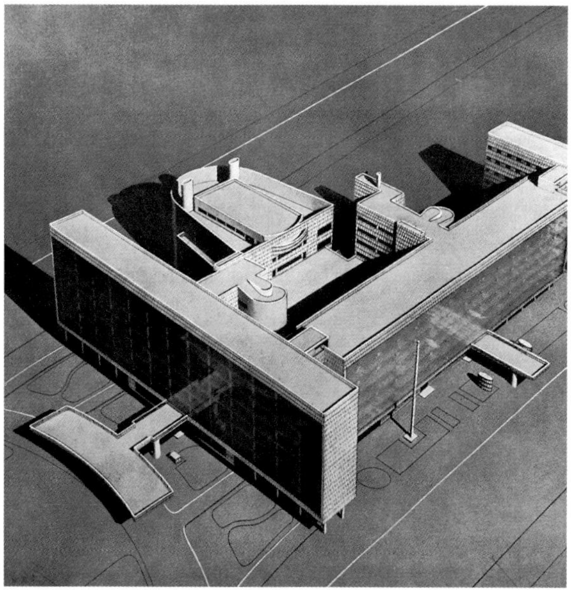

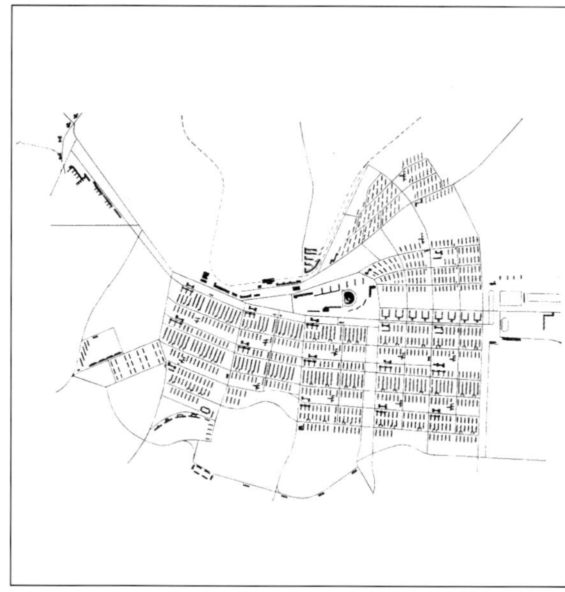

weitgehend isoliert war – wieder ausländische Architekten an, die hier ihre im Westen oft als kommunistisch angefeindeten Ideen von neuer Architektur und neuem Städtebau verwirklichen wollten. Der Konstruktivismus als Versuch, eine neue Gesellschaftsordnung mit neuer Architektur sozial, städtebaulich, konstruktiv und ästhetisch zu verbinden, entsprach den revolutionären Ideen der jungen Sowjetmacht. Im Städtebau wurde nach Lösungen gesucht, um die auf Landflucht und Bevölkerungswachstum beruhende immense Wohnungsnot zu beheben und gleichzeitig die Industrialisierung mit aller Kraft voranzutreiben. Dazu wurden ausländische Industrielle und führende Architekten eingeladen, unter ihnen neben dem gebürtigen Schweizer Le Corbusier auch die Deutschen Walter Gropius, Hannes Meyer, Ernst May, Erich Mendelsohn, Bruno Taut, Peter Behrens, Marcel Breuer und Hans Poelzig. Die Aufbruchstimmung in der Sowjetunion ging mit der zunehmenden Wirtschaftskrise und der daraus folgenden Verschlechterung der politischen Situation im Westen einher, so dass sich insbesondere die deutsche Architektur-Avantgarde auf der Suche nach Arbeit und Entwicklungsmöglichkeiten gen Osten wandte. Nach 1930 war eine große Zahl von deutschen Architekten an der Entwicklung neuartiger Prototypen für den Wohnungsbau, für Industrieanlagen und für die öffentliche Verwaltung beteiligt und leistete damit einen bedeutenden Beitrag zum Städteneubau in der gesamten Sowjetunion. So wurden dem renommierten Frankfurter Stadtplaner Ernst May und seinen Mitarbeitern beispielsweise die Planung und Ausführung von Nowosibirsk anvertraut. Hannes Meyer, der zweite Direktor des Bauhauses in Dessau, war mit einer Gruppe junger deutscher Architekten maßgeblich am Neubau von Jekaterinburg (1924–1991 Swerdlowsk) beteiligt. Bruno Taut kam 1932 in die Sowjetunion und entwarf die Pläne für das spätere Hotel *Moskau* am Roten Platz. Daneben versuchte man die von deutschen Architekten stammenden Konzepte der Industrialisierung des Bauens weiterzuentwickeln – unter anderem die »Hausbaumaschine« von Walter Gropius, die ab den Sechzigerjahren breite Anwendung fand. Peter Behrens, Vorreiter der sachlichen Architektur und des modernen Industriedesigns, hatte bereits im vorrevolutionären Russland zahlreiche Bauten der Moderne errichtet, darunter das Gebäude der Kaiserlichen Deutschen Botschaft in Sankt Petersburg (1911–1912, Bauleitung: Ludwig Mies van der Rohe).

Die Doktrin des Sozialistischen Realismus, im April 1932 per Dekret vom Zentralkomitee der KPdSU als Richtlinie für die sowjetische Literatur beschlossen und seit dem Ersten Allunionskongress der sowjetischen Schriftsteller 1934 für alle Bereiche der Kunst verbindlich, führte auch zum Umschwung in Städtebau und Architektur. Der Sozialistische Klassizismus, der sogenannte Stalin-Stil, löste den Konstruktivismus ab. In den Dreißigerjahren war die Hinwendung zum Klassizismus zwar kein ausschließlich sowjetisches Phänomen, sondern orientierte sich an internationalen Strömungen. Doch sorgte das totalitäre stalinistische System dafür, dass sich der Klassizismus in der sowjetischen Architektur flächendeckend durchsetzte und seinen Ausdruck in monumentalen Bauprojekten fand. Die bis zum Jahr 1935 erarbeiteten Planungen folgten nicht mehr den jüngsten städtebaulichen

< Meinhard von Gerkan und Volkwin Marg: Flughafen Scheremetjewo, Terminal 2, Moskau (1977–1980)

Utopien, sondern waren an den Vorbildern des 18. und 19. Jahrhunderts orientiert. Das Diktat des Sozialistischen Realismus ging einher mit Repressalien gegen Andersdenkende – auf künstlerischer wie auf politischer Ebene. Als Opfer der stalinistischen »Säuberungen« wurden die in staatlichen Kollektiven tätigen deutschen Architekten zunächst entlassen und später verfolgt. Den meisten von ihnen gelang es noch rechtzeitig, die Sowjetunion zu verlassen. Etwa ein Viertel geriet jedoch in die Mühlen des Stalin-Terrors und wurde größtenteils in Gulags inhaftiert. Erst der Molotow-Ribbentrop-Vertrag von 1939 erlaubte den noch lebenden Architekten deutscher Staatsangehörigkeit die Ausreise nach Deutschland.

Nach dem Ende des Zweiten Weltkriegs stellte sich die sowjetische Architektur den Herausforderungen des Massenwohnungsbaus und der »Bezwingung der Natur«, an deren Bewältigung auch ausländische Architekten und Ingenieure beteiligt waren. 1952/53 entstanden die ersten Plattenbauten, nach 1960 fanden die in den Dreißigerjahren des 20. Jahrhunderts von deutschen Architekten erarbeiteten Methoden des industriellen Bauens breite Anwendung. Ende der Sechziger-, Anfang der Siebzigerjahre wurden wieder verstärkt deutsche Architekten und Bauingenieure – diesmal aus der DDR – in die Sowjetunion eingeladen, um an der Planung und am Bau von Kraftwerken, Industriebetrieben und politisch bedeutenden Projekten wie der Baikal-Amur-Magistrale (BAM) oder dem RGW-Gebäude in Moskau mitzuwirken. In den Siebziger- und Achtzigerjahren erwachte innerhalb der sowjetischen Architektur das Interesse an internationalen Strömungen, es kam zu einer ersten Öffnung der sowjetischen Baubranche für Architekten aus dem Westen. In Vorbereitung der Olympischen Sommerspiele 1980 in Moskau wurden zahlreiche Architekturwettbewerbe für Hotel- und Freizeitkomplexe international ausgeschrieben sowie Aufträge an ausländische Architekten und Bauunternehmen vergeben. Im Jahr 1977 erhielten die Hamburger Architekten Meinhard von Gerkan und Volkwin Marg den ersten Preis für ihren Entwurf des internationalen Flughafenterminals *Scheremetjewo-2*, der bis 1980 realisiert wurde. Aus dem 1975 ausgeschriebenen Ideenwettbewerb für den neuen Botschaftsbau der Bundesrepublik Deutschland in Moskau gingen Mensinga, Rogalla & Partner (ebenfalls aus Hamburg) als Sieger hervor. Die Detailverhandlungen für die Realisierung des Entwurfs zogen sich jedoch bis 1984 hin, so dass das Gebäude erst 1992 – nach dem Zerfall der Sowjetunion und der Wiedervereinigung Deutschlands – fertiggestellt wurde. Ebenfalls in den Achtzigerjahren bauten russische Architekten, ohne vorherige Ausschreibung eines Wettbewerbs, das neue Botschaftsgebäude der DDR am Leninskij Prospekt, in dem nun seit 1990 das Goethe-Institut, das Deutsche Generalkonsulat sowie deutsche Firmenrepräsentanzen untergebracht sind.

Mit der Auflösung der Sowjetunion (1991) wurde nach über siebzig Jahren wieder private Bautätigkeit möglich und ausländische Architekten können sich seitdem auf dem nun offenen russischen Markt für Architekturleistungen betätigen beziehungsweise niederlassen. Gesetzliche Voraussetzung dafür war und ist jedoch,

> Veränderungen der Stadtsilhouette von Moskau: die Jahre 1850 (schwarz), 1950 (grau) sowie heute (Strichzeichnung)

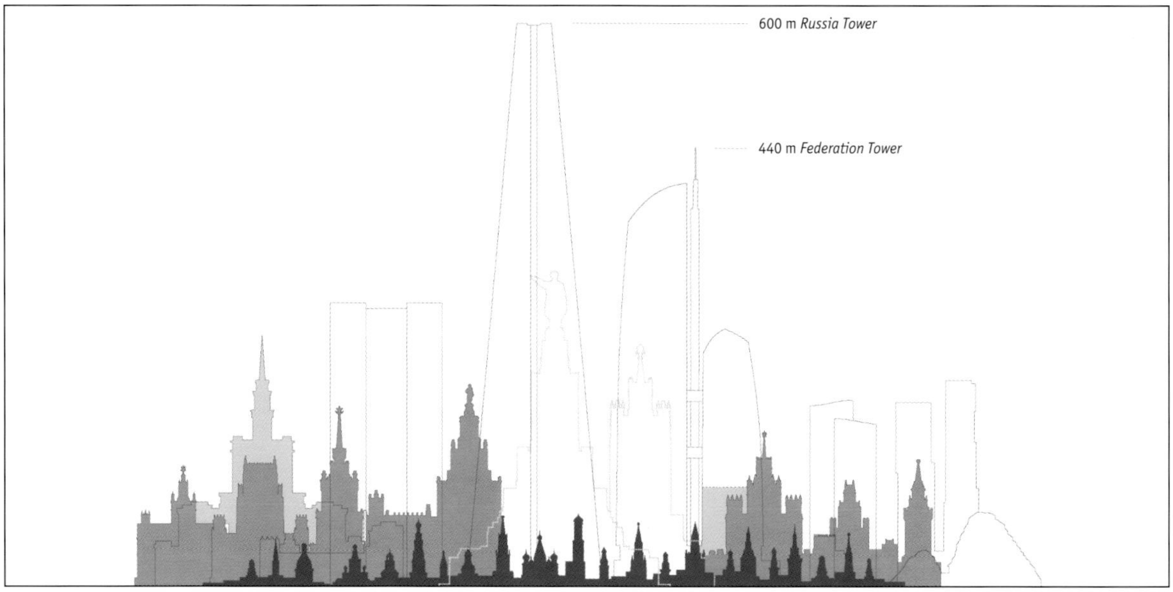

dass sie sich über einen einheimischen Partner eine Baulizenz verschaffen und sich an die strengen örtlichen Vorgaben halten.

Russischer Bauboom und internationale Architektur

Für Architekten und Bauingenieure, Projektentwickler und Investoren aus dem Ausland haben sich mit der Öffnung des russischen Marktes und dem Anfang des neuen Jahrtausends einsetzenden Bauboom lukrative Betätigungsfelder eröffnet. Im Sog der hohen Erdöl- und Erdgaspreise ist seit Überwindung der Rubelkrise von 1998 die Wirtschaft in Russland, und mit ihr die Bauindustrie, buchstäblich in schwindelerregende Höhen gewachsen. Der Aufwärtstrend setzte zunächst in Moskau ein, wo sich 80 Prozent des russischen Kapitals konzentrieren. Danach folgte Sankt Petersburg und mit etwa zwei Jahren Verzögerung schwappte die Konjunkturwelle des Baugewerbes Anfang des neuen Jahrtausends auch in die öl- und gasreichen Regionen Westsibiriens, die autonomen Republiken Tatarstan und Baschkortostan sowie in die Handels- und Tourismusstandorte im Süden Russlands über. Heute sind die sämtliche russischen Regionen von ihr erfasst und dem Bausektor wird in den nächsten Jahren – trotz der Finanzkrise 2008 – immer noch eine zweistellige Wachstumsrate vorausgesagt.

Westliche Planer und Architekten akquirieren heute bis zu 90 Prozent ihrer Aufträge in der Privatwirtschaft, wobei private Bauherren nur zehn Prozent des gesamten Auftragsaufkommens ausmachen. Auftraggeber sind meist internationale Industrie- und Handelskonzerne, die ihre Bauprojekte vorrangig an Architektur- und Ingenieurbüros aus dem eigenen Land vergeben. Auch im Fall einer westlichen Kapitalbeteiligung am Bau von Großprojekten werden bevorzugt internationale Architekten beauftragt. Zu den wichtigsten russischen Auftraggebern zählt die Moskauer Holding CAPITAL Group, deren strategisches Unternehmensziel und Leitmotiv die Etablierung avantgardistischer Architektur in Russland ist. Daneben haben sich auch der KROST Konzern, die MIRAX Group, die INTEKO AG und die PIK Group, die zu den zehn größten Moskauer Bauunternehmen gehören, auf die Zusammenarbeit mit Architekten aus Westeuropa und den USA spezialisiert.

Mit den wachsenden Gewinnen aus der Privatwirtschaft erwachte Mitte der Neunzigerjahre bei den neuen russischen Grundstücks- und Immobilienbesitzern das Interesse an spektakulären Architekturprojekten. Vor allem Luxusobjekte, wie Elite-Wohnungen, Villen, Fünf- und Viersternehotels sowie Gewerbeflächen der A-Klasse, sollten durch namhafte Architekten und ausgefallenes Design den Auftraggebern einen Imagezuwachs beziehungsweise attraktive Rendite verschaffen. Je berühmter der Architekt und je extravaganter die Projekte waren, desto höher stieg das Ansehen des Bauherrn unter seinesgleichen. Bis zur Jahrtausendwende erhielten internationale Architekten von zu großem Reichtum gelangten russischen Privatunternehmern – den sogenannten Neuen Russen – zunächst zahlreiche Aufträge für die Planung von ausgefallenen Villen und Wohnungen. Zu den Ende der Neunzigerjahre in Russland gefragtesten Stars der modernen Architektur gehörten

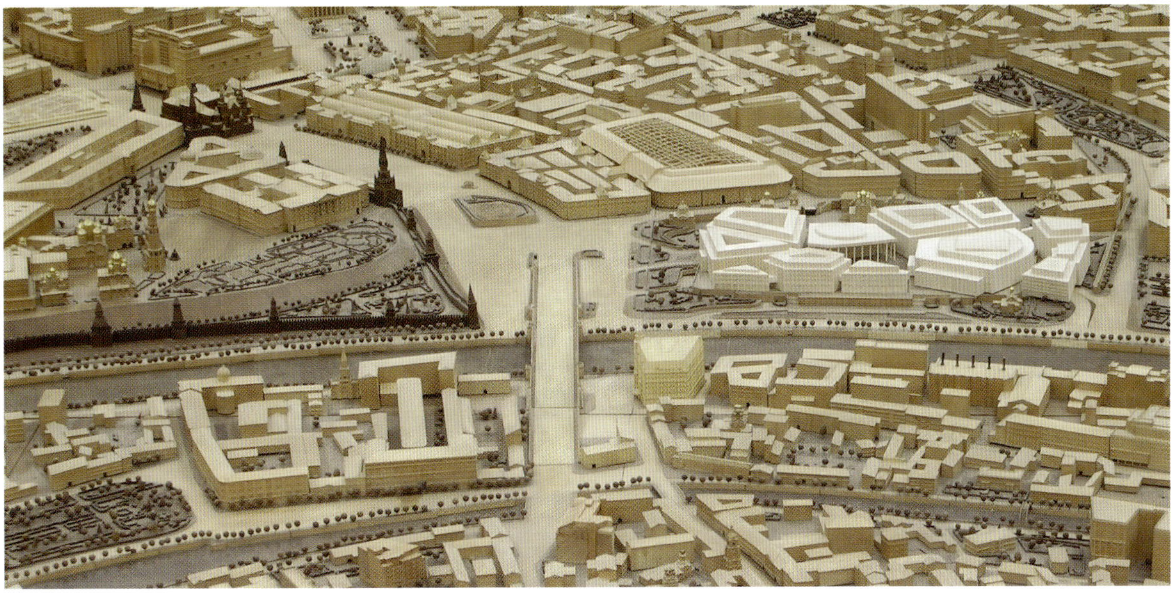

< Stadtmodell von Moskau mit Blick auf den Kreml und den Roten Patz

die Hamburger Hadi Teherani und Meinhard von Gerkan, der Londoner Lord Norman Foster, der Rotterdamer Erick van Egeraat und der New Yorker Daniel Libeskind.

Mit fortschreitendem Wirtschaftswachstum zeigten auch staatliche und öffentliche Auftraggeber zunehmend Interesse an internationaler Architektur. Insbesondere für die Planung städtebaulich, wirtschaftlich und politisch bedeutender Großprojekte wurde die weltweite Architekturelite eingeladen, um den Bauvorhaben schon im Vorfeld das nötige Prestige und die Aufmerksamkeit der internationalen Öffentlichkeit zu verschaffen. Allen voran steht bis heute das landes- und europaweit größte und bedeutendste Stadtentwicklungsprojekt *Moscow City* – ein internationales Geschäfts- und Handelsviertel in Moskau sowie Wahrzeichen des neuen Russland. Bereits 1991 wurde auf politischer Ebene die Entscheidung getroffen, das insgesamt 100 Hektar große Territorium am westlichen Rande des Stadtzentrums, an der Krasnopresnenskaja Uferstraße zwischen dem Messezentrum und dem dritten Autobahnring, zu erschließen. Vorlagen für die Masterplanung des städtischen Architekturbüros Mosprojekt-2 waren das Pariser Quartier La Défense, die Londoner Docklands und natürlich Manhattan. 1992 wurde die Moskauer Aktiengesellschaft City mit 100 Prozent Aktienanteilen der Stadt Moskau gegründet, um das gigantische Stadtentwicklungsprojekt zu koordinieren. Drei Jahre später, 1995, wurde der Bau von *Moscow City* in den neuen, bis 2020 konzipierten Generalplan für Moskau aufgenommen und zusammen mit diesem zum 850-jährigen Stadtjubiläum 1997 verabschiedet. Zu diesem Anlass erfolgte auch die Grundsteinlegung für das »Eingangstor« des Businessquartiers – die Bagration-Brücke mit Ladenpassage und angrenzendem Geschäftshochhaus am Kutusowskij Prospekt. Doch erst nach dessen Fertigstellung 1999 und der Überwindung der Rubelkrise nahm die Planung von *Moscow City* konkrete Züge an. Im Jahr 2001 lud der Moskauer Bürgermeister, Juri Luschkow, mehrere Stararchitekten ein, an der Gestaltung des »Manhattan an der Moskwa« mitzuwirken. Meinhard von Gerkan entwickelte im Auftrag der Stadt Moskau 2001 eine Studie für den Zentralkomplex und das neue Moskauer Rathaus. Norman Foster entwarf etwa zeitgleich das höchste Gebäude von Moskau – den *Russia Tower*. Für die Gesamtentwicklung von *Moscow City* unterteilte der damalige Developer City Centr das Areal in einzelne Parzellen und begann, für deren Bebauung weltweit Investoren zu suchen. In den Jahren 2002 bis 2004 wurden Investoren- und Realisierungswettbewerbe ausgeschrieben, für die eine Vielzahl internationaler Stararchitekten, aber auch weniger bekannte Architekturbüros und Architektengemeinschaften ihre Entwürfe einreichten. An dem im Frühjahr 2002 durchgeführten Wettbewerb für das neue Gebäude der Moskauer Stadtregierung nahmen beispielsweise insgesamt 147 Architektengemeinschaften aus 19 Ländern teil. Seit Anfang 2003 befanden sich die Ufertürme auf Parzelle zehn im Bau, die 2007 im Auftrag des türkischen Bau- und Entwicklungsunternehmen ENKA als erstes Gebäudeensemble von *Moscow City* fertiggestellt worden sind: *Nabereschnaja Tower*. Im gleichen Jahr gewann die deutsche Architektengemeinschaft von Sergej Tchoban und Peter Schweger den Realisierungswettbewerb für den *Federation Tower*, den ein

> Foster and Partners mit Mosprojekt-2: Masterplan für das Gelände des ehemaligen Hotels *Rossija,* Moskau (2006–2011)

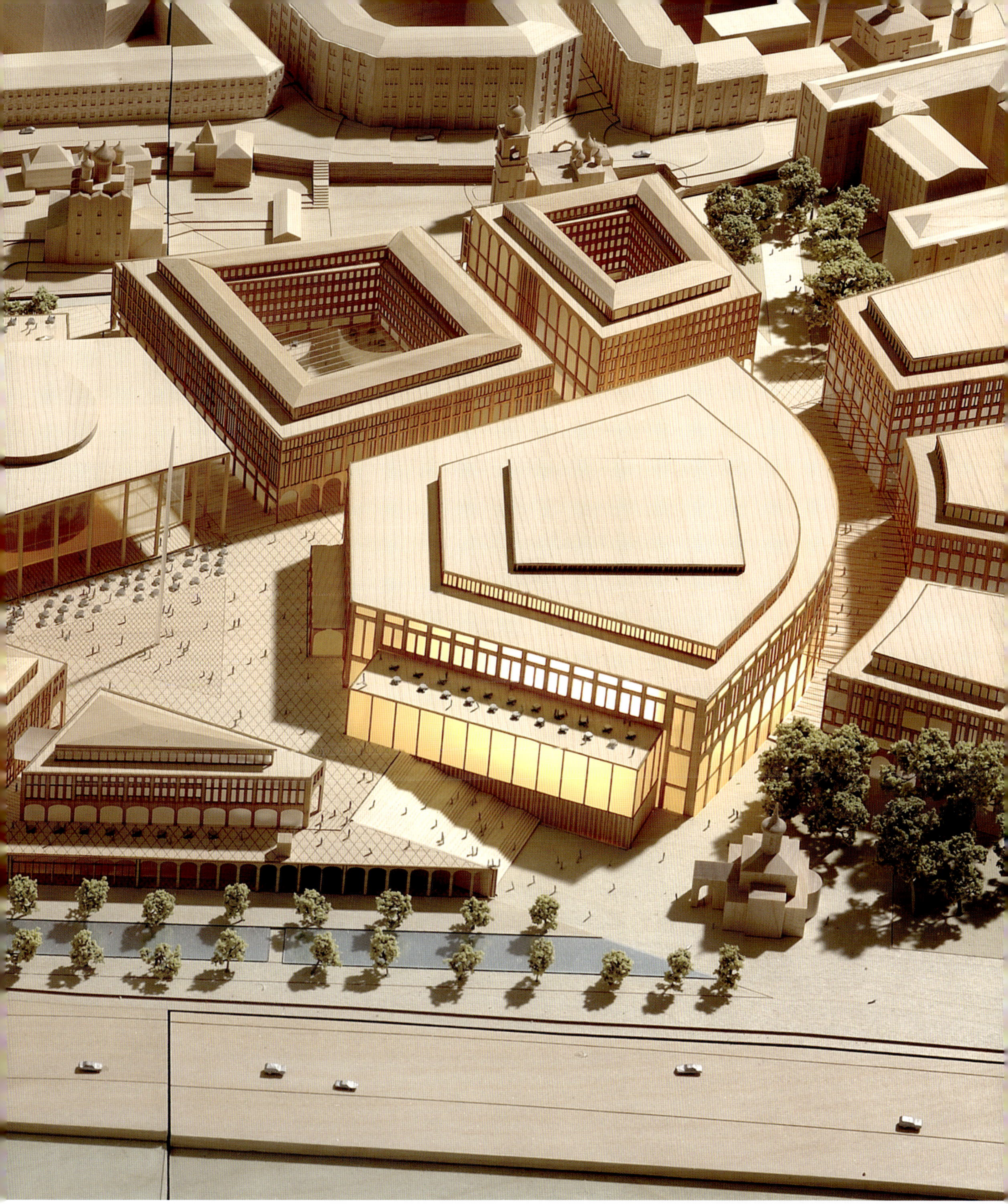

> Wohnungsneubauten auf dem ehemaligen Flughafen *Chodinskoje Polje*, Moskau (2008)

Tochterunternehmen der MIRAX Group ausgeschrieben hatte. 2009 soll das insgesamt 448 Meter hohe Multifunktionsgebäude als höchstes seiner Art in Europa bezugsfertig sein. Im Herbst 2006 suchte der Bürgermeister für den Regierungskomplex den letzten Investor und die Planung von *Moscow City* wurde vorläufig abgeschlossen. Heute sind alle Projekte zur Bebauung der einzelnen Parzellen im Internet veröffentlicht. Allerdings gibt es keine konkreten Informationen darüber, ob tatsächlich alle Entwürfe realisiert werden. Zumindest fand am 12. Juni 2007, mit etwa zwei Jahren Verzögerung, die Grundsteinlegung für Fosters 600 Meter hohen, dreiecksförmigen *Russia Tower* – das höchste natürlich belüftete Gebäude der Welt – statt.

Doch die Bautätigkeit in *Moscow City* geht nur schleppend voran und scheint den Anschluss an die Planungsdaten gänzlich verloren zu haben. Das Ende des größten und politisch bedeutendsten Bauvorhabens in Russland ist bereits von 2012 auf 2020 korrigiert worden, da sich die Realisierung der einzelnen Projekte logistisch viel komplizierter und auch bürokratischer als angenommen gestaltet. Einige Entwürfe ausländischer Architekten wurden an russische Bauunternehmen abgegeben oder stark verändert, zum Teil wechselte der Investor. So hat die Capital Group den 2004 entstandenen avantgardistischen Entwurf von Erick van Egeraat für den Multifunktionskomplex *Capital City* – mit zwei Wolkenkratzern (*Moscow* und *Sankt Petersburg*) sowie einem 16-geschossigen, muschelförmigen Kuppelbau – zur Realisierung an das New Yorker Büro NBBJ übergeben. Hinter vorgehaltener Hand sprechen Experten und Journalisten darüber, dass die Fertigstellung von *Moscow City* schon aus Gründen fehlender Energieressourcen für die russische Hauptstadt unmöglich sei. Angeblich würden die explodierenden Infrastrukturkosten dem Moskauer Bauboom bald einen kräftigen Dämpfer versetzen. Doch Bürgermeister Luschkow glaubt auch dies in den Griff zu bekommen und macht sich vorerst Gedanken darüber, dem Handels- und Geschäftsviertels einen für Russen verständlichen Namen zu geben: *Nowyj Zentr* (Neues Zentrum). Parallel zu den zahlreichen Bauvorhaben im Geschäfts- und Handelsviertel schreitet die Neuinszenierung der russischen Hauptstadt ungebremst voran. Dabei bleibt das Gebiet um das Businessquartier auch weiterhin im Blickfeld hauptstädtischer Planer. Anfang 2007 wurde ein internationaler Wettbewerb für den Umbau des benachbarten Ausstellungs- und Kongresszentrums *Expocenter* ausgeschrieben, an dem sich unter anderen Zaha Hadid mit dem Entwurf eines aufgeständerten Flachbaus und zwei Wohnhochhäusern beteiligte. Der »Höhenrausch«, der Moskau mit der Planung von *Moscow City* erfasst hat, geht weiter. Seit 2003 wird das im Jahr 1999 verabschiedete Stadtentwicklungsprogramm *Neuer Moskauer Ring* von Luschkow vorangetrieben, in dem bis 2015 der Bau von 60 multifunktionalen Hochhauskomplexen rund um den dritten Autobahnring von Moskau vorgesehen ist. Im Rahmen von Wettbewerben haben Investoren Projekte russischer und internationaler Architekten eingereicht. Zaha Hadid entwarf 2005 im Auftrag der CAPITAL Group ein Wohnhochhaus mit von Aluminiumbändern durchwebter Glasfassade namens *Schiwopisnaja Tower* (Malerischer Turm), das jedoch angeblich von der Stadtduma abgelehnt wurde.

< MNIIP Mosprojekt-4: Stadtentwicklungsprojekt auf dem ehemaligen Flughafen *Chodinskoje Polje*, Moskau (2001–2008)

Für die INTEKO AG planten BRT Architekten im Rahmen des Programms ein Hochhaus an der Metrostation *Tjoplyj stan* im Südwesten Moskaus. Der Bau von Luxuswohnungen ist mit der Stilllegung zahlreicher zentrumsnaher Industriegelände in eine neue Phase übergegangen. Erick van Egeraat entwarf 2004 für die CAPITAL Group auf einem alten Fabrikgelände im Moskauer Elite-Viertel *Ostoschenka* den Wohnkomplex *Russian Avantgarde*. Allerdings erteilte das Stadtbauamt für die Realisierung des Entwurfs keine Baugenehmigung – mit der scheinheiligen Begründung, er sei zu niveauvoll für das Grundstück. Realisieren konnte der Holländer dagegen seinen Entwurf für den Yacht-Club im Rahmen des Wohnkomplexes *Yacht City* auf der Leningradskoje Chaussee. Anstelle der traditionsreichen, ehemals deutschen, Schokoladenfabrik *Roter Oktober* baut die GUTA Development – ein Tochterunternehmen des Mischkonzerns GUTA Holding – seit Ende 2006 ein modernes Wohn- und Geschäftsviertel. In der Nähe des Hotels *Ukraina* plant die PIK Group auf dem Gelände einer alten Bierbrauerei und Schreibwarenfabrik den Bau des Wohn- und Geschäftsviertels *Park City*, für welches das Londoner Büro Kohn Pedersen Fox Architects 2006 den Masterplan erarbeitet hat.

Zu den Moskauer Vorzeigeprojekten gehört auch der Multifunktionskomplex *Zarjadie* von Norman Foster, der seit dem 1. September 2007 an der Stelle des traditionsreichen Hotels *Rossija* realisiert wird und für dessen Bau der britische Stararchitekt 2004 im Rahmen eines Bieterverfahrens den Zuschlag von der Stadt erhalten hatte. Eines der großen Stadtentwicklungsprojekte der Gegenwart und Zukunft, an dessen Planung internationale Architekten mitwirken, ist *Chodinskoje Polje* um den ehemaligen Innenstadt-Flughafen Aeroport, an dessen Bau die INTEKO AG maßgeblichen Anteil hat. Als einziger privater Baukonzern hat sich der KROST Konzern 2005 der Erneuerung eines ganzen Stadtviertels angenommen. Für die Masterplanung von *Quartier 75* in dem im Moskauer Nordwesten gelegenen Mikrorajon *Choroschewo-Mnewniki* hat KROST Rem Koolhaas mit seinem Büro OMA ausgewählt. Eine Absage erhielten Zaha Hadid, Daniel Libeskind und Santiago Calatrava. Zu den ehrgeizigen Architekturprojekten des Quartiers gehört der *Weltonpark* mit einem Boulevard, an dessen Entwurf der spanische Architekt Ricardo Bofill mitwirkte. Ohne westliche Planer ist auch die Lösung der großen Infrastruktur- und Logistikprobleme Moskaus undenkbar. Am Ausbau der Internationalen Flughäfen Domodedowo, Wnukowo und Scheremetjewo sowie an der Errichtung großer Logistikparks wirken zum Beispiel die deutschen Generalplaner Obermeyer Planen+Beraten und Assmann Planen + Beraten mit.

Zahlreiche ausländische Architekten klagen zu Recht über Probleme bei der Realisierung ihrer Projekte in der russischen Hauptstadt. Diese lassen sich nicht nur mit dem eigenwilligen Architekturgeschmack des Moskauer Bürgermeisters, politischen Querelen und hohen bürokratischen Hindernissen begründen. Seit einigen Jahren zeichnet sich in Moskau ein Trend zur Favorisierung einheimischer Architekten ab, da Kritik laut wurde, dass die internationalen Stararchitekten ihre Projekte ohnehin nur voneinander kopieren, den russischen Markt

> Foster and Partners: *Russia Tower* in Moskau, mit 600 Metern und 118 Geschossen einer der weltweit höchsten Türme (2006–2011)

nicht verstehen und sich nur widerwillig an die Wünsche der Auftraggeber anpassen würden. Doch ungeachtet dieser – gewiss nicht ganz unbegründeten – Vorwürfe zeigt die Praxis, dass der Bauboom in Moskau und ganz Russland sich ohne die langjährigen Erfahrungen und das Know-how ausländischer Architekten wohl kaum in dieser Höhe und Qualität umsetzen ließe.

In der nördlichen Metropole Sankt Petersburg zeigt sich nicht nur der allgemeine Aufschwung in der Baubranche wesentlich schwerfälliger als in Moskau. Auch der Einzug der neuen, internationalen Architektur verlief hier hürdenreicher als anderswo. Gerade in die traditionell für westliche Ideen offene Stadt hatten europäische Architekten große Hoffnungen gesetzt; eben hier wurde im Januar 2002 vom Russischen Kulturministerium der erste internationale Architekturwettbewerb im neuen Russland ausgerufen: für den mit 130 Millionen Dollar veranschlagten Erweiterungsbau des weltberühmten Mariinskij-Theaters. Teilgenommen hatten jedoch nur eine Sankt Petersburger Architektengruppe und der Amerikaner Eric Owen Moss. Nachdem aber die Sankt Petersburger Bevölkerung das von Theaterdirektor Walerij Grigorjew favorisierte amerikanische Projekt als »Müllsack« beschimpft hatte, wurde am 14. Januar 2003 ein zweiter, geschlossener Wettbewerb ausgeschrieben, zu dem neben Moss und fünf namhaften russischen Architekten auch der Holländer Erick van Egeraat, der Schweizer Mario Botta und der Franzose Dominique Perrault eingeladen waren. Doch der zunächst viel versprechende Ideenwettbewerb endete schließlich mit einem Skandal. Die Realisierung des Entwurfs von Sieger Dominique Perrault – ein schwarzer Quader aus Marmor, umgeben von einem goldenen Kokon – wurde Ende Dezember 2006 wegen statischer Mängel gestoppt und die Ausführungsplanung an russische Büros übergeben. Daraufhin stieg der französische Architekt aus dem Projekt aus. Zwar durfte er die Autorenrechte behalten. Doch ob das Bauwerk nach Fertigstellung seinem Entwurf noch ähnelt, bleibt offen. Die traditionsverbundenen Petersburger fanden indes auch für diese ungeliebte neue Architektur einen Namen: »Goldener Käfig für Dinosaurier«.

Der zweite Architekturskandal in der Newa-Metropole kündigte sich an, als die Sankt Petersburger Stadtregierung im November 2004 dem weltgrößten Öl- und Gaskonzern Gasprom ein 67 Hektar großes Grundstück zwischen Newa und der Bolschaja Ochta gegenüber dem Smolny für den bis 2016 geplanten Bau eines Geschäfts- und Verwaltungszentrums zur Verfügung stellte. Zunächst hielten selbst die kühnsten Stadtplaner die *Gazprom City* für eine Traumvision, denn das Denkmalschutzgesetz verbietet es, im Sankt Petersburger Stadtzentrum höher als 24 Meter zu bauen. Im November 2006 wurden sie jedoch eines Besseren belehrt, als die sechs Wettbewerbsentwürfe internationaler Toparchitekten in der Repin-Kunstakademie ausgestellt wurden. In der Petersburger Öffentlichkeit, die aufgefordert war, ihre Stimme für den besten Entwurf abzugeben, erhob sich Protest. Der Eremitage-Direktor forderte, das Bauvorhaben an die Peripherie zu verlegen; der Denkmalschutzverein warnte in einem Brief an den damaligen Präsidenten Wladimir Putin davor, dass die UNESCO

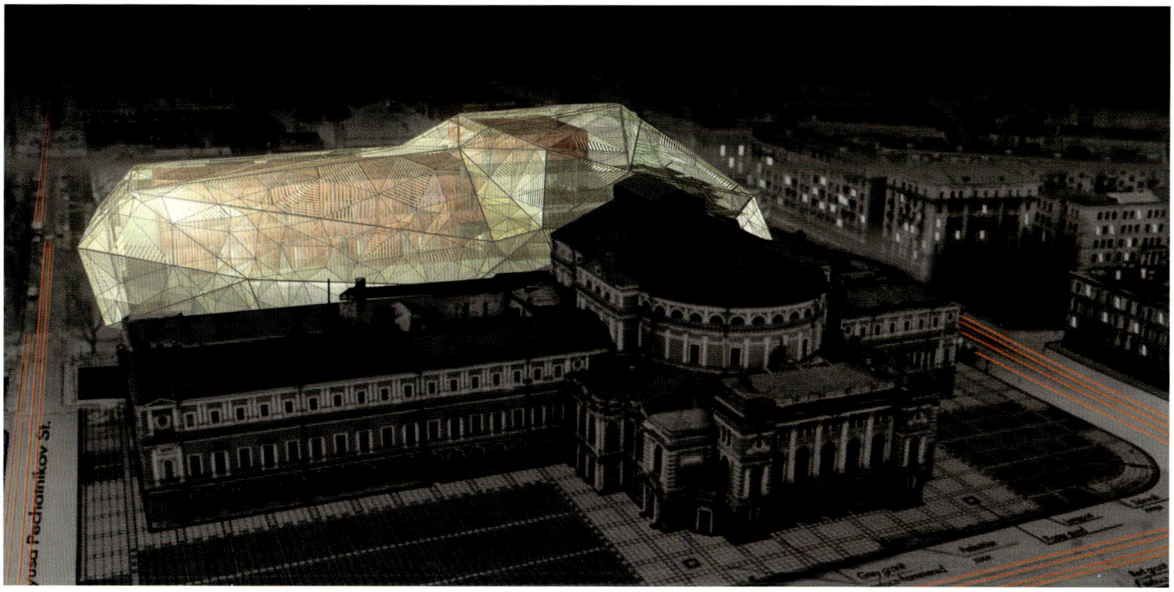

< Dominique Perrault: Erweiterung Mariinskij-Theater, Sankt Petersburg (Wettbewerb 2003)

Sankt Petersburg von der Weltkulturerbeliste streichen könnte. Davon unbeirrt kürte die elfköpfige Wettbewerbsjury am 1. Dezember 2006 den Entwurf von RMJM mit einem 396 Meter hohen Glasturm, der an eine Gasfackel erinnert und verschiedenfarbig erstrahlen kann, zum Gewinner – mit knappem Vorsprung vor Daniel Libeskind. Ob, wo und wie der Siegerentwurf für das 1,5 Milliarden Euro teure Gasprom-Hauptquartier realisiert wird, ist derzeit jedoch unklar.

Selbst der siegreiche Wettbewerbsentwurf von Kisho Kurokawa für den Bau des neuen Zenit-Fußballstadions vom August 2006 blieb nicht verschont von der Kritik Petersburger Denkmalschützer, denn die Realisierung des Projekts impliziert den restlosen Abriss des alten Kirow-Stadions – eines Sowjet-Monuments. Trotzdem wird wohl nun bis 2010 der neue, raumschiffartige Sportbau für 225 Millionen Euro vom Gasprom-Konzern gebaut. Derzeit ruhen allerdings die Bauarbeiten, die Finanzierung ist umstritten.

Gewissermaßen wohlwollend haben die Sankt Petersburger dagegen das Ergebnis des im Jahr 2006 durchgeführten Architekten- und Investorenwettbewerbs für die Revitalisierung des klassizistisch geprägten Inseldreiecks *Nowaja Gollandija* (Neu Holland) zum Kultur- und Geschäftsviertel aufgenommen. Der an das historische Vorbild angelehnte Siegerentwurf von Norman Foster, den er gemeinsam mit der Moskauer Projektfirma ST Nowaja Gollandija eingereicht hatte, löste keinerlei laute Proteste aus und wird seit Kurzem bis voraussichtlich zum Jahr 2010 realisiert.

Auch Rem Koolhaas will für seinen Erweiterungsbau der Eremitage jedweden Skandal vermeiden. Wie sein Büro AMO im Juni 2007 bekannt gab, soll die Erneuerung dieser traditionsreichen Institution nicht durch zeichenhafte Architektur markiert werden. Seinen kuratorischen Masterplan beabsichtigt der Rotterdamer im Rahmen einer internationalen Tagung sowie in einer Ausstellung zu präsentieren und zur Diskussion zu stellen.

Mit der Erschließung des Marktpotenzials in den russischen Regionen, die im Vergleich zu Moskau und Sankt Petersburg »Provinz« genannt werden, haben ausländische Architekten erst in den vergangenen drei Jahren begonnen. Grund dafür sind nicht vorrangig schwierige Standortbedingungen, sondern zögerliche Investitionen in den Bausektor.

Doch neuerdings wächst mit den weiter steigenden Gewinnen aus dem Öl- und Gasgeschäft bei den russischen Rohstoffkonzernen auch die Bereitschaft, in den Städtebau zu investieren. Zwar geht es den Investoren dabei in erster Linie um Imagegewinn und Steuerentlastung. Doch Projekte wie der Geschäfts- und Unterhaltungskomplex *Werschina* (Gipfel), der nach einem Entwurf von Erick van Egeraat seit August 2006 im sibirischen Erdölzentrum Surgut gebaut wird, steigern auch die Lebensqualität der Einwohner nachhaltig. Mit ähnlicher Ambition hat Norman Foster im Frühjahr 2007 seinen diamantähnlichen Ökoturm für Chanty-Mansijsk – zwischen Uralgebirge und Sibirien gelegen – entworfen, der als weithin sichtbare Landmarke und als Schutzschild vor dem harschen Klima dienen soll.

> Foster and Partners: *Urban Entertainment Center*, Chanty-Mansijsk (2007)

Von den wachsenden Einnahmen aus der Wirtschaft in den Verwaltungsdistrikten jenseits von Moskau und Sankt Petersburg profitieren auch die regionalen und munizipalen Strukturen. Seit der damalige Präsident Putin den Gouverneuren vor sechs Jahren mehr Macht und Entscheidungsfreiheit übertragen hat, wollen einige von ihnen ihre Gebiete vom Stigma der »Zurückgebliebenheit« befreien und das Image durch internationale Stararchitektur aufpolieren. Andererseits möchten sie sich selbst mit öffentlichen »Leuchtturmprojekten« in »ihren« Städten ein Denkmal setzen. So wird derzeit im fernöstlichen Jakutsk – der Hauptstadt von Sacha (Jakutien) – nach einem Wettbewerbsentwurf des New Yorker Büros Leeser Architecture ein »Welt-Mammut- und Permafrostmuseum« mit wissenschaftlichem Forschungszentrum gebaut. Im Juli 2007 ging Erick van Egeraat als Sieger aus dem internationalen Wettbewerb für die Nationalbibliothek von Kasan – Hauptstadt der autonomen Republik Tatarstan im Wolgagebiet – hervor. Als kulturelle und architektonische Attraktion soll der 81.000 Quadratmeter große Komplex mit einem 18 Meter hohen Atrium soll das Stadtleben bereichern.

In Perm wurde im Frühjahr 2007 der offene internationale Wettbewerb für den Neubau des *Permmuseum XXI* ausgeschrieben, der das neue, leuchtende Wahrzeichen der grauen Schwermetall- und Rohstoffverarbeitungsmetropole im Ural werden soll. Organisator des Wettbewerbs war das *Staatliche Zentrum für zeitgenössische Architektur*. Zwei erste Preise wurden im März 2008 vergeben: an den jungen Architekten Boris Bernaskoni aus Moskau und an den Schweizer Valerio Olgiati.

In absehbarer Zeit wird sich die internationale Architektur bis in den Fernen Osten durchsetzen und auch für deutsche Planer neue anspruchsvolle sowie weitreichende Aufgabenfelder schaffen.

Deutsche Architekten im neuen Russland

Unter den zahlreichen ausländischen Playern auf dem russischen Immobilienmarkt haben sich deutsche Architekten und Ingenieure heute wieder einen festen Platz erobert. Nach Angaben des Föderalen Lizenzierungszentrums bei der staatlichen Behörde für Bauwesen und Kommunalwirtschaft *Rosstrij* waren Anfang 2006 russlandweit 736 ausländische Bau- und Planungsgesellschaften nach russischem Recht lizenziert – unter ihnen 38 deutsche. Von etwa 30 in Moskau tätigen Unternehmen haben 15 eine Repräsentanz oder eine russische Tochtergesellschaft registriert. Die meisten Büros wurden in Kooperation mit russischen Partnern gegründet, um die in Russland geforderte Baulizenz zu erhalten. Das traditionsreiche Label »Made in Germany« verhilft nicht nur deutschen Handelswaren, sondern auch deutschen Architekten auf dem russischen Markt zu Popularität. Wie vor dreihundert Jahren schätzen die russischen Auftraggeber auch heute noch im Allgemeinen die Gründlichkeit, das Qualitätsbewusstsein und die technischen Fertigkeiten deutscher »Baumeister« und im Speziellen das technische und planerische Know-how in der Generalplanung sowie das komplexe, vorausschauende Denken im Planungsprozess. Diese Kompetenzen verschaffen deutschen Architekten im Russland des 21. Jahrhunderts einen kleinen Vorsprung vor den

< Obermeyer Planen + Beraten: Flughafenterminal Moskau-Wnukowo (2004–2008)

<< Obermeyer Planen + Beraten: Flughafenterminal Moskau-Domodedowo (2006–2020)

russischen und ausländischen Kollegen. In den vergangenen 15 Jahren haben sowohl etablierte deutsche Architekturbüros als auch junge, abenteuerlustige Architekten den Start auf dem russischen Markt gewagt. Dabei hing der Erfolg ihres Engagements nicht in erster Linie vom Image des Büros oder von der Qualität der Projekte ab. Ausschlaggebend war neben guten Sprachkenntnissen und interkultureller Kompetenz vor allem ein umfangreiches Wissen über die Marktspezifik, Ausdauer und Kompromissbereitschaft. Gestandene deutsche Planungsbüros konnten auf dem neu geöffneten russischen Markt an langjährige Kontakte aus sowjetischen Zeiten anknüpfen. Andere schafften ihren Durchbruch mit Pioniergeist oder im Rahmen von internationalen Wettbewerben. Eine Vielzahl deutscher Architekturbüros erhielt den Marktzugang über deutsche Investoren. Deutlich gestiegen ist in den vergangenen Jahren aber auch die Zahl der Aufträge von russischen Bauherren. Außerdem kommen gegenwärtig immer mehr Berufsanfänger in der Hoffnung auf einen erfolgreichen Karrierestart nach Russland. Ausgestattet mit einer fundierten Ausbildung und Basiskenntnissen der russischen Sprache machen sie sich in Moskauer Architekturbüros zunächst einen Namen, um später mit etwas Glück die russische Tochtergesellschaft eines deutschen Unternehmens zu leiten oder ein eigenes Büro aufzubauen.

Der Generalplaner Assmann Planen + Beraten aus Braunschweig ist das wohl am längsten in Russland aktive deutsche Planungsbüro. Zum Zeitpunkt der Öffnung des russischen Marktes konnte es an langjährige Erfahrungen und Kontakte anknüpfen, die es seit 1975 in der damaligen Sowjetunion gesammelt hat. 1998 wurde die Repräsentanz in Moskau, zwei Jahre später die Moskauer Tochtergesellschaft und 2005 ein eigenes Büro in Sankt Petersburg gegründet. Seither führt das Unternehmen für deutsche und russische Auftraggeber die Generalplanung von Großprojekten im Industrie-, Handels- und Transportsektor aus. Zu seinen wichtigsten Projekten zählen der Flughafenterminal *Scheremetjewo-1*, das *MAN-Service-Center* und das *Daimler Aftersales Center* in Moskau, der *Appliance Park* für Bosch-Siemens in Sankt Petersburg sowie die Wolga-Brauerei für Heineken in Nischni Nowgorod und das *MEGA Family Shopping Center* in Kasan.

Ebenfalls 1998 hat das Münchener Büro Obermeyer Planen + Beraten seine Moskauer Niederlassung eröffnet, nachdem es zuvor im Rahmen von Kooperationen auf dem russischen Markt aktiv gewesen war. 2002 wurde die Tochtergesellschaft Obermeyer Consult gegründet. Inzwischen hat der Generalplaner bereits über 50 Projekte in Russland realisiert. Durch gute Kontakte zu den Moskauer und regionalen Strukturen sowie zu den ehemaligen staatlichen Planungsbehörden konnte Obermeyer in den vergangenen vier Jahren große Infrastrukturprojekte akquirieren, darunter den Erweiterungsbau für den Flughafen Nowosibirsk und die Realisierung der neuen Passagierterminals für die Flughäfen Wnukowo und Domodedowo. Eines der großen Zukunftsprojekte in Moskau ist die Revitalisierung des Ausstellungsgeländes WDNCh mit den denkmalgeschützten Pavillons der früheren *Ausstellung der volkswirtschaftlichen Errungenschaften*

> von Gerkan, Marg und Partner: Moskauer Bahnhofsdreieck (Gutachten 2002)

> Eller + Eller Architekten: *Caspiy Plaza Shopping Center*, Moskau (2007)

>> Eller + Eller Architekten: *Kutuzovsky International Center*, Moskau (2005–2009)

der UdSSR. Die Masterplanung für die Errichtung eines neuen *Russischen Messezentrums* wurde 2006 von der Moskauer Stadtregierung bereits abgenommen und durchläuft nun einen zweijährigen Entscheidungsprozess. Auch künftig will sich Obermeyer Consult auf Infrastrukturprojekte, wie den Ausbau von Flughäfen, Autobahnen und Hochgeschwindigkeitsstrecken, konzentrieren. Eine Zukunft sieht das Unternehmen für sich auch in den Bereichen Energie und Recycling.

Anfang der Neunzigerjahre kamen einige unternehmungslustige junge Architekten aus Deutschland nach Russland, um ihr Glück auf diesem viel versprechenden Markt zu versuchen. Zu diesen Pionieren zählt der Düsseldorfer Architekt Erasmus Eller, der das väterliche Büro Eller + Eller Architekten übernommen hat. 1993 ging er zunächst aus persönlichem Interesse und Neugier nach Moskau und gründete eine Niederlassung. Seine Vorstellung, für deutsche Auftraggeber in Russland tätig werden zu können, ließ sich zunächst nicht umsetzen, da diese damals das Risiko größerer Investitionen noch scheuten. Sozusagen aus der Not heraus begann Eller dann, mit risikobereiteren russischen Bauherren aus der Privatwirtschaft zusammenzuarbeiten, die ihr Geld in Immobilien anlegen wollten. Damit schuf er sich bei lokalen Investoren einen Vertrauensvorschuss, der ihm über zehn Jahre später Großaufträge sicherte und Eller + Eller Architekten zu einem der erfolgreichsten westlichen Architekturbüros auf dem russischen Markt machte. Ein Meilenstein auf diesem Weg war 1996 der Auftrag für den Neubau des Moskauer Hauptquartiers von DaimlerChrysler. Als 1999 – nach vielen Kämpfen mit den Moskauer Behörden und Grundstücksbesitzern – das Gebäude in Anwesenheit des damaligen russischen Präsidenten Putin und des DaimlerChrysler-Vorstandsvorsitzenden Jürgen Schrempp übergeben wurde, glaubte Erasmus Eller den Durchbruch auf dem russischen Markt geschafft zu haben. Im Jahr 2000 erhielt das moderne Bauwerk mit dem großen Atrium von Bürgermeister Luschkow sogar den Preis für das »Beste Bürogebäude in Moskau«. Doch danach folgte eine vierjährige Durststrecke. Als Eller jedoch 2004 wieder nach Moskau zurückkehrte, warteten deutsche und russische Auftraggeber bereits auf ihn. Mit seinem neu gegründeten Moskauer Büro erhielt er unter anderem die Aufträge für den Bau der Moskauer Hauptquartiere von Metro Cash & Carry, der Siemens AG und der Henkel AG. Das bislang größte Moskauer Projekt von Eller + Eller Architekten ist das Wohn- und Geschäftsviertel *Kutuzovsky International Center*, das seit 2001 geplant, 2004 von der MIRAX Group übernommen und in *Mirax Plaza* umgetauft wurde. Inzwischen haben die Düsseldorfer bereits den Entwurf für das *Mirax Plaza* in Kiew fertiggestellt und in der ukrainischen Hauptstadt ein Büro eröffnet. In Moskau arbeitet man zurzeit unter anderem an der Planung des Skiresorts *Stepanowo* bei Moskau und an einem Masterplan zur Revitalisierung des Moskauer Bahnhofsdreiecks.

2001 kam der Hamburger Stararchitekt Meinhard von Gerkan auf Einladung Luschkows zurück nach Moskau, um an der Planung für *Moscow City* mitzuwirken. Doch sein Markteinstieg gestaltete sich unerwartet schwierig. Trotz bester politischer Kontakte konnte er nicht an

< von Gerkan, Marg und Partner: Moskauer Regierungsviertel (Wettbewerb 2001)

seinen großen Wettbewerbserfolg von 1977 anknüpfen. So beklagte sich von Gerkan, dass der Moskauer Bürgermeister ihm nicht ausreichend Gestaltungsfreiheit lasse. Über zehn Projekte hatte das Team von gmp Architekten innerhalb von zwei Jahren für Moskau geplant, die alle aufgrund bürokratischer Hürden oder wegen Nichtanpassung an das »Gestaltungsdiktat« des Stadtoberhauptes unrealisiert blieben. Daraufhin zog sich Meinhard von Gerkan im Jahr 2003 enttäuscht vorläufig vom russischen Markt zurück.

Im selben Jahr gelang dem aus Sankt Petersburg stammenden Architekten Sergej Tchoban vom Berliner Büro nps tchoban voss zusammen mit dem Hamburger Architekturbüro Schweger & Partner ein bahnbrechender Wettbewerbssieg in Moskau. Sie erhielten den ersten Preis für ihren Entwurf des *Federation Tower* in *Moscow City*. Das 600-Millionen-Dollar-Projekt der MIRAX Group hat Symbolkraft für die neue deutsche Architektur in Russland, denn es ist beispielgebend für die Machbarkeit derart gigantischer Bauvorhaben und damit für die Überwindbarkeit bürokratischer und logistischer Hürden sowie zeigt die erfolgreiche Kooperation deutscher Planer mit russischen Bauherren. Inzwischen realisiert der »Rückkehrer« Tchoban bereits eine Vielzahl von Büro- und Wohnhäusern für private russische Auftraggeber in Moskau, Sankt Petersburg und in den russischen Regionen.

Auch andere deutsche Architekturbüros versuchten im Rahmen von internationalen Wettbewerben den Markteinstieg in Russland. 2004 gewannen die Münchener Architekten von K+P Architekten und Stadtplaner den Wettbewerb für den *Hochzeitspalast* von *Moscow City*, der nach jetziger Planung bis 2010 realisiert werden soll. 2006 beteiligte sich das Frankfurter Büro KSP Engel und Zimmermann Architekten zusammen mit der Bayerischen Baubetreuungs-GmbH am Wettbewerb für die Revitalisierung des Inseldreiecks *Nowaja Gollandija*, musste jedoch Norman Foster den Sieg überlassen. Einen ersten Preis konnte auch das Stuttgarter Büro Braun & Schlockermann im Wettbewerb für den Neubau des Zenit-Stadions in Sankt Petersburg nicht erlangen. Dagegen erzielte im Juni 2007 das Münchener Duo E+E Architecture and Urban Design (Peter Ebner, Michael Eichner) einen Überraschungserfolg im Auswahlverfahren zum Bau der *Converse Bank* in Moskau. Seit Langem ist Michael Eichner als Architekt und Dozent in Russland tätig. 2005 plante er eine Wohnsiedlung im Moskauer Norden und konnte bereits vielfältige Markterfahrungen sammeln. Zusammen mit seinem Münchener Kollegen Peter Ebner hat Eichner für das Bankhochhaus sich baumartig windende Zwillingstürme mit einer netzartigen Tragfassade aus Metall entwickelt, die sich sogar gegen einen Entwurf von Norman Foster haben durchsetzen können.

Nach einer vierjährigen »Versuchsphase« positionierte sich 2004 der Hamburger Stararchitekt Hadi Teherani mit BRT Architekten auf dem russischen Markt und verkündete, dass er nicht nur für ein Projekt nach Moskau gekommen sei, sondern langfristig und mit eigenem Büro in Russland präsent sein wolle. Im Sommer 2004 gründeten BRT Architekten mit dem einflussreichen

> BRT Engineering:
Geschäftspark *Setun Hills*,
Moskau (2005–2010)

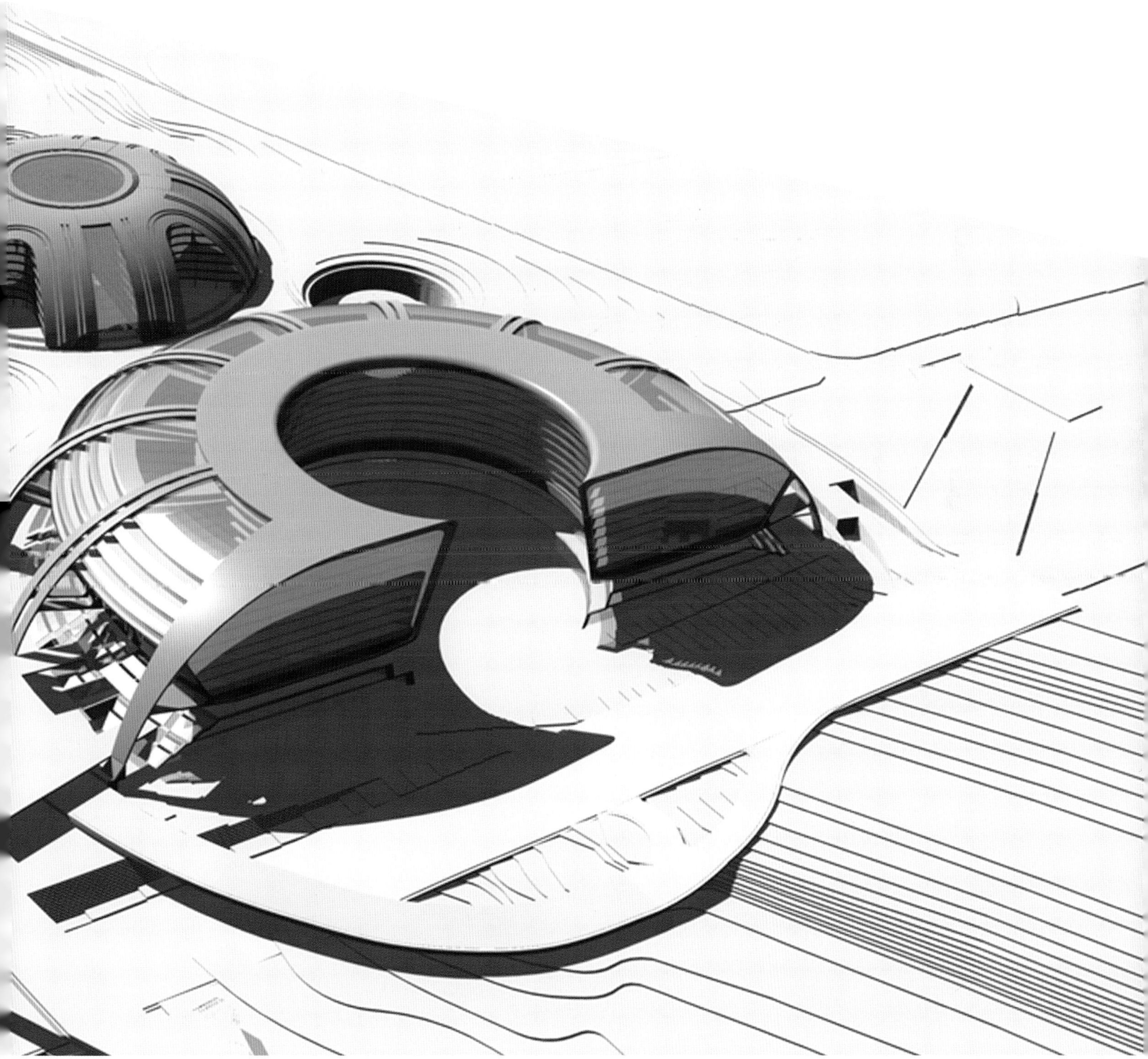

> Meuser Architekten BDA: *Lenin Hills Apartment*, Moskau (2007–2009)

Baukonzern INTEKO AG das Joint Venture BRT Rus. Seither generiert das Büros nach eigenen Angaben 60 Prozent seines Auslandsgeschäfts in Moskau. Bislang verläuft die Partnerschaft zum beiderseitigen Vorteil. Die deutschen Architekten profitieren vor allem von lukrativen Aufträgen im höherpreisigen Segment, von Kontakten und beim Umgang mit den russischen Behörden. Die Geschäftsführerin von INTEKO und Ehefrau Luschkows, Jelena Baturina, schätzt den hohen architektonischen Anspruch und die Qualitätsstandards der BRT-Projekte. Entsprechend dem Unternehmensprofil des Moskauer Partners hat BRT sich in Russland auf exklusive Hotel-, Wohn- und Bürobauten spezialisiert. Für das Stadtentwicklungsprojekt *Chodinskoje Polje* haben BRT Architekten den Multifunktionskomplex *Avia Park* geplant.

Das wichtigste Projekt des renommierten Stuttgarter Büros Behnisch Architekten in Moskau ist die Planung des multifunktionalen Transport-Terminals von *Moscow City*. Unklar ist derzeit jedoch, ob die bis 2009 geplante Fertigstellung erfolgen wird. Auch der Entwurf für den Appartement- und Bürokomplex am Zwetnoj Boulevard, den Behnisch Architekten 2004 für die CAPITAL Group erarbeitet haben, wird aller Voraussicht nach nicht realisiert. Trotzdem hat die Zusammenarbeit mit dem wichtigsten russischen Auftraggeber für internationale Stararchitekten den Stuttgartern die Tür zum russischen Markt geöffnet. Eine erfolgreiche Partnerschaft mit russischen Investoren konnte auch das in Stuttgart ansässige Architektenbüro 4A aufbauen. Der KROST-Konzern beauftragte die auf öffentliche Gebäude und Freizeiteinrichtungen spezialisierten Architekten mit dem Bau des Luxus-Wellnessparks *ELSE Club* sowie mit der Planung eines Einkaufs- und Freizeitzentrums, eines Wohnhochhauses und eines öffentlichen Gebäudekomplexes.

Unter den deutschen Planern, die ihren Markteinstieg über private russische Bauherren geschafft haben, sind auch das Berliner Büro Meuser Architekten BDA und das Wiesbadener Büro Willen Associates Architekten. Während sich Philipp Meuser seit 2003 durch die Konzeption zahlreicher Ausstellungen in ganz Russland einen Marktüberblick verschaffen und bei der Realisierung von Innenarchitekturprojekten erste Erfahrungen sammeln konnte, konzentrierte sich Jürgen Willen zunächst auf den Kontakt zu einem einzigen Moskauer Investor. Wichtigster Auftraggeber von Willen war zunächst die ROSE GROUP, die auf Luxusprojekte im teuersten Moskauer Wohnviertel, *Ostoschenka*, spezialisiert ist. Später kamen das auf Eliteprojekte ausgerichtete Bauunternehmen BARKLI und der Projektentwickler GUTA Development hinzu. Willens Auftragspalette reicht vom privaten Villenbau über Einkaufszentren in ganz Russland, den Geschäfts- und Appartementkomplex *Embankment* (heute *BARKLI Plaza*), bis hin zur Planung des Hauptquartiers der GUTA Holding in Moskau sowie eines Luxus-Wohnquartiers und eines Technologieparks in Sankt Petersburg. Untermauert hat der Wiesbadener sein Russlandengagement durch regelmäßige Präsenz auf der Internationalen Moskauer Architekturmesse *ArchMoskwa* und durch russischsprachige Mitarbeiter. Derzeit sind es bereits über 20 Projekte, die von Willen Associates Architekten in Russland geplant und realisiert wurden. Mit GUTA Development arbeitet das Büro

<< Koch + Partner: Stadtteilentwicklung *Lefortowo*, Moskau (Wettbewerb 2004)

< Meier-Scupin & Partner: Stadtteilentwicklung *Lefortowo*, Moskau (Wettbewerb 2004), 1. Preis

auch an der Planung des Wohn- und Freizeitquartiers auf dem Areal der ehemaligen Schokoladenfabrik *Roter Oktober* zusammen. Die Tatsache, dass Jürgen Willen gerade auf diesem – von deutschen Unternehmern gegründeten und von einem deutschstämmigen Architekten erbauten – Fabrikgelände im Sommer 2007 sein Moskauer Büro eröffnet hat, kann durchaus als Rückkehr deutscher Architekten zu ihren historischen Wurzeln betrachtet werden.

An die Tradition deutscher Baukunst in Moskau will auch der Freistaat Bayern anknüpfen, der die vormals langjährigen Wirtschaftsbeziehungen zu Russland seit 1990 wieder aufgenommen hat. Diese haben seither stark an Intensität gewonnen. Es ist keineswegs ein Zufall, dass unter den heute in Russland tätigen deutschen Architekturbüros die meisten aus Bayern kommen. Von allen deutschen Landesvertretungen hat die des Freistaats Bayern die besten Kontakte zur Moskauer Stadtregierung und zu Bürgermeister Luschkow persönlich. Die Repräsentanz Bayerns wurde 1995 eröffnet, seit 1997 reist jährlich eine bayerische Wirtschaftsdelegation unter Leitung des Staatsministers nach Moskau. Den Delegationen gehören stets auch Architekten an, für die Treffen mit Moskauer Investoren organisiert werden. 2004 kam zum Beispiel die Hälfte der 60-köpfigen bayerischen Delegation aus dem Bereich Bauwesen. 1999 wurde ein Partnerschaftsabkommen zwischen dem Freistaat Bayern und dem Moskauer Gebiet abgeschlossen. Seither präsentiert sich das größte deutsche Bundesland regelmäßig mit Wirtschaftstagen in der russischen Hauptstadt. Umgekehrt stellt sich Moskau jährlich mit hochkarätigen Delegationen, einem aufwendigen Stand und detaillierten Informationen über den Moskauer Immobilienmarkt auf der Internationalen Fachmesse für Gewerbeimmobilien EXPO REAL in München vor, um deutsche Investoren, Architekten und Bauunternehmen anzuwerben. Ein Musterbeispiel für langfristig angelegte Kooperationen im Bereich Städtebau und Stadtentwicklung im Rahmen der Wirtschaftsbeziehungen zwischen Bayern und Moskau ist der 2004 im Rahmen des *Deutschen Kulturjahres in Russland* durchgeführte Architekturwettbewerb zur Entwicklung des Stadtteils *Lefortowo*, der einstigen deutschen Vorstadt. An dem von der Moskauer Stadtregierung und der Obersten Baubehörde München ausgelobten städtebaulichen und landschaftsplanerischen Realisierungswettbewerb nahmen drei Moskauer Architekturbüros sowie die Münchener Meier Scupin & Partner zusammen mit Obermeyer Planen + Beraten, Herzog + Partner sowie K+P Architekten und Stadtplaner, jeweils in Arbeitsgemeinschaft mit Landschaftsarchitekten, teil. Je einen ersten Preis erhielten das Büro Mosprojekt-4 und die Wettbewerbsgemeinschaft unter Leitung von Meier Scupin & Partner – mit der Auflage, aus den prämierten Arbeiten ein gemeinsames Realisierungskonzept zu entwickeln. Die bis 2010 geplante Umsetzung des »staatstragenden« Vorhabens geriet jedoch 2007 aus baurechtlichen Gründen ins Stocken. Trotzdem besitzt dieses Projekt Symbolcharakter für die heutigen Aktivitäten und künftigen Perspektiven deutscher Architekten in Russland.

Ein weiteres Zeichen für die Wiederbelebung der Traditionen deutschen Planens und Bauens in Russland ist

> Kisho Kurokawa: Masterplan Astana 2030, (1998–2001)

>> Kasachischer Arbeiter auf der Baustelle des neuen Flughafens Astana, Architekt: Kisho Kurokawa (2001–2005)

auch die Gründung des *Klubs deutscher Architekten und Ingenieure* (KdAI) 2004 in Moskau. Der Klub sieht sich als »Plattform für Kollegen und Fachleute« und bestimmt seine Aufgaben vor allem in den Bereichen Erfahrungsaustausch, Information, Vermittlung von Kontakten und Transfer von Know-how. Im Herbst 2007 zählte der Interessenverband um die Vorstandsmitglieder Peter Knoch und Niko Rickert bereits über fünfzig »Gleichgesinnte«, die an das Erbe deutscher Architekten und Ingenieure in Russland anknüpfen. Mit regelmäßigen Veranstaltungen versucht der Verein, ein Netzwerk zu knüpfen und die Mitglieder damit aktiv in der Projektakquise zu unterstützen.

Bauen in Kasachstan und anderen GUS-Republiken

Durch das lukrative Geschäft mit Öl und Gas wurde vor etwa zehn Jahren auch im zentralasiatischen Kasachstan, dem neuntgrößten Land der Erde, ein geradezu sagenhafter Wirtschaftsboom in Gang gesetzt, mit dem unter anderem auch eine rasante Veränderung der urbanen Räume einhergeht. Seit der Entscheidung des kasachischen Staatsoberhaupts Nursultan Nasarbajew aus dem Jahr 1997, die Hauptstadt Kasachstans von Alma-Ata nach Akmola zu verlegen (1998 erfolgte die Umbenennung der Städte in Almaty und Astana), ist in beiden Metropolen ein Bauboom ausgebrochen, der in den letzten Jahren eine ähnliche Dynamik wie in Moskau erreicht hat. Die steigenden Erdöl- und Erdgasexporte des rohstoffreichen Landes ziehen umfangreiche Investitionen in den Bausektor nach sich, allein im ersten Halbjahr 2007 wuchs dieser um 36 Prozent. Milliardenbeträge werden insbesondere in den Neubau von hochwertigen Büroflächen gesteckt. Der Ausbau von Astana zur Hauptstadt und von Almaty zur Wirtschaftsmetropole Kasachstans erfordert zudem immense Investitionen in den Wohnungsbau und in den Dienstleistungssektor. 2005 hat die kasachische Regierung ein umfangreiches Wohnungsbauprogramm verabschiedet, das derzeit überarbeitet wird und bis 2010 die Fertigstellung von bis zu 27 Millionen Quadratmetern Wohnfläche vorsieht.

Für die Stadtentwicklung von Astana – der Name bedeutet im Kasachischen schlicht »Hauptstadt« – lässt sich eine weitere Parallele zum Geschehen in Moskau finden: die Persönlichkeit des Staatsoberhaupts Nasarbajew. Ähnlich wie der Moskauer Bürgermeister Luschkow repräsentiert der kasachische Präsident einen autokratischen Führungsstil und hat einen starken Drang, seine Macht durch monumentale Architektur zu demonstrieren. Doch während Luschkow in der russischen Hauptstadt neben einzelnen Prestigeobjekten im Stadtzentrum lediglich einen Quadratkilometer für die Verwirklichung seines Traums von *Moscow City* zur Verfügung hat, kann Nasarbajew seine Vorstellung von der idealen Hauptstadt auf 700 Quadratkilometern realisieren. Dabei denkt auch er mit Vorliebe in Superlativen und lädt sich ausländische Stararchitekten für die Errichtung möglichst spektakulärer Bauwerke in der kasachischen Steppe ein.

Im Jahr 1998 wurde ein internationaler Wettbewerb für die Masterplanung von Astana ausgeschrieben, aus dem der Japaner Kisho Kurokawa als Sieger hervorging.

< Foster and Partners: Baustelle *Palast des Friedens und der Versöhnung*, Astana (2004–2006)

Gemeinsam mit einer kasachischen Agentur und unter Einbeziehung des parallel erarbeiteten Konzepts der Saudi Bin Laden Group erarbeitete er bis 2001 den Plan für den Hauptstadtumzug. Eines der Ziele ist, das früher gerade einmal 250.000 und heute schon 550.000 Einwohner zählende Astana bis zum Jahr 2030 zu einer Millionenmetropole mit klaren und imposanten städtebaulichen Konstellationen umzubauen. Zum Konzept gehören neben der Schaffung einer Regierungs- und Verwaltungsspange von 800 mal 8.000 Metern mit repräsentativen Bauten der Regierung und der größten kasachischen Ölfirmen auch der großmaßstäbliche Neubau von Wohnquartieren und Gewerbeflächen, die Erschließung riesiger Freizeitareale und der Ausbau der Infrastruktur. Angeblich als Dank für die japanisch subventionierte Masterplanung lässt Nasarbajew nun den Entwurf Kurokawas für den neuen internationalen Flughafen realisieren. Ein weiteres Architekturspektakel inszenierte der kasachische Präsident, indem er 2003 Lord Norman Foster die Zusage für den Bau einer jeweils 62 Meter hohen, breiten und tiefen gläsernen Riesenpyramide, den *Palast des Friedens und der Versöhnung*, gab. Das als Veranstaltungsort geplante Monument wurde am 1. September 2006 am Ende der axialen Paradestraße im neuen administrativen Zentrum der kasachischen Hauptstadt eröffnet. Seither wird die internationale Architekturwelt von immer neuen, spektakulären Megaprojekten in Kasachstan überrascht. Im Dezember 2006 meldete BBC, dass die kasachische Regierung Fosters Entwurf für ein 150 Meter hohes Riesenzelt mit temperiertem Indoor-Stadtteil und acht unterirdisch angebundenen Hochhaustürmen realisieren will.

Die Hauptstadtinszenierung von Astana zeigt deutlich, dass Präsident Nasarbajew seinen neuen Regierungssitz, der vor dem Umzug eine sowjetisch geprägte, provinzielle Industrie- und Agrarstadt war, nicht nur zu einer international anerkannten, modernen Metropole ausbauen will. Er plant damit auch die Errichtung seines eigenen Machtzentrums im vormals unterentwickelten Norden von Kasachstan und im Zentrum Eurasiens.

Andererseits hat die ehemalige Hauptstadt Almaty im Südosten Kasachstans bislang nichts von ihrer Bedeutung als Kultur-, Wissenschafts- und Finanzzentrum des Landes eingebüßt. Die mit 1,3 Millionen Einwohnern größte kasachische Stadt ist eine gewachsene Metropole und genießt seit 1997 den autonomen Sonderstatus der »südlichen Hauptstadt«. 77 Prozent des Bruttosozialprodukts von Almaty werden im Dienstleistungssektor erwirtschaftet. Da die klimatischen Bedingungen in der Stadt der Apfelbäume am Fuße des nördlichen Tianshan-Gebirgszugs wesentlich angenehmer sind als in der Steppenstadt Astana, ist auch der Wohnungsbausektor viel breiter entwickelt. Städtebauliche Projekte entstehen in Almaty nicht unter dem Geschmacksdiktat Nasarbajews, sondern sind an den Richtlinien des freien Marktes orientiert. Daher haben ausländische Architekten und Bauunternehmen hier größere Möglichkeiten zur Entfaltung.

Die Marktchancen für deutsche Architekten in Kasachstan sind – aus verschiedenen Blickwinkeln betrachtet – außerordentlich Erfolg versprechend. Die seit den Deportationen unter Stalin in Kasachstan angesiedelte

> Braun Schlockermann Dreesen: Wohngebäude *Luxus House*, Astana (2005–2009)

deutsche Minderheit ist heute gut in die multikulturelle Gesellschaft des zentralasiatischen Staates integriert. Trotz der Rückwanderungswelle über Russland nach Deutschland beträgt ihr Anteil an der Bevölkerung noch beachtliche 2,7 Prozent. Die Deutschen werden von ihren kasachischen Landsleuten auch heute für ihre handwerklichen Fähigkeiten und ihren hohen Qualitätsanspruch geschätzt. Aus diesem Grund wird deutschen Unternehmern – unter ihnen Architekten und Ingenieure – von kasachischen Auftraggebern ein gewisser Vertrauensvorschuss geschenkt.

Lutz Grundmann, Chef des Leipziger Architektur- und Planungsbüros Behr Grundmann & Associates, das im November 2006 eine Geschäftsstelle in Almaty eröffnete, sagte im Frühjahr 2007 in einem Interview der *Deutschen Allgemeinen Zeitung* (Wochenzeitung der deutschen Minderheit in Kasachstan), er habe die Chancen für sein Unternehmen auf dem kasachischen Markt darin erkannt, dass nach der Abwanderung von Ingenieuren, Architekten und Spezialisten Anfang der Neunzigerjahre nun diese Berufe neu zu besetzen seien. Den Markteinstieg wagte er über eine Firmenpräsentation auf der Baumesse *KazBuild* in Almaty. Innerhalb weniger Tage konnte Grundmann 50 Geschäftskontakte zu privaten Bau- und Industriefirmen knüpfen, die ihm später Aufträge für mehrere Jahre einbrachten – darunter die Planung einer großen Wohnanlage in Almaty, ein Flächennutzungskonzept in Tschimkent sowie eine Tiefgarage und eine Fabrik.

Auch über russische Auftraggeber ist der Markteinstieg in Kasachstan möglich. Als ehemalige Sowjetrepublik hat das Land immer noch eine enge politische und wirtschaftliche Bindung an Russland. Daher haben die russischen Immobilien- und Bauunternehmen bei der Erschließung des kasachischen Immobilienmarkts kaum Barrieren zu überwinden. Vorherrschende Sprache ist nach wie vor Russisch und alte Seilschaften scheinen immer noch bestens zu funktionieren. An erster Stelle steht unter den russischen Investoren in Astana und Almaty die Moskauer INTEKO AG. Sie realisiert bereits große Projekte im Bürosektor und könnte in Kürze dem Hamburger Partner BRT Architekten zum Markteinstieg in Kasachstan verhelfen. Zusammen mit dem Moskauer Projektentwickler Agiplan CIS hat die Duisburger aIB Agiplan Bauplanung GmbH den Auftrag für die Masterplanung eines Industrie- und Logistikparks im Nordwesten von Almaty übernommen. Das 480 Hektar große Areal wird von nationalen und internationalen Investoren erschlossen. Die Stadtplaner vom Berliner Büro Planungsgruppe 4 erhielten im Jahr 2004 vom kasachischen Investitions- und Projektentwicklungsunternehmen TS Engineering den Auftrag für die Masterplanung zur Neugründung des Stadtquartiers *Kargaly City* in Almaty. Der Developer mit Sitz in Almaty gehört zu den nationalen Marktführern im Bau- und Immobiliengeschäft, sein Spektrum reicht von Gutachten über Schlüsselfertigbau bis zu großen Stadtentwicklungsprojekten.

2006 beauftragte das Investitionsunternehmen Mercury Invest LLC die PCG Planungs- und Consulting-Gesellschaft aus Hannover mit dem Neubau des Hotelkomplexes *Holiday Inn Almaty*, dessen Geschäftsführung die britische InterContinental Hotels Group innehat. Die

< Meuser Architekten BDA: Denkmalgerechter Umbau der früheren US Embassy zur Außenstelle der Ambassade de France, Almaty (2006–2009)

Exklusiv-Herberge ist bereits das dritte internationale Kettenhotel in der südlichen Metropole Kasachstans.

Einer der Hauptakteure in der »Hauptstadtinszenierung« von Astana ist das dort ansässige Bauunternehmen StroyTekh. In diesem Jahr liefert es mit dem Hochhauskomplex *Luxus House* am südlichen Ufer des Flusses Ischim einen Baustein für die Umsetzung des Masterplans von Kurokawa. Der 65 Millionen Dollar teure deutsche Schlüsselfertigbau von Braun & Schlockermann und Partner aus Frankfurt am Main bildet den Startpunkt für die Erschließung des modernen Wohngebiets *Samal*.

Ebenso erfolgreich konnten sich deutsche Architekten gemeinsam mit internationalen Auftraggebern auf dem kasachischen Markt etablieren. So etwa hat sich das Berliner Büro Meuser Architekten BDA auf Corporate Office Design spezialisiert und realisiert heute in ganz Kasachstan hochwertige Büroflächen für Global Player wie die Lufthansa AG und die ABN AMRO-Bank. Den Einstieg in den schwer berechenbaren kasachischen Markt schaffte das junge Büro quasi mit Diplomatie: über Projekte für die British Embassy, die Deutsche Botschaft und die Ambassade de France in Astana – im Zusammenhang mit deren Umzug in die neue kasachische Hauptstadt. Inzwischen haben sich die Architekten eine eigene Marktnische gesichert und beraten unter anderem diplomatische Vertretungen bei der Immobiliensuche im rasant wachsenden Astana.

Für die *Deutsche Gesellschaft für Technische Zusammenarbeit* (GTZ) hat das Münchener Büro Henn Architekten 2005 die Möblierung des Plenarsaals im neuen Parlamentsgebäude von Astana übernommen. Finanziert wurde das Projekt von der Saudi Bin Laden Group, die den massiven Regierungsbau von einem saudi-arabischen Architekten errichten ließ. Ein international viel beachtetes »Vorzeigeprojekt« für das Engagement deutscher Architekten in Kasachstan ist der Entwurf für das Wohngebiet *Butakowka* bei Almaty, mit dem das renommierte Stuttgarter Büro Behnisch Architekten zusammen mit den Architekten von Harder III Stumpfl im Dezember 2006 einen Wettbewerb gewann. Im Sommer 2007 wurde von der neuseeländischen Baugesellschaft TSE Group Limited der Realisierungsauftrag für das innovative Wohnprojekt erteilt, das bei Fertigstellung 2009 zu den modernsten Siedlungen in Kasachstan gehören wird. Die wirtschaftliche Realität in Kasachstan rückt das Land immer stärker in das Blickfeld von Geschäftsleuten und Politikern. Für strategisch denkende Unternehmer und Staaten ist es schon jetzt ein ernst zu nehmender Wirtschaftspartner, für Architekten aus Deutschland und der ganzen Welt ein wichtiger Zukunftsmarkt.

Auch in anderen Ländern der ehemaligen Sowjetunion und heutigen Gemeinschaft Unabhängiger Staaten (GUS) zeichnet sich ein stetiges Wirtschaftswachstum ab und die Investitionen in den Bausektor nehmen – teils dynamisch, teils schleppend, jedoch kontinuierlich – zu. Die Regierung in Aserbaidschan hat seit der Erklärung ihrer Unabhängigkeit 1991 auf eine expansive Förderung der großen Erdöl- und Erdgasreserven des Kaspischen Meers mit Hilfe westlicher Unternehmen gesetzt. Damit knüpft das Grenzland zum Nahen Osten an seine

> Jäckle, Laube, Zamami: Goethe-Institut Tbilissi, Umbau (2002–2004)

Tradition an: Im Jahr 1848 fand in der Hauptstadt Baku die erste Ölbohrung der Welt statt. Die damaligen »Ölkönige« – darunter Robert Nobel, der ältere Bruder von Alfred Nobel – setzten eine beispiellose architektonische Erneuerung in Gang, indem sie sich von westeuropäischen und Sankt Petersburger Architekten im südlichen Stadtteil von Baku Paläste im neogotischen, neobarocken und neoklassischen Stil errichten ließen. Der Ölboom der Gegenwart etabliert nun den *International Style* in der aserbaidschanischen Hauptstadt. Zu den großen Vorhaben zählt der Umbau des 180 Meter breiten und 3.300 Meter langen Boulevards von Baku – der historischen Strandpromenade am Kaspischen Meer. Mit der Masterplanung wurde 2005 das Frankfurter Büro Albert Speer & Partner beauftragt. Im Rahmen dieses politisch bedeutenden Projekts haben die Architekten auch ein Ideenkonzept zur Erweiterung der 26 Kilometer langen Flughafenstraße entwickelt, die von der Innenstadt Bakus zum einzigen internationalen Flughafen des Landes führt. Die rasante Wirtschaftsentwicklung und die auf weitere 20 Jahre vorausgesagten enormen zusätzlichen Staatseinnahmen in Aserbaidschan werden in Zukunft umfangreiche in- und ausländische Investitionen nach sich ziehen, von denen auch internationale Architekten profitieren können.

In der Ukraine ist seit der »orangefarbenen« Revolution 2004 – trotz unablässiger politischer Querelen – ein beachtlicher Wirtschaftsaufschwung zu verzeichnen, der auch in der zunehmenden Rohstoffgewinnung begründet ist. Nach dem Gasstreit im Januar 2006, als Russland den Preis für ukrainische Erdgasimporte an den internationalen Markt anglich, machte man sich in Regierung und Wirtschaft der ehemals zweitgrößten Sowjetrepublik ernsthaft Gedanken über neue Möglichkeiten der Eigenversorgung mit Energie. Das traditionelle Kohleförderland wird künftig stärker auf Öl, Gas und Wasser setzen. Der Erdöl- und Erdgasproduzent UkrNafta zählt zu den wichtigsten Energieunternehmen der Ukraine. 2004 lobte er einen Wettbewerb für den Neubau seines Hauptquartiers in Kiew aus, an dem sich unter anderen das Leipziger Architekturbüro Behr Grundmann Associates beteiligte und den zweiten Preis erhielt. Die Jahre der Unabhängigkeit haben auch in der städtebaulichen Entwicklung der Hauptstadt Spuren hinterlassen. Der Architekturjournalist Boris Jerofalow unterteilt die bis 2003 durchlaufenen Prozesse in vier Zeitabschnitte: die »historische« Etappe ab 1991 mit der Restaurierung von Kirchengebäuden und Baudenkmälern; die »politische« Etappe, die ab 1997 Symbole der neuen Macht hervorbrachte; die »ökonomische« Etappe ab 2000 mit dem Bau von Handelskomplexen sowie die ab 2001 einsetzende »infrastrukturelle« Etappe. Parallel zur Modernisierung von Bahnhöfen, Flughäfen und Brücken begann nach 2003 ein Boom im Büro- und Wohnungsbausektor. Im Zusammenhang damit vollzieht sich bis heute eine starke Veränderung der städtebaulichen Strukturen im historischen Zentrum von Kiew. Die expandierende Moskauer MIRAX Group baut derzeit auf einem ehemaligen Industriegelände im zentralen Schewtschenko-Bezirk bis 2009 den Wohn-, Büro-, Handels- und Freizeitkomplex *Mirax Plaza*, mit dessen Planung Eller + Eller Architekten beauftragt wurden. Die internationale Architektur der »osterfahrenen«

< Meuser Architekten BDA: Deutsches Generalkonsulat Kaliningrad, Visastelle (2006–2007)

<< Meuser Architekten BDA: Deutsches Generalkonsulat Almaty, (2006–2008)

Düsseldorfer Architekten, die nun auch mit einem Büro in Kiew vertreten sind, setzt neue Zeichen im Stadtbild von Kiew und in der Entwicklung der Ukraine zum stabilen Wirtschaftspartner in Europa.

Georgien hat – im Gegensatz zu den anderen GUS-Ländern – den konsequenten Weg der Unabhängigkeit von Russland in Richtung amerikanisch geprägter Demokratie beschritten, der allerdings eine Vielzahl von Problemen auf politischer und wirtschaftlicher Ebene mit sich bringt. Eines davon ist das durch einen Spionageskandal ausgelöste russische Weinembargo von 2006, in dessen Folge Georgien eine wichtige Einnahmequelle verloren hat. Unablässig hat das amerikafreundliche Land auch mit innenpolitischen Problemen zu kämpfen, wodurch die Schaffung stabiler Investitionsbedingungen verhindert wird. In der georgischen Hauptstadt Tbilissi stehen die Stadtplaner seit 1994 vor dem Problem, dass sich ihre Vorgaben nicht mit der rasant ansteigenden Bautätigkeit vereinbaren lassen. In der letzten Dekade wechselte fast jährlich der städtische Chefarchitekt und es gibt keine einheitliche Planungsgrundlage für die schwierig zu bebauende Stadt mit ihrem gebirgigen Bodenrelief. Die fünf Stadtbezirke entwickeln sich fast völlig losgelöst voneinander und es entstehen neue Gebäude, ohne dass die Stadtverwaltung an der Planung beteiligt ist. Andererseits bieten sich für private Investoren gerade unter diesen »unkontrollierten« Umständen Chancen zum Bau moderner Architektur. Seit 2005 plant das Berliner Architekturbüro GRAFT im Auftrag der New Hotel Company aus Tbilissi den Umbau des Hotels *Iweria*, das in den Zeiten der »Rosenrevolution« (2003) in Georgien zu Berühmtheit gelangte, zum zeitgemäßen Hotelkomplex. In Batumi, Hauptstadt der autonomen georgischen Republik Adscharien und Umschlagplatz für Erdölexporte aus Aserbaidschan, Kasachstan und Turkmenistan, fand 2004 ein politischer Machtwechsel statt, der internationale Investoren aus der Türkei, Kasachstan und Aserbaidschan anlockte. Gestärkt durch den Zufluss ausländischen Kapitals konnte 2007 ein internationaler Wettbewerb für den Neubau eines Aquariums ausgeschrieben werden, den der israelische Architekt Zvi Hecker gewann. Im Auftrag der Cartu Group, einem der größten georgischen Privatunternehmen, soll das avantgardistische Bauwerk künftig eine Attraktion für den Tourismusstandort am Schwarzen Meer sein (geplanter Baubeginn: 2009). Sobald sich die politischen Verhältnisse in Georgien stabilisiert haben, werden auch im südlichsten GUS-Land bessere Voraussetzungen für Investitionen aus dem Ausland und für die Etablierung internationaler Planungs- und Bauunternehmen geschaffen.

Das zentralasiatische Usbekistan nimmt in der Staatengemeinschaft eine starke Position ein und gewinnt als drittgrößter Baumwollexporteur der Welt sowie als bedeutender Gold- und Erdgasförderer stetig international an Einfluss. Das wachsende Selbstbewusstsein des – von Präsident Islam Karimow – autokratisch geführten, islamisch geprägten Staates spiegelt sich auch in der neuen Architektur von Taschkent wider. Die einstmals bedeutende Handelsmetropole an der Seidenstraße erfährt derzeit ein Facelifting zur »Global City«. An die Seite der neo-timuridischen Staatsarchitektur

> Wandel Hoefer Lorch + Hirsch: *Pixel 34 Hybrid Highrise,* Tbilissi (2005–2008)

treten moderne, spiegelverglaste Bauten wie die Gebäude der usbekischen Nationalbank, der Zentralbank, der Hauptquartiere ehemaliger oder noch staatlicher Unternehmen sowie Hotelbauten internationaler Ketten. Doch durch die nicht konvertierbare usbekische Währung steckt die Geschäftstätigkeit ausländischer Unternehmen noch in den Kinderschuhen. Folglich verschlägt es auch nur vereinzelt ausländische Architekten auf diesen schwer einschätzbaren Markt. Wenn überhaupt, so werden sie zumeist von Firmen- oder Auslandsvertretungen mit der Planung oder Innengestaltung von Gebäuden beauftragt, wie zum Beispiel das Berliner Architekturbüro Janka für den Neubau des Goethe-Instituts Taschkent. Die Planungsausführung müssen sie jedoch bislang einheimischen Baufirmen überlassen. Für ausländische Architekten und Ingenieure ist es derzeit noch praktisch unmöglich, eine Baulizenz in Usbekistan zu erhalten.

Eine ähnliche Situation herrscht auch in dem dünn besiedelten und stark religiös geprägten Tadschikistan, dem rückständigsten Mitglied der GUS. Zwar stellt die Hauptstadt Duschanbe mit etwa 630.000 Einwohnern, einer Staatsuniversität, der Akademie der Wissenschaften und zahlreichen Industriebetrieben ein bedeutendes politisches, kulturelles und wirtschaftliches Zentrum Zentralasiens dar. Doch sie kämpft auch noch mehr als 15 Jahre nach der Erlangung der Unabhängigkeit mit dem sowjetischen Erbe und es mangelt an repräsentativen Immobilien, die westlichen Standards entsprechen. Dieses Problem bekam auch die Deutsche Botschaft in Duschanbe zu spüren, als sie eine neue Unterbringung suchte: 2004 wurde das Architekturbüro Janka mit der Sanierung eines ehemaligen Schulgebäudes beauftragt.

Ein Großteil der tadschikischen Bevölkerung gehört den Ismailiten, einer islamisch-schiitischen Glaubensgemeinschaft, an. Deren Oberhaupt, Prinz Aga Khan IV., hat sich seit etwa fünf Jahren die Revitalisierung einiger unterentwickelter Regionen zur Aufgabe gemacht. 2003 schenkte er der Stadt Khorog ein Projekt zur Neugestaltung des Stadtparks. Mit der Masterplanung wurde das Stuttgarter Planungsteam Gruppe S beauftragt. Die im Pamirgebirge, etwa 530 Kilometer von Duschanbe entfernt gelegene Stadt Khorog wird, neben Tekeli in Kasachstan und Naryn in Kirgisien, in naher Zukunft einer von drei Standorten der *University of Central Asia* sein. Im Juli 2004 erfolgte die Grundsteinlegung für den insgesamt zwölf Hektar umfassenden Winter- und Sommercampus auf dem Dasht-Plateau. Dieses einzigartige Projekt zeigt, dass sich auch ausländischen Architekten im Rahmen von Bildungs- und Entwicklungsprogrammen eine Chance zum Einstieg in den noch geschlossenen tadschikischen Markt bietet.

Perspektiven auf den Zukunftsmärkten

Der Blick in die Zukunft verspricht auch weiterhin Dynamik auf dem Markt für Architekturleistungen in Russland und den »nachziehenden« GUS-Republiken. Für den russischen Bürosektor werden mehr Berechenbarkeit durch längere Mietfristen, Umstrukturierung von Industriezonen, Auftrieb im Hochhausbau und bei multifunktionalen Komplexen sowie zunehmende Investitionen

< Albert Speer & Partner: Masterplan *Corniche and Boulevard Road*, Baku (2005–2007)

von Rohstoffkonzernen und ausländischen Investmentfonds prognostiziert. Auch sollen künftig Faktoren wie Bauqualität, Ausstattung und Funktionalität eine größere Rolle spielen. Ausländische Planer verfügen beim Bau von qualitativ hochwertigen Flächen zu mittleren Preisen über beträchtliche Wettbewerbsvorteile. Deutsche Architekten und Planer haben insbesondere mit schlüsselfertigem Bauen – entweder als Generalplaner oder im Team mit Projektentwicklern und Planungsfirmen – stabile und langfristige Perspektiven in Russland, Kasachstan und den anderen Ländern der GUS. Weiter boomen wird auch der Einzelhandel. Zwar werden nicht mehr Wachstumsraten von bis zu 47 Prozent wie in den vergangenen Jahren auf dem russischen Markt zu erwarten sein. Doch auch bei künftigen Zuwächsen von acht bis zwölf Prozent bleiben Handelsimmobilien für Bauinvestoren attraktiv.

In den kommenden Jahren sind Markteintritte von globalen Handelsriesen und spezialisierten internationalen Ketten sowie die weitere Expansion russischer Einzelhändler und westlicher Handelskonzerne, wie METRO und ASHAN, zu erwarten. Der Industriebau in Russland und den anderen GUS-Ländern gehört zu den Segmenten mit den langfristig höchsten Wachstumsraten. Die Verlagerung von Industriegebieten an den Rand der Metropolen hat erst vor drei Jahren richtig begonnen, so dass der Bedarf an neuen Industrieansiedlungen sowie an Logistik- und Lagerobjekten kontinuierlich steigt. Eine lukrative Nische für internationale Planer und Investoren eröffnet sich in der Entwicklung moderner Industrie- und Logistikparks. Auch Spezialplaner für Gesundheits- und Sportbauten haben künftig gute Chancen sich zu etablieren, denn erst seit Kurzem wird von öffentlicher und privater Seite in diese Bereiche investiert. Eine sichere Marktchance ist gewiss auch der Bau von Parkhäusern in den Innenstadtbereichen der Metropolen – allen voran Moskau.

Eine langfristige Perspektive sieht die Aengevelt Immobilien GmbH & Co. KG für deutsche Planer und Ingenieure in den Bereichen Transport, Energie und Recycling, bei denen deutsche Technologien weltweit an der Spitze stehen. Auch in Russland und der GUS ist die Globalisierung längst angekommen und Probleme der Energieversorgung, der Logistik und der Müllentsorgung nehmen spürbar an Bedeutung zu.

Im Gegensatz zum Wirtschafts- und Infrastrukturbau, in dem sich bereits zahlreiche internationale Akteure etablieren konnten, blieb den ausländischen Investoren und Architekten im Wohnungsbau bislang fast ausschließlich die Nische des Luxus- und Premiumsegments vorbehalten. Spekulationen treiben – insbesondere in Moskau – die Verkaufs- und Mietpreise ständig in die Höhe und machen diesen Markt für ausländische Investoren auch weiterhin kaum zugänglich.

Ungeachtet der viel versprechenden Perspektiven des Markts werden die Risiken jedoch nicht wesentlich geringer und die Marktbedingungen bleiben schwierig. Hohe Intransparenz, Korruption, Unberechenbarkeit und Steuerlasten sowie zahlungsschwache Abnehmer und wachsender Kosten- und Konkurrenzdruck machen

> Willen Associates: Hauptquartier der GUTA Holding, Moskau (2006–2008)

einen Markteintritt für ausländische Planer auch in Zukunft nicht leicht. Der am meisten risikobehaftete Teil des Baugeschäfts ist nach wie vor der Erhalt von Baugenehmigungen. Die Moskauer Stadtregierung ist jedoch bemüht, das Investitionsklima in der russischen Hauptstadt spürbar zu verbessern und wird das Abstimmungs- und Genehmigungsverfahren weiter vereinfachen. Die unlängst gegründete *Städtische Kommission für Architektur, Bau, Entwicklung und Neugestaltung* ist für die Umsetzung der Bau- und Investitionsprogramme zuständig und wird künftig verstärkt Investitionsverträge mit großen privaten Bauunternehmen abschließen. Andere russische Städte werden sich an dieser Praxis ein Beispiel nehmen. Erschwerend für den Markteintritt westlicher Architekten ist hinzu gekommen, dass nun die Zeiten, in denen sie automatisch mit Vorschusslorbeeren bedacht wurden, endgültig vorbei sind. Insbesondere nach Moskau streben immer mehr ausländische Planungs- und Ingenieurbüros und internationale Top-Architekten geben sich die Klinke in die Hand. Dadurch ist der Markt professioneller, aber auch anspruchsvoller geworden. Es wächst die Zahl der einheimischen Konkurrenten, die ihre Heimvorteile ausspielen. Wirklich dauerhafte Marktchancen haben nur diejenigen Architekten, die große Referenzprojekte vorweisen und dem hohen Qualitätsanspruch der Investoren gerecht werden können.

Für die nahe Zukunft lassen sich folgende Trends und Tendenzen für den russischen Markt für Architekturleistungen feststellen: Der Bedarf an modernen Büroflächen wird für Moskau bis 2020 auf etwa 25 Millionen Quadratmeter und an Wohnraum auf 30 bis 35 Millionen Quadratmeter beziffert. Experten rechnen für den hauptstädtischen Markt mit einer jährlichen Flächenexpansion von einer Millionen Quadratmetern und einem Fertigstellungsvolumen von 800.000 Quadratmetern pro Jahr. Die Erschließung neuer Bauflächen wird sich dabei, neben den weiterhin begehrten Lagen innerhalb des Gartenrings beziehungsweise an seiner Peripherie, verstärkt auf dezentrale Lagen an und hinter dem äußeren Autobahnring konzentrieren. Erste Großprojekte, wie die Erschließung neuer *Mikrorajony* und Industrieparks am Rande der Hauptstadt, zeigen eine völlig neue Qualität der Flächenexpansion. Zwei Drittel der Einkaufszentren befinden sich schon heute vor den Toren Moskaus und der vorstädtische Wohnungsbau verzeichnet bereits stärkere Wachstumsraten als in der Hauptstadt. Aufgrund der geringeren Grundstückspreise wurde die Moskauer Region schon immer als Lager- und Logistikstandort bevorzugt. In Moskau selbst hält indes der Druck zur wertschöpfenden Umwandlung alter Industrieflächen in moderne Businessparks, Einkaufszentren, Wohnquartiere und Kulturinseln weiter an. Die russische Hauptstadt mit ihren fast elf Millionen Einwohnern bleibt also für ausländische Architekten und Bauunternehmen die allererste Adresse für ein Engagement. Vor allem auch, weil hier die größten russischen Bauherren sitzen und ausländische Investoren zuerst in das Macht- und Finanzzentrum des russischen Riesenreichs kommen. Außerdem treibt der Moskauer Bürgermeister Juri Luschkow zusammen mit seiner Ehefrau und INTEKO-Chefin, Jelena Baturina, das Baugeschehen unermüdlich voran und lässt immer neue städtische

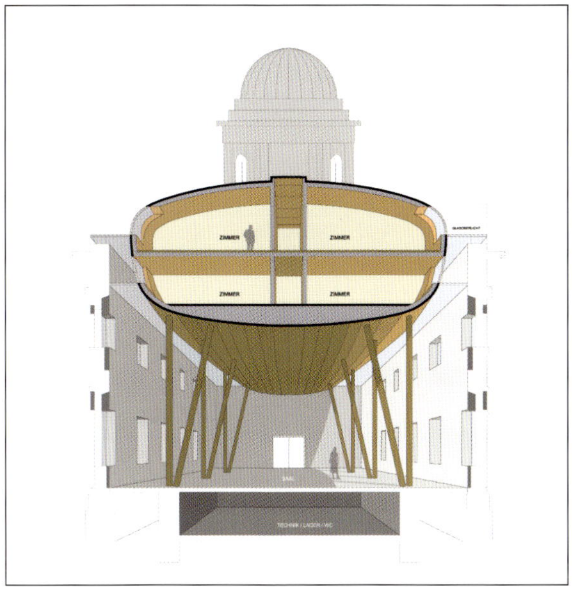

< ena/Wilford Schupp Architekten GmbH/ Weinbrenner und Single Arbeitsgemeinschaft: Ökumenisches Begegnungszentrum St. Annen, Sankt Petersburg (2006)

<< von Gerkan, Marg und Partner: Zentralkomplex in *Moscow City* (Wettbewerb 2001)

Großprojekte in allen Bereichen entwickeln. Allerdings: Moskau ist und bleibt ein Platz für Mutige.

Die zweite Option in Russland wird auch künftig Sankt Petersburg mit seinen knapp fünf Millionen Einwohnern sein. Auch wenn die Newa-Metropole in den vergangenen Jahren ein strapaziertes Verhältnis zur modernen Architektur entwickelt hat, schlummert hier reiches Potenzial für westliche Architekten und Baugesellschaften. Der Moskauer Trend zum Neubau von Büro- und Wohnhäusern sowie Einzelhandelsflächen, zum massiven Ausbau der Infrastruktur und zur Revitalisierung von Industrieflächen hat auch in Sankt Petersburg schon eingesetzt und lockt in- und ausländische Investoren an. Zudem wurde mit der flächendeckenden Sanierung der Altbausubstanz begonnen, um die reiche Architektur der Vergangenheit vor dem endgültigen Verfall zu retten.

Neue, spannende Märkte entwickeln sich derzeit auch in den weiteren 32 Großstädten Russlands. Neben den Metropolen Nowosibirsk, Nischni Nowgorod, Jekaterinburg, Samara, Omsk und Kasan gibt es sieben weitere Städte mit über einer Million Einwohner sowie 19 Städte mit mehr als 500.000 Einwohnern. Noch läuft das Baugeschäft hier in ruhigeren Bahnen, aber einzelne Projekte zeigen, dass sich dies schon in naher Zukunft ändern wird. Das von Daniel Wihelmi, Autor des Buchs *Emerging Markets* (München 2006), als »schlafender Riese« bezeichnete Russland beginnt zu erwachen. Alles Bisherige, so Wihelmi, sei nur ein »Umdrehen« auf die andere Seite gewesen. Westliche Architekten – unter ihnen zahlreiche deutsche – warten gespannt auf den Moment, in dem der »russische Bär« zu vollem Bewusstsein kommt.

Auch in den anderen zehn GUS-Ländern zeichnet sich in Bezug auf die Bautätigkeit ein Erwachen ab, das große Potenziale für ausländische Investoren und Architekten freisetzen wird. An erster Stelle in Sachen Bauboom steht nach Russland Kasachstan mit seiner prosperierenden Hauptstadt und den wachsenden Regionalzentren. Das zweitgrößte Bruttoinlandsprodukt in der GUS erwirtschaftet die Ukraine, hier erfolgen allerdings weniger ausländische Investitionen in den Bausektor. In Weißrussland sind internationale Planer nur sporadisch zu finden und der Erhalt einer Baugenehmigung für westliche Architekturbüros ist, wie auch in Usbekistan, noch hoch kompliziert. Nach Aserbaidschan hingegen fließen zunehmend mehr internationale Investitionen, die einen lukrativen Markt für ausländische Architekturleistungen schaffen. Tadschikistan ist für internationale Architekten bislang nur über staatliche Auftraggeber zugänglich. In Armenien wurde zwar im Jahr 2003 ein internationaler Wettbewerb für den Neubau des *Museums für moderne Kunst* in Jerewan ausgeschrieben. Deutsche Architekten bauen jedoch gar nicht oder nur vereinzelt in dem krisengeschüttelten Land. Auch die Agrarländer Moldawien und Kirgisien werden in absehbarer Zeit keinen Bauboom erleben.

Neues Planen und Bauen in Russland und der GUS steht vor Ort in enger Wechselbeziehung zum gewinnbringenden Geschäft mit den Ressourcen Erdöl, Erdgas, Gold

> Eller + Eller Architekten: Geschäftshaus *European Plaza*, Kiew (2007–2010)

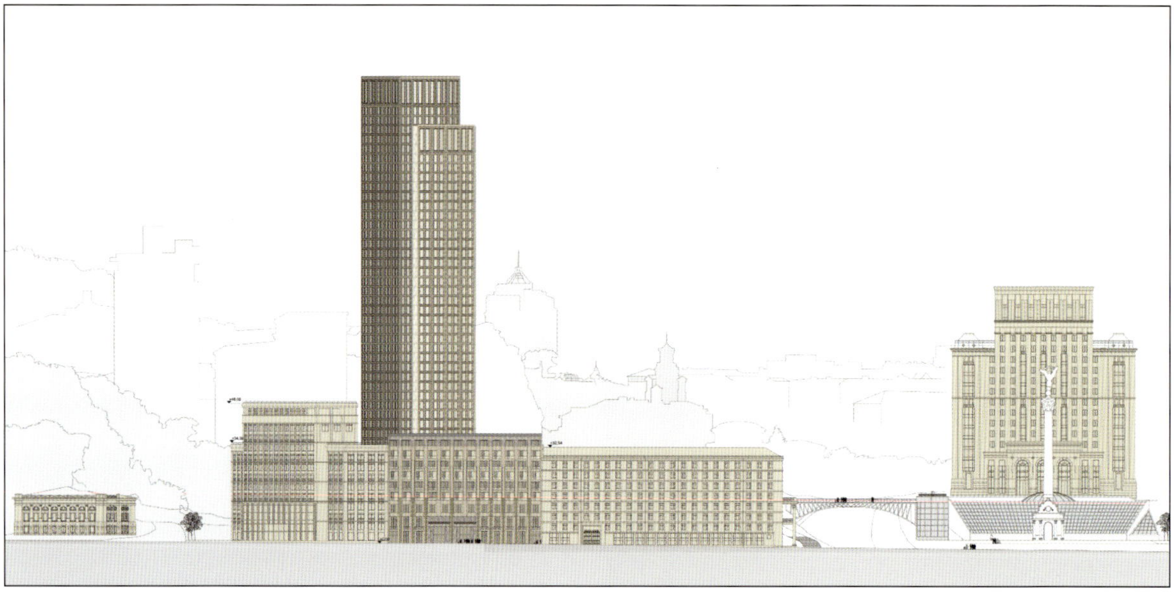

und Diamanten. Ungeachtet dieser durch die Globalisierung geschaffenen wirtschaftlichen Logik bedarf es für die Gewinnung der Bodenschätze eines hohen Maßes an Abenteuerlust, Mut zum Risiko und Entdeckerdrang. Gewappnet mit diesen Eigenschaften konnten auch die deutschen Architekten, die sich seit 1991 auf die Zukunftsmärkte im Osten gewagt haben, in der Mehrzahl interessante Geschäftsfelder eröffnen und sich solide Perspektiven sichern – und der Reichtum an Bodenschätzen in Russland wird noch einigen Generationen von Architekten gute Geschäfte bescheren.

Die vorliegende Publikation präsentiert einen aktuellen Überblick über die Aktivitäten deutscher Architekturbüros in Russland und der GUS seit dem Jahr 2000. Die Palette der ausgewählten Projekte reicht vom Büro-, Hotel- und Wohnungsbau bis hin zu Einzelhandelsimmobilien, Infrastrukturbauten und Stadtentwicklungsprojekten auf den Zukunftsmärkten in Osteuropa, Zentralasien und den Grenzländern zum Nahen Osten. In den Beschreibungen der einzelnen Projekte werden detaillierte Informationen zu den Hintergründen der Auftragserteilung, zu Investoren und Bauherren sowie zur Spezifik der jeweiligen Orte und Länder gegeben. Neben Trends und Tendenzen zur Entwicklung der lokalen Märkte sollen auch Informationen zu internationalen Kooperationen mit Bau- und Immobilienunternehmen in Russland und der GUS vermittelt werden.

Quellen

Fedoworow, Sergej G.: Carl Friedrich von Wiebeking und das Bauwesen in Russland 1800–1840, München/Berlin 2005.

Gejdor, Tamara: Aus der Geschichte der Wechselbeziehungen der beiden benachbarten Völker. In: Deutsche Botschaft Moskau und Staatliches Museum für Architektur (Hg.): Deutsche Spuren in Moskau. Ein Architekturführer, Moskau 2003.

Kachcharova, Constanze: Russland – Markt für Architekturleistungen, Entwicklung der Bauwirtschaft und der Architekturleistungen, Online-Dokument erhältlich unter www.bfai.de

Kierdorf, Alexander: Deutsche leben und bauen in Russland. In: Deutsche Botschaft Moskau und Staatliches Museum für Architektur (Hg.): Deutsche Spuren in Moskau. Ein Architekturführer, Moskau 2003.

Meuser, Philipp: Jenseits von Kommunismus und Kapitalismus. Die neue russische Architektur orientiert sich an historischen Vorbildern. In: Deutsches Architektenblatt, Ausgabe 08/2006, S. 10–13.

Senk, Walter: Das weite Land. In: Home & Office, Ausgabe 01/2007.

Voigt, Simone: Stararchitekten für die Steppe. In: Ost-West Contact, Ausgabe 07/2007, S. 10–12.

> Gerber Architekten: Internationales Messe- und Kongresszentrum, Jekaterinburg (Wettbewerb 2005)

МЕЖДУНАРОДНАЯ
И ЦЕНТР КОНГРЕССА ЕКАТЕРИНБУРГ

Simone Voigt

German Architects in Russia

German architects have been working in Russia since the sixteenth century. During the seventeenth century they grew in cultural and political importance as the Russian baroque became increasingly influenced by western design, and after a new settlement was founded to the east of Moscow, in what is now the Lefortovo district. This housed mainly immigrants from Germany (but also from France, Sweden, Holland, Denmark, Switzerland and Britain), and was named Nemezkaya Sloboda, meaning "German suburb". When Peter the Great founded St Petersburg in 1703, many prominent west European architects moved to the city. One was the Prussian architect and sculptor Andreas Schlüter who, together with his pupil Johann Friedrich Braunstein, designed the Grand Palace (the tsars' summer residence in Peterhof) as well as Monplaisir castle.

During the second half of the eighteenth century, the tsarinas Elizabeth I and Catherine II, both of German origin, began opening up the Russian empire to the west. In 1787, Catherine commissioned the German-born architect Georg Felten to build the Old Hermitage for her growing art collection. She also patronized Karl Blank and other German or German-born architects in Moscow and elsewhere.

A construction and waterworks committee was founded in 1816 during the reign of Tsar Alexander I, with members including the German-born Konstantin Thon and leading transportation engineers from Russia and western Europe. As part of the reorganization of the Russian construction industry, the country's first technical university was built in St Petersburg, with the head of Bavaria's roads and bridges administration, Carl Friedrich von Wiebeking, playing a major part in its establishment. Tsar Nicholas I continued the close architectural relationship between Bavaria and St Petersburg, commissioning Leo von Klenze, court architect to Ludwig I of Bavaria, to design the New Hermitage. This was constructed between 1839 and 1851.

Konstantin Thon, the son of a German jeweler, was Russia's leading architect of his time. His most important projects in Moscow included the cathedral of Christ the Redeemer, the Great Kremlin Palace and the Armory, which set the tone for the "Russian style" of the 19th century. Roman Ivanovich Klein, the son of a German-born Moscow merchant, was one of Russia's most productive architects of the period, designing over a hundred buildings including villas, mansions, banks, trading houses, schools, hospitals, churches and factories. During the 1920s, Johann Röhrberg, whose Russian name was Ivan Ivanovich Rerberg and whose father was a German railroad engineer, built the central telegraph office on Tverskaya Ulitsa, the military college in the Kremlin and a series of large houses in central Moscow. Fyodor (Franz Albert) Schechtel specialized in mansions in a variety of styles, and built Yaroslavl station, a national version of Moscow Art Deco. Towards the end of the nineteenth century, increasing numbers of German architects settled in Russia in the hope of gaining work from private clients and investors. Together with other architects of German descent, they continued to work actively in the country, playing a major part in Moscow's architectural eclecticism. When the First World War broke out in 1914, the situation of Germans in Russia changed fundamentally. Overnight, they became representatives of a hostile power, and in 1915 the Russian government passed a "liquidation act" resettling them to Siberia. After the October Revolution of 1917, the Communists seized their property and it became impossible for them to gain work as civil architects; only a tiny number managed to find their way back into the construction industry and assist with the building of a socialist society.

During the 1920s, the new Soviet Union began attracting foreign architects whose ideas of new architecture and urban planning had often branded them as communists in the west. The concept of constructivism appealed to the Soviets, with its efforts to create a new form of architecture that would spark a social, urban, constructive and esthetic revolution. There was an urgent need for new housing to absorb migrants from the countryside and population growth, and to drive forward the process of industrialization. Among the architects invited to Russia were the Swiss-born Le Corbusier, and the Germans Walter Gropius, Hannes Meyer, Ernst May, Erich Mendelsohn, Bruno Taut, Peter Behrens, Marcel Breuer and Hans Poelzig. From 1930 onwards, a large number of German architects were involved in designing prototype residential, industrial and government buildings, making an important contribution to urban development throughout the Soviet Union.

The doctrine of socialist realism, developed in 1932, revolutionized the world of planning and architecture. Constructivism gave way to socialist classicism, also known as the Stalinist style, which resulted in many monumental construction projects. German architects working in state collectives fell victim to the Stalinist purges, first sacked and later persecuted, and most escaped the Soviet Union only just in time.

After the Second World War, Soviet architecture had to adjust to the needs of mass housing construction and the desire to subjugate nature, and once again foreign architects and engineers played a key role in the process. The first prefabricated high-rises were built in 1952, and from 1960 onwards the industrial construction techniques developed by German architects in the 1930s became widespread. During the late sixties and early seventies, growing numbers of German architects and engineers – this time from East Germany – were summoned to the Soviet Union to design and build power stations, factories and politically important projects such as the Baikal-Amur railroad and the Comecon building in Moscow. Soviet architects became increasingly interested in international trends during the seventies and eighties, and the construction industry began opening up to architects from the west. During the preparations for the Moscow Olympics in 1980, a large number of international competitions were held for hotel and leisure complexes, with many of the contracts going to foreign architects and construction companies. When the Soviet Union broke up in 1991, private companies appeared on the scene again after a hiatus of over seventy years. The creation of a free market has lured foreign architects, many of them settling permanently

> Meuser Architekten BDA: Innenraumgestaltung für eine Villa bei Moskau (2008–2010)

and once again playing a prominent role in the property sector. According to the federal licensing center at Rosstroy, the government construction and housing authority, 736 foreign building and design companies were licensed in Russia at the beginning of 2006. Of these, thirty-eight were German. Of the thirty or so companies in Moscow, fifteen have registered either a representative office or a Russian subsidiary, with most of the offices being set up in cooperation with local partners in order to obtain construction licenses.

Over the past fifteen years, established German firms and young, adventurous architects have ventured into the Russian market. Their success has depended not so much on their image or the quality of their projects as on good language and intercultural skills and, most importantly patience, a detailed knowledge of market specifics, and a willingness to compromise. Some of the more established firms have been able to build on contacts established during the Soviet era; others have achieved success by winning international competitions, forming alliances with investors, or by dint of sheer pioneering spirit. The number of projects for Russian clients has risen sharply in recent years, and more and more newly qualified architects are coming to Russia to make their careers, starting out with a good range of skills and a basic knowledge of Russian, building a reputation with firms in Moscow and eventually, with luck, managing Russian subsidiaries of German firms or setting up their own practices.

Selected Bibliography

Fedoworow, Sergej G.: Carl Friedrich von Wiebeking und das Bauwesen in Russland 1800–1840, München/Berlin 2005.

Gejdor, Tamara: Aus der Geschichte der Wechselbeziehungen der beiden benachbarten Völker. In: Deutsche Botschaft Moskau und Staatliches Museum für Architektur (Ed.): Deutsche Spuren in Moskau. Ein Architekturführer, Moskau 2003.

Kierdorf, Alexander: Deutsche leben und bauen in Russland. In: Deutsche Botschaft Moskau und Staatliches Museum für Architektur (Ed.): Deutsche Spuren in Moskau. Ein Architekturführer, Moskau 2003.

Meuser, Philipp: Jenseits von Kommunismus und Kapitalismus. Die neue russische Architektur orientiert sich an historischen Vorbildern. In: Deutsches Architektenblatt, issue 08/2006, p. 10–13.

Senk, Walter: Das weite Land. In: Home & Office, issue 01/2007.

Voigt, Simone: Stararchitekten für die Steppe. In: Ost-West Contact, issue 07/2007, p. 10–12.

Rahmenbedingungen deutscher Architekten in Russland

Weit über ein Jahrzehnt nach dem Zerfall der Sowjetunion wirkt Russland für viele Westeuropäer immer noch fremd und unbekannt. Über die bestehenden Klischees von Korruption, dem maßlosen Reichtum der Oligarchen und den eisigen sibirischen Wintern hinaus dringt zu uns die Nachricht von einem anhaltend rasanten Aufschwung in dem einst so desolaten Land. Das Tempo der Entwicklungen weckt dabei Fantasien über die immensen Chancen, die solche Zeiten mit sich bringen.

Wie schon einmal in den Zwanziger- und Dreißigerjahren des 20. Jahrhunderts zieht es deutsche Architekten und Planer heute nach Russland, um an den Möglichkeiten, die sich durch solche Umwälzungen ergeben, teilzuhaben. Neben dem Reiz des Fremden locken Berichte über den enormen Bauboom in den Metropolen Moskau und Sankt Petersburg. Gleichzeitig offenbart sich der Mangel an präzisen und zuverlässigen Informationen über das Umfeld der Tätigkeit als Architekt in Russland.

Der vorliegende Text versucht daher, einen Abriss über die Rahmenbedingungen der Arbeit deutscher Architekten in Russland zu liefern. Ein kurzer Rückblick in die kommunistische Vergangenheit des Landes soll dabei helfen, die unübersichtliche Gegenwart besser zu verstehen. Ausgehend von den Arbeitsbedingungen von russischen Architekten werden die Besonderheiten des Engagements deutscher Planer in Russland betrachtet. Ein solcher Text kann freilich nur einige Stichpunkte behandeln und erhebt nicht den Anspruch auf Vollständigkeit. Vielmehr wird versucht, die überall verstreuten Informationen zu bündeln und den Blick zu schärfen.

> Bauliche Kuriositäten diesseits und jenseits des Urals

Nachstalinistischer Wandel zum industriellen Bauen

Bis heute ist die russische Bauindustrie von der kommunistischen Vergangenheit geprägt. Ohne Privateigentum an Grund und Boden und mit dem Staat als alleinigen Auftraggeber übernahmen die staatlichen Projektinstitute für Architektur und Bauen die Umsetzung der planwirtschaftlichen Vorgaben. Unter dem Druck des chronischen Wohnungsmangels in der UdSSR diktierten politische Planziele spätestens nach dem Ende des stalinistischen Bauens die radikale Rationalisierung. Durch Massenfertigung wollten die Sowjets den Produktivitätszuwachs erreichen. Die Serienfertigung erforderte eine arbeitsteilige Planung. Während Projektinstitute die neuen Quartiere planten, dominierten die Ingenieure der Baukombinate die technische Ausführung der Gebäude und den Bauablauf.

Die Wirtschaftlichkeit dieser industriellen Bauproduktion wächst mit den steigenden Stückzahlen der Fertigelemente an. Also wurden die Bauserien nach Möglichkeit auch großmaßstäblich realisiert und über Jahre hinweg für mehrere Projekte verwandt. Bis heute spielen Projektinstitute wie Gravmosstroi, MPSM, SU-155, DSK-1 und viele weitere – teils noch staatlich, teils verselbstständigt – eine dominante Rolle im russischen Baugeschehen. Der Hintergrund dieser industriellen Baukultur sowie die Abwesenheit kleinerer privater Auftraggeber mögen wohl die Gründe für den Mangel an qualifizierten Facharbeitern sein. Bis heute gibt es nur wenige Firmen, die auf einzelne Gewerke spezialisiert sind und dabei dem Qualitätsstandard eines Fachbetriebs genügen.

> Planungskollektiv des Chef-Architekten vor dem neuen Generalplan von Taschkent (1967)

Struktur der sowjetischen Bauwirtschaft

Das industrielle Bauen erforderte eine starke Berücksichtigung der Fertigungstechnik, so dass die Baukombinate gegenüber den Projektinstituten mehr und mehr Ingenieurleistungen übernahmen. Die Ausführungsplanung wurde hinsichtlich einer wirtschaftlichen Fertigungstechnik optimiert. Dadurch wurde der Architekt aus seiner leitenden Rolle als integrativer Planer verdrängt und verlor den wesentlichen Einfluss auf die Werkplanung.

Auch heute übernehmen ausführende Firmen beziehungsweise mit ihnen verbundene Projektierungsbüros den Großteil der Werkplanung. Sie verfügen über Planungsstäbe mit eigenen Architekten und Ingenieuren, bei Bedarf konsultieren sie zusätzlich Fachplaner.

Während des Zuständigkeitswechsels vom entwerfenden Architekten zur ausführenden Baufirma entsteht ein Bruch im Planungsprozess. Das Fehlen integrativer Planung und einer koordinierenden Gesamtleitung der Fachplaner durch den Architekten führt zum Qualitätsverlust: Die Interessen des Architekten – stimmige Umsetzung des Entwurfs und bauliche Qualitätsmaximierung – kollidieren leicht mit den Zielen einer gewinnorientierten Baufirma. Selbst eine technisch einwandfreie und gewissenhafte Planung seitens der Baufirma richtet sich verständlicherweise nach anderen Zielen als denen des Architekten: Der Unternehmer wird planerisch und konstruktiv aufwendige Planungen dem schnellen und risikoarmen Bauablauf eher unterordnen.

Ausbildung der Architekten

Im Studium werden die Schwerpunkte auf die Entwicklung künstlerischer Fähigkeiten und auf das Entwerfen gelegt. Die beeindruckenden darstellerischen Fähigkeiten der Studenten und die großen Fertigkeiten bei der Erstellung von Architekturzeichnungen bezeugen Besuchern der Architekturfakultäten das Talent der Schüler. Ein Großteil der Entwürfe und Diplomarbeiten ist an den gerade so stark nachgefragten postmodernen Investorenbauten orientiert. Einige wenige Studenten beschäftigen sich entwerferisch mit aktuellen »westlichen« beziehungsweise internationalen Architekturpositionen. An den Fakultäten wird gerade inhaltlich das Erbe des industriellen Bauens aufgearbeitet. Wegen des Wohnungsmangels stehen die Aufwertung der Plattenbauten und die Verdichtung dieser Quartiere zur Diskussion. Vielleicht resultiert die breite Unterstützung der russischen Architektenschaft für den historisierenden Rückgriff vieler Neubauten auch aus den Mängeln der millionenfach in Fertigteilen produzierten Bauserien. Die Ausbildung der technischen und organisatorischen Kompetenzen ist vor dem Hintergrund des alten sowjetischen Rollenverständnisses von Architekten indes weniger gewichtig.

Absolventen sind nach einem sechsjährigen Studium dazu berechtigt, als freier Architekt zu arbeiten. Anders als in Deutschland bedarf es in Russland nicht des Nachweises einer zweijährigen Praxiserfahrung, um als Architekt zugelassen zu werden. Verlassen Studenten bereits nach vier Jahren die Fakultät, können sie als

< Willen Associates Architekten: Einkaufszentrum *Weiße Nächte*, Sankt Petersburg (2004–2008)

Architekturassistenten arbeiten. Viele nutzen dieses Etappenziel zu einer Unterbrechung des Studiums und suchen Berufserfahrung in einem Büro.

Ursachen des aktuellen Baubooms

Aufgrund globaler Entwicklungen erscheint Russland wieder im Fokus des allgemeinen Interesses. Der Rohstoffreichtum, verbunden mit einer zunehmend dominanten Außenpolitik, sorgt für vermehrte Berichterstattung. Auch die schon länger anziehende Baukonjunktur findet international Beachtung bei Experten. Ursächlich für den wirtschaftlichen Aufschwung ist ein riesiger Nachholbedarf, der in der sowjetischen Mangelwirtschaft und dem Chaos des Umbruchs in den vergangenen Neunzigerjahren begründet ist. Die Einnahmen, vor allem aus dem Gas- und Ölexport, liefern die nötigen Mittel, um das Wirtschaftswachstum zu finanzieren. Der russische Staat ist seit 2006 faktisch ohne Staatsverschuldung: Die russischen Währungsreserven überstiegen zum 1. Januar 2006 mit 182,2 Milliarden Dollar bereits die Summe der staatlichen Außenschulden. Die Bauwirtschaft profitiert dabei vor allem von den folgenden drei Aspekten des allgemeinen Aufschwungs:

1. Ausbau und Modernisierung der Infrastruktur

Dringend notwendige Investitionen in den Erhalt und Ausbau der Infrastruktur sind durch die hervorragende Haushaltssituation des Staates möglich: Neben Großprojekten bei Versorgungssystemen, wie der Ostsee-Gaspipeline oder der Ölpipeline von Ostsibirien zum Pazifik, wird massiv in die Verkehrsinfrastruktur investiert. So befindet sich derzeit eine Maut-Autobahn zwischen Moskau und Sankt Petersburg als Public Private Partnership im Bau. In drei Phasen soll der neue Autobahnring im Moskauer Gebiet bis 2010 realisiert werden. Er wird auch den dritten Moskauer Flughafen Wnukowo anbinden.

Zusätzlich zum Ausbau des Straßennetzes plant Russland auch die Reorganisation des Luftverkehrs mit der Ausbildung von insgesamt acht Knotenpunkten. Es handelt sich dabei um die Standorte Jekaterinburg, Chabarowsk, Krasnodar, Nowosibirsk, Krasnojarsk und den Moskauer Knoten mit seinen drei internationalen Flughäfen. Bis zum Jahr 2010 sollen insgesamt zwei Dutzend Flughäfen ausgebaut oder modernisiert werden, um dem weltweit am stärksten ansteigenden Luftverkehr gerecht zu werden.

In der russischen Hauptstadt verteilt sich der Luftverkehr auf die drei Flughäfen Scheremetjewo, Domodedowo und Wnukowo. Im Jahr 2005 erhielt die türkische Baufirma Enka den Zuschlag für den Neubau des Terminal 3 am völlig überlasteten Flughafen Scheremetjewo. Das bewilligte Kreditvolumen für diesen Bau liegt bei 475 Millionen Dollar. Der Auftrag für den mit 62 Millionen Dollar bezifferten Bau des Terminal 1 ist im Frühjahr 2006 an die deutsche Hochtief Construction AG vergeben worden. Die Generalplanerleistungen werden von Assmann Beraten + Planen erbracht. Mit einer Bausumme von 300 Millionen Dollar wird Terminal 2 voraussichtlich ebenfalls von der Hochtief Construction AG realisiert.

> Juri V. Chramow: Hauptbahnhof in Samara (2002)

Mit dem Bau eines Terminalkomplexes am Moskauer Flughafen Wnukowo sowie der Architektur und Masterplanung für den Flughafen in Nowosibirsk ist Obermeyer Consult betraut. Die Tochterfirma des deutschen Unternehmens Obermeyer Planen + Beraten kann auf über 50 Projekte in Russland, vorwiegend im Infrastrukturbereich, verweisen.

Neben der Modernisierung und dem Neubau von Terminals ist im Zusammenhang mit dem Flughafenausbau auch die Erweiterung der Moskauer Straßen-, Schienen- und Metroverbindungen geplant. Das Transportministerium schätzt die Kosten für die Gesamtmaßnahmen auf 40,2 Milliarden Rubel. Auch Sankt Petersburg plant den Ausbau des Luftverkehrs weit in die Zukunft: Für den Flughafen Pulkowo ist die deutsche Firma Hochtief Airport als fachlicher Berater an der Ausarbeitung eines auf 20 Jahre angelegten Masterplans beteiligt.

Außer bei diesen acht großen Drehkreuz-Vorhaben werden derzeit noch größere Flughafeninvestitionspläne in den Städten Wladimir, Nischni Nowgorod und Sotschi verfolgt. Es handelt sich hierbei teilweise um Public Private Partnerships. Auch in Gelendschik (Gebiet Krasnodar) wollen die Investitionsgesellschaft RAInKO und die Administration einen modernen Flughafen mit neuem Terminal und neuer Start- und Landebahn schaffen. Die Kosten werden auf etwa 5,8 Milliarden Rubel geschätzt. Die zur RAInKO gehörende Managementgesellschaft Aeroporty Juga investiert in den derzeitigen Umbau des Flughafens Anapa am Schwarzen Meer etwa 300 Millionen Rubel.

2. Drängen der Weltkonzerne nach Russland

Die sogenannten Global Players wetteifern um den russischen Absatzmarkt und stimulieren damit die Nachfrage nach Planungsleistungen. Der russische Staat lenkt mit Subventionen und Verordnungen weitere Investitionen nach Russland. Beispielsweise soll die zeitweise Aussetzung von Importzöllen auf bestimmte Produktionsgüter einen Anreiz zur Investition bieten. Der Staat lockt zudem mit weiteren Vergünstigungen in sieben Sonderwirtschaftszonen.

Andererseits drängt Russland die Investoren zum Bau von Fabriken im Inland. Viele Produkte, beispielsweise Automobile, sind mit hohen Importzöllen belegt. Einzig mit der Lokalisierung der Fertigung in Russland können Firmen diesen Aufschlag auf den Produktpreis abwehren. Sobald ein Konkurrent im Inland fertigt, sind alle anderen faktisch gezwungen, mit ihm gleichzuziehen, wenn sie ihre Marktanteile nicht verlieren wollen. Andernfalls sind ihre Waren preislich nicht mehr konkurrenzfähig. Dieses Engagement der Weltkonzerne zieht auch große Teile der Zulieferindustrie mit nach Russland, die ihrerseits neue Produktionsstandorte aufbauen müssen.

Die Auswirkungen dieser Entwicklung beschränken sich jedoch nicht nur auf den Industriebau. Im Zuge der ansteigenden Geschäftstätigkeit wächst auch der Bedarf an Hotels. Die im internationalen Vergleich hohen Zimmerpreise zeugen von einer Unterversorgung gerade im mittleren Segment. Das Engagement großer Hotelketten

< Vitruvius & Sons: Einkaufszentrum *Strichcode,* Sankt Petersburg (2006)

<< Viktor Bikow: Einkaufszentrum *Etaschi,* Nischni Nowgorod (2003)

außerhalb Moskaus und Sankt Petersburgs steht wohl noch bevor; bislang sind viele Projekte erst im Planungsstadium. Auch der lokale Bedarf an Wohnungen im Umfeld neuer Produktionsstätten wird steigen, vor allem wenn diese abseits der Ballungszentren entstehen und mit einem Zuzug zu rechnen ist. Ausländische Firmen suchen für ihre aus dem Heimatland mitgebrachten Angestellten adäquate Wohnflächen. Die Qualität bestehender Bauten lässt jedoch im Allgemeinen oft zu wünschen übrig. Deshalb kann davon ausgegangen werden, dass für diese Personengruppe erst neue Wohnungen geschaffen werden müssen, die den Ansprüchen der von ihren Firmen oft großzügig unterstützten Arbeitnehmer genügen.

3. Optimistische Konsumenten

Das positive Grundvertrauen vieler Russen, dass es wirtschaftlich aufwärts geht, äußert sich auch im privaten Konsum. Es entstehen vielerorts neue Einkaufszentren und Einzelhandelsflächen. Die Sparrate ist im Vergleich zu Deutschland niedrig. Der private Konsum beflügelt die Wirtschaftsentwicklung. Negative Erfahrungen mit der Sicherheit von Geldanlagen in jüngerer Vergangenheit – Stichworte: Rubelkrise 1994, Finanzkrise 1998, neuerliche Finanzkrise 2008 – verstärken diesen Trend. Angepasst an den oftmals noch schmalen Geldbeutel der Konsumenten entwickelt sich derzeit das Kredit- und Finanzkaufgeschäft.

Der russische Wohnungsmarkt gilt noch immer als unterversorgt. Anders als in Deutschland wohnen viele Erwachsene lange bei ihren Eltern. Den Traum von den eigenen vier Wänden wollen sich viele Russen mit der neuen Arbeit durch den Aufschwung finanzieren. Dabei lassen sich die Menschen von hohen monatlichen Raten und Kreditzinsen kaum abschrecken.

Das wirtschaftliche Wachstumspotenzial wird von verschiedenen Rahmenbedingungen bestimmt. Negative Veränderungen bedrohen den allgemeinen Aufwärtstrend. So ist die russische Wirtschaft vor allem im rohstoffproduzierenden Bereich stark. Eine Abschwächung der Weltkonjunktur und damit eine rückläufige Nachfrage nach Rohstoffen könnte die Entwicklung des Landes stark beeinflussen.

Durch das verstärkte Eingreifen des Staates in wirtschaftliche Belange entsteht gerade eine neue Angst vor »kalter Enteignung«: Die politische Führung strebt zunehmend die Dominanz des Staates in sogenannten Schlüsselindustrien an, ohne diese exakt zu definieren. Nach den oft schamlosen Bereicherungen der Oligarchen in den Neunzigerjahren stößt dieser Kurs in Russland teilweise auf Sympathie. Es besteht die Gefahr, dass Investoren um die Sicherheit ihrer Güter bangen müssen und somit das ohnehin schon existierende Klima der Rechtsunsicherheit weiter verschlechtert wird. Die Prosperität des Landes hängt am Geschick der russischen Führung, das mittlerweile entstandene Vertrauen in das Rechtssystem nicht wieder zu verspielen, zumal Spekulationen um politische Machtwechsel, wie etwa im Zuge der Präsidentschaftswahlen im Jahr 2008, die allgemein positive Grundstimmung verunsichern können.

> Neubau einer Villa in Kaliningrad (2006)

Entwicklungstrends in den Metropolen und Regionen

Vor noch nicht allzu langer Zeit konzentrierte sich der Hauptteil des Wachstums der Baubranche in den Metropolen Moskau und Sankt Petersburg. Die Kosten für einen Quadratmeter Rohbau in Moskau lagen 2005 nach Recherchen der *Bundesagentur für Außenwirtschaft* (BfAI) im Mittel bei etwa 1.000 Euro (vgl. Abschnitt Baukosten). Demgegenüber liegen die ermittelten Spitzenmietpreise im dritten Quartal 2006 laut Jones Lang LaSalle bei jährlich 1.200 Euro. In Moskau könne, nach einer Einschätzung des Hamburger Architekten Hadi Teherani, im hochpreisigen Mietsegment bei gleichem Standard die dreifache Miethöhe erzielt werden. Natürlich wachsen in Anbetracht solcher Spannen auch die Bodenpreise entsprechend rasant. Zudem gibt es in der Hauptstadt erste Anzeichen für Sättigungstendenzen. Deshalb warnen vereinzelt Skeptiker vor einer drohenden Überhitzung. Durch Spekulation könnten Überangebote entstehen und die Preise dadurch abrutschen.

Der zunehmende Preisanstieg in den Metropolen bei Bodenpreisen, Immobilien und Gehältern stimuliert die Entwicklung in anderen Regionen. So haben laut Medienberichten im Jahr 2007 Moskauer Developer allein rund eine Million Quadratmeter Wohn- und Gewerbeflächen in anderen russischen Städten entwickelt. Dabei konzentriert sich der Zuwachs auf bestimmte Gebiete, meist rohstoffreiche Regionen. Nach bekanntem Muster beflügeln die Investitionen der Konzerne dort die lokale Wirtschaft und somit auch die Bauindustrie. Es drängt sich die Frage auf, welche Regionen nachhaltigen Aufschwung versprechen. Dabei scheinen unter anderen die folgenden drei Gebiete ein langfristig viel versprechendes Potenzial aufzuweisen:

1. Die Region um Moskau

Aufgrund der hohen Bodenpreise, der hohen Büro- und Wohnungsmieten und der allgemein hohen Lebenshaltungskosten in der Hauptstadt siedeln sich Firmen bevorzugt in den Städten unweit der Metropole an. Während Moskau, täglich mit dem Verkehrsinfarkt kämpfend, allgemein überhitzt wirkt, lassen sich beispielsweise ein paar Hundert Kilometer entfernt qualifizierte Arbeitskräfte und Büroflächen viel günstiger finden. Nördlich von Moskau locken die altrussischen Städte des »Goldenen Rings« wie Jaroslawl oder Wladimir die Investoren. Neben den niedrigeren Kosten und einer Verwaltung, die in der Regel mehr als die der Metropolen um die Ansiedlung von Firmen bemüht ist, weisen diese Städte auch ein beträchtliches kulturelles Erbe auf. Hingegen siedelt der deutsche Volkswagen-Konzern zurzeit ein Werk in der etwa 190 Kilometer südlich der Hauptstadt gelegenen Stadt Kaluga an.

2. Die Grenzräume zur Europäischen Union

Die Nähe zum europäischen Binnenmarkt ist für importierende und exportierende Firmen sehr reizvoll. Auf russischem Territorium befindet man sich quasi »mit einem Fuß in der Tür«. Die Nachteile der Entfernung, wie etwa Transportlogistik und Zeitverschiebung, wiegen aber weniger schwer als weiter östlich. Der Boom

<< Andrej Trofimow: Apartmenthochhaus *Triumf Palas*, Moskau (2005)

< Projekt Meganom: *Villa Roza* bei Moskau (2004)

der Enklave Kaliningrad, durch die 750-Jahr-Feier im Jahr 2005 bestärkt, belegt diese Einschätzung.

3. Das westsibirische Tiefland

Sibirien ist ein unfassbar riesiger Raum, geografisch betrachtet jedoch nicht homogen: Neben großen klimatischen Unterschieden zwischen den verschiedenen Naturräumen ist auch die Besiedlung ungleich verteilt. Ein deutlicher Siedlungsschwerpunkt befindet sich im westsibirischen Tiefland, im Umfeld des Verlaufs der Transsibirischen Eisenbahn. Hier konzentrieren sich, mit Ausnahme des etwas weiter westlich gelegenen Tjumen, allein neun der zehn größten sibirischen Städte auf einem Streifen von etwa 2.500 auf 750 Kilometer. Unter diesen Städten findet sich neben Nowosibirsk, der drittgrößten Stadt Russlands, mit Tomsk der älteste und bedeutendste Universitätsstandort östlich des Urals.

Akteure im Baugeschehen

Neben den Projektierungsbüros staatlicher Herkunft, die heute teilweise privatisiert sind, treten weitere Akteure im russischen Baugeschehen auf. Oftmals agieren Baufirmen auch als Entwickler von Immobilien; es handelt sich hierbei meist um ehemalige Baukombinate oder Firmen aus deren Konkursmasse. Die Grenze zwischen Projektierungsbüro und Ausführungsbetrieb verschwimmt dabei. Es gibt auch eine geringe Anzahl von erfolgreichen ausländischen Baufirmen, darunter die österreichische STRABAG AG, die deutsche Hochtief AG und das türkische Unternehmen Enka Insaat. Doch bis jetzt fällt es diesen Baukonzernen überwiegend schwer, sich in Russland zu etablieren.

Natürlich sind nach dem Zusammenbruch der Sowjetunion neue, unabhängige Architekturbüros entstanden. Meist haben sie sich aus Nischen heraus entwickelt, zum Beispiel aus dem Innenausbau, einer großen Schwäche der etablierten russischen Bauindustrie. Mittlerweile sind einige dieser Büros, wie Projekt Meganom oder die Architektengemeinschaft Ostoschenka, andauernd weiter gewachsen. Neben größeren Bauaufträgen haben sich manche dieser Architekten bereits über die Grenzen Russlands hinaus einen Namen gemacht. Zudem arbeiten in Russland international tätige Architekturbüros. Diese kooperieren entweder mit einem lokalen Partner oder verfügen über ein russisches Zweigbüro.

Art der Aufträge

Gegenwärtig herrscht immer noch vielerorts ein dramatischer Mangel an Wohn- und Gewerbeflächen. Diese Knappheit sorgt dafür, dass sich im Wohnungsmarkt nahezu jedes Projekt verkauft; schnell verdientes Geld lockt bei kurzen Amortisationszeiten, im Extremen beispielsweise von zwei bis drei Jahren im Moskauer Luxussegment, und verhindert so weitestgehend eine Qualitätsdebatte. Aus der geschichtlichen Entwicklung und den damit verbundenen Projektgrößen heraus ist es üblich, Wohnungen und Büroflächen im erweiterten Rohbauzustand zu verkaufen, also mit Türen, Fenstern und grundlegender Installation. Der Eigentümer baut dann meist in eigener Regie aus. Aus dieser Situation

> von Gerkan, Marg und Partner: Zentralkomplex in *Moscow City* (Wettbewerb 2001)

MOSCOW CITY

> Meuser Architekten BDA: Schule für 825 Schüler, Tscheboksary/Föderationsrepublik Tschuwaschien (2008–2010)

heraus haben sich in jüngerer Zeit kleinere Büros etabliert, die auf den Innenausbau spezialisiert sind. Von den Metropolen ausgehend besteht generell ein Trend zum qualitätsvolleren Bauen, der sich mit dem Nachlassen der momentan unersättlich erscheinenden Nachfrage mehr und mehr als Verkaufsargument durchsetzen wird. Wenn gestalterische und technische Qualität mittelfristig über den Erfolg von Immobilienprojektentwicklungen entscheiden, könnte es zu einer Verschiebung der bestehenden Verhältnisse zugunsten privater Büros und ausländischer Architekten kommen, sofern sie einen Vorsprung an fachlicher und gestalterischer Kompetenz aufweisen können.

Wohnungsbau

Die früheren engen Verflechtungen mit der Verwaltung und Politik einerseits und mit den ehemaligen Baukombinaten andererseits scheinen ursächlich für die derzeitige Vorherrschaft der Projektinstitute im Wohnungsbau. Bis heute planen und realisieren diese Kolosse ihre Projekte großmaßstäblich. Dabei werten die einstigen Produzenten von kargen Plattenbauten diese durch Verzierung – je nach Lage und Portemonnaie der Käufer – mit Architraven, Simsen oder Säulen auf. Sie treffen dabei den Massengeschmack, der zumeist mit dem gestalterischen Rückgriff auf die vorindustrielle Architektur Qualität und die Befriedigung des Bedürfnisses nach historischer Identität verbindet.

Bei der Größe und Gestalt solcher neuen Wohnprojekte gelingt es konkurrierenden Architekten unter diesen Gegebenheiten eher seltener, mit ausgefeilter Detailplanung oder gestalterischer Kompetenz an Stelle der Projektinstitute zum Zuge zu kommen. Der Massenwohnungsbau ist bis heute fest in der Hand der Projektinstitute, allein bei Luxusobjekten bekommen andere Akteure eine Chance. Für die Sanierung und Privatisierung von Plattenbauten ist sicherlich deutsches Know-how, vor allem aufgrund der Erfahrungen aus den Sanierungen in den neuen Bundesländern, gefragt. Allerdings wird man dabei wohl kaum ohne russische Partner, die über entsprechende Kontakte verfügen, erfolgreich entsprechende Aufträge abwickeln können.

Private Bauherren

Der Mittelstand ist in Russland kaum ausgeprägt. Auch das Einkommensniveau dieser kleinen Schicht ist im Vergleich zu Westeuropa wesentlich niedriger. Es mag sein, dass die Planung eines eigenen Hauses nicht teurer als der Kauf (und eigenständige Innenausbau) einer Wohnung ist; jedoch existiert keine Tradition, mit einem Architekten ein individuelles Haus zu bauen. Das bürokratische Planungs- und Baurecht schreckt viele Privatpersonen zusätzlich ab, zumal der Eigentümer für das gesamte Genehmigungsverfahren zuständig ist.

Genau wie in Westeuropa können die Wenigsten ihre eigenen vier Wände auf einen Schlag bezahlen. Russische Banken finanzieren den Bau eines eigenen Hauses nicht besonders gern; es müssen zusätzliche Sicherheiten, wie beispielsweise eine andere, bestehende Immobilie, hinterlegt werden. Die Geldgeber argumentieren,

< Jewgeni Gerasimow (Generalplaner) und nps tchoban voss (Architekt): Newskij-Rathaus, Sankt Petersburg (2007–2011)

dass sie als Gläubiger im Vergleich zu einer gekauften Eigentumswohnung ein größeres Risiko tragen, falls der Schuldner während der Bauphase zahlungsunfähig wird. Deshalb bleibt die eigene Wohnung im Wohnkomplex für viele die einzige finanzierbare Alternative zum eigenen Haus. Für die Massenwohnungsbauprojekte ist dadurch die Nachfrage weitestgehend unabhängig von der Bauqualität gesichert. Das eigene Haus ist somit ein Statussymbol, das sich eher reichere Bevölkerungsschichten leisten.

Öffentliche Auftraggeber, Verwaltungsbau

Es scheint für außen stehende Akteure sehr schwer, öffentliche Aufträge zu erhalten, sofern sie nicht als Fachplaner unverzichtbar sind. Die gleichen Verbindungen zwischen der Verwaltung und den Mitarbeitern der Projektinstitute, die im Wohnungsbau Ausschreibungen beeinflussen, sichern größtenteils den halbstaatlichen Büros eine erfolgreiche Akquise.

Industrie- und Infrastrukturbau

Mit dem Wirtschaftsboom und den Bestrebungen Russlands, mehr verarbeitende Industrie zu entwickeln, ist auch die Nachfrage nach Industriebauten gestiegen. Neben den Anforderungen an die Planung ist für die auftretenden Investoren die Einhaltung von Kosten, Terminen und Qualitäten mit zunehmender Komplexität der Projekte von besonderer Bedeutung. Zudem stellt der Aufbau von Produktionsstandorten für die investierenden Betriebe eine solche Herausforderung dar, dass die Bauherren gern so viele Probleme wie möglich an andere abgeben und auch willens sind, diese Leistungen zu bezahlen. Gerade Generalplaner oder bereits eingespielte Teams von verschiedenen Fachplanern mit entsprechenden Referenzen sind hier im Vorteil.

Der Ausbau der Infrastruktur ist für die weitere Entwicklung Russlands eine wesentliche Notwendigkeit, um die wirtschaftliche Prosperität im Land zu unterstützen. Solche Bauaufgaben sind eine gute Einstiegsmöglichkeit für ausländische Planer. Diese Projekte sind oft mit ausländischem Geld mitfinanziert, beispielsweise durch die *Europäische Bank für Wiederaufbau und Entwicklung* (EBRD). Meist wird damit eine internationale Ausschreibung verbindlich festgelegt. Da deutsche Fachingenieure international einen guten Ruf haben, sind solche oft weniger spektakulär wirkenden Aufgaben eine gute Möglichkeit, in Russland Aufträge zu erlangen.

Einzelhandel

Im Einzelhandel setzt sich, von den Metropolen ausgehend, eine Revolution fort: In die Lücke der staatlichen Handelsorganisationen traten nach dem Zusammenbruch der Sowjetunion meist kleinere Läden oder unspezialisierte Kaufhäuser. Durchaus üblich und weit verbreitet sind bis jetzt auch Basare und Markthallen mit kleineren Geschäften. Derzeit setzen sich überregionale Supermarktketten wie beispielsweise Ableger der Metro-Gruppe oder der russischen Aktiengesellschaft ZAO Tander durch, die, wie die Ketten in Europa und Nordamerika, mit standardisierten Geschäftskonzepten und viel

> Jewgeni Gerasimow (Generalplaner) und nps tchoban voss (Architekt): Newskij-Rathaus, Sankt Petersburg (2007–2011)

> Vergleich der Leistungsphasen und erforderlichen Lizenzen eines Architekten in Russland und in Deutschland (Quelle: Tobias Frey)

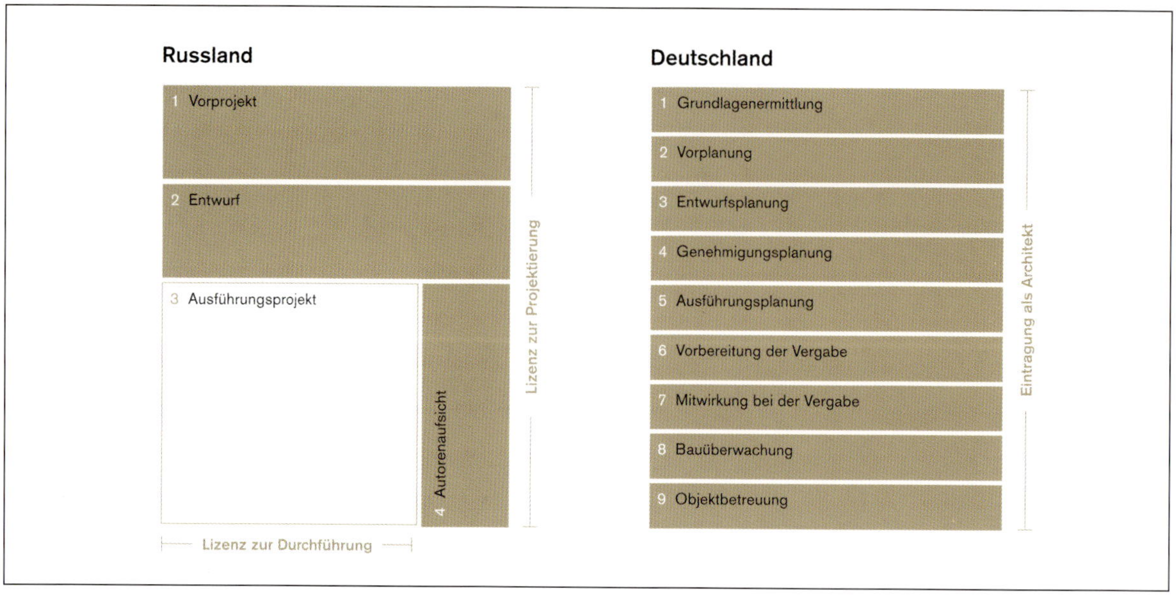

Kapital den Markt umkrempeln und wohl den Großteil der bestehenden unabhängigen Läden verdrängen werden. Über den Lebensmittelhandel hinaus treten diese Ketten auch in den Bereichen Elektroartikel (Marktführer ist die russische OOO Eldorado) und Do-It-Yourself (Ketten wie Stroi Mart und Praktik) auf. Damit verbunden ist eine enorme Nachfrage nach Immobilien, die den Anforderungen dieser Geschäftskonzepte entsprechen. Wollen Betreiber von Markthallen mithalten, werden viele wohl oder übel über den derzeitig verbreiteten Standard hinaus ihre Gebäude modernisieren müssen.

Komplexe und prestigeträchtige Bauaufgaben

Bei der Planung von komplexen Bauaufgaben und Gebäuden im Luxussegment suchen Bauherren fachliche Kompetenz und renommierte Büros. Die Konzeption durch international bekannte Architekten verschafft Prestige. Somit bedient man sich gern ausländischer Büros. Zudem stammen Teile des Kapitals für solche Bauvorhaben meist aus dem Ausland, diese Projekte sind schon in der Konzeptphase international. Als Folge davon werden mögliche Partner auch global gesucht. Bei Einladungen zu Ausschreibungen und Wettbewerben kommen dann Akteure in Betracht, die den Bauherren bei ausschließlich in Russland finanzierten Projekten einfach nicht bekannt gewesen wären. Dadurch bestehen auch für bislang noch nicht international bekannte Architekten und Ingenieure Chancen, den Zuschlag für Planungsleistungen zu erhalten.

Grundlagen der Tätigkeit als Architekt

Der Beruf des Architekten genießt in Russland hohes soziales und gesellschaftliches Ansehen. Die Zahl lizenzierter Architekten liegt bei knapp 12.000. Gemessen an der Einwohnerzahl von 145 Millionen findet man einen Architekten pro 12.000 Bürger. In Deutschland liegt dieses Verhältnis bei 1:700. Das Selbstverständnis und die klassischen Aufgabenfelder von Architekten in Russland weichen von den mitteleuropäischen Verhältnissen stark ab. In Deutschland erwartet man von einem Architekten in der Regel neben dem Entwerfen auch die Integration der Fachplanungsleistungen und die Gesamtkoordination der Bauaufgabe.

Nach russischem Verständnis ist die Rolle des Architekten schwächer als die seines deutschen Kollegen. Seine Kompetenz beschränkt sich auf den architektonischen Entwurf sowie auf die Planung und Genehmigung des Bauwerks. Der Arbeitsbereich liegt – auf das System der HOAI übertragen – in den Leistungsphasen eins bis vier. Während der Projektrealisierung beschränkt sich die Funktion des Architekten auf eine Autorenaufsicht. Die Baufirma hingegen bewerkstelligt einen Großteil der Ausführungsplanung. Nach deutschem Verständnis entsteht an dieser Stelle ein Bruch in der Kontinuität der Planung, den man zweifelsohne oft am baulichen Ergebnis ablesen kann.

Kennt man den historischen Hintergrund, das in der Sowjetunion verordnete industrielle Bauen, ist diese Organisation im Baubetrieb wenig überraschend. Die

ЛИЦЕНЗИЯ

АД 812567 Экз. 1

от 12 февраля 2007 г.

Регистрационный номер

ГС-1-50-02-26-0-5036072456-031685-1

Федеральное агентство по строительству
и жилищно-коммунальному хозяйству

разрешает осуществление

ПРОЕКТИРОВАНИЕ ЗДАНИЙ И СООРУЖЕНИЙ I и II УРОВНЕЙ
ОТВЕТСТВЕННОСТИ В СООТВЕТСТВИИ С ГОСУДАРСТВЕННЫМ СТАНДАРТО

Обществу с ограниченной ответственностью
"ТГ архитект"
ОГРН 1065074061645
142100, Московская область, г.Подольск,
ул.Большая Ивановская, д.10

на основании приказа Федерального аге
строительству и жилищно-коммунальному хо
от 12 февраля 2007 г. № 23

территория Российской

< Russische Architektenlizenz zur Projektierung (Ausschnitt)

Trennung zwischen den Architekten der Projektierungsbüros einerseits und den Ingenieuren der Baukombinate andererseits spiegelt sich in den rechtlichen Rahmenbedingungen wider. So verfügt der Architekt üblicherweise über eine Lizenz zur Projektierung, also zur Planung, und die Baufirmen (mit ihrem Stab an Architekten und Ingenieuren) über eine Lizenz zur Durchführung von Bauaufgaben. Es besteht keine Selbstorganisation der Architekten, die berufsständisch die Lizenzen vergibt und überwacht. Die Kammermitgliedschaft ist freiwillig. Lizenzen sind hingegen bei der staatlichen Zertifizierungsstelle *Rosstroi* erhältlich.

Somit sind in Russland zwei verschiedene Lizenzen erforderlich, um den Bauherrn zu vertreten. Eine, um zu planen, und eine zweite, um die Realisierung zu kontrollieren. Der Besitz beider Berechtigungen ist nicht unüblich; vor allem größere Planungsbüros operieren auf diese Weise und beschäftigen Architekten, die nur bis zum Abschluss des Vorprojekts selbstständig agieren können. Diese Büros wickeln dann auch den eigentlichen Bau ab und erfüllen somit ähnliche Funktionen wie ein Projektsteuerer oder Entwickler in Deutschland.

Trotz der strengen formalen Auflagen des Lizenzerwerbs richten Schadensfälle erhebliche wirtschaftliche Verluste an. Immer wieder wird in der Duma diskutiert, ob eine obligatorische Haftpflichtversicherung das Lizenzierungsmodell ablösen soll. Obwohl die Anforderungen für den Lizenzerhalt sehr streng sind, besteht derzeit trotzdem keine Versicherungspflicht für Planer! Überwiegend werden Projekte immer noch unversichert abgewickelt; durch die Zunahme professioneller internationaler Investoren und Finanzmittel ändert sich diese Tatsache jedoch zusehends.

Beschäftigungsverhältnisse

Meist bearbeiten größere Projektierungsbüros die Bauaufgaben, beginnend bei der Planung bis hin zur Bauüberwachung. Die Mehrheit der russischen Architekten arbeitet als deren Angestellte. Viele verfügen auch nur über die Lizenz zur Projektierung von Objekten. Aufgrund der komplexen Auflagen für die Baulizenzen sind Freiberufler seltener anzutreffen. Dagegen findet man häufiger relativ kleine Projektierungsbüros, oft auch Ein-Mann-Betriebe, die Marktnischen wie beispielsweise den Innenausbau geschickt besetzen.

Die Baukonjunktur sorgt derzeit für genügend Beschäftigung. So ist es kaum verwunderlich, dass – zumindest in den Ballungsräumen – gute Architekten genauso wie andere Fachkräfte mittlerweile regelrecht gesucht werden müssen. Dies belegen die stark gestiegenen Gehälter in der Hauptstadt: Hier verdiente im Jahr 2006 ein Architekt oder Ingenieur im Mittel 1.700 bis 3.500 Euro. Vor wenigen Jahren gingen qualifizierte Mitarbeiter in Moskau noch mit monatlich etwa 500 bis 1.000 US-Dollar nach Hause.

Zwischen der Hauptstadt und den Regionen besteht ein starkes Gefälle im Lohnniveau. Die Durchschnittsgehälter für Architekten und Ingenieure betragen hier zwischen 800 und 1.000 Euro. Dieser Verdienstunterschied

> SPeeCH (S. Tchoban, S. Kusnezow, I. Tschlenow, I. Osokin): Multifunktionskomplex mit Apart-Hotel, Akter-Galaxy, Sotschi (2007–2008)

>> PCG Hannover: Hotel *Holiday Inn*, Almaty (2005–2008)

und die allgemein attraktiven Chancen legen nahe, dass abseits der Metropolen noch ein enormes Entwicklungspotenzial für deutsche Architekturbüros besteht. Die Kosten der neuen Niederlassung in Russland könnten sich durch die niedrigeren Gehälter schneller wieder amortisieren.

Honorare und Vergütung

Die Unterschiede in der Leistungsvergütung begründen sich aus der anderen Aufteilung der Projektphasen: Nach HOAI wird in neun Leistungsphasen untergliedert; in Russland unterteilt man in Vorentwurf, Entwurf, Ausführungsprojekt und Autorenaufsicht. Jedoch sind die beiden Systeme nicht wirklich deckungsgleich. Der Anteil des Architekten an den gesamten Planungsleistungen liegt in Russland bei etwa 15 Prozent. Überwiegend werden Vorentwurf und Genehmigungsdokumentation bearbeitet und vergütet.

Anders als in Deutschland ist das Honorar in Russland frei verhandelbar. Üblicherweise werden Pauschalhonorare für bestimmte Leistungspakete vereinbart. An Stelle der Baukosten tritt die Quadratmeterzahl als Berechnungsgröße. Einfluss auf das Honorar haben Komplexität der Aufgabe, Bekanntheitsgrad des Planungsbüros sowie die Region, in der gebaut wird.

Übliche Quadratmeterpreise für Planungsleistungen betragen zwischen 50 bis 150 Dollar; einfachere Planungen, wie Lagerhallen, liegen mit 20 Dollar deutlich unter diesen Sätzen. Spitzenarchitekten können auch mehr als das Zehnfache für ihre Leistungen erhalten. In der Praxis beginnt das Honorar bei etwa 40 Prozent unter dem Niveau der HOAI, wobei sich wohl auch das Leistungsbild auf das engere russische Aufgabenverständnis bezieht. Wenn man preislich (und vom Leistungsumfang) nach HOAI anbietet, liegt man im Feld der teureren russischen Anbieter.

Im Mittel werden Planung und Bauaufsicht mit drei bis fünf Prozent, Generalplanungen mit sechs bis zwölf Prozent der Gesamtbausumme vergütet. In den abgelegeneren Regionen kann sich dieser Betrag allerdings sogar halbieren. Bei Prestigeprojekten und namhaften Architekten werden auch schon mal Vergütungen von 15 bis 20 Prozent erreicht. Vor Beginn der Planung werden Zahlungstermine verhandelt, die abhängig vom Abschluss der Leistungspakete sind. Dabei wird üblicherweise anfangs eine Anzahlung von 30 Prozent auf den Wert der Planungsleistungen vereinbart. Es ist in Russland für viele Architekten üblich, bei Baufirmen und Lieferanten zehn bis 15 Prozent Provision zu kassieren. Bei Honorarverhandlungen können deutsche Architekten den Bauherrn deshalb darauf hinweisen, dass es im Selbstverständnis deutscher Planer liegt, nur von den Auftraggebern bezahlt zu werden.

Bau- und Planungsrecht

Auch bei der Betrachtung des planungsrechtlichen Rahmens hilft der Blick in die sowjetische Vergangenheit: Ohne private Bauherren bestand keine Notwendigkeit zu Bauleitplanung und detaillierten Bebauungsplänen.

Wohnraum

Verkaufspreise in Moskau nach Gebäudetyp

Gebäudetyp	Quadratmeterpreis in US-Dollar im Dezember 2006	Veränderung in % im Vergleich zum Dezember 2005
Plattenbau 5-stöckig, in schlechtem Zustand, kleine Küche	3.888	+ 95,0
Gewöhnlicher Plattenbau, neun- bis 14-stöckig	3.961	+ 94,6
Moderner Plattenbau ab 16 Etagen mit überdurchschnittlicher Wohngröße	4.186	+ 92,7
Gemauerte Gebäude, fünfstöckig, unsanierter Zustand, mit kleiner Küche	4.132	+ 90,2
Moderne, gemauerte oder in herkömmlicher Betonbauweise errichtete Gebäude mit großen Wohnungen	4.621	+ 90,8
Stalinbauten und gemauerte Typenbauten, sechs- bis 11-stöckig, kleine Wohnfläche	4.847	+ 88,3

Quellen: www.irn.ru, RUSSLAND aktuell 1/2-2007

< Gewöhnlicher Wohnraum erreicht in Moskau inzwischen internationale Spitzenpreise. Der Wert der Immobilien hat sich in weniger als zwei Jahren verdoppelt.

Bis heute bestimmen städtische Chefarchitekten in Generalplänen das städtebauliche Entwicklungsziel. Die Planungsvorgaben dort sind wesentlich unschärfer als in deutschen Bebauungsplänen samt örtlichen Bauauflagen. Neuplanungen müssen über dem Tisch des jeweiligen Chefarchitekten abgesegnet werden. Es kommt vor, dass auf diese Weise politische Entscheidungsträger mehr oder weniger offensichtlich bei der Gestaltung mitreden. In aller Munde ist das geflügelte Wort vom »Luschkow-Moskau«: Es bezieht sich auf das offene Geheimnis, dass der Moskauer Oberbürgermeister Juri Luschkow deutliche Präferenzen bezüglich der Stadtentwicklung hegt und diese vehement vertritt. Andererseits kann der Architekt die Unschärfen der vorgegebenen Planung nutzen und aus diesen wesentlich mehr Gestaltungsspielraum schöpfen.

Grundbesitz

Mittlerweile können ausländische Personen nahezu uneingeschränkt Rechte an Grundstücken und Gebäuden in Russland erwerben. Es besteht dabei kein Unterschied, ob es sich um natürliche oder juristische Personen, also beispielsweise Kapitalgesellschaften, handelt. Die sozialistische Vergangenheit hat – im Vergleich zu Deutschland – andere Verhältnisse hinsichtlich des Grundbesitzes und dessen Nutzungsrechten hinterlassen. In den meisten Regionen befindet sich der überwiegende Teil des Bodens und der bestehenden Immobilien direkt oder indirekt im Besitz der jeweiligen Administration. Studien des *Foreign Investment Advisory Service* (FIAS) beklagen die Intransparenz bei der Vergabe von Land und Immobilien. Oft sind die Verwaltungen gegenüber der Privatisierung von Land sehr skeptisch. In der Folge sind Pachtverträge weiter verbreitet. Langfristige Pachten erstrecken sich üblicherweise über 49 Jahre. In Moskau gab es bis 2006 keinen privaten Grundbesitz, dem Bauboom tat dies trotzdem keinen Abbruch.

Wegen der bestehenden Besitzverhältnisse sind baureif entwickelte Grundstücke oft knapp. Entsprechend teuer werden diese verkauft. Aufgrund des Mangels an geeigneten baureifen Grundstücken oder auch um günstiger an Bauland zu gelangen, lohnt es sich für Bauherren, Grundstücke von Architekten entwickeln zu lassen.

Hinsichtlich der technischen Bewertung muss die grundsätzliche Bebaubarkeit und die Versorgung mit technischen Anschlüssen sichergestellt werden. Damit ist oft die Schaffung von Baurecht für das entsprechende Grundstück verbunden. Auch muss die Versorgung mit Gas, Strom, Wasser, Abwasser, Telekommunikation und den anderen Medien abgestimmt werden. Helge Maehrholz von der Hammer AG rät, diese Aufgaben nicht zu delegieren, sondern als »Chefsache« zu behandeln. Wegen der Bedeutung für den Projekterfolg empfiehlt es sich, diesbezügliche Verhandlungen mit möglichst hochrangigen Vertretern der Verwaltung zu führen. Die Ergebnisse der Vereinbarungen sollten auf jeden Fall schriftlich fixiert werden, vor allem dann, wenn zu einem bestimmten Zeitpunkt festgelegte Leistungen erbracht werden sollen, wie beispielsweise die Schaffung eines Abwasseranschlusses durch die Verwaltung. Es ist ratsam, die entscheidenden Vereinbarungen

> Christoph Langhof:
Büro- und Geschäftshaus
auf dem Industriegelände
Rossija, Sankt Petersburg
(2007–2009)

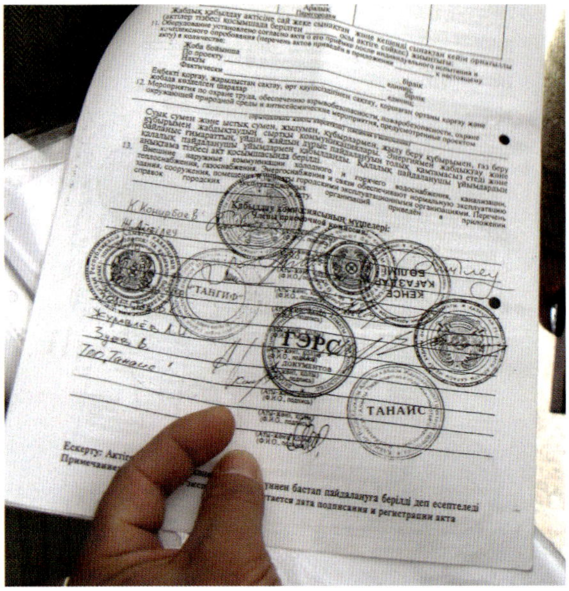

> Auszug aus einer Baugenehmigung in Almaty

soweit wie möglich vor Baubeginn, besser noch vor dem Erwerb der Grundstücksrechte zu klären. Unklarheiten und Missverständnisse in Bezug auf Baugenehmigungen und Versorgungsleistungen sind neben den Grundstückspreisen wesentliche Kostentreiber. Wegen des hohen Aufwands der Grundstücksentwicklung ist es lohnenswert, darüber nachzudenken, ob Rechte an möglichen Erweiterungsflächen schon zu Projektbeginn gesichert werden sollen. Der nachträgliche Erwerb kann durch gestiegene Grundstückspreise viel teurer werden. Derzeit vorhandene Expansionsflächen könnten außerdem wegen der regen Bautätigkeit schnell für andere Gebäude verwendet werden.

Für den Erwerb von Grundstücken erschwerend ist, dass in den meisten Regionen offizielle Statistiken über Preise von Grundstücksverkäufen und Pachten fehlen, die den amtlichen deutschen Bodenpreisrichtwerten entsprechen. Es ist nahe liegend, dass eine solche Intransparenz den Markteinstieg für ausländische Investoren erheblich erschwert. Lokale Projektentwickler und Bauträger haben so einen entscheidenden Vorteil. Häufig bestehen noch alte Bekanntschaften aus der Sowjetzeit, gerade bei den Firmen, die aus sowjetischen Baukombinaten hervorgegangen sind. Ausländische Projekte können schnell vereitelt werden, wenn sie ohne Unterstützung von lokalen Akteuren realisiert werden sollen.

Baupreise und Materialien

Die Preise von Baumaterialien unterscheiden sich ebenfalls: Noch werden hochwertigere Stahlerzeugnisse, Innenausbaumaterialien, Türen und Fenster, aber auch Holzwerkstoffe in großem Umfang importiert; Lieferengpässe sind nicht ausgeschlossen. Nach Aussagen von Rolf Weber, Direktor des türkischen Bauunternehmens Koray A. S., sind vor allem »gute Ausbaumaterialien, wie Sanitärkeramik, Fliesen, Tapeten oder Teppichböden (...) in Großkontingenten kaum erhältlich«. Trotz massiver Investitionen ausländischer Firmen, wie zum Beispiel der Firma Knauf, besteht immer noch ein Engpass bei Gipskartonplatten. Es entwickeln sich zunehmend lokale Firmen, die ihre Produktion mit zweistelligen Zuwachsraten erhöhen. Mittelfristig sollte sich die Verfügbarkeit von Baumaterialien also verbessern.

Moskauer Baufirmen geben ihre Selbstkosten ohne Grundstückspreise für Plattenbauten mit 1.400 bis 2.700 US-Dollar, für konventionell gemauerte und stahlbetonierte Gebäude mit 3.800 bis 4.600 US-Dollar pro Quadratmeter an. Die russische Antimonopolbehörde FAS prüfte diese Angaben der Bauindustrie im Sommer 2006. Nach den amtlichen Untersuchungen sind die ermittelten Selbstkosten wesentlich geringer, so werden die Quadratmeterkosten von Plattenbauten mit 570 bis 1.600 US-Dollar und für herkömmliche Bauten mit 600 bis 3.100 US-Dollar angegeben.

Augenblicklich arbeiten allein in Moskau mehr Menschen am Bau als in ganz Deutschland. Während das Lohnniveau der einfachen Arbeitskräfte nach Angaben des BfAI bei einem Zehntel der Preise in Deutschland liegt, werden qualifizierte Baufachleute mittlerweile händeringend gesucht. Ein Großteil der gering qualifizierten

< Baucontainer in Moskau als Unterkünfte für Arbeiter aus dem Kaukasus und aus Zentralasien

Arbeiter kommt aus den GUS-Ländern Zentralasiens oder aus der Ukraine. Der Bedarf an Anleitung und Kontrolle ist im Vergleich zu Deutschland größer. Ausländische Bauunternehmen bringen deshalb gern ihre Poliere aus der Heimat mit. In Russland agierende Baufirmen aus den ehemaligen Ostblockländern oder der Türkei arbeiten mit bis zu 40 Prozent an Personal aus den jeweiligen Heimatländern. Zudem besteht noch immer ein Engpass an kleineren Baumaschinen, wie Stampfern, Bohrmaschinen oder Mörtelmischern. Verbunden mit dem Mangel an qualifizierten, auf einzelne Gewerke spezialisierten Handwerksbetrieben empfiehlt es sich, bei Materialauswahl, Bauablauf und Konstruktionen die vor Ort bestehenden Verhältnisse im Vorfeld zu untersuchen und in der Planung zu berücksichtigen. Die unterschiedlichen Bedingungen in Russland können zu größeren Abweichungen bei den Kosten, Zeiten und Bauabläufen im Vergleich zu Deutschland führen.

Verfahren der Baugenehmigung

Zur Erlangung einer Baugenehmigung müssen nach Artikel 51 des Städtebaugesetzbuchs folgende Unterlagen eingereicht werden: der notarielle Nachweis, dass ein Recht zur Bebauung des Grundstücks besteht (Besitzurkunde, Pachtvertrag o. ä.), der städtebauliche Grundstücksplan und die Projektdokumentation.

Die Projektdokumentation ist die klassische Architektenaufgabe in Russland. Für die Vorlageberechtigung ist eine »Lizenz zur Projektierung« erforderlich. Die Dokumentation des Projekts umfasst eine ausführliche Baubeschreibung, den Generalbebauungsplan des Grundstücks in Übereinstimmung mit dem städtebaulichen Plan (mit genauer Kennzeichnung des Gebäudestandorts, den Grenzen von öffentlichen Baulasten, Objekten von archäologischer Bedeutung sowie Zu- und Durchfahrten), die Architekturzeichnungen, Informationen über die Haustechnik, den Gesamtplan der haustechnischen Versorgungsnetze mit Anschlüssen an die öffentlichen Versorgungsnetze von Gas, Wasser, Strom und Fernwärme sowie positive Genehmigungsbescheide der verschiedenen staatlichen Behörden (im Folgenden Einzelgenehmigungen genannt).

Während in Deutschland das Bauamt weitgehend die zentrale Stelle für den Erhalt einer Baugenehmigung ist, zerfällt dieser Vorgang in Russland in eine Reihe von Einzelgenehmigungen. Der Aufwand für eine Baugenehmigung ist demzufolge größer. Das Einholen der technischen Einzelgenehmigungen erfordert eine ständige Kontrolle, ob dadurch andere bereits erteilte Genehmigungen nicht wieder änderungsbedürftig werden. »Für den Bau eines Hochhauses können hier bis zu 263 Genehmigungen nötig sein«, berichtet Hasso von Pogrell, Leiter der Abteilung *Außenwirtschaftspolitik und internationale Märkte* beim *Hauptverband der Deutschen Bauindustrie* auf einer Konferenz in Moskau.

Zudem ist der städtebauliche Abstimmungsbedarf mit dem Generalarchitekten der Stadt und seinen Beschäftigten ein wesentlicher Meilenstein im Genehmigungsprozess. Die Baubehörde ist verpflichtet, den Bauantrag innerhalb von zehn Tagen zu überprüfen und ihn zu

> Sergej Tchoban/ nps tchoban voss: *Greenhouse Building*, Sankt Petersburg (2006–2008)

bewilligen oder abzulehnen. Die Abstimmung zwischen den Behörden und das Änderungsmanagement bedeuten für den Architekten einen höheren Aufwand. Gleichzeitig sind sie aber eine Möglichkeit, dem Bauherrn gegenüber eine Leistung zu erbringen und Kompetenz zu beweisen.

Bürokratische Hürden und Korruption

Über Korruption wird viel und oft mit einer gewissen Freude berichtet. Selten findet man jedoch Zahlen oder genaue Fakten. Der Verein *Transparency International* platziert Russland in seinem *Corruption Perception Index* auf Platz 143 von insgesamt 179 Plätzen (2007). Im FIAS-Report über Immobilientransaktionen (2006) findet sich eine Feldstudie, in der – knapp zusammengefasst – die dort befragten ausländischen Unternehmen angeben, in über der Hälfte der Fälle inoffizielle Zahlungen zu leisten. Dabei bestehen jedoch erhebliche regionale Unterschiede: Moskau weist neben der höchsten Korruptionshäufigkeit auch die größten Summen auf. In Nowgorod hingegen sind Fälle von Korruption wesentlich seltener und die Summen geringer. Jedoch ist anzunehmen, dass sich mit steigender Bautätigkeit in den Regionen die Verhältnisse dort verschieben werden. Die Anfälligkeit für Korruption ist mit der bürokratischen Organisation eng verbunden. Verordnungen und Formulare wirken vielfach bewusst unübersichtlich. Aussagen einzelner Beamter können sich widersprechen. Es mangelt oft an Transparenz der Verfahrensabläufe sowie an allgemein zugänglicher Information über Möglichkeiten, Verfahren zu veranlassen oder Anträge zu stellen. Ohne Kenntnis der eigenen Rechte fällt die Inanspruchnahme schwer. Zudem sind in vielen Bereichen die Zuständigkeiten nicht vollständig gesetzlich geregelt oder es existieren widersprüchliche Bestimmungen. Dadurch wird einzelnen Beamten ein großer Auslegungsspielraum zugebilligt, der dazu einlädt, diese Macht zu missbrauchen.

Ein erfolgreicher Behördengang setzt voraus, dass man seine Rechte kennt und über den Verfahrensablauf informiert ist. Sonst kann es vorkommen, dass man von Abteilung zu Abteilung weiterverwiesen wird und niemand sich für zuständig erklärt. Bei wichtigen Zusagen empfiehlt sich die Schriftform. Beharrliches Nachfragen kostet Zeit und Kraft, ist jedoch Grundvoraussetzung. Bei laufenden Bauprojekten kann der Stillstand der Arbeiten zudem erhebliche Kosten verursachen. Da wirkt die einmalige Zahlung von Schmiergeld als verschmerzbarer Aufwand. Ein ehemaliger Mitarbeiter des früheren Präsidenten Jelzin veranschlagte, dass Bestechung etwa zehn Prozent der Unternehmensgewinne auffresse. Quellen des BfAI berichten, dass fünf Prozent des Baubudgets auf Schmiergelder entfallen. Um nicht in eine Zwickmühle aus Abhängigkeiten zu gelangen, ist es zwingend notwendig, sich nichts zuschulden kommen zu lassen. Langfristig verschlingt Korruption erhebliche Mittel.

Ausschreibungen und Wettbewerbe

Ähnlich der Situation in Deutschland ist die Vergabe von Dienst- und Bauleistungen durch Ausschreibungen nur

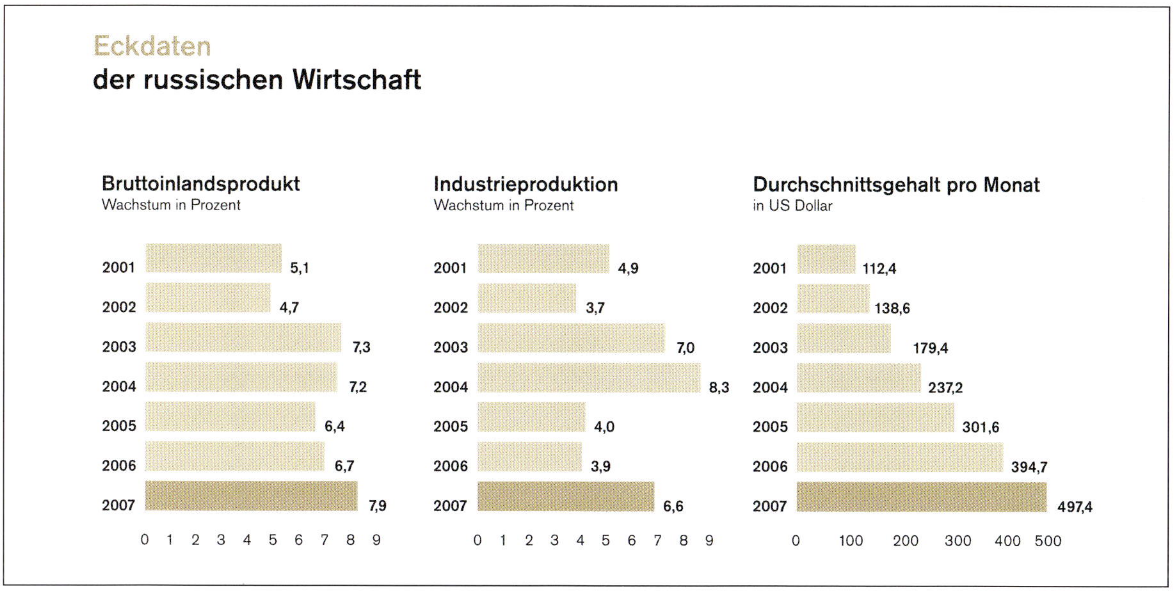

< Die russische Wirtschaft verzeichnet seit 2001 ein überdurchschnittliches Wachstum, von dem vor allem die Löhne und Gehälter profitieren (Quelle: Bundesagentur für Außenwirtschaft).

für staatliche und kommunale Einrichtungen zwingend. Seit Januar 2006 verlangt das *Föderale Gesetz Nr. 94*, dass ab einem Betrag von derzeit 60.000 Rubel ein öffentliches Vergabeverfahren zu führen ist. Dabei werden ausländische Produkte und Dienstleistungen gleicher Eignung nicht diskriminiert, wenn im Herkunftsland ebenfalls eine Gleichbehandlung entsprechender russischer Erzeugnisse vorliegt. Trotz dieser Gesetzeslage laufen viele Ausschreibungen und Wettbewerbe nach Einschätzung von Marktteilnehmern nicht wirklich lauter ab: Etwa 30 bis 40 Prozent beträgt der Anteil korrekt verlaufender Verfahren. Die Dominanz der ehemaligen Staatsbetriebe im Wohnungs- und Verwaltungsbau legt die Plausibilität dieser Einschätzung nahe. Ob Ausschreibungen professionell und fair ablaufen, ist nach Aussage von Niko Rickerts, Büroleiter von agn Generalplaner Moskau, auch daran erkennbar, wie das Verfahren strukturiert ist und welche Ansprüche der Investor hat: »Je professioneller und erfahrener der Auftraggeber ist, desto wahrscheinlicher ist es, dass er offene und saubere Wettbewerbe durchführt.«

Auflagen des Markteinstiegs

Jede Person, die in ihrem Heimatland berechtigt ist, den Titel »Architekt« zu führen, erfüllt die Voraussetzungen, um nach Anerkennung der Dokumente durch die russische Verwaltung eine Architektenlizenz zu beantragen. Die Akzeptanz des ausländischen Titels befreit jedoch nicht von den Bestimmungen, die ein Staatsbürger der Russischen Föderation zu erfüllen hat. Somit sind die übrigen hohen Auflagen zu erfüllen, um eigene Architektur- und Baulizenzen zu erhalten. In der Praxis bleiben deutschen Planern drei Möglichkeiten der beruflichen Betätigung:

1. Die Kooperation mit russischen Partnern

Durch eine Zusammenarbeit mit einem lokalen Büro ist es möglich, dessen Lizenzen als Rechtsgrundlage für die Architekturleistungen zu verwenden. Auch die bessere Kenntnis der lokalen Gegebenheiten durch den russischen Partner ist ein großer Vorteil. Üblicherweise sind solche Kooperationen projektbezogen und eignen sich deshalb besonders zu Beginn des Engagements in Russland. Die Rechte und Pflichten der Partner sollten auf jeden Fall in einem schriftlichen Kooperationsvertrag festgehalten werden. Der Koordinationsbedarf zwischen den Beteiligten sollte nicht unterschätzt werden.

2. Ein Joint Venture mit einem russischen Partner

Will man sich enger an einen russischen Partner binden, dann ist als vertiefte Form der Kooperation die Gründung einer gemeinsamen Firma oder Tochtergesellschaft möglich. Vorteilhaft ist die Nutzung der Beziehungen des russischen Partners. Wahrscheinlich bringt dieser zudem einige seiner Kundenkontakte mit in das Unternehmen ein. Auch die gemeinsame Nutzung von Büroflächen mit dem Partner in Russland könnte möglich werden. Experten warnen auch vor den Risiken eines Joint Venture. So kann eine abweichende Geschäftsauffassung, beispielsweise ein ungleiches Verständnis von Qualität, die Beziehung belasten. Gerade deshalb ist die

> Die neue Skyline von Moskau mit der Großbaustelle *Moscow City* im Hintergrund (2008)

richtige Wahl der Rechtsform für alle Beteiligten wichtig, auch wenn es um Auflösungsmodalitäten der Firma geht. Die guten lokalen Kenntnisse und Kontakte des russischen Gesellschafters können in eine Abhängigkeit des deutschen Büros umschlagen. Zudem könnte es vorkommen, dass Fachwissen und Kompetenzen nach Liquidierung einer gemeinsamen Gesellschaft vom russischen Kompagnon übernommen werden und somit ein entscheidender Vorteil für die Wahl eines ausländischen Planers nicht mehr vorhanden ist. Auch die Bonität potenzieller Partner sollte unbedingt geprüft werden, um zu vermeiden, dass finanzielle Engpässe eines Beteiligten das gemeinsame Unternehmen gefährden.

3. Die Gründung einer eigenen Niederlassung

Die Betätigung als Architekt in Russland ohne lokalen russischen Partner setzt eine Firmengründung oder Repräsentanz in Russland voraus. Nach den Erfahrungen von Florian Schneider, Partner im Moskauer Büro der Rechtsanwaltsgesellschaft Beiten Burkhardt, ist eine Niederlassung notwendig, um die Lizenzen für Planung und Bau zu erhalten. Die Antragsdokumente werden von Behörden abgelehnt, wenn die Papiere nicht mit einer Registrierungsnummer beim *Einheitlichen Register* oder der Handelskammer versehen sind.

Gesellschaftsformen

Abgesehen von dem Fall einer losen Kooperation mit einem russischen Büro muss sich ein deutscher Architekt, der in Russland planen und bauen will, für eine Rechtsform seiner Firma entscheiden. Dabei unterscheidet sich das Prozedere kaum von einer gewöhnlichen Geschäftsgründung in anderen Wirtschaftsbereichen. Wegen der Haftungsrisiken eignen sich Personengesellschaften ohne Trennung von privatem und Betriebsvermögen nicht. Die Gründung einer Kapitalgesellschaft wird von Fachleuten empfohlen.

Da eine offene Aktiengesellschaft für Planer nicht geeignet erscheint, bleibt die Wahl zwischen zwei Rechtsformen, der GmbH russischen Rechts (OOO) und der geschlossenen Aktiengesellschaft (ZAO). Als Geschäftsleiter ist jeweils nur ein sogenannter Generaldirektor zulässig. Die Schaffung eines gemeinsam leitenden Vorstands ist in der Praxis recht aufwendig, jedoch mit einem System von Bevollmächtigungen, Befugniseinschränkungen und Zustimmungserfordernissen durch die Gesellschafter realisierbar. Das Stammkapital für beide Gesellschaftsformen beträgt das Hundertfache des gesetzlich festgesetzten Monatsmindestlohns von 100 Rubel. Es handelt sich also um ein Stammkapital von 10.000 Rubel. Neben Geldeinlagen sind auch Wertpapiere, Vermögensrechte oder Sacheinlagen als Stammkapital zulässig.

Die Kapitalgesellschaften können auf Beschluss der jeweiligen Gremien unter Einhaltung der Rechtsvorschriften wieder freiwillig aufgelöst werden. Zudem kann eine Liquidation durch den Beschluss staatlicher Organe erfolgen. Bis zur vollständigen Registrierung haften die Gesellschafter unbeschränkt gesamtschuldnerisch. Gewöhnlich haften die Gesellschafter nicht für

die Verbindlichkeiten der Gesellschaft, es sei denn, es liegen Gründe für eine Durchgriffshaftung vor. Im Falle der OOO kann eine Muttergesellschaft haften, wenn sie eine beherrschende Stellung von mehr als 20 Prozent am Satzungskapital der Tochter trägt. Erteilt die Muttergesellschaft der Tochter verbindliche Weisungen, so haftet sie für die Tochter. Auch wenn die Muttergesellschaft die Insolvenz der Tochter verschuldet, kann sie haftbar gemacht werden. Die Tochter kann zudem in diesem Fall von der Muttergesellschaft Schadenersatz verlangen. Bei einer ZAO ist die Haftung ähnlich geregelt. Das Weisungsrecht muss jedoch vertraglich festgehalten sein, damit die Muttergesellschaft belangt werden kann.

Neben den vielen Gemeinsamkeiten unterscheiden sich diese beiden Kapitalgesellschaften in einigen Punkten. Das höchste Exekutivorgan der OOO ist die Gesellschafterversammlung. Üblicherweise beschließen die Partner bei Entscheidungen mit einem Stimmrecht proportional zum Kapitalanteil. Abweichende Regelungen können jedoch vereinbart werden. Die Geschäfte führt der oben bereits erwähnte Direktor. Ein weiterer wichtiger Posten ist der des Finanzdirektors. Bei einer Ein-Personen-Gesellschaft werden alle Funktionen durch den Alleingesellschafter übernommen. Grundsätzliche Geschäftsbeschlüsse sollen nach Anraten von Experten auch bei der Besetzung aller Ämter in Personalunion schriftlich festgehalten werden. Nach russischem Recht kann ein Gesellschafter einer OOO jederzeit austreten. Die Mitgesellschafter haben ein Vorkaufsrecht. Sie müssen ihn dann innerhalb von sechs Monaten nach Ablauf des vollendeten Geschäftsjahrs auszahlen. Es besteht das Risiko, neben einem verlorenen Geschäftspartner noch in kurzer Zeit sehr viel Kapital für die Gesellschaftsanteile bezahlen zu müssen.

Die ZAO als Aktiengesellschaft ist als Gesellschaftsform etwas angesehener. Der Verwaltungs- und Gründungsaufwand ist etwas höher als bei der OOO. Beispielsweise müssen die Aktien bei der Ausgabe registriert werden. Es besteht die Pflicht zur Führung eines Aktionärsregisters. Die Aktien sind nichtdokumentarische Namensaktien. Anteile können gehandelt werden, die Gesellschafter genießen jedoch ein Vorkaufsrecht. Oberstes Organ der ZAO ist die Aktionärsversammlung, die die wichtigsten Entscheidungen trifft. Sie bestellt den Direktor und den Aufsichtsrat. Zudem sind ein Reservefonds und die Ernennung einer Revisionskommission gesetzlich vorgeschrieben.

Versicherung

Auch wenn es in Russland keine Versicherungspflicht für Architekten gibt, ist es ratsam, Bauvorhaben an die eigene deutsche Versicherung zu melden. Haftpflichtversicherer sichern diese Auslandsprojekte im Rahmen der in Deutschland obligatorischen Pflichtversicherung ab. Deckungssummen und die Höhe von Eigenbeteiligungen können je nach Region des Bauvorhabens variieren, abhängig davon, ob das Projekt im europäischen oder im asiatischen Teil Russlands realisiert werden soll. Dabei kann die Eigenbeteiligung im Schadensfall östlich des Urals bis auf den doppelten Betrag anwachsen.

> Ausstellungsaufbau auf der *ArchMoskwa* 2003: *Berliner Architektur Union* (Kuehn Bauer Partner; AssmannSalomon; Büro Kiefer; Leonhardt, Andrä und Partner; nps Tchoban Voss; Meuser Architekten BDA)

>> Wanderausstellung *50 Projekte des Neuen Berlin* im Rahmen des *Deutsch-Russischen Kulturjahres* 2003/2004, Kurator: Philipp Meuser

Netzwerke und Ansprechpartner

Für deutsche Planer, die sich in Russland betätigen wollen, besteht mittlerweile ein gutes Netzwerk an Informationsquellen und Ansprechpartnern. Die folgende Auswahl ist nicht vollständig, verschafft aber einen guten Überblick. Das allgemeine politische und wirtschaftliche Geschehen kann man mithilfe des Internets auch ohne russische Sprachkenntnisse verfolgen. Es bestehen verschiedene, auf die Berichterstattung in Russland spezialisierte Internet-Nachrichtenagenturen, wie beispielsweise *Russland Aktuell*. Die Deutsche Botschaft in Moskau veröffentlicht täglich eine kostenlose Zusammenfassung aller deutschsprachigen Zeitungsartikel über Russland, die man per E-Mail abonnieren kann. Auf der dazugehörigen Internetseite finden sich sehr viele Informationen über Visabestimmungen und die Lebensbedingungen als Deutscher in Russland.

Die *Bundesagentur für Außenwirtschaft* (BfAI) ist mit eigenen Journalisten vor Ort vertreten, die aktuell und zuverlässig über die wirtschaftliche Entwicklung, Gesetzesänderungen, Zoll- und Einfuhrbestimmungen sowie vieles mehr berichten. Besonders empfehlenswert sind die zusammengefassten Länder- oder Brancheninformationen, wie die regelmäßig aktualisierten Serien *Branche Kompakt: Bauwirtschaft* oder die gesamtwirtschaftlichen Ausblicke. Neben vielen detaillierten, kostenfreien Angeboten sind auch gebührenpflichtige Inhalte, wie etwa Ausschreibungstexte und Vertragsentwürfe, abrufbar. Das von der Bundesarchitektenkammer ins Leben gerufene *Netzwerk Architekturexport* (NAX) stellt ebenfalls ein breites Angebot an Informationen für Planer zur Verfügung, die sich im Ausland engagieren wollen. Auch über das NAX ist es möglich, sich über Ausschreibungen informieren. Ferner kann man sich in einer Geschäftskontaktbörse eintragen lassen oder nach Geschäftspartnern recherchieren. In der Länderdatenbank finden sich neben Informationen auch Verweise auf Publikationen über Russland und andere GUS-Republiken.

Eine gute Quelle an Informationen zur Geschäftsgründung, zu aktuellen Marktbedingungen sowie zum Leben als Ausländer in Russland findet man beim *Verband der Deutschen Wirtschaft in der Russischen Föderation* (VDW), Moskau. Darüber hinaus ist eine kleine Anzahl an russischen Gesetzen in deutscher oder englischer Übersetzung online einsehbar. Für ernsthaft an der Arbeit in Russland Interessierte ist der Kontakt zu deutschen Kollegen mit Auslandserfahrung eine wichtige Quelle. Der *Klub deutscher Architekten und Ingenieure in Moskau* (KdAI) ist ein Zusammenschluss der ortsansässigen Planer. Viele der in diesem Buch publizierten Büros sind Mitglieder der Vereinigung.

Öffentliche Fördermittel

Öffentliche Institutionen unterstützen Auslandsinvestitionen, wenn dadurch wünschenswerte politische oder wirtschaftliche Prozesse in Gang gesetzt werden. Die Vergabe entsprechender Mittel ist deshalb an Förderkriterien gebunden. Der Förderer ermöglicht in der Regel verbilligte Kredite oder erteilt Zuschüsse zu

< Wanderausstellung *Stadt und Haus*. Deutsche Botschaft Minsk/Belarus, Kuratoren: Philipp Meuser, Fried Nielsen (2007)

<< Wanderausstellung *Berlin im Fluss*. MUAR/Staatliches Museum für Architektur Moskau, Kurator: Philipp Meuser (2004)

Investitionen. Meist soll die wirtschaftliche Verflechtung zwischen den Ländern intensiviert werden, ein Wissenstransfer stattfinden oder es sollen infrastrukturelle, energie- und umweltpolitische Ziele mit konkreten Projekten gefördert werden. Eine Übersicht über die Förderprogramme des Bundes findet man im Internet auf der Seite *www.foerderdatenbank.de*. Einzelne Fördermaßnahmen und ihre entsprechenden Bezugskriterien ändern sich laufend, jedoch lassen sich die Programme in drei Kategorien unterteilen:

1. Förderung von Markterschließungen

Bestimmte Wirtschaftszweige oder Gruppen, wie beispielsweise High-Tech-Unternehmungen oder Unternehmensgründer, werden unterstützt, wenn sie beabsichtigen, im Zielland Fuß zu fassen oder neue Märkte zu erschließen. Dabei können Machbarkeitsstudien, Marktanalysen oder Messeauftritte gefördert werden. Eine Vielzahl von Programmen unterstützt beispielsweise die internationale Präsenz deutscher Firmen bei ihren Messeauftritten.

2. Projektbezogene Fördermittel

Der Geldgeber gewährt verbilligte Kredite oder Zuschüsse für Projekte, die Förderkriterien erfüllen. Mit solchen Maßnahmen sollen vor allem Infrastrukturprojekte und Umweltschutzmaßnahmen subventioniert werden. Neben der *Kreditanstalt für Wiederaufbau* (KfW) und der *Europäischen Bank für Wiederaufbau und Entwicklung* (EBWE) ist auch die Weltbank als Förderbank aktiv. In Russland werden viele Projekte im Bausektor mit Mitteln dieser drei Institutionen realisiert.

3. Versicherungen zur Abfederung von Auslandsrisiken

Die Euler Hermes übernimmt, als die bekannteste Versicherung, im Auftrag des Bundes Absicherungen von deutschen Unternehmen zur Förderung der Außenwirtschaft. Es finden sich noch weitere Institutionen, die Auslandsrisiken im Schadensfall absichern. Die verschiedenen Gesellschaften bieten Versicherungen an, die den Unternehmer vor besonderen Risiken im Ausland, beispielsweise Zahlungsausfällen durch politische Unwägbarkeiten oder Krieg, schützen. Dabei beträgt die Selbstbeteiligung im Regelfall zwischen fünf und 15 Prozent der Schadenssumme.

Mögliche Auftraggeber – notwendige Kompetenzen

Zwei Grundlagen scheinen meines Erachtens für die erfolgreiche Arbeit als Architekt oder Ingenieur in Russland maßgeblich zu sein: Erstens, die Bereitschaft, sich in Russland dauerhaft oder zumindest längerfristig zu engagieren und sich auf die kulturellen Unterschiede einzulassen. Sprachkenntnisse können (und sollten) erworben, Kontakte können geknüpft werden. Der entscheidende Punkt ist der Wille zur Auseinandersetzung mit einem zum Teil sehr fremden und vergleichsweise turbulenten Kontext. Neben Hartnäckigkeit setzt dies auch die Fähigkeit voraus, Vertrauen bei den russischen Geschäftspartnern zu bilden. So fremd für deutsche Planer die Arbeit in Russland sein mag, für sein russisches

> Sergej Tchoban/ nps tchoban voss: *Benois-Haus*, Sankt Petersburg (2006–2008)

Umfeld ist der Architekt aus Deutschland der Exot! Zweitens ist es sinnvoll, sich genau zu überlegen, mit welchen Leistungen man auftreten will. Welche Gründe können einen Bauherrn dazu bewegen, einen ausländischen Architekten in Russland zu beauftragen? Welche Aufgaben kann man besser als ein einheimischer Architekt lösen? Dabei sind bei näherer Betrachtung neben den eigentlichen Bauplanungsleistungen auch Bereiche wie Projektmanagement und Beratungsdienstleistungen interessant. Bestandsanalysen, Entwicklungs- und Machbarkeitsstudien wären mögliche erste, relativ risikoarme Schritte auf dem Weg zur Etablierung in Russland. Zudem versprechen gute Leistungen bei Beratungsaufgaben möglicherweise Bauleistungen als Folgeaufträge. Auch das spezialisierte Auftreten als Fachplaner bietet Potenzial.

Wenn deutsche Planer ins Boot geholt werden, dann meist aufgrund des guten Rufs der Marke »Made in Germany«. Dabei werden die koordinativen Fähigkeiten, das Auftreten als Team von Fachplanern oder als Generalplaner zum Wettbewerbsvorteil. Nicht selten übernehmen deutsche Planer die Rolle von Projektentwicklern. Es gilt, die uns Deutschen im Ausland attestierten Tugenden, wie Zuverlässigkeit, Genauigkeit und hohe fachliche Kompetenz, dem Bauherrn als Vorteile zu verdeutlichen und die entsprechenden Erwartungen auch zu erfüllen. Deshalb ist es wesentlich, den russischen Partnern und Auftraggebern die Unterschiede im Aufgabenverständnis bewusst zu machen. Damit schafft man auch eine solide Basis zur Begründung des eigenen Honorars, zumal die Vergütungsvorstellungen deutscher Architekten wegen des weiter gefassten Aufgabenverständnisses preislich höher liegen.

Doch wie erlangt man Aufträge in Russland? Die Chancen, über Ausschreibungen und Wettbewerbe an geeignete Aufgaben zu gelangen, sind gerade für noch nicht international renommierte Büros nicht besonders groß. Anonyme Wettbewerbe sind in Russland seltener. In der Regel werden also auch Referenzen der Planer verlangt, so dass etablierte und international erfahrene Büros häufig den Zuschlag erhalten. Zudem sind viele Verfahren mit Absprachen belastet und intransparent. Persönliche Kontakte scheinen eine gute Alternative zu sein: Auf zahlreichen Messen besteht die Möglichkeit, das eigene Büro zu präsentieren oder als Besucher nach Partnern zu Ausschau zu halten. Dabei sind viele russische Geschäftspartner auch auf deutschen Messen vertreten, beispielsweise auf der *ExpoReal* in München.

Wenn deutsche Investoren in Russland bauen wollen, bieten sich für deutsche Architekten große Chancen: Die eigene fachliche Kompetenz kann bereits im Heimatland bewiesen, aber noch nicht in Russland bekannt sein. Für die Investoren in Deutschland lassen sich jedoch gerade die Referenzen im Inland leichter überprüfen. Viele der ausländischen Investoren benötigen zudem bei ihren Vorhaben Leistungen, die über die eigentliche Planung hinausgehen. Der große Vorteil, Planer sozusagen ins Ausland mitzunehmen, besteht in der interkulturellen Kompetenz: Der Bauherr wünscht sich, die Verständigungsprobleme mit den Planenden zu minimieren, neben den sprachlichen Hürden sind das

< Architekturbüro 4a: *ELSE-Club*, Moskau (2002–2007)

<< Architekturbüro Duck: Wohn- und Bürokomplex *Premier*, Moskau (2005–2006)

auch die kulturellen Unterschiede. Der Umgang mit fremden Geschäftsgewohnheiten, einer anderen Sprache und Schrift sowie mit ungewohnten rechtlichen und technischen Rahmenbedingungen wird bevorzugt jemandem anvertraut, der sich der Unterschiede zum Heimatland bewusst ist.

Trotz der Risiken ist die Kooperation mit russischen Partnern notwendig und wünschenswert. Sie beschleunigt die Adaptation der eigenen Leistungen an die landesspezifischen Bedürfnisse. Das russische Umfeld ist anders, es verlangt deshalb eine Anpassung seitens der deutschen Architekten. Die Planungs- und Organisationsprozesse müssen auf die Situation reagieren.

Um Lücken bei Kooperationen mit russischen Partnern zu vermeiden, stellen sich neue Aufgaben für die Architekten. Die andere Planungskultur mit dem System der zwei Lizenzen lässt beispielsweise auch neue Schnittstellen entstehen. So koordinierte eine Mitarbeiterin des Architekturbüros 4a bei der Realisierung des Moskauer *ELSE-Club* durch den Projektentwickler KROST im ausführenden Planungsbüro der Baufirma vor Ort die Werkplanung. Vielleicht ist dies die beste Definition von interkultureller Kompetenz: die Fähigkeit, Bewährtem treu zu bleiben und sich Neuem zu öffnen.

Quellen

Adam, Frank-Michael: Baugenehmigungsverfahren in Russland. In: Russland aktuell, Ausgabe 43/2006.

Goldhoorn, Bart / Meuser, Philipp: Capitalist Realism. Neue Architektur in Russland, Berlin 2006.

Maehrholz, Helge: Grundlagen der Grundstückssuche. In: Russland aktuell, Ausgabe 45/2006.

Meuser, Philipp: Architekt ohne Grenzen. Deutsche Architekten im Ausland – Teil 33: Russland. In: Deutsches Architektenblatt, Ausgabe 08/2006, S. 48–50.

Sarodnik, Simone: Business-Guide Russland. Spielregeln, Fallstricke, Chancen, München 2003.

> Sergej Tchoban/
nps tchoban voss:
Benois-Haus, Sankt
Petersburg
(2006–2008)

How to set up an architectural business in Russia

Requirements

If you are entitled to describe yourself as an "architect" in your home country, you can apply for an architect's license in Russia, subject to accreditation by the Russian authorities of your qualifications. However, this does not exempt you from the strict requirements applying to Russian citizens seeking to obtain architecture and construction licenses.

In practice, foreign architects have three ways of operating a business in Russia:

1. Cooperation with a Russian partner

Working with a local firm allows you to use their license as a legal basis for providing architectural services. Such arrangements are usually set up for specific projects, and are therefore particularly suitable for firms venturing into Russia for the first time, but it is important to set down both parties' rights and obligations in a contract.

2. Joint venture with a Russian partner

Another way of developing closer ties with a local business is to establish a jointly owned company or subsidiary, possibly using shared office space. It is essential to ensure that each party has the appropriate legal status, to decide what will happen if the joint venture is wound up, and to check your potential partner's credit record.

3. Establish your own subsidiary

If you wish to practise in Russia without a local partner, you will need to set up a company or agency with its own registered office for planning and construction license purposes. You must have a company registration number, e. g. from the Chamber of Commerce, to apply for a license.

Types of company

Unless you are planning to work with a local firm on a more informal basis, a German architect will need to decide what legal status his company should have. Because of the various potential liabilities involved, a non-incorporated firm, in which your personal assets are inseparable from those of the business, is not a suitable option. The establishment of a capital company is advisable.

Since public limited company status is unlikely to be appropriate for a firm of architects, there are two choices: a "limited company under Russian law" (OOO) or a "private joint-stock corporation" (ZAO). Both must have a single managing director and a charter capital of one hundred times the statutory minimum wage of 100 roubles, consisting of cash, securities, property and/or contributions in kind.

Joint-stock corporations may be placed in voluntary liquidation by a resolution of the relevant management body and subject to the applicable legal provisions, or by a government body. The shareholders have unlimited joint liability until the company is registered, but are not liable after this point unless they have breached disclosure requirements.

ZAO status carries slightly more weight, and costs slightly more to set up and operate than an OOO. The primary decision-making body of a ZAO is the shareholders' meeting, which is required by law to appoint the managing director and supervisory and audit boards, and to establish legal reserves.

Insurance

Although architects in Russia are not required to have insurance, it is advisable to inform your German insurer of any projects in which you are involved. Liability insurers will cover projects abroad under your compulsory German liability insurance, though the sum insured and deductible may vary depending on the region where the project is located.

Networking and contacts

A variety of online news services specialize in Russia; one example is *Russland Aktuell*. The German embassy in Moscow publishes a free daily email summary of German news articles on Russia, while the *Bundesagentur für Aussenwirtschaft* has its own local correspondents providing reliable, up-to-the-minute news on the economy, changes in the law, customs and import requirements and many other topics. The architectural export network of the *Bundesarchitektenkammer* offers a wide range of information; another good source is the Moscow-based *Verband der Deutschen Wirtschaft in der Russischen Föderation*. German and English translations of some Russian laws are available online, and the *Klub deutscher Architekten und Ingenieure in Moskau* (KdAI) is a useful forum for the industry.

Public subsidies

A summary of federal subsidy programs is available at www.foerderdatenbank.de. While the programs and entitlement criteria change all the time, they can broadly be divided into three categories:

- Market access
- Project subsidies
- Export risk insurance

Clients and skills

A number of important requirements apply to anyone wishing to succeed as an architect or engineer in Russia. One is a willingness to commit to the country on a medium- to long-term basis; another an acceptance of its cultural differences. You should also have a clear idea of the services you intend to offer. Apart from building design, project management and consultancy have considerable potential; facilities review and development and feasibility studies are also relatively low-risk ways of gaining access to the industry. A successful consultancy can sometimes lead to a construction project, and there is also a market for specialist planning services.

So how do you get work in Russia? Unless you are an established international firm and able to provide local references, the chances of winning a tender or competition are not particularly high, and anonymous competitions are less common than in western Europe. Personal contacts at trade fairs and other events are a good alternative means of meeting potential local clients or partner companies, and forging links with foreign investors in Russia can also be a way in.

Kasachstan – architektonisches Versuchslabor in der Steppe

Der zehnte Geburtstag der kasachischen Hauptstadt Astana fand am 10. Juni 2008 ohne die üblichen Festivitäten statt, die sonst in ihrer Absurdität immer an die vergangenen Sowjetzeiten erinnert haben. Keine zentrale Bühne für die Staatspropaganda. Keine bestellten Schulmädchen mit Schleifen in den Jahren, keine uniformierten Jungen mit Winkelementen in der Hand. Keine Tanz- und Musikgruppen mit einer Mischung aus kasachischer Folklore und internationaler Popmusik. Diesmal war der Geburtstag der Hauptstadt zwischen kasachischer Steppe und sibirischen Sümpfen ein Tag wie jeder andere. Das eigentliche Jubiläum wurde dann aber doch noch gefeiert, mit genau einem Monat Verspätung: an dem Tag, an dem Staatspräsident Nursultan Nasarbajew seinen eigenen Geburtstag feiert. Sein Festtag wurde zugleich zum offiziellen Feiertag seiner Hauptstadt erklärt. Im Despotenstaat Kasachstan, in dem der ehemalige KP-Vorsitzende Nasarbajew seit fast zwei Jahrzehnten an der Macht ist, gehen die Uhren nun einmal etwas anders.

Die ehemalige Sowjetrepublik Kasachstan, mit 15 Millionen Einwohnern auf einer Fläche, die halb so groß ist wie Europa, ist eigentlich ein Kind Stalins, der die Steppe mit ihren nomadisierenden Horden in den frühen Jahren der Sowjetunion in eine geografische Grenze gezwungen hatte. Was Stalin damals noch nicht ahnen konnte, das waren die riesigen Erdöl- und Erdgasvorkommen östlich des Kaspischen Meers. Stattdessen geriet Kasachstan in die Mühlen des Kalten Kriegs: ein Raketentestgelände in Baikonur, eine Zone für Nukleartests bei Semipalatinsk, die Ausbeutung des Aralsees bis hin zum ökologischen Supergau. Erst mit dem Zerfall der Sowjetunion emanzipierte sich der Vielvölkerstaat von der Moskauer Fremdbestimmung. Erste Forderungen nach mehr Demokratie im Dezember 1986 waren noch gewaltsam unterdrückt worden. Seinerzeit hatte das Zentralkomitee der Kasachischen SSR kurzerhand entschieden, den beim Volk beliebten Ersten Sekretär der KP Kasachstans Dinmuchamed Kunajew gegen Gennadi Kolbin auszutauschen. Zunächst äußerte sich der in der Bevölkerung steigende Unmut gegen die Willkür in friedlichen Kundgebungen. Darauf reagierte die kommunistische Führung mit einer militärischen Aktion zur Niederwerfung der Demonstrationen, die unter dem Namen *Metel 86* (»Schneesturm 86«) in die kasachische Geschichtsschreibung eingegangen ist. Diese Ereignisse waren Vorbote für die Auflösung der UdSSR. Fünf Jahre nach dem gewaltsamen Ende der Demonstrationen unterschrieben die Staatschefs der zwölf Sowjetrepubliken am 21. Dezember 1991 in Alma-Ata den Vertrag über die Schaffung der *Gemeinschaft Unabhängiger Staaten* (GUS) und besiegelten damit das Ende der Sowjetunion. Quasi über Nacht wurde die Stadt mit dem exotisch klingenden Namen zu einem Navigationspunkt der neuen Weltpolitik, die globale Liste der Staaten um Kasachstan und elf weitere Länder erweitert.

Eine zentrale Entscheidung des jungen Kasachstans war die Verlagerung der Hauptstadtfunktionen von Alma-Ata (heute: Almaty) in das damalige Zelinograd. Heute heißt das einstige Zentrum der kasachischen Landwirtschaft schlicht *Astana*, kasachisch für »Hauptstadt«. Überhaupt ist vieles sehr direkt und einfach: So wird die

> Kisho Kurokawa: Masterplan *Astana 2030*, Entwicklungsstand 2020 (1998–2001)

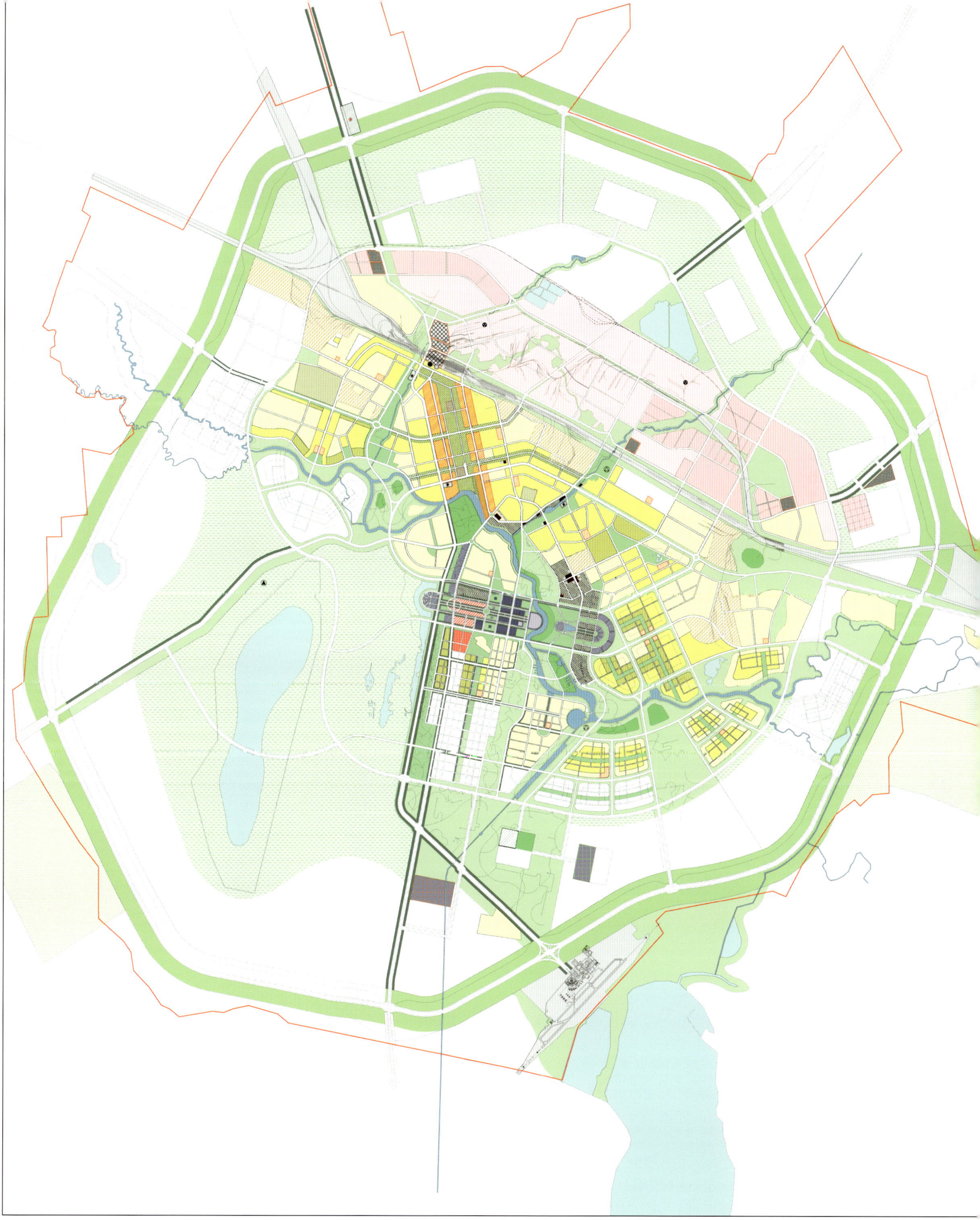

> Baustelle des Aussichtsturms *Bayterek* und Verteidigungsministerium, Astana (2002)

Währung *Tenge* genannt, zu deutsch: Geld. Und darum dreht sich beim Aufbau der neuen Stadt alles. Bezahlt wird auf offiziellem Weg und nicht allzu selten ohne entsprechende Quittung. Das fängt bei der Reservierung – nicht beim Kauf – von Grundstücken an, geht über bestellte Baugenehmigungen bis hin zum eigentlichen Bau. Da Kasachstan bislang nur ein einziges Zementwerk hat, ist die Macht des Monopolisten groß genug, den Preis für einen Zentner Baustoffe nach Gusto festzulegen. Ebenso verhält es sich mit schlichten Gipskartonplatten. Als das von Deutschen geführte Werk im Sommer 2007 für drei Wochen eine technische Produktionspause einlegen musste, vervierfachte sich der Preis binnen Wochenfrist. Auf vielen Baustellen konnte nicht mehr gearbeitet werden, vor allem zum Unmut der Bauherren.

Auf einem Markt, auf dem die meisten Akteure in einer Mischung aus Profitgier und Naivität alles zum ersten Mal machen, führt der Mangel an Baumaterialien regelmäßig zu tosenden Wutausbrüchen und unbedachten Entscheidungen. Da werden tragende Wände schnell einmal in Leichtbauweise errichtet oder dem Beton wird eben nur halb soviel Zement beigemischt. Wenn es weniger kostet und am Ende zumindest zunächst wie vorgegeben aussieht, drücken so manche Bauunternehmen und Architekten (sofern noch am Projekt beteiligt) ein Auge zu. Denn was viele unerfahrene Baulöwen in der kasachischen Steppe nicht wahrhaben wollen, ist die Tatsache, dass über Termine und Zeiten in einem Bauprozess nicht wie über einen Preis verhandelt werden kann. Eine Fassade kann eben nur installiert werden, wenn die Wärmedämmung vorher angebracht wurde. Möbel sollten erst aufgebaut werden, nachdem der Estrich in der gesamten Büroetage gegossen wurde. Doch so wie den Bauarbeitern, die aus Usbekistan oder Tadschikistan auf der Suche nach Arbeit in den kalten Norden gegangen sind, der Auftraggeber im Nacken sitzt, so gibt es auch für die lokalen Investoren mit Namen wie Elitstroi, Baziz A oder KUAT einen enormen Zeitdruck. Denn wer seinen Bau nicht bis zum Geburtstag des Präsidenten fertigstellt, hat wohl ein schlechtes Zeitmanagement in seinem Betrieb. Man könnte vermuten, dass die kasachische Bauwirtschaft einen neuen Präsidenten herzlich willkommen hieße. Dann gäbe es wenigsten einen zweiten Stichtag für die Fertigstellung der Baustellen. Die Investoren könnten dann selbst entscheiden, ob sie den Bau zu Ehren des ersten oder des zweiten Präsidenten der Republik Kasachstan eröffnen.

Kisho Kurokawas Masterplan

Ortswechsel nach Tokio, Rückblick in den Oktober 2001. Wenn Kisho Kurokawa aus seinem Bürofenster schaut, blickt er auf eine Silhouette von Wolkenkratzern, die wie Eisberge aus dem Meer der kleinen Stadthäuser ragen. »Städte«, raunzt der Architekt vor sich hin, »brauchen keine starren Masterpläne. Sprechen wir von einer modernen Metropole des 21. Jahrhunderts, dann müssen wir von einem offenen System ausgehen, das in seinem Wachstum niemals abgeschlossen ist.«

Kurokawa gehörte bis zu seinem Tod im Herbst 2007 zur einflussreichen Upperclass der japanischen Hauptstadt, hatte politische Ambitionen und zählte zu den weltweit

< Baustelle der Hauptverwaltung KazMunaiGaz, Astana (2002)

berühmtesten Architekten Japans. Wenn der grauhaarige Mann mit der rahmenlosen Brille über die Zukunft der Städte sinnierte, glaubte man eher einem Philosophen als einem Architekten gegenüberzusitzen. Kein Wort über Bauformen, keine Aussage zu Plangrafiken. Stattdessen sprach der Japaner über die Stadt als ein Organismus, der wie ein Lebewesen wachse und schrumpfe, und über die Symbiose von Mensch und Natur, die schließlich die Grundlage allen Handelns sei. Stadt war für Kurokawa so etwas wie ein wucherndes Gebilde, nicht mehr als ein Bodendecker, eine Art sich ständig erneuerndes Geflecht, das die städtischen Agglomerationen der Gegenwart prägt.

Hier, in einem anonymen Bürohaus inmitten von Tokio, hatte sich Kurokawa sein bislang größtes Projekt ausgedacht: eine Hauptstadt. Nicht für seine Heimat, sondern für 15 Millionen Kasachen zwischem dem Uralgebirge und China. 1997 war er zur Teilnahme an einem internationalen Wettbewerb aufgefordert worden. Aber erst nachdem sein Entwurf als der Beste prämiert worden war, fuhr Kurokawa nach Mittelasien. Zum ersten Mal konnte er den Ort, den sich Nursultan Nasarbajew für seine neue Kapitale auserkoren hatte, in der Realität anschauen. Für die Ideenfindung während des Wettbewerbs hatte der Baumeister lediglich zwei Mitarbeiter in die Steppe geschickt. Ohne Zweifel ist diese Strategie aufgegangen.

Wäre es auch hier nach dem Kisho Kurokawa gegangen, hätte Astana spätestens in 30 Jahren zu den modernsten Städten der Welt überhaupt gehören dürfen. Das zumindest sahen seine Planungen für die kasachische Kapitale inmitten der weiten Landschaft vor. Kurokawas Grundidee basierte auf der Erweiterung der bestehenden Stadt, einem schmutzigen Industrie- und Landwirtschaftszentrum aus der Sowjetära, nach Süden. Als landschaftliches Element verbindet der sich durch die Stadt windende Fluss Ischim den alten russischen Teil mit dem neuen, noch zu bauenden kasachischen Teil. Kurokawa konnte die Jury vor allem mit der Idee der sogenannten metabolischen Stadt überzeugen, mit der er bereits im Jahr 1960 international auf sich aufmerksam gemacht hatte. Damals hatte er den Gedanken formuliert, dass sich Städte dynamisch wie Lebewesen verhalten, und lieferte für die kasachische Hauptstadt damit quasi nebenbei so etwas wie einen Zukunftsentwurf für das ganze Land: Städtebau als ein Prozess von Werden und Vergehen, in dem Orte und Regionen von der Landkarte verschwinden und wieder auferstehen. Nirgendwo sonst ist dieses Phänomen so aktuell wie hier, wo inzwischen komplette Dörfer aufgrund der Abwanderungen entvölkert sind. Darüber hinaus malte der Japaner den Kasachen das Bild einer symbiotischen Stadt, in der sich eine sowjetische Altstadt und eine kasachische Neustadt zu einem neuen Ganzen vereinigen. Für die von Umweltkatastrophen gebeutelten Bewohner – im Westen todbringende Testgebiete für B- und C-Waffen, im Osten das von Atomtests verseuchte Semipalatinsk (heute: Semey) – stellt die neue saubere Hauptstadt daher weit mehr als einen architektonischen Hoffnungsschimmer dar. Astana könnte zu einer Art mythischem Ort der jungen kasachischen Nation werden, die sich auf der Weltbühne der Politik behaupten will.

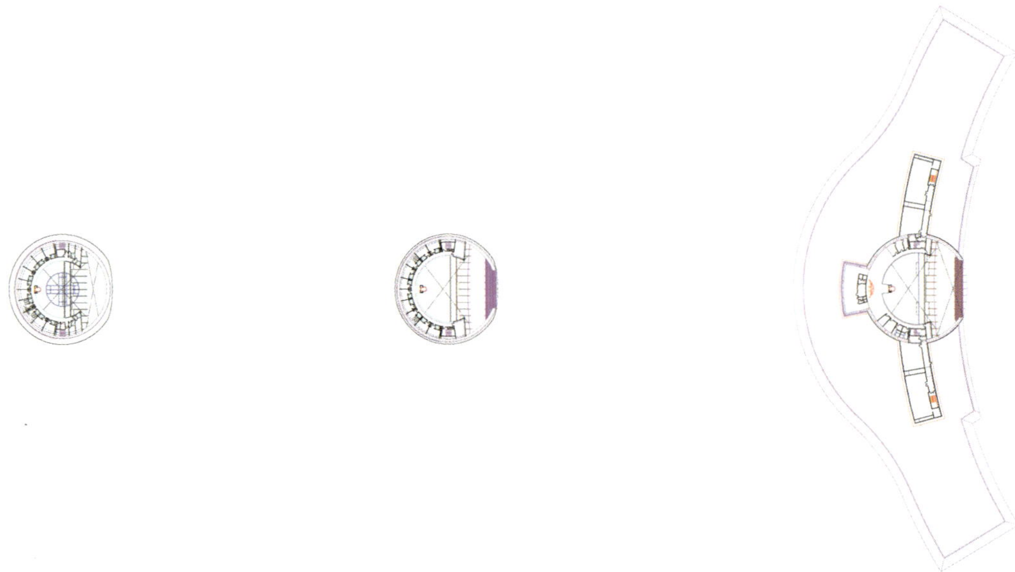

> Kisho Kurokawa: *Astana International Airport* (2002–2005)

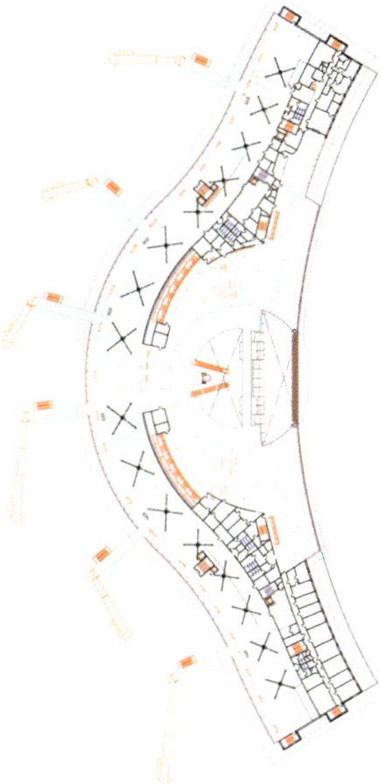

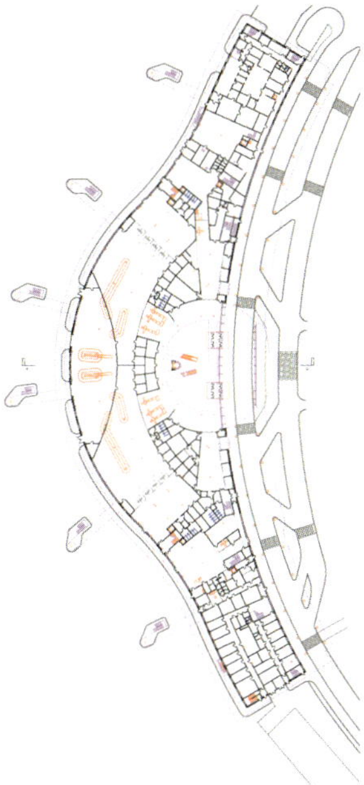

АСТАНА

> *Zentraler Platz* im damaligen Zelinograd (um 1985)

Bislang liegt die Zukunft Astanas noch auf den Ladeflächen der brummenden Lastwagen, die sich tagsüber schwer beladen über eine der Ischim-Brücken schleppen. Für die Fahrt zu den Baufeldern haben sie Kies, Betonplatten oder Armierungseisen geladen. Auf der Rückfahrt wirbeln sie große Staubwolken auf, die der Sand und die Erde, die ihnen die Bagger aufgeladen haben, erzeugen. Die Geschäftigkeit reißt niemals ab. Sie beginnt mit Sonnenaufgang und endet spät nach ihrem Untergang. Eine kaum zu überschauende Zahl von Arbeitern gibt in diesem neuen Astana den Ton an. Ihr Takt dirigiert ein Konzert der Kräne, eine Symphonie der Großstadt.

Im Masterplan lässt sich die Dynamik, die von diesem Ort ausgeht, nur schwer darstellen. In der gestalterischen Umsetzung liest er sich als ein traubenartiges Gebilde, das im Süden an die bestehende Stadt anschließt und bis zum Jahr 2030 knapp 800.000 Einwohnern eine Heimat geben soll. Als das sowjetische Zelinograd zur neuen kasachischen Hauptstadt Astana auserkoren wurde, lebten hier 250.000 Menschen. Doch die Zuwanderung aus anderen Regionen Kasachstans und ein natürliches Bevölkerungswachstum von zwei Prozent jährlich nähren die realistische Hoffnung auf die Metropole von morgen. Nach Kurokawa unterscheide sich Astana ohnehin von den bis heute umstrittenen Hauptstadtplanungen des vergangenen Jahrhunderts, zu denen das südamerikanische Brasilía, das australische Canberra und das nordindische Chandigarh gehören. Denn diese basieren auf einer architektonischen Großform, deren starres Bild von Dynamik sich nicht weiterentwickeln könne. Zu dominant und formal seien seinerzeit die Entwürfe von Niemeyer oder Le Corbusier gewesen, als dass man sie den Anforderungen der jeweiligen Epoche anpassen könne.

Bis auf ein im Stadtgrundriss verankertes Band der Regierungsbauten hat Kurokawa gänzlich auf starre Gestaltungselemente verzichtet. Zugleich lieferte er ein ideologisches Konzept, das der bloßen Hauptstadt-Idee des kasachischen Präsidenten – sie war aufgrund seiner alleinigen Entscheidung immer wieder in die Kritik geraten – substanziellen Inhalt verleiht: Denn anders als viele seiner Wettbewerbskollegen hat Kurokawa der Stadt keine künstliche Form übergestülpt. Vielmehr entwickelte er eine Strategie, wie man der Stadt unter anderem ein neues Wasser- und Abfallmanagement verpassen könne – mit dem Ergebnis, dass mit japanischer Finanzhilfe zunächst die Kanalisierung Astanas modernisiert wurde. Darüber hinaus soll das Mikroklima, das immerhin durch bis zu 80 Grad Temperaturunterschied gekennzeichnet ist, durch ein großflächiges Aufforstungsprojekt modifiziert werden. Vor dem Hintergrund, dass sowohl die Stadt als auch der Staat keine Zukunftsalternative zu bieten haben, könnte Astana zum Erfolgsmodell schlechthin werden.

Eine schnelle Realisierung von Kurokawas Öko-Stadt war im Jahr 2000 fraglich geworden, nachdem die Stadtverwaltung ohne Absprache mit der gesamtstaatlichen Planungsbehörde einen eigenen Generalplan hatte erarbeiten lassen. Dieser basierte zwar auf den seinerzeitigen Wettbewerbsergebnissen, ließ jedoch

< *Platz der Republik* mit Parlamentsgebäude und Präsidentenpalast nach der Umbenennung und der Erneuerung der Fassaden, Astana (2002)

sowohl den Sieger – Kisho Kurokawa – als auch den Initiator – Nursultan Nasarbajew – außen vor. Da aber wesentliche Straßenzüge angelegt und zahlreiche Baugenehmigungen bereits erteilt worden waren, musste Kurokawa nachträglich Planungen seiner ungeliebten Konkurrenten in sein Werk integrieren. Der zunächst beschlossene, dann jedoch wieder verworfene Generalplan war von der saudischen Bin Laden Group gezeichnet worden. Dieser parallelen Planung ist es zuzuschreiben, dass auf dem Baufeld der neuen Regierungsstadt schon eine rege Bautätigkeit zu beobachten war, als sich der eigentliche Plan noch in der behördlichen Genehmigungsphase befand.

Inmitten der Leere erhob sich zu jener Zeit bereits eine 100 Meter hohe, die mit Stahlseilen im Boden verankerte Konstruktion. In der flachen Landschaft wirkt die schlanke Vertikale, als habe man auf einer Karte die neue Hauptstadt mit der Nadel markieren wollen. Dieser Aussichts- und Kommunikationsturm sollte ursprünglich das Zentrum des neuen Regierungsviertels überragen und das gestalterische Gleichgewicht zwischen den beiden Endpunkten der neuen Achse bilden. Doch die Bebauung der vergangenen Jahre hat den *Bayterek Tower* regelrecht in den Schatten gestellt. Auf der westlichen Seite, wo der Horizont einst eine waagerechte Linie in die Leere der Landschaft zeichnete, sind nun Türme wie Pilze aus dem Boden geschossen. Hier hat sich der staatliche Ölkonzern ein 25-geschossiges Denkmal gesetzt. Auf der östlichen Seite, wo sich noch bis vor Kurzem Holzhütten und Gartenlauben hinter dem zarten Laub der Obstbäume versteckten, ist mittlerweile der Präsidentenpalast entstanden. Nur wenige Monate hatte die Regierung den ansässigen Datschenbesitzern eingeräumt, um ihre Idyllen am Rande der Stadt zu räumen.

Astana, bis vor wenigen Jahren ein eher unbedeutender Ort an der Strecke zwischen Moskau und Almaty, ist heute eine Stadt der zwei Geschwindigkeiten. Während die hiesige Bevölkerung in ihren ruralen Datschen dem jahreszeitlichen Alltag der Selbstversorgung nachgeht, zeugen die Bagger von nicht mehr aufzuhaltender Urbanisierung und dem politischen Wunsch einer schnellen Erneuerung. Welchen Bedeutungswandel die Kapitale in den kommenden Jahren erleben wird, haben die Bewohner bereits erfahren dürfen. Seit der künstlichen Verbreiterung des Ischim liegt Astana an einem Fluss, dessen Breite von bis zu 200 Metern den hauptstädtischen Strömen Seine, Themse oder Donau gleichkommt. Doch bei genauerem Blick entpuppt sich dieser mehr als flacher See denn als reißender Strom. Denn der sonst schmale Fluss, der sich durch die sumpfige Region schlängelt, wird im Stadtgebiet lediglich aufgestaut. Immerhin besitzt Astana seitdem eine Uferpromenade, wie sie für die russischen Städte an Ob, Wolga und Ural so typisch ist.

Die neuen Wohnbauten entlang des Ufers, die die Regierung für ihre Beamten errichten ließ, wirken wie frisch aus der Lego-Kiste: bunte Farben, einfache Gebäudeformen, voluminöse Dächer. Zwei von ihnen haben Spitznamen von ihren Bewohnern erhalten: *Titanik* und *Kursk*; eine Anspielung darauf, dass das Flussufer vormals nie bebaut war, weil der Ischim in den Jahren vor

> Bauschilder der Projekte *Triumf Astana* (2005) und *Diplomatic Village* (2002)

>> Alexander Belowitsch u. a.: Wohngebäude *Triumf Astana* (2004–2007)

der Errichtung der befestigten und erhöhten Promenade nach der Schneeschmelze regelmäßig über seine Ufer getreten war und die Fischerhütten untergehen ließ. Freilich spielt bei diesen Wortspielen auch ein wenig Neid mit. Denn nach wie vor lebt das Gros der Bewohner Astanas in einfachsten Wohnblocks, die in der Ära nach Stalin errichtet wurden. Die sogenannten Mikrorajons (Wohngebiete) sind zwar inzwischen zu grünen Oasen zugewachsen, doch seit der Unabhängigkeit sind bisher weder haustechnische Anlagen gewartet noch Eingänge und Fenster in irgendeiner Weise gepflegt worden.

Zelinograd – Hauptstadt des Neuland-Programms

Glücklich können sich deshalb diejenigen schätzen, die sich schon zu Sowjetzeiten eine Datscha in der Umgebung sichern konnten. Sie bietet in Zeiten des Mangels eigene Ernten und einen Rückzugsraum vor dem Alltag, wie zum Beispiel für Sergej und seine Frau Anna. Vor über 50 Jahren sind die Kasachen russischer Abstammung in die Steppe gekommen und haben hier ihre vier Kinder aufgezogen. Damals war die kleine Siedlung Akmola gerade in Zelinograd umbenannt worden – in Anlehnung an die landwirtschaftliche Erschließung der Region im Rahmen des sogenannten Neuland-Programms (*zelina*, russisch für »Neuland«), in dessen Folge sich Kasachstan zu einem Getreidelieferanten der UdSSR entwickelte. Wenn sich Sergej an diese Zeiten des Aufbaus erinnert, scheint er den Tränen nahe zu sein. Die politische Freiheit, so der Mittsiebziger, müsse leider teuer erkauft werden. Früher habe er wenigstens über ein geregeltes Einkommen verfügt, das die sechs Familienmitglieder satt werden ließ. Heute weiß er zuweilen nicht, wie er mit seiner Frau den Winter überstehen soll. Seine Kinder sind inzwischen alle nach Russland gegangen. Und Astana? Warum man in einem Land, das so leer ist wie Kasachstan, eine neue Hauptstadt bauen muss, werde er wohl nie verstehen. Schon die Sowjets seien doch an der unendlichen Weite des Landes gescheitert.

Der Ort hat in den vergangenen vier Jahrzehnten gleich viermal seinen Namen geändert: Akmola, Zelinograd, Akmola, Astana. Stets war die jeweilige Umbenennung politisch motiviert, so auch die letzte im Jahr 1997. Kritiker hatten damals gespottet, dass der Name Akmola aufgrund der schneereichen kasachischen Winter in einer freien Übersetzung auch »weißes Grab« bedeuten könne. Es sei also nur eine Frage der Zeit, bis die Stadt zum politischen Grab Nasarbajews werde. Seitdem heißt die Hauptstadt nach dem Wunsch des Präsidenten eben Astana – »Hauptstadt«. Lediglich der Flughafen-Code TSE erinnert an die Zeit, als die Stadt den Namen Zelinograd trug.

Noch einmal zurück nach Tokio im Jahr 2001. »Wenn Sie in einigen Jahren in Astana landen, wird auch dieses Relikt aus Sowjetzeiten verschwunden sein«, hofft Kurokawa und schaut dabei wieder aus seinem Bürofenster. Die untergehende Sonne hat die Silhouette zu einem goldenen Kranz über der Stadt werden lassen. Zum Abschluss macht der Baumeister noch eine zweite Mappe mit Plänen auf. Es ist der neue Flughafen von Astana, den Nasarbajew im Direktauftrag an Kurokawa vergab;

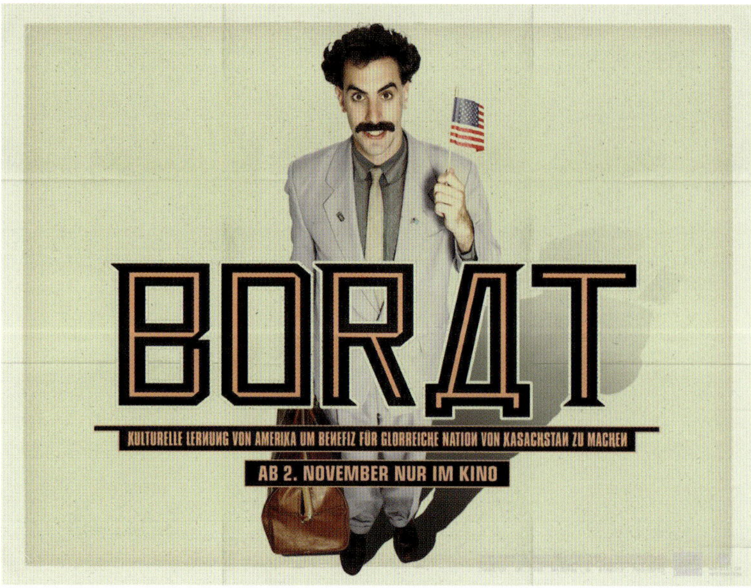

> Ein sehr spezieller Blick auf Kasachstan: Kinoplakat *Borat – Kulturelle Lernung von Amerika, um Benefiz für glorreiche Nation von Kasachstan zu machen*, Regie: Larry Charles (20th Century Fox, USA 2006)

aus Dank für die Arbeit am Masterplan, wie der Meister mit vornehmem Schweigen bestätigt. Beim Betrachten der Blaupausen lässt Kurokawa auch die Frage unbeantwortet, wie nachhaltig eigentlich eine Stadt sei, die ihre Wachstumserwartungen nur auf Kosten sich entleerender Regionen erfüllen könne. Der Japaner hält sich zurück, wenn die Fragen eigentlich an Politiker und nicht an Architekten gestellt sind.

Kurokawas Masterplan könnte also als Glücksgriff in die kasachische Geschichte eingehen. Nach der viel gepriesenen *Eco Media City*, die der Japaner im malaysischen Kuala Lumpur geplant hatte, wäre Astana die erste neue Hauptstadt des 21. Jahrhunderts – noch dazu mit dem politisch korrekten Leitgedanken eines behutsamen Wachstums. Trotzdem hält sich in der ehemaligen Kapitale Almaty hartnäckig das Gerücht, ein Nachfolger Nasarbajews werde als erste Amtshandlung die Hauptstadtentscheidung wieder rückgängig machen. Den Erbauern des neuen Astana mag dies derzeit aber kaum mehr als ein kräftiger Motivationsschub für ihre Arbeit sein. Kurokawa wird die Fertigstellung seiner Vision für die kasachische Steppe nicht mehr erleben. Der Japaner verstarb im Oktober 2007 in Tokio.

Die neue Hauptstadt Astana

Zurück nach Kasachstan, zurück in die Gegenwart. Abgesehen von der mehr oder weniger umstrittenen politischen Bedeutung gehen von Astana zweifellos wichtige wirtschaftliche und soziale Impulse für die gesamte Region aus. Das staatliche Investitionsvolumen für den 1997 beschlossenen Aufbau einer neuen Landeshauptstadt umfasste eine Summe von 1,8 Billionen Tenge (etwa zehn Milliarden Euro); die Einwohnerzahl verdoppelte sich in den ersten zehn Jahren des Bestehens von Astana auf mehr als 600.000 Personen. Lebten vorher mehrheitlich russisch-, deutsch- oder ukrainischstämmige Menschen in der Stadt, bilden nun Kasachen mit einem Anteil von 60 Prozent die Mehrheit der Bevölkerung. Sie waren hier früher eine Minorität, die nicht einmal ein Fünftel der Einwohnerschaft ausmachte.

Um Investitionen und die Wirtschaftstätigkeit in dieser entlegenen Gegend überhaupt anzukurbeln, wurde die 1.052 Hektar umfassende Hauptstadtregion zur Sonderwirtschaftszone mit verlockenden Steuer- und Zollvergünstigungen erklärt. Zu den größten Projekten der Pionierzeit Astanas gehören neben der Errichtung des Reifenwerks Nokian und der Ansiedlung des Lokomotivenherstellers General Electric Company zweifellos der Aufbau einer Endmontagefertigung des japanischen Autokonzerns Nissan, der Logistikstandort *Apple City* sowie das Siliziumwerk der Lancaster Group Kazakhstan. Neben dem Ausbau dieser für eine Großstadt unverzichtbaren ökonomischen Grundlagen wurden zudem Dienstleistungs- und Freizeitstrukturen geschaffen, die teilweise gigantische Dimensionen aufweisen. Dazu gehören neben einer Eislaufhalle auch eine überdachte Radrennbahn mit 24.000 Quadratmetern Fläche, ein Kino- und Konzertsaal am Ufer des Ischim, zwei Business-Center sowie der gesamte, von Lord Norman Foster geplante Komplex *Abu Dhabi Plaza*, in dem sich Büros, Kultureinrichtungen, Geschäfte, Gastronomie und teure

< Eröffnungsfeier der Deutschen Botschaft Astana (2007)

<< Richtfest bei der US-amerikanischen Botschaft in Astana (2006)

Wohnungen in dicht gruppierten, hoch aufragenden Neubautürmen konzentrieren. Ein ähnliches Projekt, das gleichfalls auf Entwürfe von Foster zurückgeht, ist das *Khan Shatyry Entertainment Centre*. Dieser Einkaufs- und Entertainmentkomplex mit Shops, Wohnungen, einem Fünfsternehotel, Kinos, Cafés, einem unterirdischen U-Bahn-Anschluss sowie Sport- und Wellnessanlagen realisiert ein Investor aus der Türkei.

Lassen sich diese Vorhaben noch als zeitgemäße städtebauliche Projekte im Kontext eines umfassenden Modernisierungs- und Aufbauprozesses betrachten, tragen andere, von Nasarbajew persönlich vorangetriebene Neubauten mitunter Züge von Gigantomanie. Damit ist nicht allein die präsidial inspirierte Repräsentationsarchitektur des politischen Zentrums mit der großen Pyramide und dem himmelwärts strebenden Bayterek-Monument gemeint, sondern auch die geplante *Indoor City Batygai* aus zehn unter einem Dach platzierten Hochhäusern: gleichsam eine Stadt in der Vitrine. Die Menschen sollen hier abgeschieden von den extremen klimatischen Bedingungen der Steppe in einer künstlichen Umwelt leben; unter dem schützenden Baldachin findet dann ein komplett eingehaustes städtisches Leben statt, für das es nicht nur Wohnungen und Einkaufsmöglichkeiten, sondern auch eine komplexe soziale Infrastruktur mit Krankenhaus, Schule und Behörden geben wird. Noch riesiger dimensioniert ist ein geplanter Sport- und Touristikkomplex in Borowoje, etwa 150 Kilometer nördlich von Astana. Die hier entstehenden verschiedenen Siedlungsformen umfassen sowohl Hotelkomplexe als auch neue Dörfer mit insgesamt zwölf Pferdefarmen. Auf Wunsch von Nasarbajew soll Borowoje zum »Las Vegas Kasachstans« werden, das nicht nur 50.000 Menschen Arbeit verschaffen, sondern auch Touristen aus aller Welt anziehen und von der Regierung als repräsentativer Schauplatz für Staatsempfänge genutzt werden soll. In einem ersten Schritt hat die Regierung inzwischen verfügt, alle Casinos im Land zu schließen und Lizenzen nur noch an zwei Standorten zu vergeben: in Qapschaghai bei Almaty und in Borowoje.

Gesellschaftspolitischer Umbruch

Trotz all dieser Bemühungen um Großartigkeit erlangte das 1991 gegründete Kasachstan, immerhin neuntgrößtes Land der Erde, erst durch eine filmische Farce internationale Berühmtheit: *Borat*. Die himmelschreiend absurde Komödie erzählt, wie der hinterwäldlerische Borat, ein kasachischer Tölpel, mit urwüchsiger Naivität durch die Vereinigten Staaten von Amerika reist und dabei nicht nur einen sehr eigenen Blick auf die Amerikaner gewinnt, sondern auch Einsichten in die rückständigen Verhältnisse seines vorgeblichen Heimatlandes gestattet. Dass es sich bei dieser fiktiven Person eigentlich um einen Kunstgriff handelte, ging bei der anschließenden Debatte um die politisch korrekte Darstellung von Land und Leuten in Kasachstan völlig unter: Der Film wurde in Kasachstan verboten; das von *Borat* vermittelte Bild eines verarmten, von Analphabeten und Halsabschneidern bevölkerten Staates in der zentralasiatischen Steppe schien den Machthabern des real existierenden Kasachstans zu suspekt, als dass es dem einfachen Kinobesucher in Almaty oder Aktau zuzumuten

> Stadtmodell *Astana* mit blau eingefärbten Neubauprojekten entlang der *Millenium Axis* (2007)

>> Freizeitpark *Kasachstan* mit Modellen der wichtigsten Gebäude, Astana (2005)

wäre. Dass die Zahl der Touristen nach der weltweiten Ausstrahlung des Films um das Fünffache stieg, nahm man hingegen gern in Kauf.

Kasachstan gehört mit seiner Fülle an Bodenschätzen faktisch zu den weltweit wichtigsten Rohstofflieferanten. Neben Erdöl und Erdgas birgt das Land nahezu alles, was im Periodensystem der Elemente verzeichnet ist: Uran, Selen, Edelmetalle, Mineralien. Auf dem 2,7 Millionen Quadratkilometer umfassenden Territorium leben 15,8 Millionen Menschen (2008). Zum Vergleich: Die Bundesrepublik erstreckt sich über eine Fläche von 357.000 Quadratkilometern und hat 81 Millionen Einwohner. Neben den Kasachen, die mit knapp 42 Prozent die größte ethnische Gruppe bilden, leben in Kasachstan Russen, Ukrainer, Deutsche, Usbeken, Tataren und kleinere, vorwiegend asiatischstämmige Minderheiten.

Die Entwicklung des Lebensstandards in Kasachstan weist gravierende Ungleichheiten auf. Während die ländlichen, verarmten Regionen im Norden und Osten vom wirtschaftlichen Fortschritt des Landes förmlich abgeschnitten sind, vollzieht sich vor allem in Städten wie Atyrau und Almaty eine rasche Vermehrung des Wohlstands sowie eine Verbesserung der allgemeinen Lebensumstände. Dennoch liegt die Lebenserwartung in Kasachstan deutlich unter dem Durchschnitt entwickelter Industrieländer. Männer kommen auf eine durchschnittliche Lebenserwartung von 62,2 Jahren (Bundesrepublik Deutschland: 76,6), Frauen erreichen ein Durchschnittsalter von 73,1 Jahren (Bundesrepublik Deutschland: 82,1). Die ungleiche Entwicklung der verschiedenen Regionen hat zu einer verstärkten Landflucht geführt: Der Bevölkerungszuwachs in den großen Städten und Industriemetropolen geht zu Lasten der Dörfer, in denen sich zunehmend soziale Gruppen konzentrieren, die für einen Neuanfang in der Stadt zu arm, zu alt oder zu schwach sind.

Obwohl das politische System nominell eine demokratische Präsidialrepublik ist, gelang es dem Staatsoberhaupt durch Änderungen der Verfassung sowie durch geschickte strategische Manöver, auf lange Sicht eine einzigartige Machtfülle in seinen Händen zu konzentrieren. So sicherte sich Nasarbajew das Amt des Staatschefs auf Lebenszeit, obwohl die Verfassung ursprünglich vorsah, dass »ein und dieselbe Person nicht öfter als zweimal hintereinander zum Präsidenten der Republik gewählt werden darf«. Doch im Frühjahr 2007 beschloss das von Nasarbajews Partei *Nur Otan* (»Licht des Vaterlandes«) mit absoluter Mehrheit beherrschte Parlament, dass »die gegenwärtige Beschränkung ... nicht für den Ersten Präsidenten der Republik Kasachstan [gilt]«. Eine politische Opposition gibt es in Kasachstan ebenso wenig wie eine unabhängige Presse. Kleinen Parteien wurde vor den Parlamentswahlen im Jahr 2007 kurzerhand per Gesetz untersagt, sich zusammenzuschließen, so dass es für politisch alternative Gruppierungen fast aussichtslos ist, die Sieben-Prozent-Hürde für den Einzug ins Parlament zu überwinden. Koalitionen sind nur noch zwischen kleinen und großen Parteien erlaubt. In der verfassungsgebenden Versammlung sitzen seit den Wahlen von 2007 ausschließlich Parteigänger von Nasarbajew. Diese absurde Situation

< Blick vom Aussichtsturm *Bayterek* auf die Hauptverwaltung der staatlichen Ölgesellschaft KazMunaiGaz (2005)

spiegelt auch die Verteilung von Schlüsselpositionen im Land wider. Das staatliche Fernsehen wurde über viele Jahre von des Präsidenten ältester Tochter, Dariga Nasarbajewa, kontrolliert; an den Spitzen der wichtigsten Unternehmen sitzen Satrapen Nasarbajews und letzte Entscheidungen über bestimmte Investitionsvorhaben behält sich der Staatschef persönlich vor.

Trotz oder wahrscheinlich sogar wegen dieser stark autokratischen Züge kann Kasachstan ein rasantes Wirtschaftswachstum verzeichnen. So hat die Zuwachsrate seit 2000 nie unter neun Prozent gelegen; das Bruttoinlandsprodukt ist stetig angestiegen und das Land zog mehr ausländische Direktinvestitionen an als alle seine zentralasiatischen Nachbarn zusammen. Solche Zahlen versteht die politische Elite für sich zu nutzen. Der Propagandamaschine des allgegenwärtigen Präsidenten und seines nepotistischen Regimes hat die zerstrittene und auf Jahre hin bedeutungslose Opposition nichts entgegenzusetzen. Zwar mahnen Organisationen wie *Human Rights Watch* den unzureichenden Schutz der Menschenrechte in Kasachstan an, doch es scheint, dass diese Kritik angesichts der außerordentlich erfreulichen ökonomischen Daten und Perspektiven ungehört verhallt. Denn auch das investitionsfreudige, an Öl und Gas mehr denn je interessierte westliche Ausland legt keinen Wert auf eine nachhaltige Störung der guten Beziehungen zum kasachischen Alleinherrscher. Auf internationalem Parkett hat Kasachstan den OSZE-Vorsitz 2010 sowie eine ständige Mitgliedschaft in der Welthandelsorganisation WTO erlangt und sich erfolgreich als Austragungsort der Asienspiele 2011 durchgesetzt.

Die Realität in Kasachstan ist, jenseits weltpolitischer Verlautbarungen, vor allem für ausländische Akteure von Korruption und Günstlingswirtschaft geprägt. In Bezug auf Bestechung liegt das Land einer Studie von *Transparency International* zufolge auf Platz 122 (von 145 Plätzen), gleichauf mit Sudan, Niger und Guatemala. So etwa äußert sich auch der Vermieter des Deutschen Generalkonsulats in Almaty unverblümt: »In Kasachstan muss man für alles bezahlen, auch für die Baugenehmigung einer diplomatischen Vertretung.« Die allfälligen Zahlungen werden allerdings nicht wie Schmiergelder behandelt, sondern als »Honorar« für die nicht näher beschriebenen Bemühungen eines Dritten ausgewiesen. Vor allem im Bausektor sind hohe Bestechungssummen üblich, da Wartezeiten für Bauherren teuer sind und Genehmigungsbehörden sowie Lieferanten von Baumaterialien diesen Umstand für sich zu nutzen verstehen. So kostete im Jahr 2005 die Baugenehmigung für ein viergeschossiges Wohnhaus in Almaty gut 30.000 US-Dollar und die Verlegung einer öffentlichen Straße etwa 5.000 US-Dollar, während es in Astana für diesen Preis möglich war, ein Grundstück für ein Einfamilienhaus zu reservieren oder eine Nutzungserlaubnis zu erwirken. Gleichzeitig ist es üblich, Geschäfte in der kasachischen Bauwirtschaft über Mittelsmänner abzuwickeln, die freilich nur auf dem Papier existieren. Die wirklichen Geldgeber im Hintergrund »kaufen« das fertige Gebäude dann zu einem Bruchteil der Herstellungskosten.

Nach wie vor ist das Bild Kasachstans in der Weltöffentlichkeit eher widersprüchlich. Die Erinnerungen an die düstere Sowjetära sind noch gegenwärtig; nicht zuletzt

> In Kasachstan ist die Summe der Bauleistungen seit dem Jahr 2000 auf den Faktor 7 gestiegen. Das reale Wachstum der lokalen Bauwirtschaft unterliegt jedoch großen Schwankungen.

>> Foster and Partners: *Abu Dhabi Plaza*, Astana (2007)

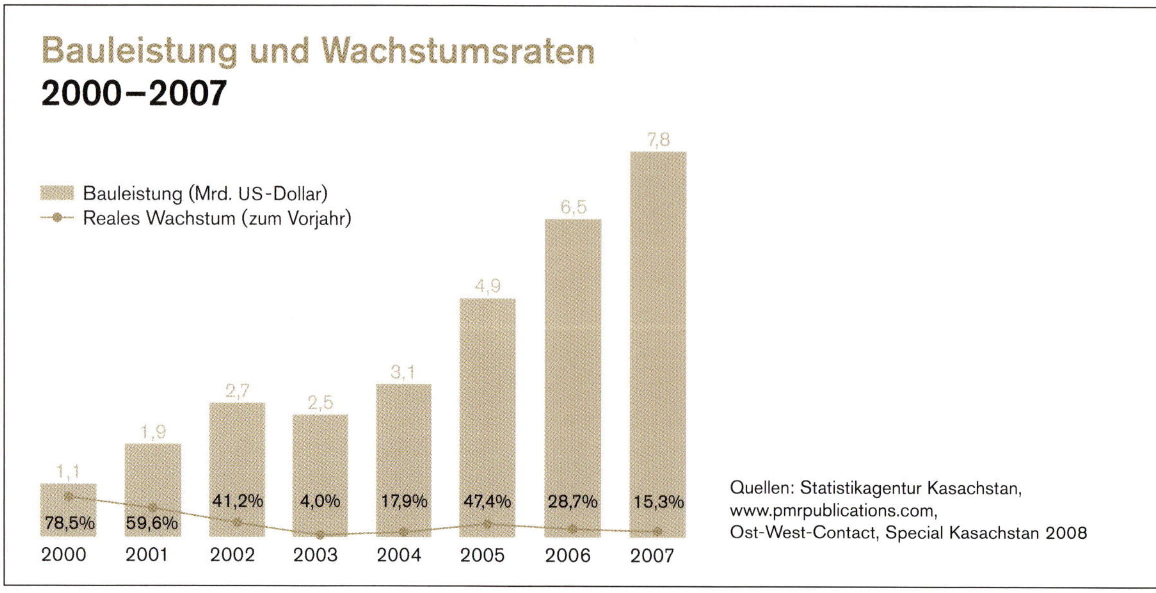

aufgrund der katastrophalen Konsequenzen des jahrzehntelangen Raubbaus an der Natur, der gewissenlosen Atomtests in der Steppe um Semipalatinsk oder des traurigen Endes des Aralsees. Auf der anderen Seite bescheinigen Beobachter dem Land einen sehr geordneten Übergang von der Planwirtschaft zum freien Markt und loben die Anstrengungen der Politik, sich mithilfe internationaler Beteiligung zu öffnen und einen festen Platz in der globalen Staatengemeinschaft einzunehmen. Innerhalb der kommenden Jahre, so wünscht Präsident Nasarbajew, soll Kasachstan in die Oberliga der weltweiten Energieexporteure aufsteigen. Bis zum Jahr 2010 soll allein die jährliche Erdgasförderung um rund 50 Prozent auf 45 Milliarden Kubikmeter gesteigert werden. Wie der Nachbar Turkmenistan beteiligt sich Kasachstan an dem von Russland initiierten Bau einer gemeinsamen Erdgasleitung, die Erdgas über Russland nach Mittel- und Westeuropa leiten wird. Darüber hinaus ist Kasachstan in die Errichtung der Burgas-Alexandroupolis-Pipeline in Bulgarien sowie am Ausbau der CPC-Pipeline (*Caspian Pipeline Consortium*) einbezogen, durch die kasachisches Öl aus dem Tengis-Feld zum russischen Schwarzmeerhafen Noworossijsk fließt.

Öl als Garant für rasantes Wirtschaftswachstum

Kasachstan hat sich in den Jahren seiner Unabhängigkeit um eine rasche Einbindung in die Weltwirtschaft bemüht. Das ökonomische Wachstum hat an Fahrt gewonnen und seit dem Jahr 2000 nie unter neun Prozent jährlich gelegen. Diese günstige Entwicklung markiert das Ende einer schmerzhaften Umbruchphase, die nach dem Zerfall der UdSSR in allen ehemaligen Sowjetrepubliken einsetzte und von einer Erosion gewachsener ökonomischer Strukturen, sich auflösenden Absatzmärkten und regellosem wirtschaftlichen Wildwuchs gekennzeichnet war. Kasachstan ist es dank seiner reichen Bodenschätze gelungen, Investoreninteressen langfristig zu binden und mit dem modernen Ausbau eines Primärsektors, das heißt der stabilen und effizienten Förderung von Rohstoffen, zu beginnen. Im gleichen Zuge begann mithilfe ausländischer Unternehmen die Etablierung einer verarbeitenden Industrie – vor allem in der Ölindustrie. An TengizChevron etwa sind die Firmen ChevronTexaco, ExxonMobil, BP und die einheimischen Firmen Kazakh State Oil sowie KazMunaiGaz beteiligt. Der italienische Konzern Agip hingegen wurde von den Kasachen als Jointventure-Partner für die Gasförderung um Uralsk unter Vertrag genommen.

Doch auch die Bauindustrie und der Maschinenbau haben rasche und beträchtliche Zuwächse verzeichnen können. Allein die Bauwirtschaft erbrachte im Jahr 2007 gut ein Zehntel des gesamten Bruttoinlandsprodukts. Zu verdanken ist dieser hohe Anteil insbesondere den gewaltigen Investitionen in den Aufbau der Hauptstadt Astana sowie in die Errichtung von Förderanlagen und Pipelines. Die Erschließung neuer Märkte für Erdöl und Erdgas erfolgt zum Teil noch über Russland, das nach wie vor der bedeutendste strategische Partner Kasachstans ist. Insbesondere die Aufbauphase konnte nur durch die massive Beteiligung ausländischer Investitionen gemeistert werden. So engagierten sich vor allem westliche Firmen allein im Jahr 2006 mit einem

> Schochan Matajbekow: *Haus der Ministerien,* Astana (2005)

>> Schochan Matajbekow: *The Grand Alatau Waterfront Residential Towers,* Astana (2008)

> Office for Metropolitan Architecture (OMA): Kasachisch-Britische Technische Universität *Naukograd,* Talgar bei Almaty (2007)

>> Foster and Partners: *Almaty Financial District* (2006–2011)

Gesamtvolumen von 32,5 Milliarden US-Dollar, während Armenien, Aserbaidschan, Georgien, Kirgistan, Tadschikistan, Turkmenistan und Usbekistan zusammen lediglich auf 24,1 Milliarden US-Dollar an Direktinvestitionen kamen. Damit hat Kasachstan mittlerweile sogar Länder wie Südafrika, Polen und Israel überholt.

Doch die starke Vernetzung mit dem globalen ökonomischen Geschehen zeigt nun ihre Schattenseiten: Als im Jahr 2007 die ersten Anzeichen der weltweiten Finanzkrise zum Vorschein kamen, führte dies auch in Kasachstan zu einem Rückgang des bis dahin ungebrochenen Wachstums. Diese Abschwächung ist auf den merklichen Rückgang des starken westlichen Engagements in der kasachischen Wirtschaft zurückzuführen, angesichts der weltweiten Verunsicherung sowie unabsehbarer Turbulenzen auf den globalen Finanzmärkten. Von diesem Investitionsrückgang war vor allem die Bauwirtschaft betroffen, die besonders stark von Bankkrediten abhängig ist. Hier sank das Wachstum um mehr als die Hälfte; der fieberhafte Boom im Wohnungsbau hat sich merklich abgekühlt. Die Steigungsrate des bis dahin stetig angestiegenen Kreditaufkommens fiel binnen eines Jahres von mehr als 50 Prozent im Jahr 2007 auf 14 Prozent im darauf folgenden Jahr. Auch die Investitionen litten unter den gestiegenen Kreditkosten, die Realeinkommen verloren unter einer Inflationsrate von knapp 20 Prozent erheblich an Kaufkraft; dagegen erhöhten sich die Preise für Lebensmittel drastisch. Andererseits mildert die weltweit steigende Nachfrage nach Öl und Metallen, den wichtigsten Exportprodukten Kasachstans, den Wachstumsrückgang: Mittelfristig kann sich das Land auf eine stabile Nachfrage nach seinen Bodenschätzen verlassen. Allein die 1993 begonnene Erdölförderung im Tengis-Becken am Kaspischen Meer wird binnen vier Jahrzehnten gut 20 Milliarden US-Dollar an verbindlichen Investitionen nach Kasachstan spülen. Zu den großen internationalen Akteuren gehören neben Petrolkonzernen auch Unternehmen der Baustoffindustrie, die sich langfristig in Kasachstan engagieren und ihre Aktivitäten trotz vorübergehender Krisenerscheinungen ausbauen; darunter auch die deutsche Firma ThyssenKrupp, die an einem Zementwerk, einer Siliziumfabrik und einer Chemieanlage beteiligt ist. Das Interesse des Staates an einer florierenden Rohstoffförderung geht einher mit verstärkten Infrastrukturmaßnahmen, die das Land sowohl für neue Investoren als auch für qualifizierte Arbeitskräfte aus dem Ausland attraktiv erscheinen lassen sollen. Noch ist der Anteil an erwerbsfähigen Personen im Verhältnis zur Gesamtbevölkerung sehr vorteilhaft; auf lange Sicht muss sich Kasachstan aber um die Anwerbung von Arbeitskräften bemühen. Schon jetzt verzeichnet das Land einen Migrationszuwachs; die günstigen Arbeitsmarktbedingungen locken insbesondere junge Männer aus den südlichen Nachbarländern Kirgistan, Usbekistan und Tadschikistan in die kasachischen Industrieagglomerationen.

Zusammenfassend ist festzustellen, dass Kasachstan aufgrund seines gewaltigen Nachholbedarfs in nahezu allen Bereichen der Volkswirtschaft gute Geschäftsaussichten für Investoren bietet. Dank seiner Einnahmen aus den Erdölförderprogrammen unterstützt der Staat viele Projekte insbesondere für den Auf- und Ausbau

> Ricardo Bofill: Multifunktionskomplex *The Spiral*, Astana (2007–2010)

>> Robert A. M. Stern: Hotel *Ritz-Carlton*, Almaty (2006–2010)

einer sozialen und kulturellen Infrastruktur mit öffentlichen Mitteln. So entstehen allein in der Region Atyrau 150 Krankenhäuser, 300 Landambulanzen und 300 neue Schulen; die Modernisierung und Erweiterung des nationalen Transport- und Wegesystems wird ebenso in Angriff genommen wie die Erneuerung des landesweiten Stromnetzes. Allmählich gewinnt in Kasachstan auch der Dienstleistungssektor an relativer Bedeutung, vor allem angesichts des mittelfristig reduzierten Wachstums im Bau- und Industriebereich. Der Immobilienmarkt in den großen Städten, besonders in der erwachenden Finanzmetropole Almaty, differenziert sich zusehends aus und die Nachfrage nach qualitativ anspruchsvollen Büro- und Wohngebäuden wächst.

Baugeschäfte mit großem Gewinn und hohem Risiko

Die Bauindustrie Kasachstans gehörte bis zum Bankencrash 2008 ohne Zweifel zu den vitalsten und wachstumsstärksten Wirtschaftszweigen des zentralasiatischen Landes. 2000 bis 2007 wuchs diese Branche um das Siebenfache; das Bauvolumen allein des Jahres 2007 wurde mit 7,8 Milliarden US-Dollar beziffert. Auch die Preise auf dem Immobilienmarkt entwickelten sich entsprechend: Belief sich der Anstieg zwischen 2001 und 2004 auf gut 30 Prozent, waren es zwischen 2005 und 2006 schon 183 Prozent. Die Zahlen spiegeln einen ungeheuren Nachholbedarf in diesem Bereich wider, der natürlich auch Spekulanten auf den Plan lockt. Jedoch sind die Aktivitäten ungleich größeren Risiken ausgesetzt. Handelte es sich zu Beginn des hitzigen Wirtschaftswachstums um die Jahrtausendwende vor allem um die Errichtung von pragmatischen Industriebauten, Fertigungs- und Förderanlagen sowie Geschäftshäusern, investieren nun viele Akteure in den sich allmählich entfaltenden Wohnungsmarkt sowie in höherklassige Immobilien im Büro-, Freizeit- und Hotelsektor. Das Baugeschehen konzentriert sich vor allem auf drei Regionen: das Finanzzentrum Almaty, die neue Hauptstadt Astana und die Erdölregion Atyrau am Kaspischen Meer. Gut 60 Prozent aller Bauaufträge in Kasachstan werden an diesen Schwerpunkten realisiert.

Der ehemaligen Hauptstadt Almaty kommt in diesem Zusammenhang eine besondere Rolle zu. Trotz des 1997 vollzogenen Umzugs der Regierung in die Retortenkapitale Astana ist Almaty das wirtschaftliche und kulturelle Zentrum des Landes geblieben und soll zu einer Finanzmetropole ausgebaut werden. Die anhaltende Attraktivität Almatys hat mehrere Gründe. Zum einen zeichnet sich die Großstadt durch einen relativ hohen Lebensstandard und ein historisch gewachsenes, urbanes Gefüge sowie eine gewisse Internationalität aus; zum anderen standen dank der Verlagerung von Regierungsfunktionen große Büroflächen zur Verfügung, die vor allem von neuen Unternehmen nachgefragt wurden. Darüber hinaus sind viele internationale Repräsentanzen sowohl aus Wirtschaft als auch aus Kultur und Politik nicht nach Astana gezogen, sondern haben ihren Standort beibehalten, wie beispielsweise das deutsche Goethe-Institut. Diese Faktoren entfalten eine nachhaltige Sogwirkung, so dass die Nachfrage nach qualitativ anspruchsvolleren Immobilien stetig steigt. Viele Geschäftszentren und Bürogebäude in der Stadt sind

< Foster and Partners mit Linea Tusavul Architecture und Gultekin Architecture: *Khan Shatyry Entertainment Centre*, Astana (2006–2009)

über Jahre belegt, so dass nicht wenige Firmen mittlerweile dazu übergegangen sind, eigene Niederlassungen zu errichten. Doch das überhitzte Geschehen am Immobilienmarkt brachte vor allem Neubauten hervor, die den internationalen Standards in Fragen der Erdbebensicherheit sowie der Ausstattung nur selten genügen, obwohl der Standort Almaty zu den seismisch aktivsten Regionen weltweit gehört und in die Kategorie 9–10 der Richterskala eingeordnet wird. Lediglich die *Samal Towers*, das *CDC-1 Center* oder die Bauten des kasachisch-türkischen Entwicklers Capital Partners erfüllen die Ansprüche einer sogenannten 1A-Klasse-Immobilie: eine zentrale Lage, High-Quality-Finish, seismisch stabile Tragwerke (Erdbebensicherheit), professionelles Facility Management, ausreichendes Parkplatzangebot, Wachschutz, Reinigung, gastronomische Einrichtungen, zentrale Klimaanlage. Mittelfristig wird der Bedarf an solch qualitativ hochwertigen Gebäuden schon aufgrund des weiteren Ausbaus der kasachischen Wirtschaft weiter steigen, zumal es vor allem internationale Firmen mit hohen, westlich geprägten Ansprüchen an Bürogebäude nach Kasachstan zieht.

Für Almaty bedeutet diese ungebrochene Nachfrage eine absehbare Verdichtung der Innenstadt sowie eine Erweiterung über die bestehenden Grenzen hinaus. Schon jetzt hat die schwache Position der Baubehörden gegenüber solventen Investoren dazu geführt, dass Neubauten am Rande des Zentrums, in eigentlich mit Baurestriktionen belegten Frischluftzonen, errichtet wurden. Doch nicht nur das anhaltende Wachstum im Bereich Geschäftsimmobilien stellt die Stadt vor Probleme. So etwa wurden noch Mitte 2008 Büromieten von bis zu 60,00 US-Dollar pro Quadratmeter verlangt. Auch die steigende Nachfrage nach Wohnungen hat dazu geführt, dass die Mieten im Zentrum geradezu explodiert sind. Der absehbare Bedarf an Wohnraum lässt sich nur über eine Stadtentwicklungspolitik in großmaßstäblichen Dimensionen befriedigen. Nördlich von Almaty sind insgesamt vier neue Städte geplant. So sieht das Projekt *G4 City* die Errichtung eines autarken Siedlungszusammenhangs aus vier Satellitenstädten entlang der bestehenden Straßenverbindung zwischen Almaty und Qapschaghai vor. Die Projekte tragen Namen, die ihre jeweilige Funktion in der Region widerspiegeln sollen. So soll *Gate City* im Abschnitt Perwomaika vor den Toren Almatys als Business Center der neuen Großsiedlung dienen, während der Standort *Golden City* in der Nähe der Dmitrijewski-Brücke zur Wohnstadt und die Siedlung *Growing City* bei der Nikolajewski-Brücke zum Industriestandort ausgebaut werden. *Green City*, gelegen am Ufer des Qapschaghai-Reservoirs, soll schließlich zu einem touristischen Zentrum werden. In der neuen *G4 City* werden 400.000 Menschen – pro Standort jeweils etwa 100.000 – ein neues Zuhause und einen Arbeitsplatz finden. Der städtebauliche Entwurf dieses ambitionistischen Großprojekts stammt von dem koreanisch-kasachischen Architekten Alexander M. Chwan.

Eine Wissenschaftsstadt von Rem Koolhaas

Naukograd. Dieser Name bedeutet in der russischen Sprache zunächst nichts anderes als »Wissenschaftsstadt«. Doch schon der Zusatz *Technopolis* nimmt Bezug

Alexander M. Chwan: Entwicklungsprojekt *G4 City* für vier neue Städte zwischen Almaty und Qapschaghai (2008–2011/2020)

> *Gate City* für 130.000 Einwohner, unmittelbar nördlich von Almaty

>> *Golden City* für 50.000 Einwohner, geplant als Kultur- und Entertainmentzentrum der Region

auf eine futuristische Science-Fiction-Architektur und verleiht dem Ganzen den Nimbus des Visionären; der Blick auf den Masterplan für die neu entstehende Siedlung in der Nähe von Almaty zeigt: Ja, hier entsteht etwas ganz Neues! Für den Standort der *Kazakh-British Technical University* entwickelte Rem Koolhaas einen Plan, der nichts Geringeres vorsieht als die Auflösung des Gegensatzes zwischen Stadt und Landschaft, Zivilisation und Natur. Die Örtlichkeiten legen eine solche Kühnheit nahe: Die anmutige Umgebung der ehemaligen Landeshauptstadt ist sicher eine der schönsten Gegenden Kasachstans und bedarf bei ihrer Erschließung vor allem einer großen Sensibilität des Planers gegenüber der reizvollen Landschaft. Dass hier ein Universitätscampus entstehen soll, passt deshalb so gut, da dieser Siedlungstypus stets von einer gewissen Halbdurchlässigkeit im Verhältnis zu seiner Umgebung gekennzeichnet ist und seine Lebensenergie ansonsten allein von innen bezieht. Diese Introvertiertheit öffnet sich im Fall der Koolhaas'schen Planung nur zur Natur, die wiederum zu einem wichtigen Element der physischen Struktur der neuen Stadt wird. Die Bauten für den Campus sind Module: *Bars*, *Loops*, *Blocks* (Riegel, Schleifen, Blöcke), zwischen denen die Landschaft vermittelt. Ein Art Sesselliftsystem ersetzt den Straßenverkehr. Und weil diese luftige Dimension den bodennahen Stadtraum ergänzt, schuf der Architekt eine zusätzliche Ebene. Die Dächer und Terrassenflächen der Modulgebäude werden zu einer eigenständigen Landschaft mit Gärten, Grünflächen und Gewässern ausgebildet. Das Areal verknüpft sämtliche urbanen Funktionen miteinander; hier wird gewohnt, studiert, geforscht, gearbeitet, gelebt. Freizeiteinrichtungen, Gastronomie und öffentliche Gebäude ergänzen die universitären Strukturen und sind so ausgebildet, dass auch die extremen klimatischen Bedingungen der Region – heiße, trockene Sommer, eisigkalte, lange Winter – das Leben auf dem Campus nicht lahmlegen. Während sich die Häuser in der warmen Jahreszeit zur grünen, hügeligen Umgebung öffnen, erscheinen sie in frostigen Perioden wie UFOs, deren Insassen sich nicht entschließen können, das wärmende, hell erleuchtete Innere zu verlassen.

Aktau 2020 – die Neuerfindung einer Stadt

Das nach Astana zweifelsohne ehrgeizigste städtebauliche Vorhaben ist der Ausbau der Stadt Aktau am Kaspischen Meer. Aktau wurde im Jahr 1963 gegründet. Nachdem man Ende der Fünfzigerjahre auf der Halbinsel Mangyschlak Uranvorkommen entdeckt hatte, wurde am Ufer des Kaspischen Meers eine Arbeitersiedlung hochgezogen, in der die Angestellten und Bergleute des rasch gegründeten Metallurgiekombinats wohnten. Aufgrund der rasanten Entwicklung des Uranabbaus war es jedoch bald notwendig, eine komplette Stadt mit Infrastruktur für die angeworbenen Arbeiter zu bauen: Schewtschenko wurde gegründet, benannt nach dem bedeutendsten ukrainischen Lyriker des 19. Jahrhunderts, Taras Schewtschenko (1814–1861).

Die Siedlung ist, wie viele der neuen Industriestädte dieser Periode, ein Produkt der sowjetischen Nachkriegszeit. Die ersten Wohnhäuser waren vornehmlich simple, provisorisch wirkende Flachbauten, die später

< *Green City* für 52.000 Einwohner, geplant als Freizeit- und Tourismuszentrum der Region

<< *Growing City* für 57.000 Einwohner, geplant als Logistik- und Industriezentrum der Region

von mehrgeschossigen, in Holzbauweise errichteten Gebäuden ersetzt wurden. Bis zum endgültigen Zerfall der Sowjetunion im Jahr 1991 blieb Schewtschenko eine geschlossene Stadt; der Abbau des für Kernkraftwerke und Militär genutzten Urans erfolgte unter absoluter Geheimhaltung. Um den derart abgeschotteten Einwohnern das Leben angenehmer zu gestalten, wurden bei der Stadtplanung erhebliche Abweichungen von der sonst typisierten und schematischen Anlage einzelner Bereiche zugelassen.

Der Aufbau einer modernen Trinkwasser- und Energieversorgung sowie die administrativ herausgehobene Rolle der Stadt in der dünn besiedelten Gegend führten dazu, dass Schewtschenko weiter wuchs und für seine umsichtige Planung 1975 sogar mit dem *Sir-Patrick-Abercrombie-Preis für Stadtplanung* der *Union Internationale des Architectes* (UIA) ausgezeichnet wurde. Wie andere Idealstädte, die vor allem nach dem Le Corbusier-Vorbild Chandigarh in den frühen Sechzigern errichtet wurden, verfügt auch Schewtschenko nicht über Straßennamen, sondern ist in einzelne Abschnitte beziehungsweise Mikrorajons aufgeteilt. Die Stadt ist strikt nach dem Prinzip der Funktionstrennung geplant worden. Mit der Gründung des Staates Kasachstan im Jahr 1991 erhielt sie den neuen Namen Aktau. Doch aufgrund der gekappten Verbindung zwischen der einstigen Zentrale in Moskau und der gänzlich veränderten wirtschaftlichen Rahmenbedingungen erlebte die Stadt zunächst eine gravierende Krise. Erst gegen Ende der Neunzigerjahre begann sie von dem langsam in Gang kommenden Erdölgeschäft zu profitieren. Aus seinem Dornröschenschlaf erwacht, ist Aktau inzwischen in den Fokus internationaler Investoren gerückt. Eine Folge dieses Aufschwungs unter neuen Vorzeichen sind umfassende Restrukturierungs- und Erweiterungsmaßnahmen, die das Antlitz der ehemaligen »sowjetischen Idealstadt« nachhaltig verändern werden. Bedeutendstes Städtebauprojekt ist in diesem Kontext die Errichtung von *Aktau City*. Dabei handelt es sich um eine komplexe Millionenstadt, die neben dem bestehenden Aktau am Ufer des Kaspischen Meers wächst. Auf einer Fläche von 4.590 Hektar baut ein Konsortium vom Persischen Golf, wo man inzwischen auf einen reichen Erfahrungsschatz mit Stadtgründungen im Niemandsland zurückgreifen kann, für die märchenhafte Summe von 38 Milliarden US-Dollar eine komplett neue Stadt auf. Hier soll jedes Haus einen freien Blick auf das Meer haben und der *Business District* kann mit gleißenden Bürotürmen aufwarten. *Aktau City* besteht aus insgesamt sechs Sektoren: einem Öl- und Technikdistrikt, einem Universitätsdistrikt, einem Küstendistrikt, dem sogenannten *Vista-Park*, dem *Ceremonial Boulevard* sowie einem Hotel- und Unterhaltungsviertel. Das städtebauliche Konzept stammt von dem in Boston ansässigen Architekturbüro Koetter Kim & Associates.

Der Öl- und Technikdistrikt soll zum lebendigen Geschäftszentrum ausgebaut werden, in dem auch das neue Wahrzeichen der Stadt platziert ist: ein 340 Meter hoher Wolkenkratzer in der Form eines Bohrturms, der *Energy Tower*. Nicht weit davon entfernt birgt der sogenannte *Kristallbasar* unter einem mächtigen Glasdach eine Fülle von Geschäften und Restaurants. Die Einrichtungen von

> Office for Metropolitan Architecture (OMA): Kasachisch-Britische Technische Universität *Naukograd,* Talgar bei Almaty (2007)

> Koetter Kim & Associates: Stadterweiterung Aktau (2007–2020)

>> Luftbild von Atyrau mit dem Fluss Ural, der natürlichen Grenze zwischen Europa und Asien (2007)

Forschung, Wissenschaft und Kultur konzentrieren sich im Universitätsdistrikt; die neue Alma Mater Aktaus wird sich vor allem Disziplinen widmen, die mit Erdöl und Energie zu tun haben. Wohnviertel verteilen sich über das gesamte Stadtgebiet. Der Küstendistrikt wird eine Kette von kleinen künstlichen Inseln sein, auf denen exklusive Villen und teure Apartmenthäuser die Atmosphäre der französischen Riviera evozieren sollen, während im *Vista-Park*, einer Wohnanlage in einer zum Meer hin abfallenden Parklandschaft, unterschiedliche soziale Gruppen ein Zuhause finden können. Der *Ceremonial Boulevard* ist mit einer Reihe von Museen und Galerien der Regionalgeschichte gewidmet und soll hauptsächlich der Erbauung von Bewohnern und Touristen dienen. Präsident Nasarbajew höchstpersönlich legte im September 2007 den Grundstein von *Aktau City*. Im Jahr 2020 soll die gigantische neue Stadt fertiggestellt sein.

Ausblick in die Nachbarländer

Doch nicht nur Kasachstan erlaubt sich derzeit solche Höhenflüge. Die Nachbarländer mit eigenem Anteil an den zentralasiatischen Öl- und Erdgasvorräten stehen den Machthabern in Astana in nichts nach. So ist in Turkmenistan ein eigenes Touristenresort am Kaspischen Meer geplant, das in der Hafenstadt Turkmenbaschi, dem ehemaligen Krasnodowsk, entstehen soll. Diese Siedlung ist die erste freie Wirtschaftszone des autokratisch geführten Landes und soll die gesamte Wirtschaft der Umgebung ankurbeln. In Zukunft werden den vergnügungswilligen turkmenischen Urlaubern 60 neue Hotels, Restaurants, ein Stadion sowie ein Shoppingcenter zur Verfügung stehen. Um endlich auch wieder ausländische Touristen in das Land zu locken, hat Präsident Gurbanguly Berdymuhammedow (seit Februar 2007 im Amt) angekündigt, nicht nur die strengen Visabestimmungen für Reisende zu lockern, sondern auch die neu proklamierte Wirtschaftszone von Zollabgaben zu befreien und auf diese Weise Investoren an die turkmenische Küste zu holen. Die Erwartung, durch internationale Geldgeber eine dreistellige Millioneninvestition ins Land zu holen, zeigt exemplarisch den planerischen Optimismus in der Region Zentralasien. Dem Vorbild Dubai nacheifernd, bewegen sich die jungen Staaten zwischen der nationalen Identitätsfindung einerseits und dem schnellen Anschluss an die globalisierten Märkte andererseits. Ob diese Rechnung aufgeht, hängt aber nicht zuletzt vom Erfolg der politischen und gesellschaftlichen Demokratisierung ab.

Quellen

Meuser, Philipp (Hg.): Ästhetik der Leere. Moderne Architektur in Zentralasien, Berlin 2002.

Meuser, Philipp: Building one's »I«. In Search of National Identity. In: Project Russia, Ausgabe 04/2003.

Voigt, Simone: Stararchitekten für die Steppe. In: Ost-West Contact, Ausgabe 07/2007, S.10–12.

Vom roten Stern zur blauen Kuppel. Kunst und Architektur aus Zentralasien. ifa-Ausstellungskatalog, Kuratoren: Barbara Barsch, Philipp Meuser, Berlin 2004.

Philipp Meuser

Kazakhstan: an architectural experiment in the steppe

The former Soviet republic of Kazakhstan, with 15 million inhabitants in an area half the size of Europe, is actually a creation of Stalin, who shoehorned its nomad hordes into a set of artificial borders. When the Soviet Union collapsed and this multiracial society was freed from Moscow's rule, one of its key decisions was to move the capital from Alma-Ata (now Almaty) to the agricultural city of Tselinograd, whose name has since been changed to Astana, the Kazakh word for "capital".

In 1997, the Japanese architect Kisho Kurokawa was invited to take part in an international competition to extend the city southwards. The Ishim river, which meanders through Astana, connects the old Russian quarter with the new and still unfinished Kazakh district. Kurokawa won the competition with his concept of a "metabolic city" which waxes and wanes as places and regions disappear from the map and are then reborn. His masterplan consists of a series of clusters adjoining the existing city to the south and intended to house over 800,000 people by 2030 – compared to just 250,000 in 1997.

Apart from a band of government buildings that follows the outline of the city, Kurokawa's design is flowing and informal. He also developed a new water and waste management strategy, beginning with the modernization of the sewer system, and a large-scale forestation is being implemented with the intention of changing the city's microclimate. However, the majority of the people still live in very simple Stalin-era apartment blocks, in districts known as "mikrorayons". Since independence, these have evolved into oases of greenery, but have received little or no maintenance. Apart from its political importance as the new capital of Kazakhstan, Astana exerts a major social and economic influence on the surrounding region. The government budgeted 1.8 billion tenge, or about €10 billion, when the expansion project was finalized in 1997. In the past, most of the population was of Russian, Ukrainian or German descent, but now 60 percent are Kazakhs, who formerly constituted a minority of less than 20 percent.

To encourage investment and business growth, the 1,052-hectare capital has been declared a special economic zone with low tax and duty rates. A number of service and leisure facilities have also been built, sometimes on a massive scale. While some of the projects are fine examples of international contemporary architecture created as part of a comprehensive modernization and expansion plan, others personally promoted by President Nazarbayev bear all the hallmarks of megalomania, such as the central government district with its pyramidal Palace of Peace and Reconciliation, the Bayterek monument, and the planned Batygai indoor city, consisting of ten skyscrapers under one roof.

Kazakhstan has a wealth of natural resources, including oil, natural gas, and a virtual periodic table of the elements, such as uranium, selenium, precious metals and minerals. The 2.7-million-square-kilometre country had a population of 15.8 million in 2008; the Kazakhs are the largest ethnic group at 42 percent of the total, but it is also home to Russians, Ukrainians, Germans, Uzbeks,

Tatars and smaller, mainly Asian, minorities. There are big disparities in living standards. While the impoverished rural regions in the north and east are effectively cut off from the country's economic progress, cities such as Atyrau and Almaty are seeing a rapid increase in prosperity and living standards, causing a wave of rural depopulation.

Although Kazakhstan is nominally a democratic presidential republic, Nazarbayev has changed the constitution to concentrate an exceptional amount of power in his own hands. He has been appointed president for life; there is no political opposition or free press, and since the 2007 elections the constitutional assembly and the boards of the country's leading companies have been peopled entirely by members of his party.

Despite, or perhaps because of this autocracy, Kazakhstan has achieved dramatic economic growth of more than 9 percent every year since 2000. Its gross domestic product is rising steadily, and it has attracted more direct foreign investment than all of its central Asian neighbours combined. Despite condemnation by international groups such as Human Rights Watch, Kazakhstan has achieved the presidency of the OECD in 2010 and permanent membership of the World Trade Organization. It has also been chosen as the venue for the 2011 Asian Games.

The country still presents a contradictory picture to international eyes. Dark memories of the Soviet era are still fresh in people's minds, not least because of its disastrous environmental consequences, including the effects of nuclear testing in the steppes near Semipalatinsk and the tragic disappearance of the Aral Sea. On the other hand, observers admit that the country has made a very orderly transition from a planned economy to a free market, and praise the government's efforts to encourage foreign investment and take up a permanent place in the global community of states. Kazakhstan's rich resources have attracted long-term investment and helped it to begin building a primary sector capable of extracting raw materials efficiently. Foreign companies have helped to establish a processing sector, particularly in the oil industry, and the construction and engineering industries have expanded dramatically, particularly as a result of huge investment in the expansion of Astana and the construction of oil wells and pipelines.

Some of the country's new markets for oil and gas have been obtained with the help of Russia, which is still Kazakhstan's most important strategic partner. Here again, though, the expansion could not have been achieved without massive foreign investment. Overall, although almost every area of the Kazakh economy has a huge amount of catching up to do, the investment climate is a favourable. Oil revenue has been used to fund the creation and expansion of an infrastructure, and the service sector is gradually gaining in relative importance, particularly as growth tails off in the construction and manufacturing sectors. Sixty percent of all the country's construction projects are taking place in three regions: the financial center, Almaty; the new capital, Astana; and the Atyrau oil region on the Caspian sea.

> Skidmore, Owings & Merrill (SOM): *Esentai Park* mit *JW Marriott Hotel, Esentai Residences* und Shoppingcenter, Almaty (2006–2010)

> Alexander Belowitsch u. a.: Bürokomplex *Nurly Tau*, Almaty (2004–2010)

Almaty

TOYOTA

> Skidmore, Owings & Merrill (SOM): *Almaty Financial District*, Phase 1 (2006–2009)

> Blick vom *JW Marriott Hotel* auf das Geschäftsquartier *Almaty Financial District* entlang der Straße Al-Farabi (2008)

> Blick vom *Palace of Peace and Reconciliation* auf den Präsidentenpalast mit Parlaments- und Regierungsbauten (2007)

> Präsidentenpalast mit *Haus der Ministerien* (Architekt: Schochan Matajbekow) im Vordergrund (2007)

> Wladimir Laptew/
Jewgenia Schurawlewa/
Konstantin A. Lebold:
Wohn- und Geschäfts-
komplex *Arman* mit Hotel
Radisson SAS am Ischim
(2003–2006)

World Class
ФИТНЕС-КЛУБ
DERBY
АРМАН

> Charles Khafiza:
Islamic Cultural Center and Mosque Nur-Astana, finanziert durch den Scheich von Katar, Khadam ben Khalifa al-Sani (2004)

> Alexander Belowitsch u. a.: Hauptverwaltung der staatlichen Mineralöl-gesellschaft KazMunaiGaz (2003)

Astana

> Massimiliano Fuksas:
Ausstellungshalle
(Wettbewerb 2003)

> Foster and Partners mit Tabanlioglu Architecture & Consulting und Buro Happold: *Palace of Peace and Reconciliation* (2006)

> Akmyrza Isajewitsch Rustembekow: Bayterek-Aussichtsturm (2003)

>> Foster and Partners mit Tabanlioglu Architecture & Consulting und Buro Happold: *Palace of Peace and Reconciliation*, (2006)

Federation Tower
Föderationsturm

Architect
ASP Schweger Assoziierte (Hamburg)

Sergei Tchoban
nps tchoban voss
Architekten BDA
(Berlin/Hamburg/Dresden)

Client
GAO MiraxCity (Moscow)

Planning
2003–2004

Completion
2011

Moscow City is the Russian capital's most spectacular urban development project. Preparations for this international business and retail district outside Moscow's inner city began in 1991, and for over 15 years the site has been the city's biggest architectural challenge. Two and a half million square metres of high-quality offices, homes, hotels, shops and leisure facilities will be constructed here by 2015. 60 hectares of the 100-hectare site will be built on, and there are plans for 15 skyscrapers. In 2003, Sergei Toban and Peter Schweger won an international competition for an investment project by Mirax-City, a subsidiary of the market-leading Moscow construction company MIRAX GROUP. The design, consisting of two towers 242 and 354 metres high on either side of a 448-metre antenna needle with panoramic elevators, won over both the investors and the city's decision-makers. The construction contract for the € 450 million building, comprising luxury apartments, a five-star hotel, a "lifestyle center" and a conference and event venue, was awarded in 2004. The foundation stone was laid in February 2005, and every square metre had been rented by the end of 2006. The Federation Tower, located on lot 13 in the heart of Moscow City, will be Europe's tallest office building and a new trademark for the Russian capital.

Проект комплекса «Москва-Сити» представляет собой две стеклянные башни высотой в 242 и 354 м, вырастающие из общего каменного основания и группирующиеся вокруг тонкой прозрачной мачты с панорамными лифтами. Здания отличают ясность форм и четкость линий, контраст между эффектными деталями и общей сдержанностью облика.

Moscow City ist das spektakulärste Moskauer Stadtentwicklungsprojekt der Gegenwart. Die 1991 begonnene Planung für das außerhalb der Innenstadt liegende, rund 100 Hektar große internationale Geschäfts- und Handelsquartier ist seit über 15 Jahren die größte städtebauliche Herausforderung der russischen Hauptstadt. Bis 2015 sollen hier 2,5 Millionen Quadratmeter erstklassiger Büro-, Wohn-, Hotel-, Handels- und Freizeitflächen entstehen. Russlands rasanter wirtschaftlicher Aufschwung seit der Jahrtausendwende hat *Moscow City* zum wichtigsten Areal des Moskauer Immobilienmarkts werden lassen. 60 von 100 Hektar Fläche des Gebiets werden neu bebaut – unter anderem mit 15 Wolkenkratzern. Die Architektengemeinschaft von Sergej Tchoban und Peter Schweger gewann 2003 den internationalen Wettbewerb für das Investitionsprojekt der Mirax-City, einer Tochtergesellschaft des marktführenden Moskauer Baukonzerns MIRAX GROUP. Die Komposition aus zwei Türmen von 242 und 354 Metern Höhe sowie einer zwischen den Türmen aufragenden, 448 Meter hohen Antennennadel mit Panoramaaufzügen überzeugte sowohl die Investoren als auch die städtischen Entscheidungsträger. Im Jahr 2004 wurde der Realisierungsauftrag für das 450 Millionen Euro teure Gebäude erteilt, in dem sich unter anderem Luxusapartments, ein Fünfsternehotel, ein Lifestyle Center sowie ein Konferenz- und Veranstaltungszentrum befinden werden. Die Grundsteinlegung erfolgte im Februar 2005, bereits Ende 2006 war jeder Quadratmeter vermietet. Auf Parzelle 13, im Herzen von *Moscow City*, entsteht mit dem Föderationsturm das höchste Bürogebäude Europas: ein neues Markenzeichen der russischen Hauptstadt.

The smaller of the two Federation Tower skyscrapers has been under construction since February 2005, and has already been topped out at 242 metres.

Der kleinere der beiden Wolkenkratzer des Föderationsturms ist seit Februar 2005 im Bau und hat seine endgültige Höhe von 242 Metern schon erreicht.

The 448-metre glass antenna needle between the two sail-like structures resembles a ship's mast. The public viewing platform at the top of the panoramic elevators, below the dome, affords breathtaking views across Moscow.

Zwischen den beiden segelähnlichen Baukörpern ragt die 448 Meter hohe, gläserne »Antennennadel« wie ein Schiffsmast hervor. Am Ende der Panoramalifts, unterhalb der Kuppel, befindet sich eine öffentliche Aussichtsplattform mit atemberaubendem Blick über Moskau.

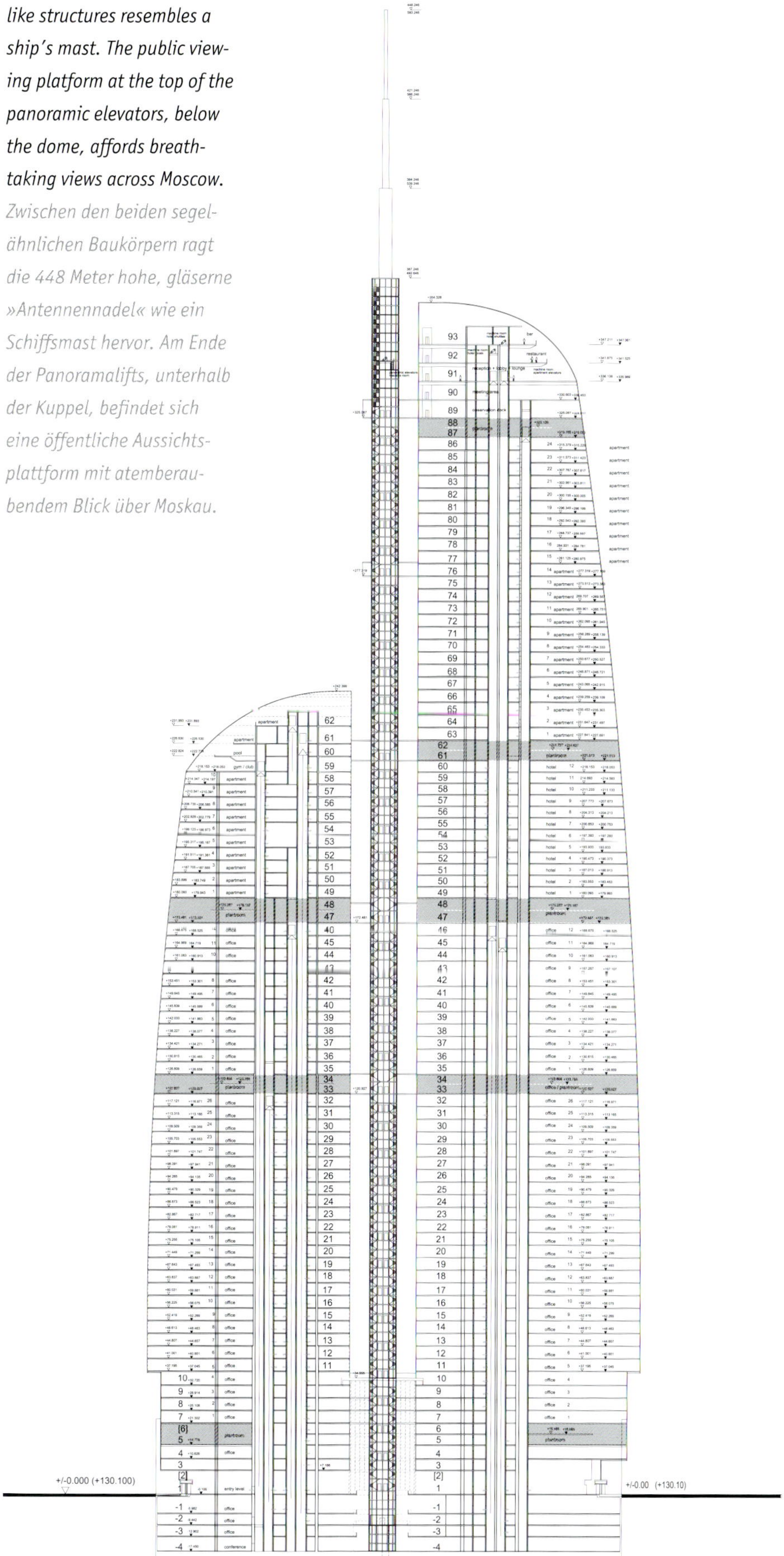

The building's ship-shaped footprint is symmetrically divided into two triangles for the two towers, which are connected by the atrium.

Der schiffsförmige Grundriss des Gebäudekomplexes ist symmetrisch geteilt in zwei Dreiecksflächen für die beiden Türme, die durch das Atrium verbunden sind.

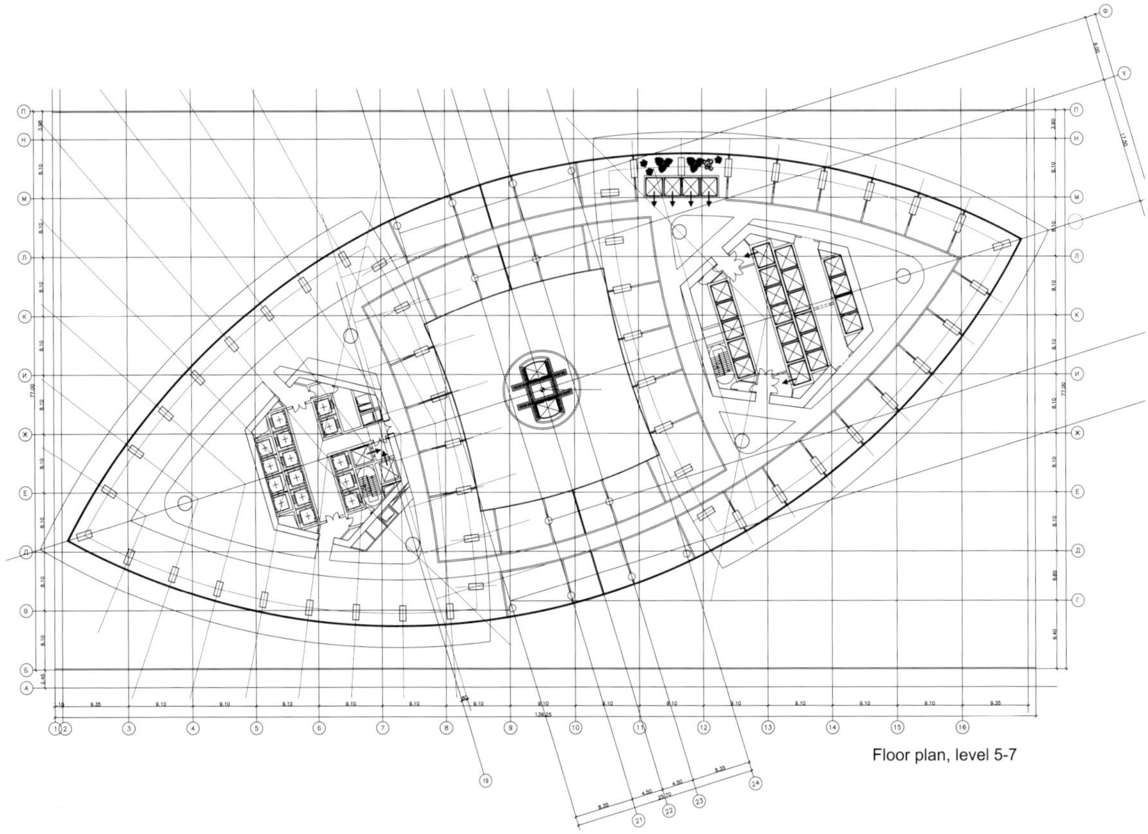

Floor plan, level 5-7

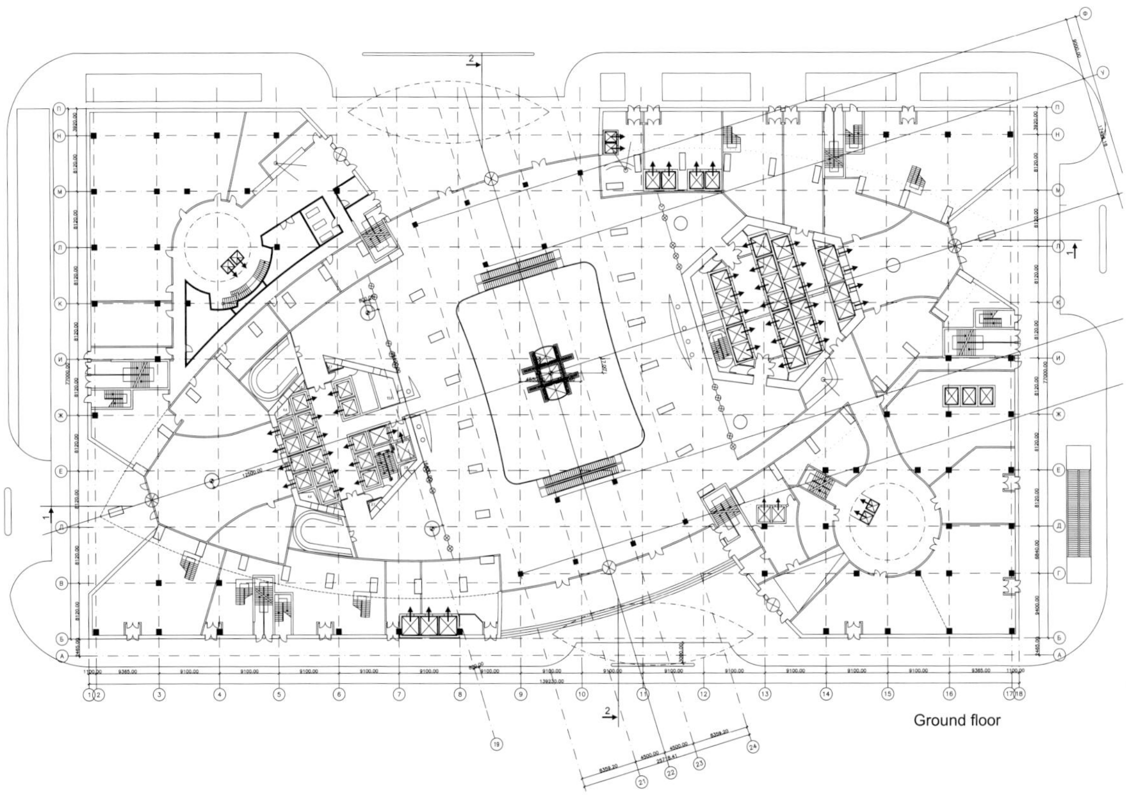

Ground floor

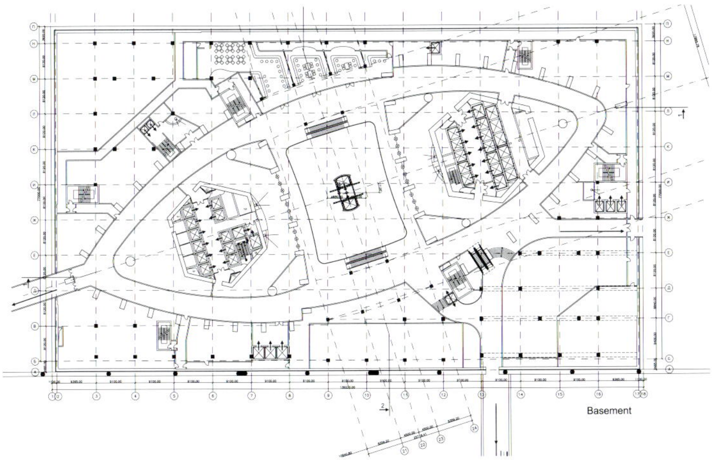

The 14-storey atrium links the two towers at the base and opens out in a cone into four basement levels.

Ein 14-geschossiges Atrium verbindet die beiden Türme im Sockelbereich und öffnet sich trichterförmig in vier Untergeschosse.

Kutuzovsky International Center
Kutuzovsky International Center

Architect
Eller + Eller Architekten (Düsseldorf/Berlin/ Moscow, Kiev)

in cooperation with
Sergei Kisselev & Partners (Moscow)

Client
MIRAX GROUP (Moscow)

Planning
1994; 2005–2006

Completion
2005–2009

The Kutuzovsky International Center, a retail and office complex currently being built on the other side of the Moskva river on the prestigious Kutuzovsky Prospekt, forms a significant counterpoint to Moscow City. Although the center was first planned by the Moscow project company International Center in 1994, it was not until April 2005 that Moscow's mayor signed the government decree giving the green light to the €480 million site after finance had been secured from MIRAX GROUP. The design by Eller + Eller Architekten comprises twin 212-metre towers, a central plaza and five separate nine-storey buildings. Most of these will be high-quality offices, but the site will also include shops, a hotel and a conference center. The spacious plaza at the foot of the towers, with its fountain, seating and landscaping, forms the heart of the whole complex. A covered boulevard connects the atria, which are surrounded by shops and restaurants. The continuity of Kutuzovsky Prospekt and its Stalinist architecture has been preserved by keeping the buildings slim to match the existing dimensions of the street. The Kutuzovsky International Center, now known as "Mirax Plaza", provides a contemporary twist to this historic and politically important district.

Проект архитектурного бюро Eller + Eller представляет собой комплекс, в состав которого входят две 43-этажные башни-близнеца со сглаженными углами высотой 212 м каждая, а также ряд девятиэтажных строений и пешеходная зона, где расположены рестораны, магазины, спортивно-оздоровительный центр, конференц-центр и гостиница. Центр комплекса украшает площадь с искусственым ландшафтом. Основная часть зданий выделена под офисы и бюро.

Als signifikanter Gegenpol zu *Moscow City* entsteht derzeit auf der anderen Seite der Moskwa, unmittelbar an der Protokollstrecke Kutusowski Prospekt, der Geschäfts- und Handelskomplex *Kutuzovsky International Center*. Obwohl das Bauvorhaben schon 1994 von der Moskauer Projektgesellschaft International Center geplant worden war, setzte der Moskauer Bürgermeister erst im April 2005 seine Unterschrift unter den Regierungsbeschluss für die Realisierung des inzwischen 480 Millionen Euro teuren Projekts. Ausschlaggebend für die Erteilung der Baugenehmigung war die nunmehr gesicherte Finanzierung durch die MIRAX GROUP. Der Entwurf umfasst zwei 212 Meter hohe Zwillingstürme, eine zentrale Plaza und fünf separate, neungeschossige Gebäude. Der Großteil ist einer hochwertigen Büronutzung vorbehalten. Daneben entstehen Verkaufsflächen, ein Konferenzzentrum sowie ein Hotel. Zu Füßen der beiden Hochhäuser erstreckt sich die großzügige Plaza mit einem Wasserbecken, Sitzgelegenheiten und Grünanlagen. Abgeschottet von Hektik und Verkehr stellt sie eine Oase der Ruhe dar und ist das Herz des gesamten Komplexes. Ein wettergeschützter Boulevard verbindet die Atrien, die von Geschäften und gastronomischen Einrichtungen umgeben sind. Durch die Anpassung der schlichten Baukörper an die vorhandenen Dimensionen des von Stalinbauten geprägten Kutusowski Prospekts wird die Kontinuität des Straßenraums optimiert. Mit dem *Kutuzovsky International Center* – inzwischen *Mirax Plaza* genannt – erfährt das traditionsreiche, städtebaulich und politisch bedeutende Moskauer Quartier eine moderne Erweiterung und wird um eine architektonische Attraktion reicher.

The majority of this retail and business complex consists of high-quality offices with space for up to 20,000 employees.

Der größte Teil des Geschäfts- und Handelskomplexes ist einer hochwertigen Büronutzung für bis zu 20.000 Arbeitsplätze vorbehalten.

The Kutuzovsky International Center comprises twin 212-metre towers with an area of some 170,000 square metres, a central plaza and five nine-storey buildings of 24,000 square metres.

Das Kutuzovsky International Center umfasst zwei 212 Meter hohe Zwillingstürme mit einer Fläche von etwa 170.000 Quadratmetern, eine zentrale Plaza und fünf neungeschossige Gebäude mit 24.000 Quadratmetern.

Headquarters Metro AG
Hauptquartier Metro AG

Architect
Eller + Eller Architekten (Düsseldorf/Berlin/Moscow/Kiev)

Structural Engineering
Friedrich & Lucas (Düsseldorf/Moscow)

Physics
DS-Plan (Cologne)

HVAC
Ingenieurbüro Relles IBR (Euskirchen)

Façade
IGF (Mülheim a. d. Ruhr)

Client
OOO METRO Cash & Carry (Moscow)

Planning
2004–2005

Completion
2007

In December 2000, following a detailed analysis of the Russian market which identified growth opportunities of up to 75 percent, Germany's METRO GROUP founded a Moscow subsidiary, OOO METRO Cash & Carry. By 2006 there were 9 Metro stores in Moscow, three in St Petersburg and 16 in cities as far away as the Urals. Preparations are now under way for more outlets in Siberia. Rapid market growth made the construction of a Moscow headquarters building an urgent priority. Planning and construction of the €28.4 million project on Leningradskoye Chaussee was scheduled to take only three years, and was a challenge even for the architects, Eller + Eller, who had considerable experience of working in Russia. Their design comprises two parallel and slightly offset buildings with a central full-height atrium, which provides a spacious, light-filled meeting place, particularly in the long dark winter months. The fully glazed façade gives the ensemble a sense of transparency when viewed from the outside, and this theme continues with the interior glass partitions. Glass elevators, walkways between the buildings and open staircases have made the atrium a distinctive environment in its own right, with the bustle of the 700-plus employees clearly on display. The architecture of METRO's Moscow headquarters is a visual reflection of the company's international philosophy, one of transparency, tolerance and respect.

Проект главного офиса компании Metro cash & carry представляет собой два корпуса, параллельно смещеные относительно друг друга и объединенные атриумом. Стеклянные лифты, мосты и оригинальные лестницы придают центральному атриуму объем и делают его идеальным местом для делового общения.

Nach eingehender Analyse des russischen Markts hat die METRO GROUP die Wachstumschancen von bis zu 75 Prozent für den Handel erkannt und im Dezember 2000 ihre Moskauer Tochtergesellschaft OOO METRO Cash & Carry gegründet. Bis 2006 wurden neun METRO-Großmärkte in Moskau, drei in Sankt Petersburg und 16 in den großen Städten bis zum Ural eröffnet; der Weg nach Sibirien ist bereits geebnet. Dieses rasante Tempo der Markterschließung machte die Errichtung einer Hauptverwaltung für METRO in Moskau dringend erforderlich. Der Planungs- und Bauprozess für das 28,4 Millionen Euro teure Projekt an der Leningradskoje Chaussee wurde auf nur drei Jahre angelegt und war selbst für die russlanderfahrenen Architekten von Eller + Eller eine Herausforderung. Ihr Entwurf für das moderne Verwaltungsgebäude beinhaltet zwei parallele, gegeneinander versetzte Baukörper mit einem zentralen gebäudehohen Atrium, das besonders in den langen, dunklen Wintermonaten als großzügiger, lichter Kommunikationsraum dient. Die vollverglaste Fassade verleiht dem Ensemble nach außen Transparenz und setzt sich im Inneren durch eine großzügige Strukturierung mit Glastrennwänden fort. Gläserne Aufzüge, Brückenverbindungen zwischen den Gebäuden und freie Treppen lassen das Atrium zu einem eigenständigen Erschließungsraum werden, in dem die Betriebsamkeit der über 700 Mitarbeiter im Gebäude sicht- und erlebbar ist. In der Architektur des Moskauer METRO-Hauptquartiers spiegelt sich die Firmenphilosophie der Handelskette anschaulich wider: Transparenz und Glaubwürdigkeit in der Unternehmenskultur mit einem von kultureller Offenheit, Toleranz und Respekt geprägten internationalen Profil.

A prestigious site, next door to the METRO store on Leningradskoye Chaussee and close to Sheremetyevo-2 international airport, was chosen for the new headquarters building.

Für das neue Verwaltungsgebäude wurde ein prestigeträchtiges Grundstück neben dem METRO-Markt an der Leningradskoje Chaussee, unweit des internationalen Flughafens Scheremetjewo-2, ausgewählt.

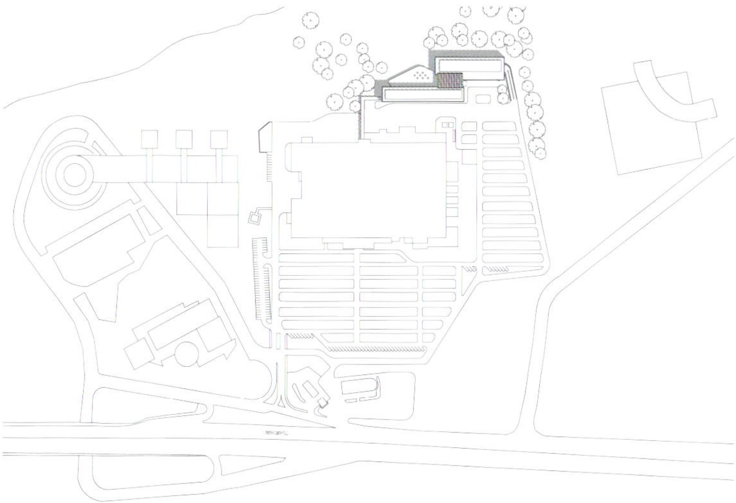

The large curved wing on the south side of the complex houses the company restaurant. The view from here extends across a parking lot to the adjoining tributary of the Moskva.

Auf der Südseite des Komplexes tritt im Erdgeschoss ein Seitenflügel in großer geschwungener Form heraus, in dem das hauseigene Restaurant untergebracht ist. Von hier öffnet sich der Blick über eine Parkanlage bis zum angrenzenden Seitenarm der Moskwa.

The architecture, with two parallel, offset buildings and a central full-height atrium, is inspired by DaimlerChrysler's Moscow headquarters.

Das Architekturkonzept mit zwei parallelen, gegeneinander versetzten Baukörpern und einem zentralen, gebäudehohen Atrium greift auf den Entwurf des Moskauer DaimlerChrysler-Hauptquartiers zurück.

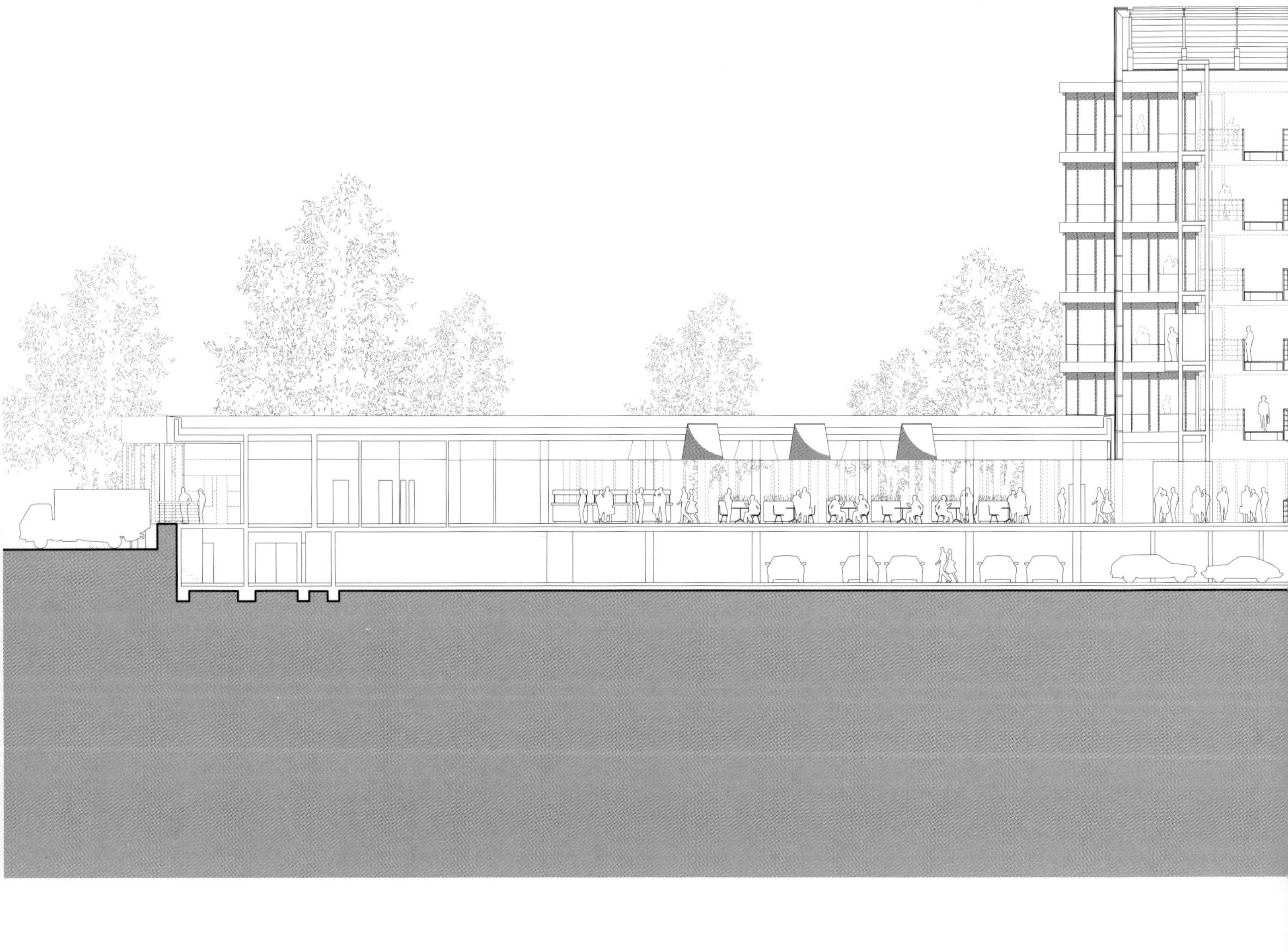

In March 2007, when the project was close to completion, Eller + Eller Architekten won the contract for an extension.

Im März 2007, als das Projekt kurz vor der Fertigstellung stand, erhielten Eller + Eller Architekten den Auftrag für einen Erweiterungsbau.

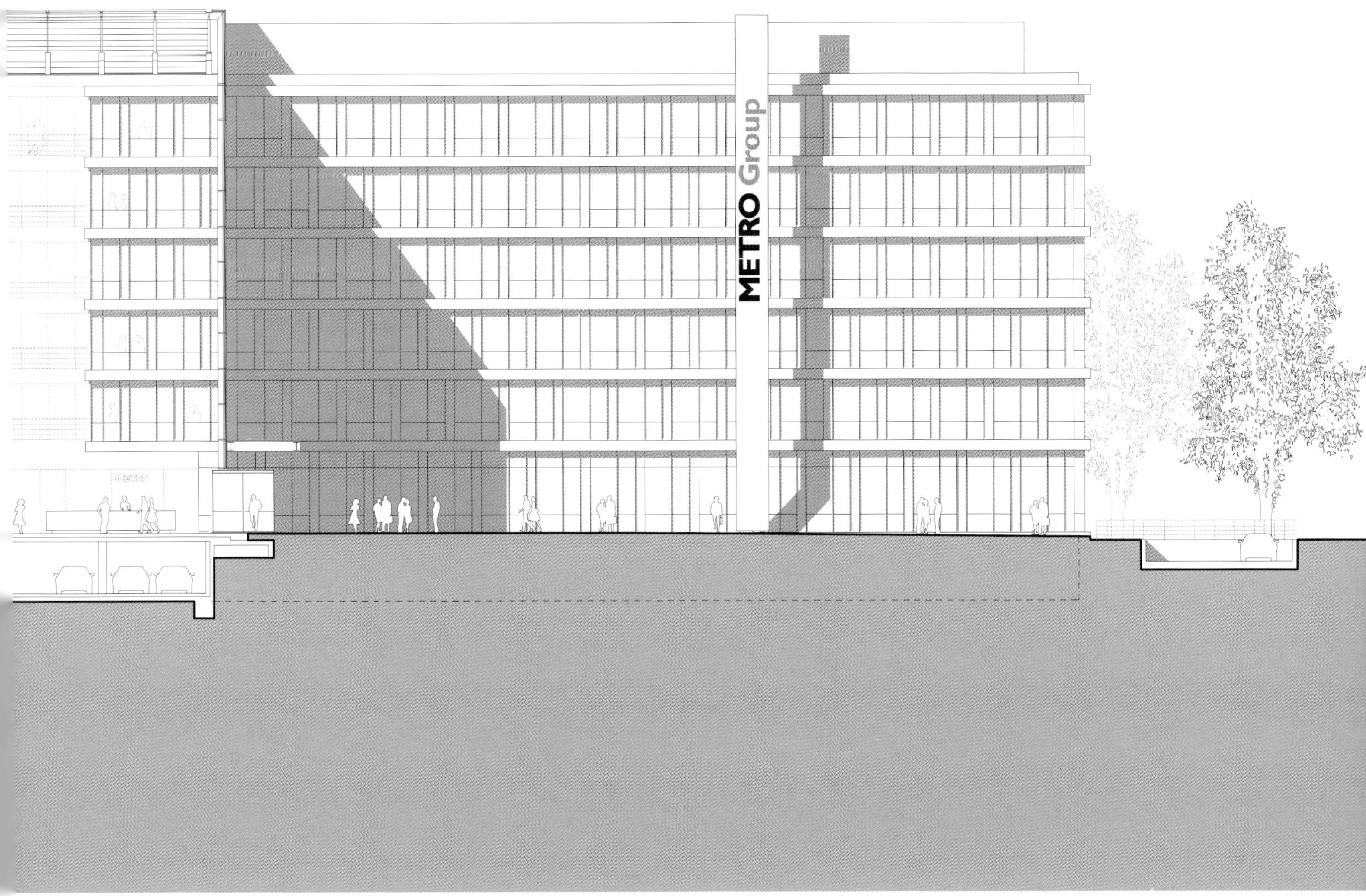

Among the features of the spacious atrium are glass elevators, bridges linking the buildings, and open-plan staircases.

Gläserne Aufzüge, Brückenverbindungen zwischen den Gebäuden und freie Treppen im großzügigen Atrium.

This area is designed to encourage relaxation and interaction during work breaks.
Ein Ort, der sowohl der Kommunikation als auch der Erholung in den Arbeitspausen dient.

Headquarters Siemens AG
Hauptverwaltung Siemens AG

Architect
Eller + Eller Architekten (Düsseldorf/Berlin/Moscow/Kiev)

in cooperation with
Aleksey Vorontsov (Moscow)

Structural Engineering
Harrer Ingenieure (Karlsruhe)
in cooperation with
Spektrum (Moscow)

Foundations
IB Katzenbach (Darmstadt)

Outside facilities
RMP (Bonn)

HVAC
GERUS (Moscow)
ELIN (Linz)
I & S (Moscow)

Client
AFK Sistema Gals (Moscow)

Planning
2006

Completion
2006–2009

The glass tower housing Siemens' new headquarters on Leningradsky Prospekt in northwestern Moscow should have been ready for occupation in 2005. But after the foundation stone was laid in September 2003, the group's biggest ever property investment and tallest office worldwide threatened to founder in the face of Moscow bureaucracy. The German industrial giant, commissioned in 1852 by Tsar Nicholas I to build the state telegraph network, won major Russian government contracts even during the Soviet period. But it could not cope with the legal complexities of Moscow's property market without a Russian partner. In order to realize this ambitious project, Siemens had to give the influential Moscow property and construction company Sistema Gals, a subsidiary of the AFK Sistema Gals combine, a 50 percent stake in the project. The two office towers are identical: 27 storeys, 110 metres high, square, with glass curtain façades. The entrance lobby on the lower two floors encloses the offices and the building at the base with its 19-metre-high glass-roofed atrium. Construction began in 2006, and looks likely to be completed on schedule in 2009. Despite its compactness, this building makes an architectural statement about Siemens' successful 150-year history of doing business in Russia.

Реализацию этого проекта компания Siemens провела вместе с московской компанией Sistema Glas. Здание на Ленинградском проспекте представляет собой две 27-этажные идентичные башни: 110 м высотой, квадратные в плане, со стеклянными фасадами и соединенные между собой 5-этажным цоколем. На двух нижних этажах располагаются входные лобби, в центре комплекса возвышается 19-метровый атриум.

Ein gläserner Turm als neues Hauptquartier von Siemens sollte bereits 2005 bezugsfertig auf dem renommierten Leningradski Prospekt im Nordwesten Moskaus stehen. Doch die größte Immobilieninvestition des Konzerns für sein höchstes Bürogebäude weltweit drohte nach der Grundsteinlegung im September 2003 an der Moskauer Bürokratie zu scheitern. Der deutsche Industrieriese, der schon 1852 von Zar Nikolaus I. mit dem Bau des Staatstelegrafennetzes beauftragt wurde und sich selbst in Zeiten der Sowjetherrschaft und des Kalten Kriegs staatliche Großaufträge in Russland sichern konnte, war den komplizierten Gesetzmäßigkeiten des Moskauer Immobilienmarkts ohne russischen Partner nicht gewachsen. Zur Realisierung des ehrgeizigen Bauvorhabens musste Siemens das einflussreiche Moskauer Immobilien- und Bauunternehmen Sistema Gals – eine 1993 gegründete Tochtergesellschaft des Mischkonzerns AFK Sistema Gals – mit 50 Prozent am Projekt beteiligen. Beide Bürotürme sind identisch: 110 Meter hoch, mit einer quadratischen Grundfläche, gläsernen Vorhangfassaden und 27 Geschossen. An ihren gegenüberliegenden Ecken schließen die Hochhäuser mit einem fünfgeschossigen Sockelgebäude ab. Auf den unteren beiden Geschossen befindet sich die Eingangslobby, durch die sowohl die Büros als auch das Sockelgebäude mit seinem 19 Meter hohen, glasüberdachten Atrium erschlossen werden. 2006 wurden die Bauaktivitäten aufgenommen und der Fertigstellung 2009 scheint derzeit nichts im Wege zu stehen. Mit dem kompakten Gebäude kann Siemens nun doch noch ein architektonisches Zeichen für seinen über 150 Jahre währenden Geschäftserfolg in Russland setzen.

SIEMENS
СИСТЕМА

Construction of Siemens' headquarters on Leningradsky Prospekt resumed in 2006. The original tower has now acquired a twin, which will be used by Sistema Gals.

Der Bau des Siemens-Hauptquartiers auf dem Leningradski Prospekt wurde 2006 wiederaufgenommen. Der ursprünglich geplante Turm erhält nun einen »Zwillingsbruder« für Sistema Gals.

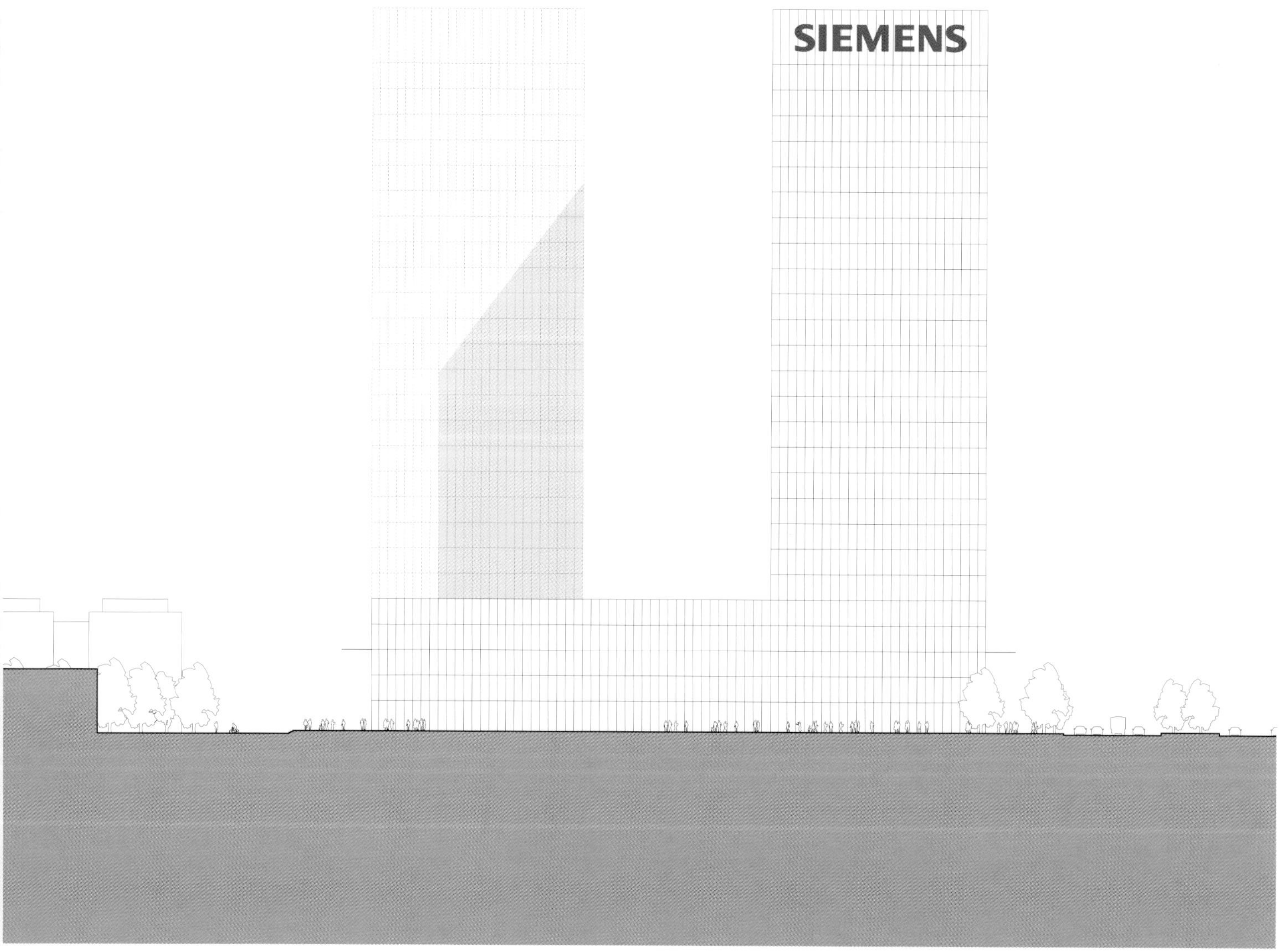

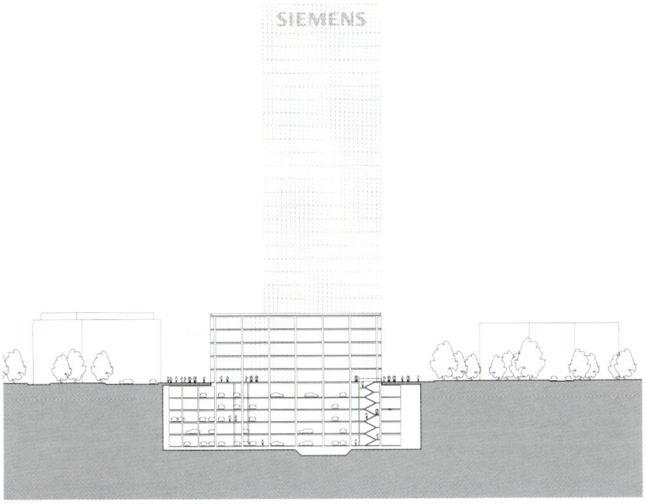

The five-storey building at the base and its central atrium draw the two offset towers together. The five basement levels house plant and storage rooms and some 700 parking spaces.

Ein fünfgeschossiges Sockelgebäude mit zentralem Atrium verbindet die beiden versetzt stehenden Türme. In den fünf Untergeschossen befinden sich Technik- und Lagerräume sowie etwa 700 Parkplätze.

Setun Hills Business Park

Geschäftspark *Setun Hills*

Architect
BRT Engineering GmbH (Hamburg)

General Planning
BRT RUS (Moscow)

Project Management
Frank Goerge
Sören Senkfeil
Bernd Muley

Engineers
Arup Berlin (Structural Engineering)
Arup Moscow
Puls Moscow (Fire Safety)
Stangier Consulting GmbH (Lifts)

Landscape Design
WES & Partner (Hamburg)

Traffic Engineering
Obermeyer GmbH (Munich)

Client
UKS Inteko (Moscow)

Planning
2005–2008

Completion
2009–2010

The Setun is a small river that meanders through western Moscow before entering the Moskva. Part of it follows an open ridge alongside the four-lane Minskaya Street. INTEKO, a Moscow construction group founded in 1991, whose influential managing director Yelena Baturina is the wife of the city's mayor, is planning a business park of high-quality retail and office space in this hilly setting. In the summer of 2004, INTEKO formed a Moscow joint venture with BRT Architekten, and the Hamburg firm was its obvious choice to design the business park. The project seeks to integrate innovative office facilities within the natural landscape, so the buildings contain many internal and external references to their surroundings, and their flat, low-rise geometry seeks to minimize their impact on the landscape. Three of the four elements of the ensemble are based on a repeated circular arrangement of five boomerang-like angles, while the fourth has been truncated and incorporated into the hillside to take account of its larger external diameter and proximity to the street.

Лейтмотивом проекта является внедрение инновационного офисного комплекса в ландшафт между Поклонной горой, рекой Сетунь и Малым кольцом МЖД. Архитектурное бюро «БРТ РУС» спроектировало здесь 5 строений, представляющих собой прозрачные полусферы. Объем цетрального здания срезан со стороны главного фасада и обращен в сторону парка Победы. Три сферы в глубине участка образуют компактный ансамбль куполов. пятый элемент напоминает античный амфитеатр. Комплекс вмещает в себя офисы, гостиницы, апартаменты, кинотеатр, оздоровительный центр и супермаркет.

Das Flüsschen Setun fließt quer durch den westlichen Teil Moskaus und mündet in die Moskwa. Ein Abschnitt seines mäandrierenden Flusslaufs liegt auf einem unbebauten Höhenrücken an der vierspurigen Minskaja Straße. In dieser Hügellandschaft plant der 1991 gegründete Moskauer Baukonzern INTEKO, dessen einflussreiche Generaldirektorin Jelena Baturina die Ehefrau des Moskauer Bürgermeisters ist, einen modernen Geschäftspark mit erstklassigen Büro- und Verkaufsflächen. Im Sommer 2004 gründeten BRT und INTEKO ein gemeinsames Joint Venture mit Sitz in Moskau, so dass es für den russischen Investor nahe lag, die Hamburger Partner mit der Entwicklung des Architekturkonzepts für den geplanten Geschäftspark zu beauftragen. Leitmotiv des Entwurfs ist es, eine innovative Bürobebauung in den von der Natur vorgegebenen Landschaftsraum zu integrieren. Dies wird einerseits durch vielfältige Innen- und Außenraumbezüge der Baukörper, andererseits durch eine Verzahnung der niedrigen, im Schnitt abgeflachten Geometrie der Volumina mit der Landschaft erreicht. Das Entwurfsprinzip von drei der vier Elemente des Gebäudeensembles basiert auf dem Wiederholungsfaktor der kreisförmigen Anordnung von je fünf, im Grundriss bumerangähnlichen Winkeln. Das vierte Bauelement ist aufgrund seines größeren Außendurchmessers und seiner dichten Lage zur Straße modifiziert. Sein Volumen ist angeschnittenen und in das Böschungsniveau des Hangs eingearbeitet. Der Entwurf für den Geschäftspark ist als durchaus gelungener Versuch eines Kompromisses im Moskauer Kampf um Bauland in exponierter Lage und beim Schutz der letzten Flecken unberührter Natur.

The four buildings are linked by a central, ring-shaped road, and have their own separate access route.

Die vier Gebäude des Geschäftsparks verfügen über eine zentrale, ringartige Erschließung und sind verkehrstechnisch an eine eigene Zubringerstraße angeschlossen.

The three round seven-storey buildings and one twelve-storey semicircle seem to have been planted in the hillside.

Die drei runden, siebengeschossigen Baukörper und das zwölfgeschossige, ringförmige Halbrund sind wie ein modernes Implantat in die Setun-Hügel integriert.

Moshayski Val Office Center
Bürogebäude *Moshajski Wal*

Architect
Sergei Tchoban

in cooperation with
SPEECH (Moscow)

Client
ZAO Forum Properties

Planning
2005

In 2005, the Moscow company Forum Properties issued an invitation to tender for the construction of a new office complex on Moshayski Val in central Moscow. The winning submission, by Sergei Tchoban and the Moscow architectural firm SPEECH, involves the creation of a clearly defined spatial structure amid a jumble of buildings on a 9,200-square-metre site. During the planning stage, the architects faced the challenge of incorporating the existing apartment block that faced onto the street. They used the new building to frame this in a U shape, and designed an office complex divided visually into two parts with very different façades and external structures. A long ten-storey section with a pale stone relief-style perforated façade adjoins a 14-storey cube with smooth polished stone façades and long asymmetrically cut windows. The cube opens onto Moshayski Val with the diagonally cut full-height face of an atrium, and all levels of the building, both vertical and horizontal, can be clearly seen from the entrance hall. The jury awarded Tchoban and SPEECH first prize and the contract to build the project, which began in 2006.

Благодаря своей функциональности, рентабельности и удачному архитектурному решению проект завоевал первое место на конкурсе, объявленном компанией Forum Properties. Главными элементами комплекса, включающего в себя жилое здание, являются длинный, облицованный натуральным камнем 10-этажный корпус и венчающий его 14-этажный куб. Угол куба со стороны Можайского вала асимметрично скошен и полностью остеклен. Из пространства центрального вестибюля четко просматривается общая структура конструкции здания.

Im Jahr 2005 schrieb das Moskauer Immobilienunternehmen Forum Properties für den Bau eines neuen Bürokomplexes auf dem Moschajski Wal im Moskauer Stadtzentrum einen Realisierungswettbewerb aus, an dem sich Sergej Tchoban zusammen mit dem Moskauer Architekturbüro SPEECH beteiligte. Idee ihres Entwurfs ist, auf dem 9.200 Quadratmeter großen Lückengrundstück ein Bürogebäude mit klarer räumlicher Struktur in der heterogen bebauten Umgebung zu schaffen. Bei der Planung standen die Architekten vor der Herausforderung, eine Lösung für die Integration des auf dem Grundstück existierenden Wohnhauses zu finden. Sie entschieden sich, das frontal zur Straße liegende Gebäude mit dem Neubau u-förmig zu umrahmen und entwickelten einen optisch aus zwei Teilen bestehenden Bürokomplex. Beide Gebäudeelemente sollten sich durch die Höhe und die Fassadengliederung deutlich voneinander unterscheiden. Im Entwurf schließt ein langer, zehngeschossiger Gebäudeteil mit plastisch durchgearbeiteter Lochfassade aus hellem Naturstein an einen 14-geschossigen Kubus mit glatten, polierten Natursteinfassaden und asymmetrisch geschnittenen, langen Fenstern an. Zum Moschajski Wal öffnet sich der Kubus mit der diagonal geschnittenen haushohen Glasfläche eines Atriums. Von der Eingangshalle aus lässt sich das Gebäude vertikal und horizontal auf allen Ebenen klar und übersichtlich erschließen. Augrund seiner Funktionalität, Wirtschaftlichkeit und des hohen architektonischen Anspruchs erhielt das Konzept von Sergej Tchoban und SPEECH von der Jury den ersten Preis in Verbindung mit dem Auftrag zur Realisierung des Projekts, mit der 2006 begonnen wurde.

The office, conference and leisure facilities are arranged around the floor-height atrium, whose glass front opens onto Moshayski Val.

Um das gebäudehohe Atrium, dessen Glasfläche sich zum Moschajski Wal hin öffnet, sind die Büro-, Konferenz- und Erholungsbereiche des Komplexes angeordnet.

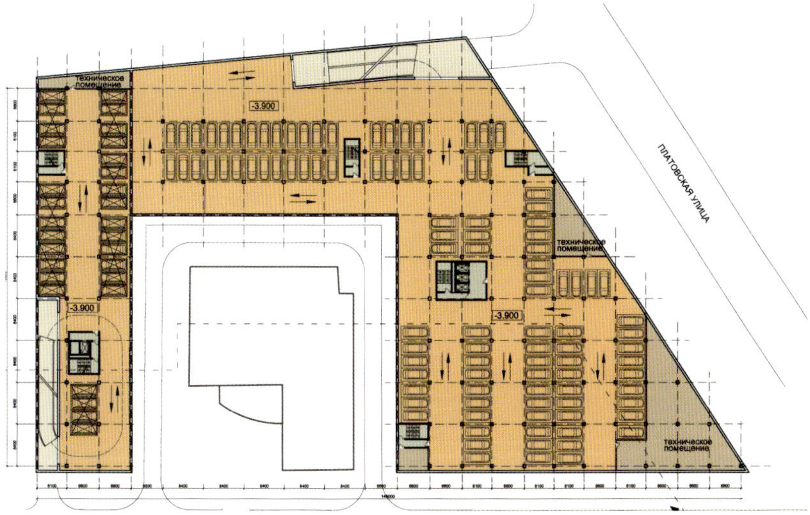

The new office building frames the existing apartment block in a U shape and restores the street's integrity.

Der moderne Büroneubau umrahmt u-förmig das auf dem Grundstück existierende Gebäude und stellt das heterogene Gesamtbild des Straßenzugs wieder her.

The complex consists of a long ten-storey structure and a fourteen-storey cube.

Der Komplex besteht aus einem langen, zehngeschossigen Gebäudeteil und einem 14-geschossigen Kubus.

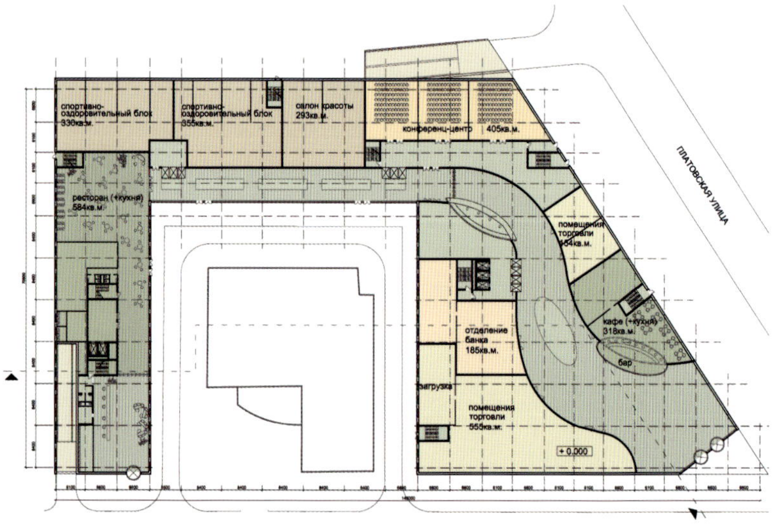

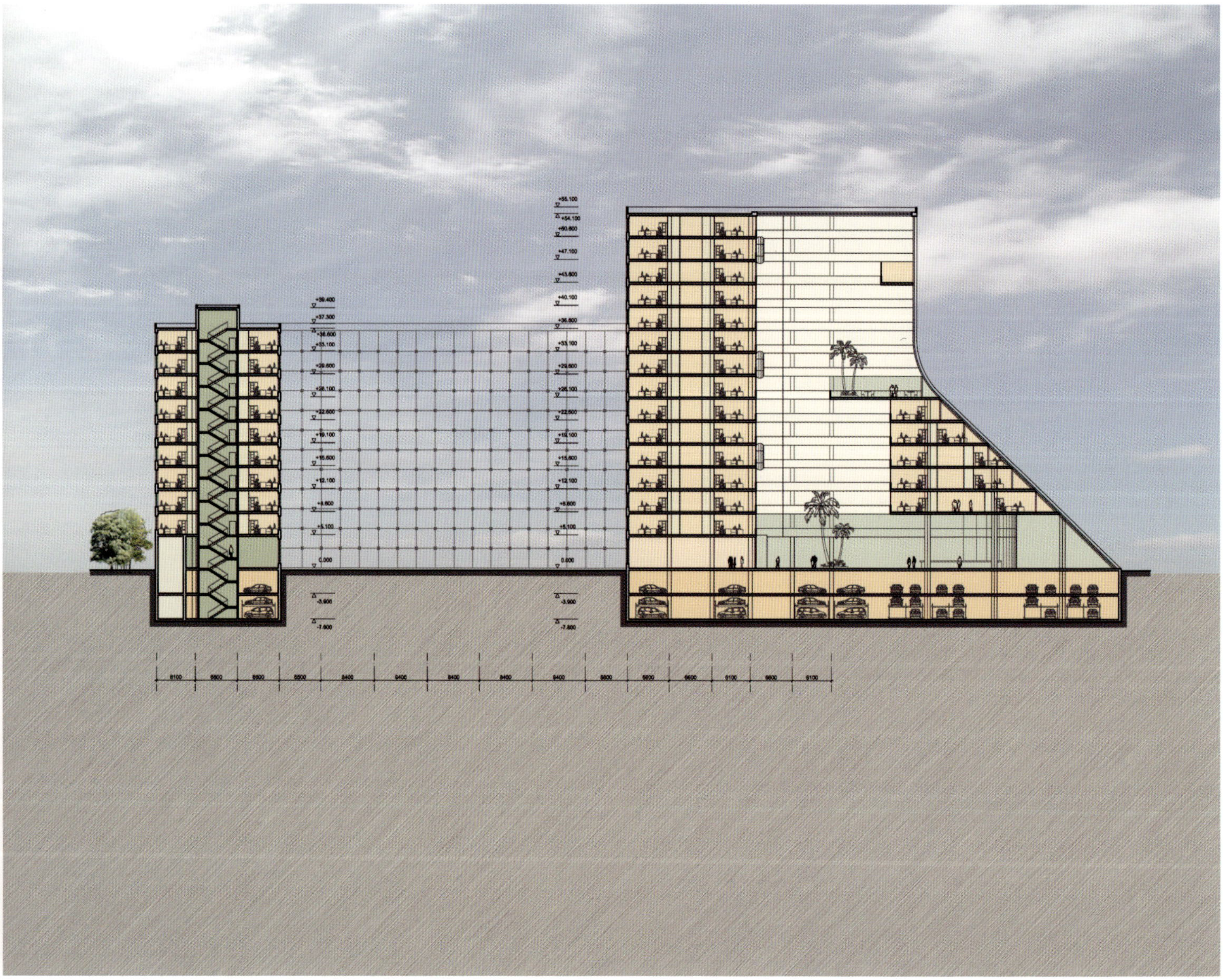

The two-storey underground parking garage has space for up to 400 cars.

In der zweigeschossigen Tiefgarage sind Stellplätze für bis zu 400 Autos vorgesehen.

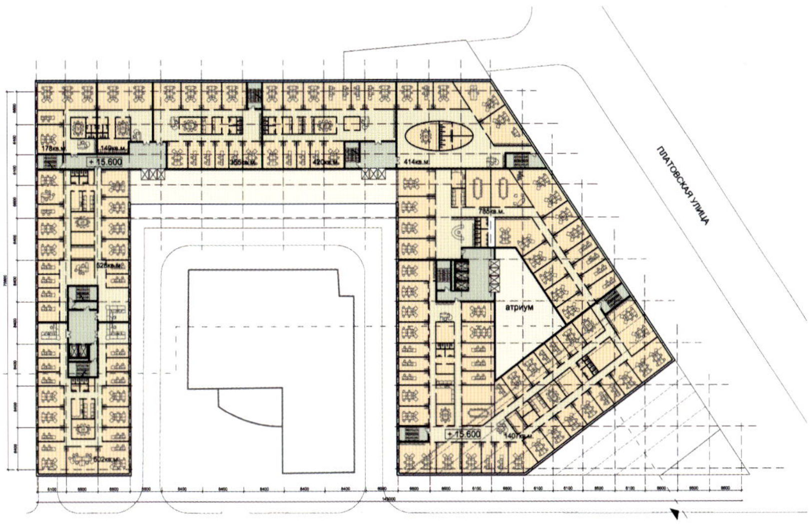

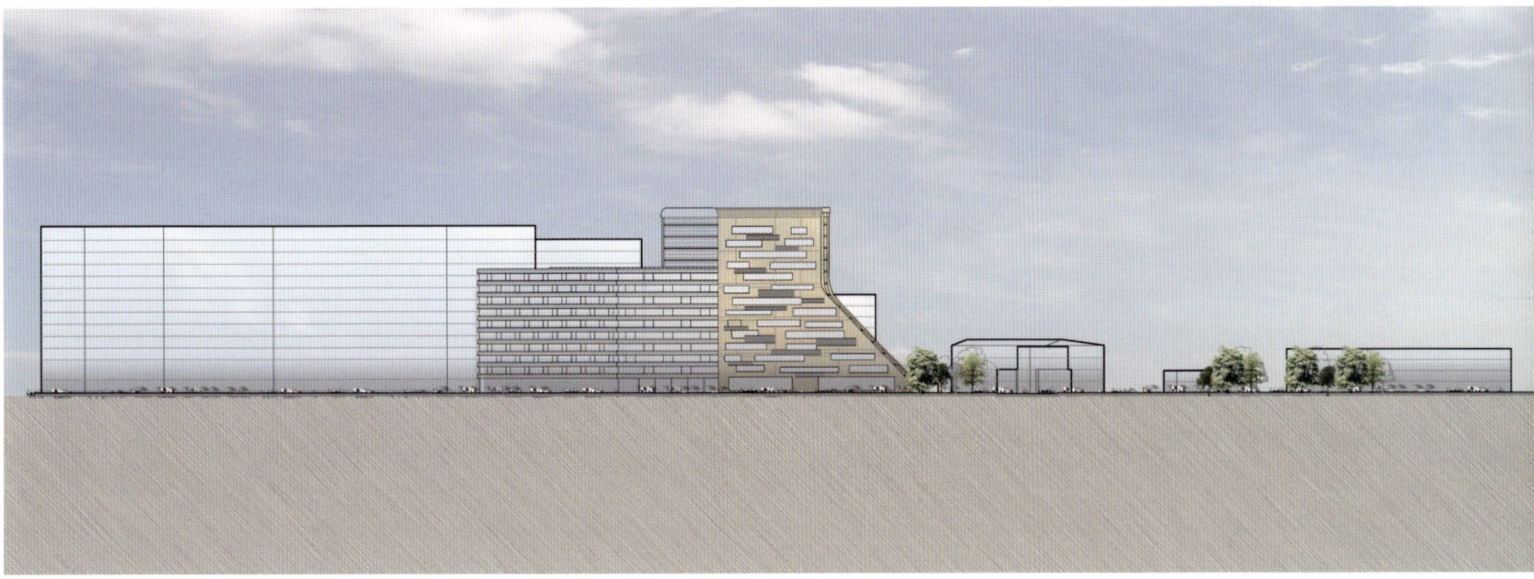

Hachette Filipacchi Shkulev Publishing House
Verlagshaus *Hachette Filipacchi Shkulev*

Architect
Meuser Architekten BDA (Berlin)

Design Team
Doreen Heßler
Philipp Meuser
Martin Spielau

Client
Publishing House Hachette Filipacchi Shkulev (Moscow)

Planning
2005–2006

Completion
2007

Aside from Paris and New York, Moscow is the most important office of the international publisher Hachette Filipacchi, whose titles include such upmarket glossy magazines as ELLE and Marie Claire. The office is located on the site of a former ballbearing factory. The interiors have been kept neutral, but the ornaments on the walls provide bright splashes of colour, and high-quality materials such as stone and parquet, and individually designed built-in furniture, have been used to create an extremely pleasant working atmosphere. The dominant material in the lobby is gray Ukrainian granite, and the counter, designed as a solid block, forms a striking yet calming focal point, while the yellow patterned wallpaper offers a lively and colourful contrast. An "Enigma" light by Louis Poulsen hangs in the middle of the room, and all areas of the bright and cheerful office are also indirectly lit. On the fifth-floor executive level, the broad passageway also serves as a meeting area, and is lined with wallpaper in warm, decorative colours. The white fitted furniture is individually designed and made, and Walter Knoll furnishings have been used for the president's office. The meeting room, with its Hermann Miller chairs, overlooks an early Soviet architectural icon: Moscow's first radio transmission tower, built by Vladimir Shuchov in 1922.

Интерьеры русско-французского издательского дома Hachette Filipacchi Shkulev были оформлены в нейтральных цветах с эффектными орнаментами. Высококачественные материалы, такие как натуральный камень (в том числе оникс) и паркет (венге), а также изготовленная на заказ встроенная мебель помогают создать приятную рабочую атмосферу.

Neben Paris und New York ist die russische Hauptstadt der wichtigste Standort des weltweit agierenden Verlagshauses Hachette Filipacchi. Zu den Publikationen des Unternehmens zählen edle Hochglanzmagazine wie beispielsweise *ELLE* und *Marie Claire*. Der Verlag hat seine Moskauer Dépendance in einer ehemaligen Fabrik für Kugellager errichten lassen. Nach der Umwandlung der Räume setzen vor allem die farbigen Ornamente an den Wänden leuchtende Akzente. Das Interieur wurde dagegen in den Farben neutral gehalten. Hochwertige Materialien wie Naturstein und Parkett sowie individuelle Einbaumöbel erzeugen eine äußerst angenehme Arbeitsatmosphäre. Dominierendes Material in der Lobby ist grauer Granit aus der Ukraine. Als massiver Block gestaltet, bildet der Tresen einen klaren Mittel- und Ruhepunkt. Ein farbiger und lebhafter Kontrast hierzu sind die in auffallendem Gelb gemusterten Tapeten. Die Mitte des Raums wird durch die Leuchte *Enigma* von Louis Poulsen akzentuiert. Außerdem wurde in allen Bereichen des Büros mit indirektem Licht gearbeitet, was sämtlichen Räumen eine dezente Farbigkeit verleiht. Im fünften Obergeschoss befindet sich die Vorstandsetage. Hier soll der breite Flur auch als eine Begegnungszone fungieren. Bunte Tapeten in warmen Farben haben dekorative Funktion. Die weißen Einbaumöbel wurden individuell entworfen und gefertigt. Für das Büro des Firmenpräsidenten wurden Möbel der Firma Walter Knoll ausgewählt. Und aus dem Besprechungsraum, der mit Stühlen von Hermann Miller bestückt ist, weist der Blick auf eine Ikone der frühen sowjetischen Architektur: den ersten Radiosendeturm Moskaus , der im Jahr 1922 von Wladimir Schuchow fertiggestellt wurde.

The eyecatching patterned wallpaper gives the interior a bright and cheerful feel.
Die auffallend gemusterten Tapeten setzen durch ihre leuchtende Farbigkeit einen fröhlichen Akzent.

The publishing house is located in a former factory.

Die Räume des Verlagshauses wurden in einem ehemaligen Fabrikgebäude eingerichtet.

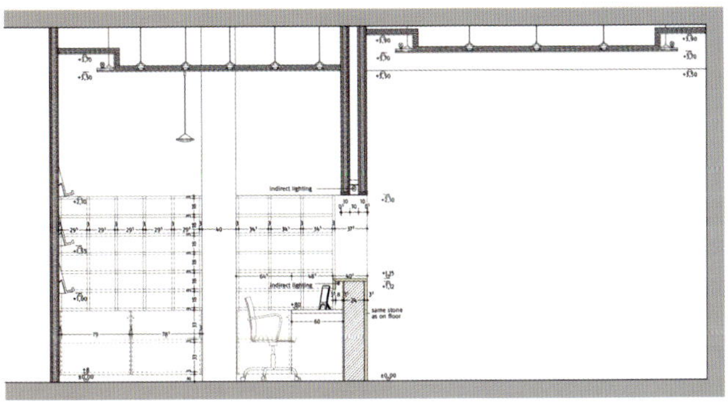

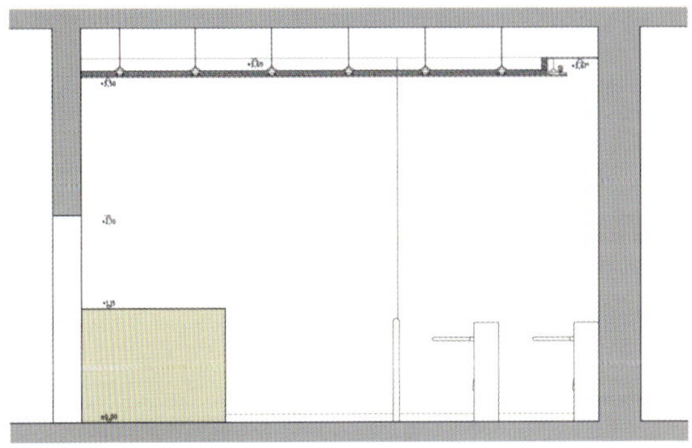

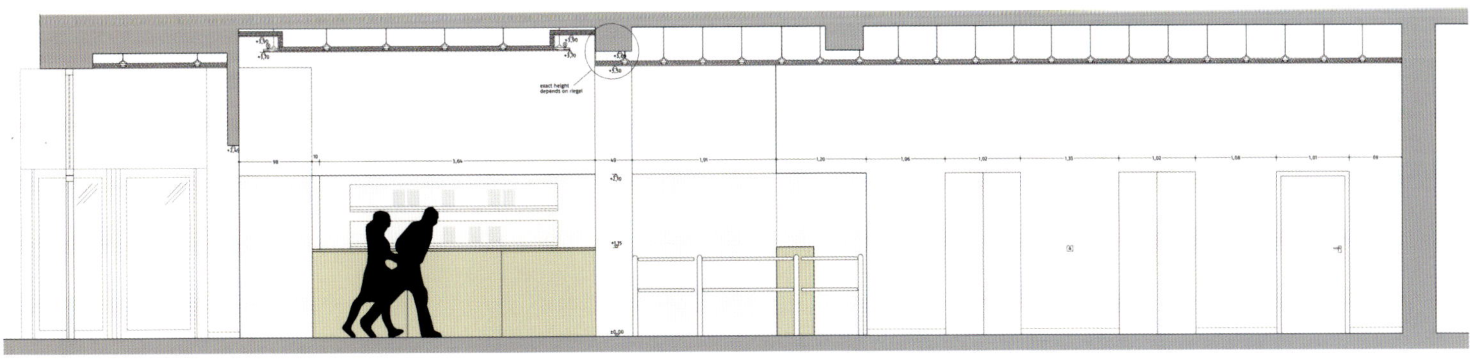

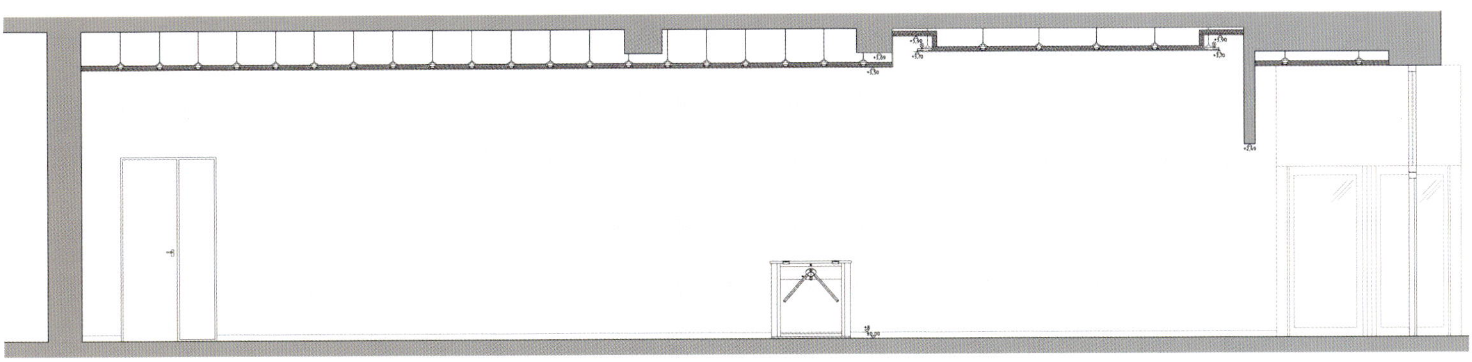

The low-key white fitted office furniture has all been specially made. The bathroom is positively opulent.

Die individuell gefertigten Einbaumöbel in den Büroräumen sind in dezentem Weiß gehalten. Opulenz zeigt sich im Bad.

Kamenoostrovski Prospect Office Center

Wohn- und Geschäftshaus am Kamenoostrowski Prospekt

Architect
Sergei Tchoban
nps tchoban voss
Architekten BDA
(Berlin/Hamburg/
Dresden)

Design Team
Phillip Gubkin
Anja Koch
Anja Schroth

Engineers
Printed glass: Fa. Okalux
(Marktheidenfeld)

Façade
Fa. Panorama
(Saint Petersburg)

Lifts
ThyssenKrupp, Stuttgart

Client
Langensiepen & CO.
(Saint Petersburg)

Planning
2004

Completion
2006

This project, located on Kamenoostrokovski Prospekt in the famous and architecturally important Petrogradskaya Storona district of St Petersburg, is an expanded conversion of a 1965 four-storey steel-framed factory. It forms part of a much older industrial and commercial site dating from the early days of the city. In his design for the new business and residential building, local-born architect Sergei Tchoban deliberately draws on the architecture of the district during the late 19th and early 20th centuries, using modern technology and materials to reflect the genius loci. The façades, while not using traditional design elements, are inspired by the aesthetics of early St Petersburg. The matt glass elements up to four metres high between the windows are ornamented with amphorae, columns and garlands in warm sepia tones which combine harmoniously with more muted rustic plaster and band courses. The building's two four-storey long sides have perforated glazed façades, while those on the short sides are partially open and made from stone.

В проекте преобразования 4-этажного здания бывшей фабрики «Знамя труда» на Петроградской стороне в Санкт-Петербурге архитектор Сергей Чобан использовал архитектурный образ конца 19-го начала 20-го века этого городского района и отразил Genius Loci в современных материалах и технологиях. Достигающии в высоту 4 м стеклянные элементы облицовки главных фасадов выполнены в теплых тонах сепии и украшены мотивами атлантов, амфор и гирлянд. Торцевые фасады облицованы натуральным камнем. Новое и старое здание соединены между собой крытыми переходами.

In dem renommierten und städtebaulich bedeutenden Sankt Petersburger Quartier Petrogradskaja Storona befindet sich am Kamenoostrowski Prospekt die viergeschossige Stahlkonstruktion des ehemaligen Fabrikgebäudes *Snamja Truda* aus dem Jahr 1965, die Teil eines gründerzeitlich geprägten Industrie- und Gewerbeensembles ist. In seinem Entwurf für den Aus- und Umbau des entkernten Gebäudes in ein Geschäfts- und Wohnhaus knüpft der in Sankt Petersburg geborene Architekt Sergej Tchoban bewusst an die architektonische Prägung des Stadtbezirks vom Ende des 19., Anfang des 20. Jahrhunderts an und reflektiert mit modernen Technologien und Materialien den Genius Loci. Bei der Fassadengestaltung bezieht er sich auf die Ästhetik der Gründerzeit, ohne dabei auf traditionelle Gestaltungselemente zurückzugreifen. Die bis zu vier Meter hohen, matten Glaselemente zwischen den Fenstern sind in warmen Sepia-Farbtönen mit Amphoren-, Säulen- und Girlandenmotiven verziert. Sie ergeben im Zusammenspiel mit ruhigeren Bossenputz- und Gesimsbandelementen eine stimmige Gesamtkomposition. Die beiden viergeschossigen Längsseiten des Gebäudes sind als verglaste Lochfassade gestaltet, die kurzen Seiten haben sparsam partiell geöffnete Natursteinfassaden. Zwischen der Süd-West-Fassade und dem angrenzenden Gründerzeitbau verbinden Brücken die beiden benachbarten Gebäude funktional. Durch die architektonisch anspruchsvolle Neugestaltung des Gebäudeensembles ist ein zeitgenössisches Bauwerk entstanden, das seine Modernität nicht versteckt und dennoch den gestalterischen Prinzipien einer vergangenen – aber immer noch sehr präsenten – Baukultur Respekt erweist.

The reliefs and other ornamentation on the façade use motifs from the early days of the city, recalling the building's previous history.

Durch die Fassadenverzierung mit Ornamenten und Reliefmotiven aus dem Formenfundus der Gründerzeit wird die frühere Architektur des Gebäudes »reflektiert«.

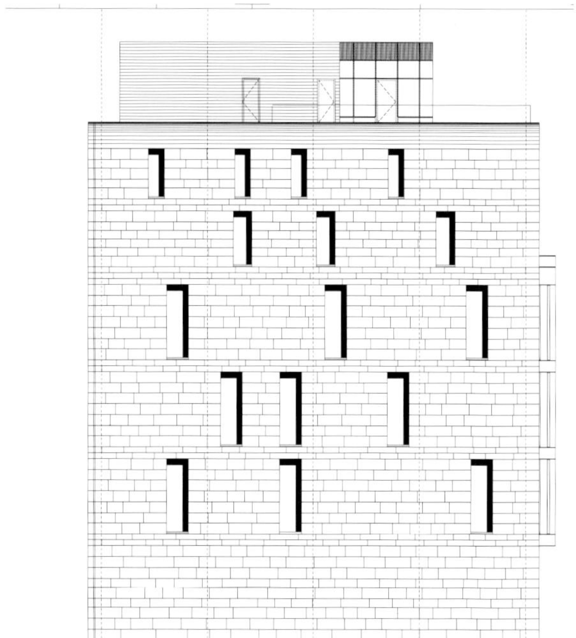

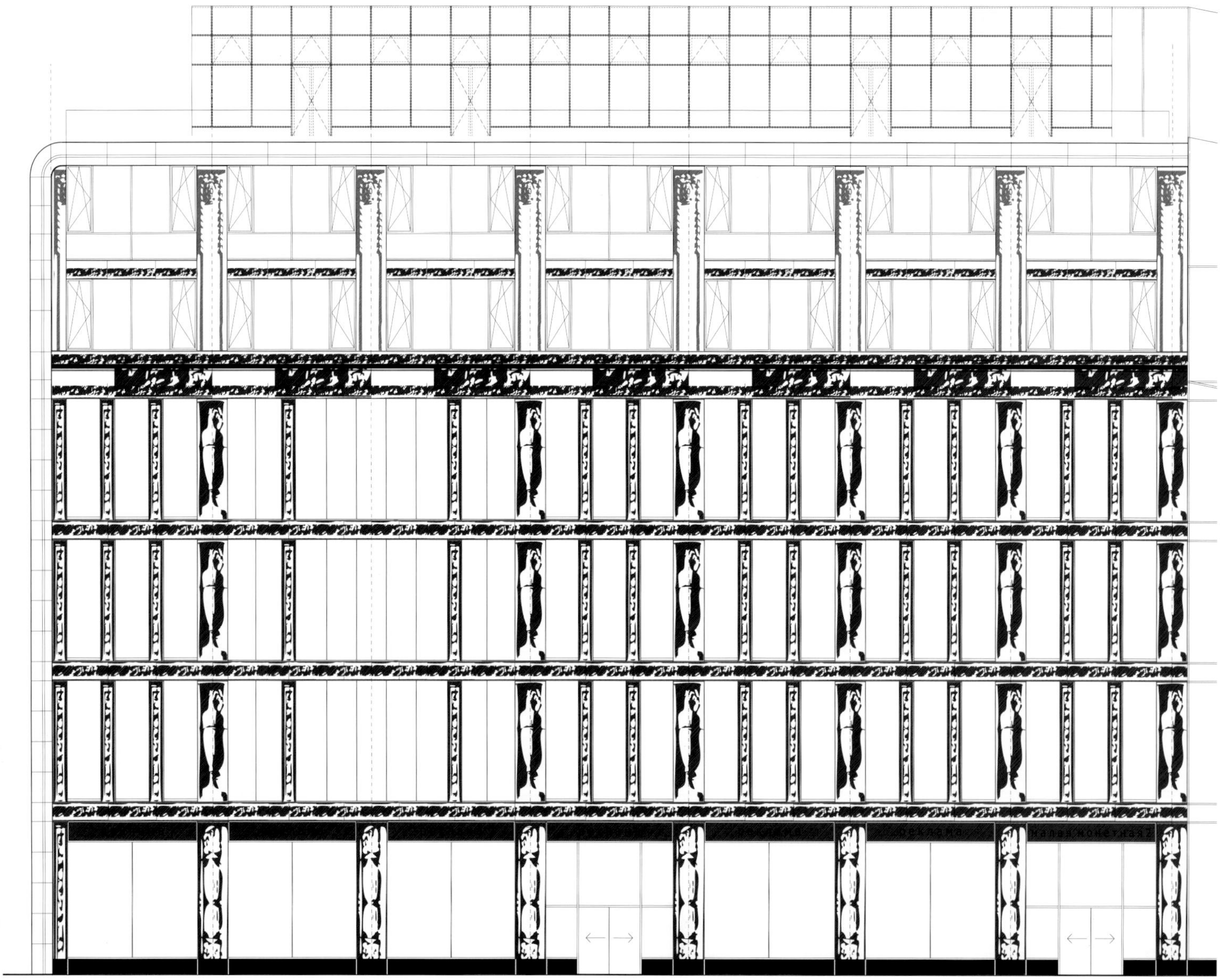

The stone northeast façade continues into the roof area in a ninety-degree curve.
Die steinerne Nord-Ost-Fassade setzt sich in einem 90-Grad-Bogen in der Dachfläche fort.

Five Seas Business Center
Geschäftszentrum *Fünf Meere*

Architect
Sergei Tchoban
nps tchoban voss
Architekten BDA
(Berlin/Hamburg/
Dresden)

Vladimir Zehomsky
(Rostov)

Client
000 Stroitel-M

Planning
2005

Over the past 15 years, Russia's most southerly large city, Rostov-on-Don, has become a highly important transshipment port for Russia's foreign trade, and one of the country's fastest-growing regional centers. Its harbour is an important point of departure for ships traversing five seas. The Five Seas Business Center is currently being built for the local construction company Stroitel-M. It is located on a 7,600-square-metre riverside site on Bolshaya Sadovaya, the main street which begins on the Voroshilov Bridge and runs through the entire city center. The location had a major influence on the design of the complex, for two reasons. Firstly, the building is a clear reference to the site's position at the gates of the city, and secondly it marks the transition from city to riverside and therefore creates a two-way relationship with the water. Reflecting these features of landscape and architecture, the buildings are a slightly asymmetrical lens shape with a smooth concave side facing towards the river. The slightly recessed glass gallery on the ground floor separates the office building from the stone-clad base, which retreats step-like into the landscape. The finished building will have 23,000 square metres of rental space on nine floors. The panoramic windows of the roof restaurant offer an exciting view of comings and goings on the Don, on whose banks the new Rostov is clearly experiencing an economic upturn.

Особенностями облика этого бизнес-центра на берегу Дона являются его слегка асимметричная форма, напоминающяя ракушку, двухярусный подиум, переходящий в ландшафт и центральный атриум, обеспечивающий помещения в глубине здания дневным светом и открывающий живописный вид на реку.

Die südlichste russische Millionenstadt Rostow-am-Don hat in den vergangenen 15 Jahren als Warenumschlagplatz für den russischen Außenhandel stark an Bedeutung gewonnen und zählt heute zu den aufstrebenden Regionalzentren Russlands. Der Rostower Hafen ist ein wichtiger Transportknotenpunkt für Schiffe, die über fünf Meere fahren. Auf einem 7.600 Quadratmeter großen Ufergrundstück direkt an der zentralen Hauptachse Bolschaja Sadowaja, die an der Woroschilow-Brücke beginnt und durch das gesamte Stadtzentrum führt, entsteht derzeit im Auftrag des lokalen Bauunternehmens Stroitel-M das Geschäftszentrum *Fünf Meere*. Die in zweifacher Hinsicht bedeutende Lage hatte einen wesentlichen Einfluss auf die Entwurfsgestaltung des Neubaukomplexes. Einerseits soll das moderne Bauwerk städtebaulich deutlich die Eingangssituation an den Toren der Stadt definieren, andererseits markiert es den Übergang der Stadt zur Uferlandschaft und soll als eigenständiges Objekt eine wechselseitige Beziehung zum Wasser herstellen. Unter Berücksichtigung dieser landschaftlichen und städtebaulichen Gegebenheiten entstand die leicht asymmetrische Linsenform des Gebäudes mit einer glatten, zur Wasserseite konkaven Fassade. Die leicht zurückgesetzte gläserne Galerie des Erdgeschosses trennt das Bürohaus von dem natursteinverkleideten Sockel, der sich stufenartig in die Landschaft einfügt. Auf neun Etagen werden etwa 23.000 Quadratmeter Mietfläche entstehen. Aus den Panoramafenstern des Dachrestaurants bietet sich dann ein faszinierender Blick auf den »geschäftigen« Don, an dessen Ufer das neue Rostow seinen wirtschaftlichen Aufschwung eindrucksvoll demonstriert.

The conch-like office building seems to flow from the Don to the riverside promenade 20 metres above.

In seiner Form erinnert das Bürogebäude an eine Muschel, die vom Don auf die 20 Meter höher gelegene Uferpromenade gespült wurde.

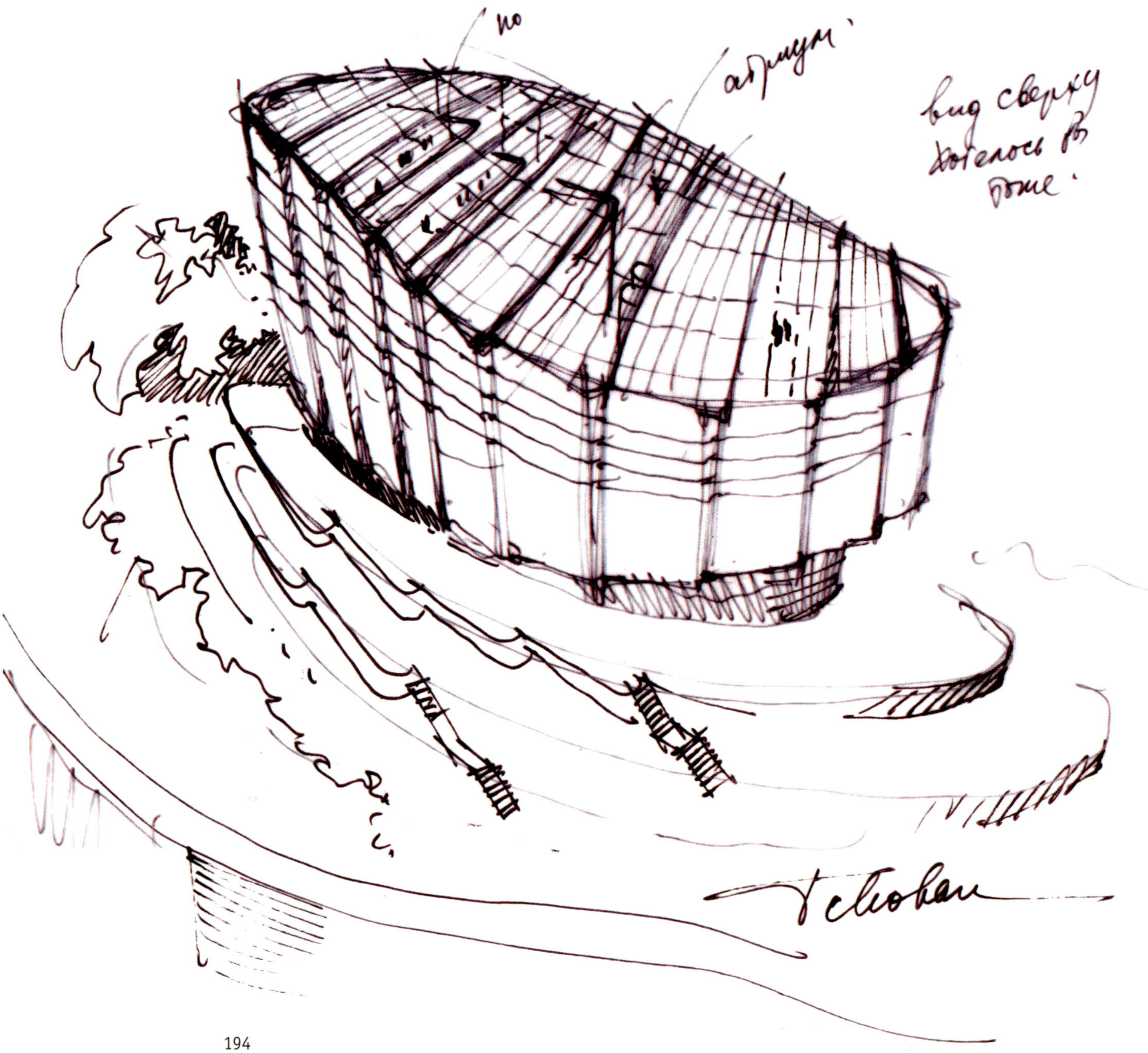

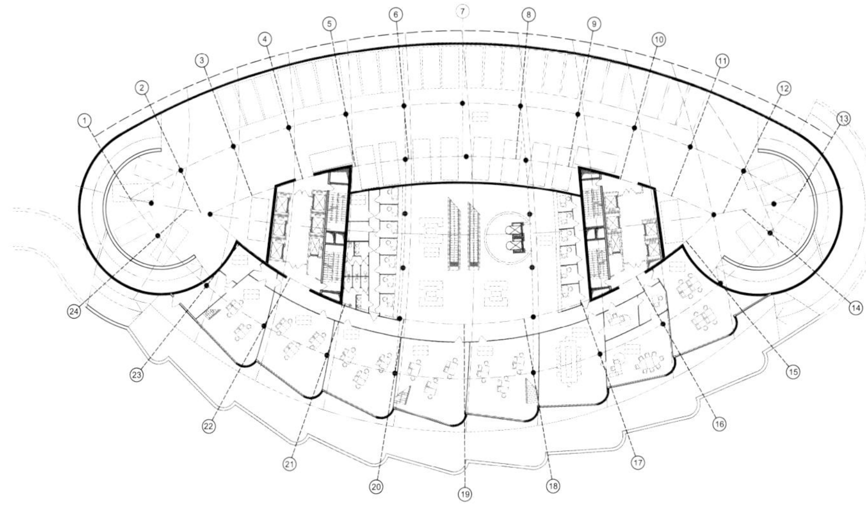

Reflecting the site's location between the city and the river, the lens-shaped building is flat and smooth on the city side, and concave and wave-shaped on the other.

Unter Berücksichtigung der Grundstückslage entstand die Linsenform des Gebäudes mit einer zur Stadtseite flachen, glatten und zur Wasserseite konkaven, wellenförmigen Fassade.

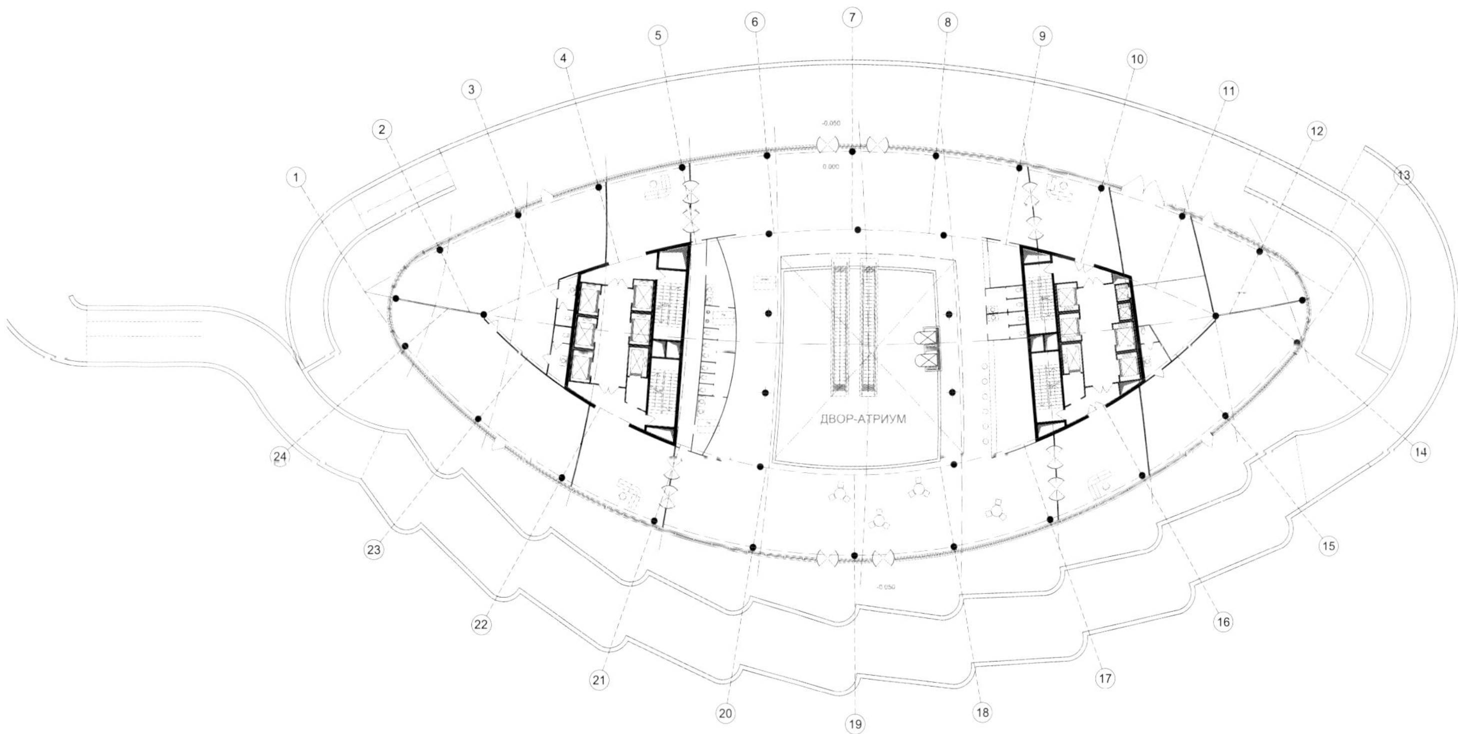

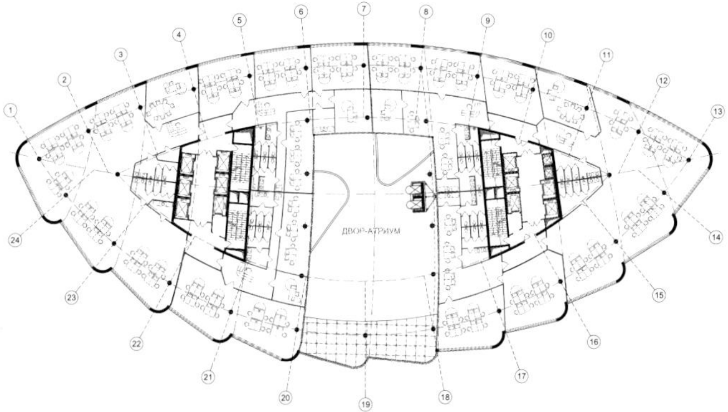

Palace of Wedding Moscow City
Palace of Wedding Moscow City

Architect
K+P Architekten und Stadtplaner GmbH (Munich)

Landscape Design
Stefanie Jühling (Munich)

Client
ZAO Capital City Development Ltd. (Moscow)

Planning
2004

This public building, incorporating restaurant, hotel and office space on two lots (2 and 3) totaling 2.5 hectares, was the subject of a 2004 competition organized by Moscow-based property and project development group Capital City Development. The planning specifications placed a strong emphasis on maximizing the building's profitability while creating an attractive environment. The design consists of two slender glass skyscrapers set close together with three linking structures between them. The interior and exterior landscaping forms an important part of the architecture, with three differently styled gardens contrasting with the more formal structure of the building itself. The "hanging" garden between the two towers provides rest and relaxation for hotel guests and office workers, the beer garden in the courtyard is intended to lure people in from the outside, and the palm garden provides an attractive setting for wedding receptions. Couples can tie the knot high above the city, on the top floors of the taller skyscraper. If they spend their wedding night in the luxury Wedding Palace hotel, a laser display of two wedding rings is projected into the night sky, broadcasting their happiness to the whole of Moscow.

Новый дворец бракосочетаний на территории «Москва-Сити» представляет собой 48-этажную спиралеобразно закрученную башню, в которой размещены банкетные залы и рестораны, гостиничный комплекс и офисные помещения. Сквозь прозрачные стеклянные фасады брачующиеся смогут любоваться видом на Москву-реку и Краснопресненскую набережную. Центральную часть ансамбля украшают расположенные на нескольких уровнях висячие сады.

Heiraten ist im neuen Russland ausgesprochen modern und darf ruhig kostspielig sein. Der *Palace of Wedding* in *Moscow City* ist deshalb nicht nur eine kulturelle, sondern auch eine überaus lukrative Bereicherung des Quartiers. Für die Planung des öffentlichen Baus mit Integration von Gastronomie-, Hotel- und Büroflächen auf 2,5 Hektar Grundstücksfläche der Parzellen 2 und 3 führte das Moskauer Immobilien- und Projektentwicklungsunternehmen Capital City Development 2004 einen Realisierungswettbewerb durch. Die Planungsvorgaben zielten klar auf maximale Wirtschaftlichkeit und Attraktivität des Gebäudes. Im Entwurf ist das Bauwerk aus zwei schlanken, gläsernen Hochhausscheiben zusammengesetzt, die dicht nebeneinander stehen und durch drei Übergänge miteinander verbunden sind. Ein wichtiger Teil der Architektur ist die Grüngestaltung in und vor dem Ensemble. Drei verschieden gestaltete Gärten bilden einen spannungsvollen Kontrapunkt zur strengen Baustruktur: Die »hängenden« Gärten zwischen beiden Hochhaustürmen bieten sowohl den Hotelgästen als auch den Büroangestellten Entspannung und Erholung, der Biergarten im Hof soll vor allem ein Anziehungspunkt für Besucher sein und der Palmengarten stellt das perfekte Ambiente für Hochzeitsgesellschaften dar. Sprichwörtlich im Himmel von Moskau, auf den obersten Geschossen des höheren der beiden Wolkenkratzer, können sich Paare das Ja-Wort geben. Wenn sie im Luxushotel des *Palace of Wedding* ihre Hochzeitsnacht verbringen, wird vom Dach eine Lasershow aus zwei Eheringen ans nächtliche Firmament projiziert, die das »teure« junge Glück über ganz Moskau erleuchten lässt.

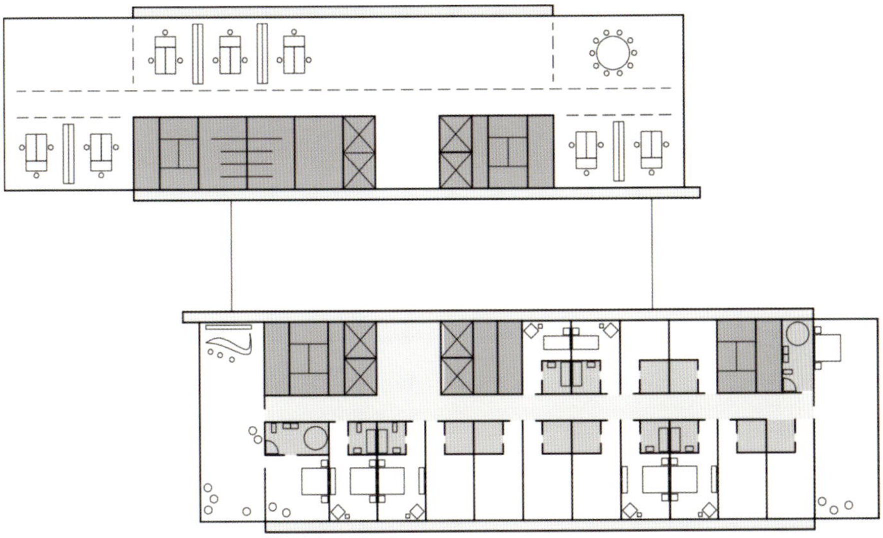

Three large gardens, together with other landscaped areas, create a haven of tranquility in the heart of Moscow.

Drei große Gärten und begrünte Erholungszonen sollen ein maximales Wohlgefühl im Herzen von Moscow City bieten.

Moscow City Hall
Moskauer Regierungsviertel

Architect
Meinhard von Gerkan
(gmp – von Gerkan, Marg und Partner)

with Walter Gebhardt
(Hamburg)

Design Team
Hinrich Müller
Robert Friedrichs
Beate Quaschning
Georg Traun
Svenia Oehmig
Markus Carlsen

Competition Team
Evelyn Pasdzierny
Matthias Ismael
Matthias Meinheit
Niko Rickert

Client
ZAO Capital City
Development Ltd.
(Moscow)

Planning
2001–2002

The city hall is one of Moscow's most expensive and controversial projects. The mayor, reportedly unable to find a suitable investor for this riverside site of more than one hectare, decided to build a "Moscow government district". Both the design by gmp Architekten and the central complex were initially part of a study for the Moscow City development plan. In 2002, the project developer Capital City Development held a public competition for this politically important site, and 147 firms of architects from 19 countries took part. In gmp's design, the city hall is part of an ensemble of high-rise apartments and offices and business and entertainment facilities. A grand flight of steps connects the disk-shaped skyscraper to the river, while the other side gives onto an inner courtyard and the council members' offices, with a circular opening giving a view of the conference area and the central complex behind it. A modified competition entry opened up the entrance building to the Bagration bridge and created a more meandering structure. The international jury had to choose five finalists from 59 projects. At their final meeting in December 2002, they made the near-scandalous decision to award first prize to a project by Moscow architect Mikhail Khazanov that met none of the competition criteria.

Проект центрального здания нового комплекса московской городской администрации, разработанный бюро gmp Architekten, представляет собой высокое строение с центральным круглым отверстием, через которое просматриваются внутренние помещения и расположенный за зданием центральный комплекс. От площади перед главным фасадом в сторону набережной ведет широкая лестница.

Eines der teuersten und umstrittensten Projekte von *Moscow City* ist der Verwaltungskomplex für die Stadtregierung von Moskau. Der Bürgermeister konnte für das Ufergrundstück mit mehr als einem Hektar Gesamtfläche angeblich keinen geeigneten Investor finden und entschied sich für den Bau eines »Moskauer Regierungsviertels«. Der Entwurf von gmp Architekten war zunächst – ebenso wie der Zentralkomplex – Teil einer Studie für das Entwicklungskonzept von *Moscow City*. 2002 schrieb der Projektentwickler Capital City Development für das politisch gewichtige Bauvorhaben einen öffentlichen Realisierungswettbewerb aus, an dem sich 147 Architektengemeinschaften aus 19 Ländern beteiligten. In der gmp-Studie ist das Regierungsgebäude in ein Ensemble aus Wohn- und Bürohochhäusern sowie Flächen für Business und Entertainment eingeordnet. Das scheibenförmige Hochhaus öffnet sich mit einer großzügigen Treppenanlage zum Fluss und begrenzt zur anderen Seite mit den Abgeordnetenbüros einen innen liegenden Platz. Eine kreisrunde Öffnung gibt den Blick auf den Konferenzbereich und den dahinter liegenden Zentralkomplex frei. Im modifizierten Wettbewerbsbeitrag wurde das Eingangsgebäude zur Bagration-Brücke freigestellt und der Baukörper mäandrierend gestaltet. Die internationale Wettbewerbsjury mit 21 Mitgliedern, darunter auch Hans Stimmann, ehemaliger Bausenator von Berlin, hatte aus 59 Projekten zunächst fünf Finalisten zu bestimmen. Auf ihrer abschließenden Sitzung im Dezember 2002 traf sie die fast schon skandalträchtige Entscheidung, den ersten Preis an das Projekt des Moskauer Architekten Michail Chasanow zu vergeben, das keines der Wettbewerbskriterien erfüllte.

One of the key requirements of the design competition for this government building was a "town hall square" forming a central focus of activity and justifying the relocation of mayor Lushkov's headquarters to Moscow City.

Eine zentrale Wettbewerbsaufgabe für die Gestaltung des Regierungsviertels war die Schaffung eines »Rathausplatzes« als Epizentrum städtischer Aktivität, die den Umzug des Stabsquartiers von Luschkow nach Moscow City rechtfertigen soll.

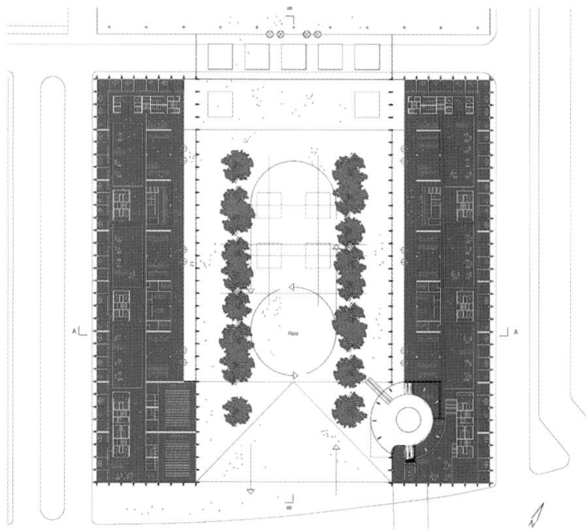

The new home of the city government and parliament forms the entrance portal to Moscow City in gmp's design.

Der neue Sitz von Stadtregierung und Parlament bildet im Entwurf von gmp das »Eingangstor« von Moscow City.

Theatre on the Taganka
Theater an der Taganka

Architect
Willen Associates Architekten (Wiesbaden)

Engineers
IB-ZAMMIT (Moscow)

Client
ROSE GROUP (Moscow)

Planning
2005

Completion
2008

The theatre on Taganka Square opened in 1964 and is one of the most popular theatres in Moscow. Until the 1970s it was renowned well beyond the country's borders for its socially critical dramas; today, as one of the city's most popular theatres and with a loyal audience, it still seeks to maintain this innovative reputation. More than forty years after it was founded, the theatre needed urgent modernization. The design competition was organized by Moscow property company ROSE GROUP, which wanted to revitalize the theatre and transform it into a multipurpose arts and leisure center. Three rounded glass structures linked by two passageways will be erected behind the theatre; their ground floors ringed by cafes, restaurants, galleries, studios, bookshops and fashion boutiques, and will be used as "arts courtyards" for open-air events. The buildings are arranged to make the complex as bright, open and transparent as possible. The gold-painted organic form of the theatre is cleverly enclosed within the glass cube, surrounded by a system of balconies and ramps. This new shell has given a futuristic facelift to a traditional place of entertainment, and one which could eventually extend to an equally radical modernization of the theatre's core.

Комплекс на Таганке включает в себя 9-этажные здания, объединенные светлыми просторными дворами, откуда открывается живописный вид на округу. В комплексе расположены кафе, бары, рестораны, галереи, мастерские, книжные магазины и бутики, а так же новый театр. Фасад театра полностью остеклен и скрывает в себе центральное позолоченое ядро со сценой. Интерьер театра украшает тяжелый бархатный занавес ультрамаринового цвета.

Das 1964 auf dem Taganka-Platz in Moskau eröffnete Schauspiel- und Komödienhaus *Theater an der Taganka* gehört zu den beliebtesten Theaterhäusern der Hauptstadt. Bis in die Siebzigerjahre machte es sich mit gesellschaftskritischen Inszenierungen über die Grenzen Russlands hinaus einen Namen. Heute ist es eine solide Spielstätte mit treuem Publikum, die bestrebt ist, ihrem innovativen Ruf der Anfangsjahre gerecht zu werden. Das Haus bedarf allerdings mehr als 40 Jahre nach seiner Gründung dringend einer Modernisierung. Der Entwurf für den Umbau entstand im Rahmen eines Gutachterwettbewerbs, der vom Moskauer Immobilienunternehmen ROSE GROUP in Auftrag gegebenen wurde. Er sieht eine Revitalisierung des Theaters in ein multifunktionales Kultur- und Freizeitzentrum vor. Hinter dem Theatergebäude sollen drei abgerundete und verglaste Baukörper entstehen, die durch zwei Gebäudeachsen miteinander verbunden sind. Sie bilden – im Erdgeschoss von Cafés, Restaurants, Galerien, Ateliers, Buchhandlungen und Modeboutiquen umrahmt – »Kulturhöfe« mit Frei- und Aktionsflächen für Open-Air-Veranstaltungen. Die Ausrichtung der Gebäudekörper erlaubt ein Maximum an Blickfreiheit und Lichteinfall, was dem Ensemble eine große Offenheit verleiht. In den gläsernen Kubus ist – umschlossen von einem Balkon- und Rampensystem – der organische Theaterkörper eingefügt. Seine mit einem goldfarbenen Anstrich versehene Form ist optimal in den Glaskubus eingepasst. Die neue Hülle des Taganka-Theaters verleiht der traditionellen Spielstätte ein futuristisches Erscheinungsbild, das sich zukünftig auf eine ebenso radikale Erneuerung im »Kern« auswirken könnte.

The luxuriant vegetation in the courtyards and on the flat roofs underlines the role of this modern arts and leisure center as a place of relaxation.

Durch die üppige Bepflanzung der Höfe und Flachdächer wird der Erholungscharakter des modernen Kultur- und Freizeitzentrums unterstrichen.

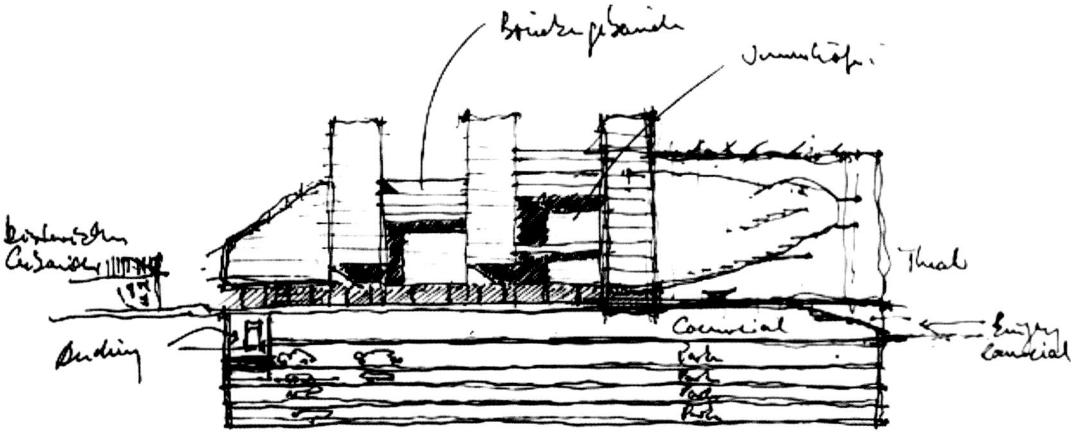

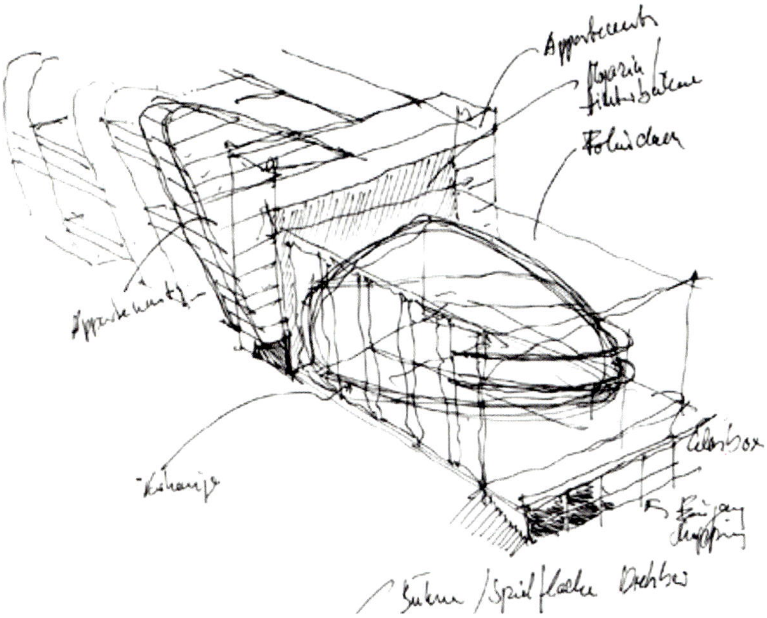

The organic form of the theatre is enclosed within the square transparent outer skin of the front building, its gold paint glinting through the glass cube and acting as a magnet for the public.

In die viereckige, transparente Außenhaut des Frontgebäudes ist der organische Theaterkörper eingefügt. Mit seiner goldfarbenen Oberfläche leuchtet er durch den Glaskubus nach außen und entfaltet seine Wirkung als »Publikumsmagnet«.

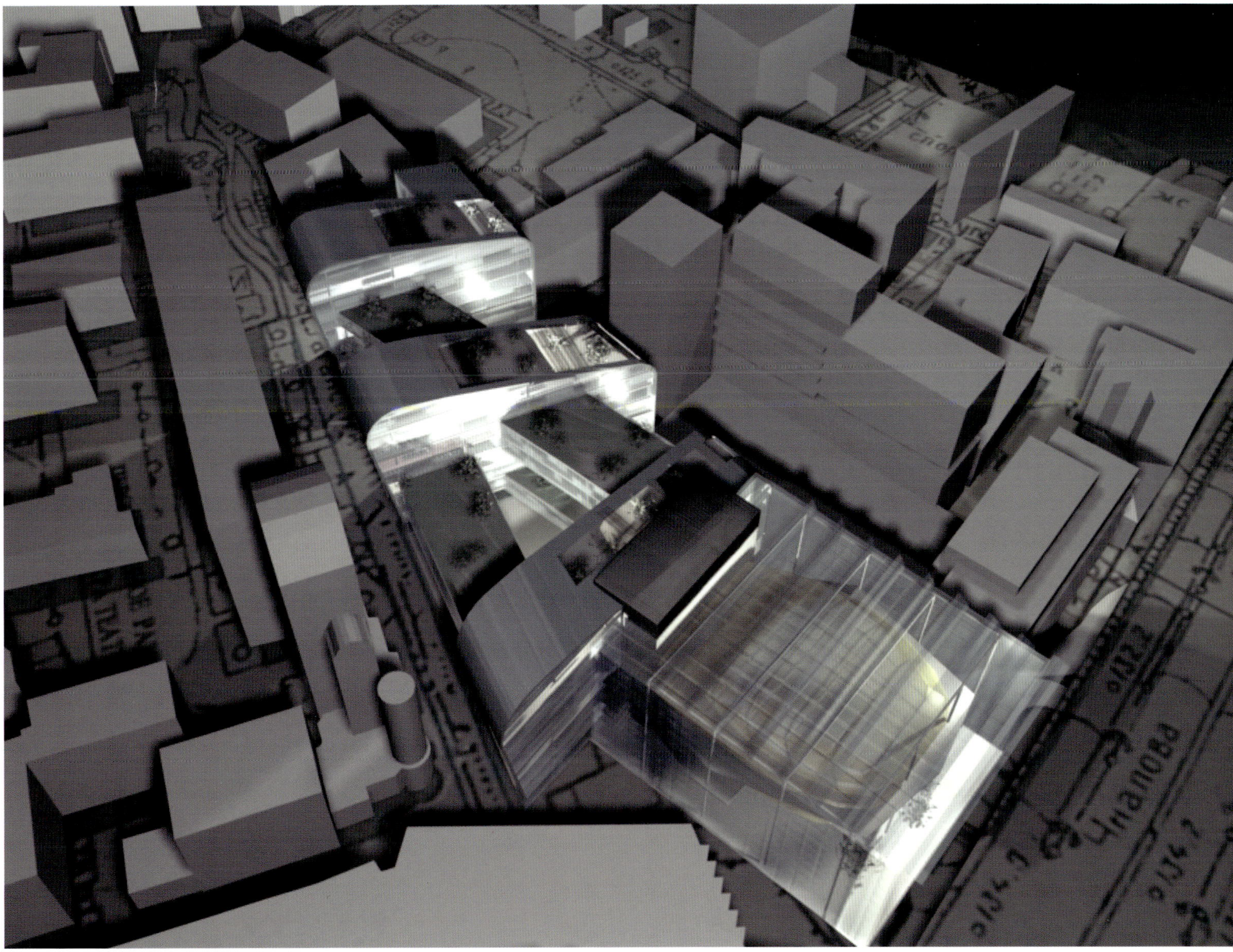

The "arts courtyards" between the nine-storey buildings behind the theatre form the entrances to loft-style living and working spaces above.

Die »Kulturhöfe« zwischen den neungeschossigen Baukörpern hinter dem Theatergebäude bilden die Eingangsbereiche zu den darüber liegenden Loftliving- und Loftworking-Geschossen.

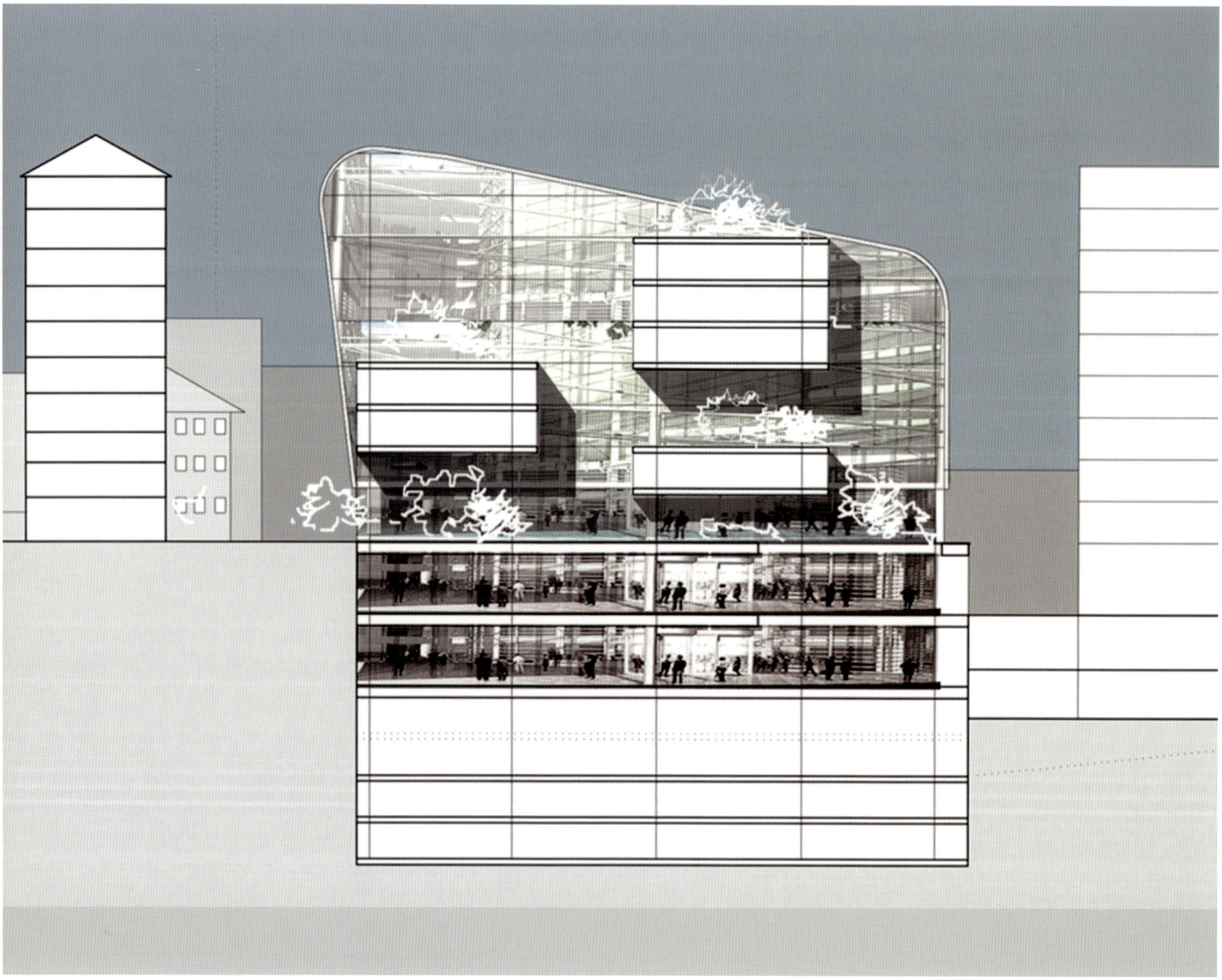

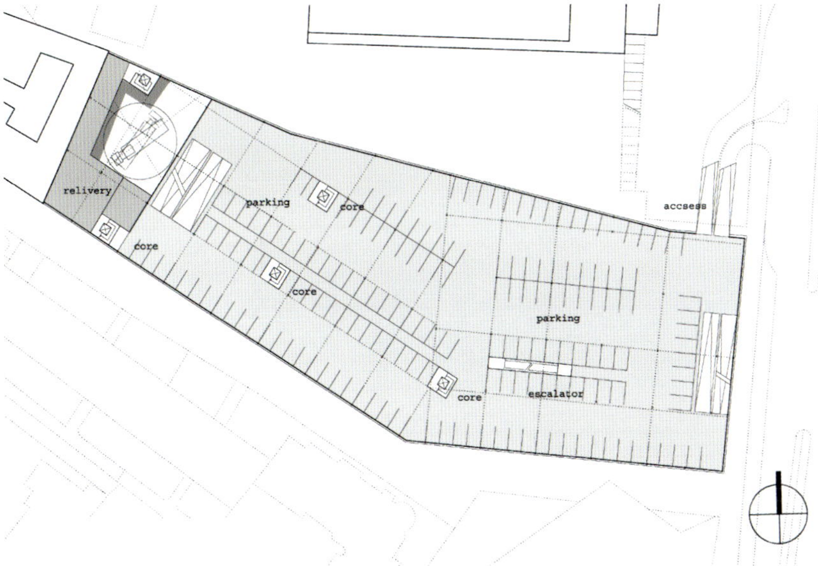

The innovative design for the theatre's renovation reflects its radical past, when director Yuri Lyubimov revolutionized the Moscow theatre world.

Das innovative Konzept für den Umbau des Taganka-Theaters knüpft an die radikalen Bestrebungen aus der Zeit der Theatergründung an, als der Regisseur Juri Ljubimow nach neuen Wegen in der Moskauer Theaterlandschaft suchte.

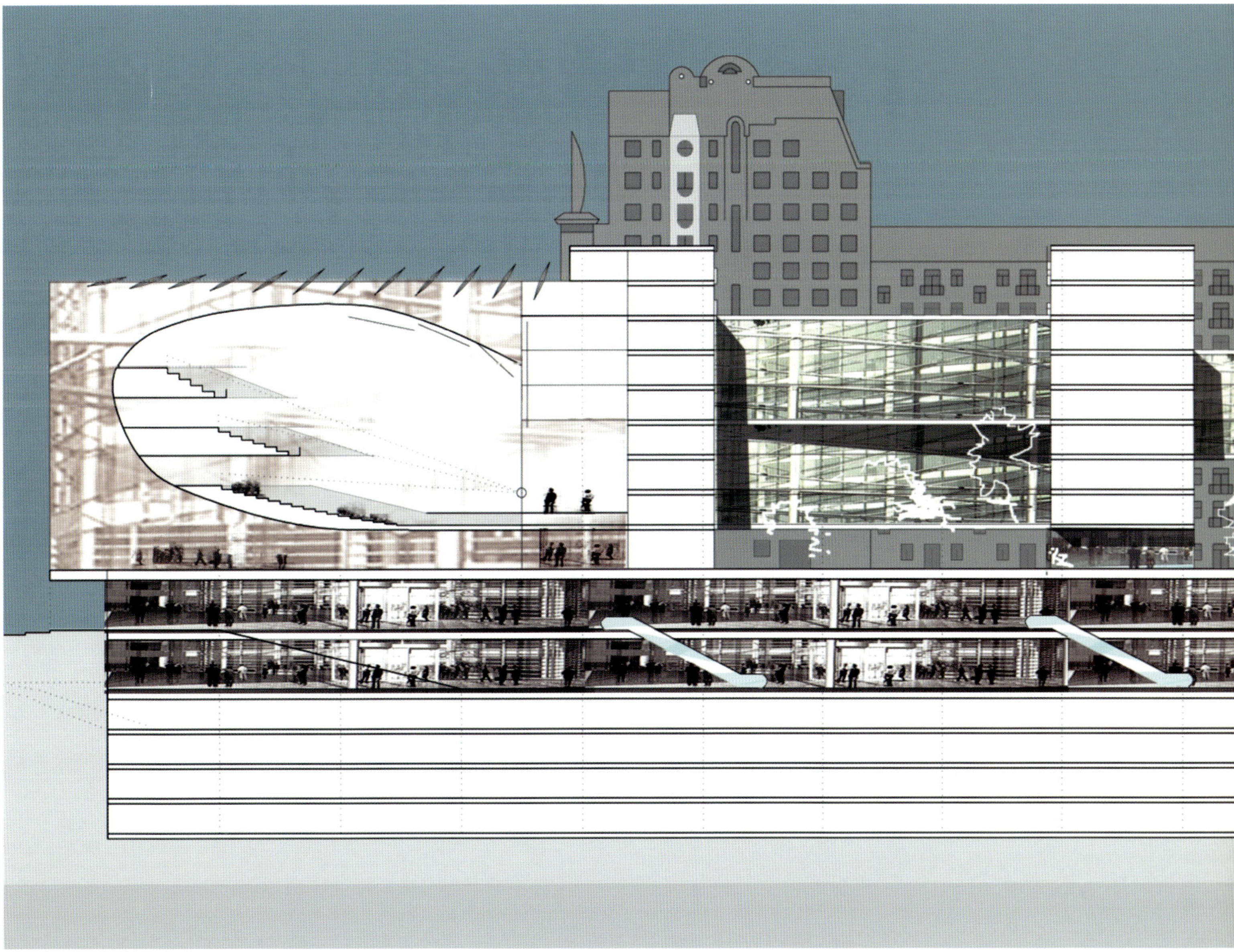

Salle de Spèctacle in the French Embassy
Konferenz- und Kulturzentrum in der Französischen Botschaft

Architect
Meuser Architekten BDA
(Berlin)

Design Team
Lena Boyko
Philipp Meuser
Martin Spielau

Engineers
Acoustic Design Ahnert
(Berlin)

Client
Ambassade de France
en Russie

Planning
2005

France's embassy in Moscow is located on Bolshaya Yakimanka street near October Square, which is still home to a larger-than-lifesize statue of Lenin. The austere-looking embassy and the statue have been neighbours for more than three decades; the building was constructed in the 1970s. Partly as a result of the radical changes in Russia since 1989, it has acquired a growing number of additional functions on a piecemeal basis, and therefore required internal reconstruction; for example an unused cinema in the basement needed to be rehabilitated as a multipurpose, high-tech meeting room which could also house an emergency switchboard. The proposals for the redesign were presented in the form of a study. This recommended the complete removal of the old structures, the incorporation of state-of-the-art media technology, and the creation of a very different atmosphere. The dominant colours are warm, intimate reds and eggplants. The use of colourful, flexible seating in the form of Little Tulip chairs, a design classic by Paulin, gives the auditorium a cheerful, playful feel. The space can be used for film screenings, conferences or gala evenings, while its advanced technology and adaptable, self-contained layout mean that it can also be used as an overspill for administrative functions.

В данном проекте преобразования бывшего кинозала, расположенного в подвальном этаже здания французского посольства на улице Якиманка в Москве, в современное мультифункциональное помещение были использованы теплые цвета, разноцветные кресла «Little Tulip» от Paulin, создающие приятную праздничную атмосферу, а также современное техническое и аккустическое оборудование.

Die Botschaft der Republik Frankreich in Moskau befindet sich in der Straße Bolschaja Jakimanka in der Nähe des Oktoberplatzes, von dem nach wie vor eine übermannshohe Leninstatue grüßt. Beide, der steinerne Lenin und der eher schmucklose Botschaftsbau, kennen sich schon mehr als drei Jahrzehnte. Denn das Gebäude entstand in den Siebzigerjahren und war ursprünglich für einen Standort in Afrika geplant. Nicht allein die an Notlösungen erinnernde Geschichte des Hauses, sondern auch die Umbrüche seit 1989 haben dazu geführt, dass sich der betagte Bau immer wieder neuen Funktionen und Aufgaben gewachsen zeigen muss und zu diesem Zweck auch interne Restrukturierungen und Umbauten vonnöten sind. So galt es hier, einen ungenutzten Kinosaal im Untergeschoss als multifunktionalen, modern ausgestatteten Veranstaltungsraum zu rehabilitieren, der in Ausnahmefällen sogar als Schaltzentrale des Krisenstabs genutzt werden kann. Die Vorschläge für die Neugestaltung wurden in Form einer Studie präsentiert. Sie sehen nicht nur die vollständige Entfernung der alten Strukturen sowie die medientechnische Aufrüstung nach neuesten Standards vor, sondern nehmen auch eine atmosphärische Neudefinition vor. Vorherrschende Farben sind Rot und Aubergine – Töne, die eine warme, intime Stimmung vermitteln. Die bunte, flexible Bestuhlung mit dem Designklassiker *Little Tulip* von Paulin verleiht dem Auditorium eine leichte, spielerische Anmutung. Hier können Filmvorstellungen, Konferenzen oder Gala-Abende stattfinden. Dank seiner technischen Ausstattung, der variablen Bespielbarkeit und einer konzentrierten, abgeschlossenen Raumsituation eignet sich der Saal auch als Erweiterungsfläche für administrative Funktionen.

This flexible room can be used for banquets, conferences and even as a cinema.
Kino, Konferenzen oder Gala-Abende – der Saal ist flexibel bespielbar.

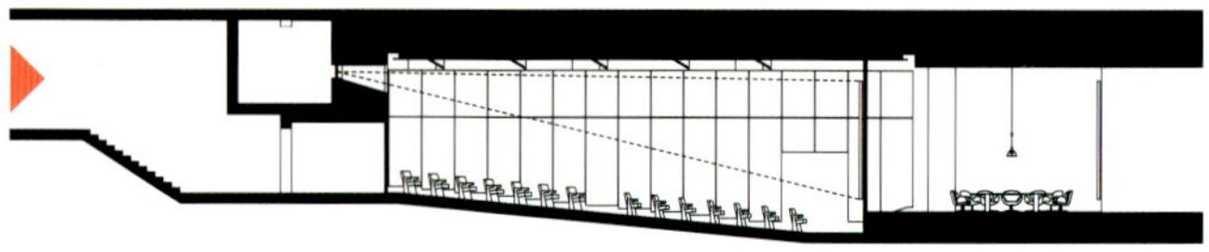

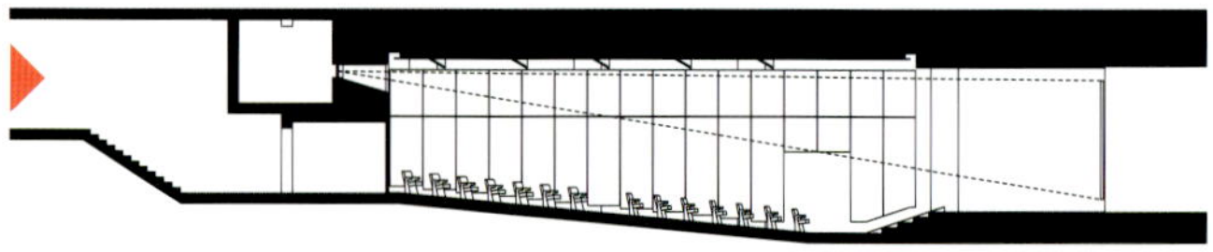

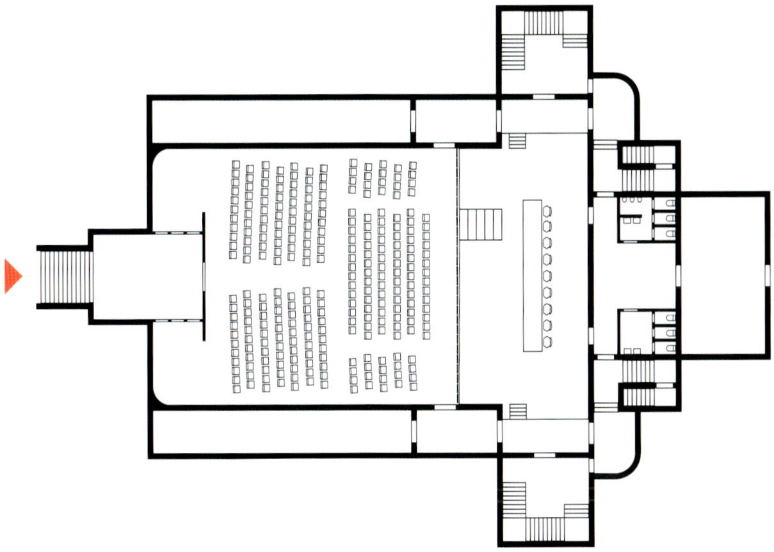

The Little Tulip chairs are a design classic.

Für die Bestuhlung wurde der Designklassiker Little Tulip gewählt.

Vadim Sadaroshny Technology Museum
Technikmuseum Wadim Sadaroschni in Moskau

Architect
Koschany + Zimmer Architekten KZA (Essen)

Design Team
Mathias Kampmann
Achim Bassa
Elena Bünte

Engineers
emig-vs Ingenieurgesellschaft für Verkehrs- und Stadtplanung mbH (Dortmund)

Client
Russian Guild of Antiquaries

Planning
2006

Completion
2009

Russians have a particular passion for antiquities, and during the economic privations and mass culture of the Soviet era, collecting them was a sign of individuality and independence. Until recently, owning a collection of vintage cars was the preserve of a politically favoured minority, but this expensive hobby is now common among the wealthy upper classes, of which Vadim Sadaroshny is a member. In 2001, as the president of the Russian Guild of Antiquaries, he founded the Automobile Club of Cabriolets and Roadsters. In the spring of 2008, he commissioned a museum of technology for his collection, next to the Archangelskoye palace in a forest to the west of Moscow. The complex will also include a four-star hotel, restaurants, a conference center, and a large sports and leisure facility. It was designed by a firm of German architects, whose brief was to exploit the synergies between the different units while allowing each one to operate independently. They are linked by a U-shaped "folded" roof which creates height and space where required and recedes where additional units are slotted into the structure.

Музей техники Вадима Задорожного, президента «Русской гильдии антикваров» и «Автомобильного клуба кабриолетов и родстеров», – это один из первых частных музейных комплексов, обладающий выдающейся коллекцией старинных автомобилей, авиационной, военной техники. Архитектурный ансамбль музея удачно вписан в историческую стилистику заповедного уголка Подмосковья вблизи усадьбы «Архангельское». Кроме выставочного зала в музейный комплекс входят отель, конгрес-центр, спортивно-развлекательные площадки и ресторан.

Die Begeisterung für Antiquitäten ist in Russland eine besondere Leidenschaft. In Zeiten der Mangelwirtschaft und der Massenkultur war das Sammeln alter Dinge ein Zeichen für Individualität und Eigenwille. Eine Oldtimer-Kollektion zu besitzen war bis vor Kurzem jedoch nur wenigen staatsnahen Auserwählten vorbehalten. Heute gehört dieses elitäre Hobby zum gängigen Luxus der russischen Oberschicht, der auch Wadim Sadaroschni angehört. Der Präsident der *Russischen Antiquaren-Gilde* gründete 2001 seinen *Automobil-Klub der Kabrioletts und Roadster* und lässt seit Frühjahr 2008 einen Museumskomplex für seine Sammlerstücke bauen. Das Technikmuseum ist unmittelbar neben dem Gut Archangelskoje westlich von Moskau in einem Waldgebiet gelegen. Neben dem Ausstellungsgebäude wird der Museumskomplex ein Viersternehotel, ein Kongresszentrum, einen großen Sport- und Freizeitbereich sowie Gastronomieangebote umfassen. Die deutschen Architekten erhielten den Auftrag, eine Konzeption für den modernen öffentlichen Bau zu entwickeln. Die Bedingung war, das Zusammenschalten aller großen Funktionsbereiche mit ihren Synergien zu ermöglichen, jede Einheit aber auch separat funktionieren zu lassen. Als äußerer Verbund für die einzelnen Gebäudeteile dient eine u-förmig »gefaltete« Dachlandschaft, die an den erforderlichen Stellen Höhe und Raum schafft und dort zurückweicht, wo ergänzende Bauteile in die Form »eingeklinkt« werden. Die Fassade besteht aus einer vorgehängten Metallhaut, die mit ihrer Transluzenz interessante Ein- und Durchblicke gewährt. Die Architektursprache des Bauwerks erzeugt einen spannenden Gegensatz zwischen zeitgenössischer »Hülle« und historischem »Kern«.

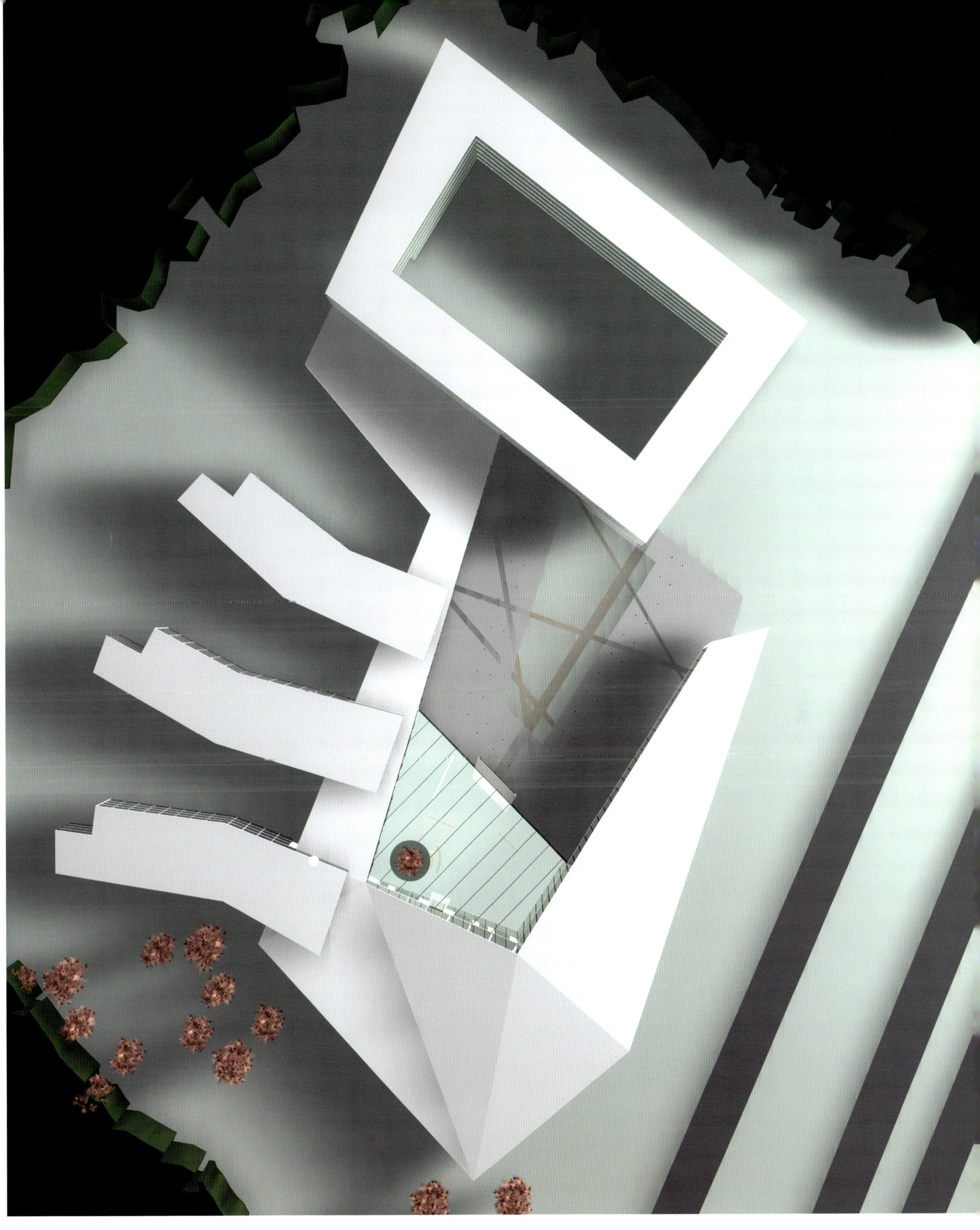

The rooms of the museum seem almost to have been shoved in wherever they will fit beneath the roof. They are full of contrasts, some tall and narrow, others low and wide, depending on their purpose and contents.

Die unter das Dach des Ausstellungsgebäudes »geschobenen« Räume sind dynamisch gestaltet: mal schlank und hoch, mal flach und breit – je nach Nutzung und Inhalt.

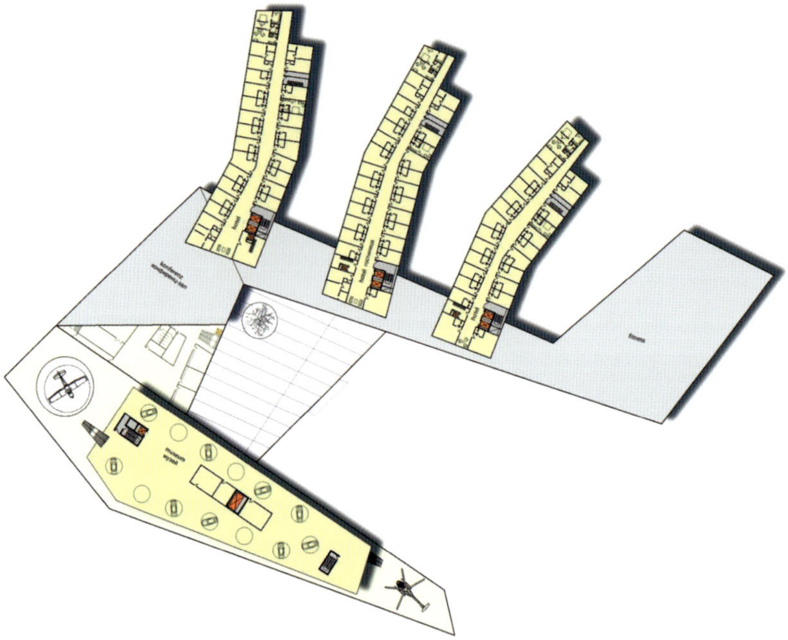

The three buildings set back from the museum house a four-star hotel, a conference facility, and a sports, fitness and leisure center.

An den Museumsbau sind drei zurückgesetzte Gebäudeteile angegliedert, die ein Viersternehotel, ein Kongresszentrum sowie einen Sport-, Freizeit- und Wellnessbereich beherbergen.

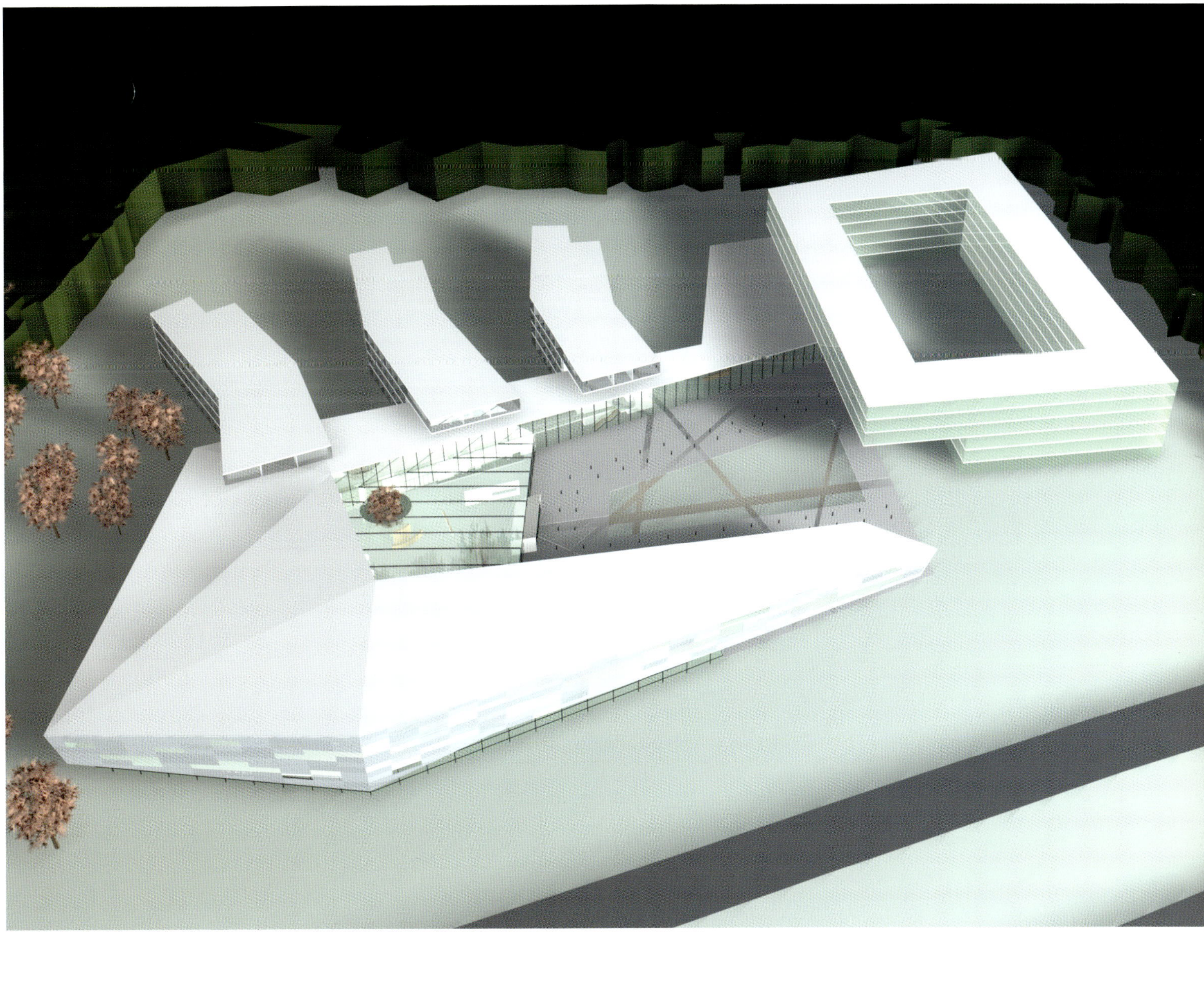

Shopping Center, School and Kindergarten in Moscow
Einkaufszentrum, Schule und Kindergarten in Moskau

Architect
4a Architekten GmbH
(Stuttgart)

Matthias Burkart
Alexander von Salmuth
Ernst Ulrich Tillmanns

Design Team
Dieter Deichsel

Client
KROST Konzern (Moscow)

Planning
2004

This public complex is being planned by the Krost group on the edge of an exclusive residential district in the Prokovskoye Glebogo forest park, near the Villa Alissa and the ELSE-Club fitness center. It includes a shopping center, a school, a multipurpose sports facility and a kindergarten. The design for this five-star project was commissioned from the Stuttgart architectural firm 4a, with the specifications emphasizing that it must be built on a human scale and in harmony with nature. Its forms and composition are inspired by the environment of this site close to the Moskva river, such as the pebbles on the riverbank and the sinuous trails of plants in the water. A central avenue lined with new buildings winds its way through the residential area, just as the river meanders through the landscape. This is intended to serve as a promenade, a route to school and a playground for children, and a meeting place for local people living in the area. It also houses the shopping center, with its spacious atrium and exclusive retail outlets. The school lies at the heart of the district, a spatial symbol of a wholly new approach to learning.

Концепция строительства нового эксклюзивного жилого комплекса на окраине Москвы предусматривает удовлетворение всех потребностей современного индивидуума и его оптимальное внедрение в окружающую среду. Проект, разработанный немецким архитектурным бюро 4a, включает в себя не только жилые здания, но и торговый центр, школу, детский сад, игровые площадки и обширное озеленение. Центральная аллея, подобно руслу реки, проходит через весь комплекс и соединяет между собой отдельные ареалы.

Am Rand des exklusiven Wohnviertels im Prokovskoje-Glebogo-Waldpark, in dem sich das Luxuswohnhaus *Alissa* mit dem Wellnesspark *ELSE-Club* befindet, plant der KROST Konzern den Bau eines öffentlichen Gebäudekomplexes mit einem Einkaufszentrum, einer modernen Schule sowie einer multifunktionalen Sporteinrichtung und einem Kindergarten. Für das Fünf-Sterne-Projekt gab er bei dem Stuttgarter Architekturbüro 4a ein Bebauungskonzept in Auftrag, in dessen Mittelpunkt der Mensch als Individuum mit seinem Bedürfnis nach Einklang mit der Natur stehen soll. Bei der Projektentwicklung ließen sich die deutschen Architekten von der natürlichen Umgebung des Grundstücks inspirieren, das sich in der Nähe der Moskwa befindet. Runde Kieselsteine am Flussufer und Windungen der Pflanzen im Wasser dienten als Vorlagen für die Formen und Kompositionen der Architektur. So natürlich wie sich der Fluss seinen Weg durch die Landschaft bahnt, so führt auch die zentrale Allee durch das Wohngebiet, gesäumt von den neuen Bauten. Sie soll gleichzeitig Promenade, Schulweg und Spielplatz der Kinder sowie ein Treffpunkt für alle im Quartier lebenden Menschen sein. Das Einkaufszentrum mit großzügigem Atrium und exklusiven Verkaufsflächen ist direkt an der Allee gelegen. Die Schule im Zentrum des Wohngebiets soll inhaltlich wie räumlich eine ganz neue Art des Lernens darstellen. Anstelle der sonst üblichen langweiligen, rechteckigen Klassenzimmer sind freie, großzügige Raumformen um eine zentrale Eingangshalle vorgesehen. In der Studie ist es den deutschen Architekten gelungen, ein Stück Identität der natürlichen Landschaft im überbesiedelten Moskau zu bewahren.

This residential complex will adjoin the Alissa luxury skyscraper apartment block and the five-star ELSE fitness center.

Der Wohnkomplex soll unmittelbar an das Luxuswohnhochhaus Alissa mit dem Fünf-Sterne-Wellnesspark ELSE-Club anschließen.

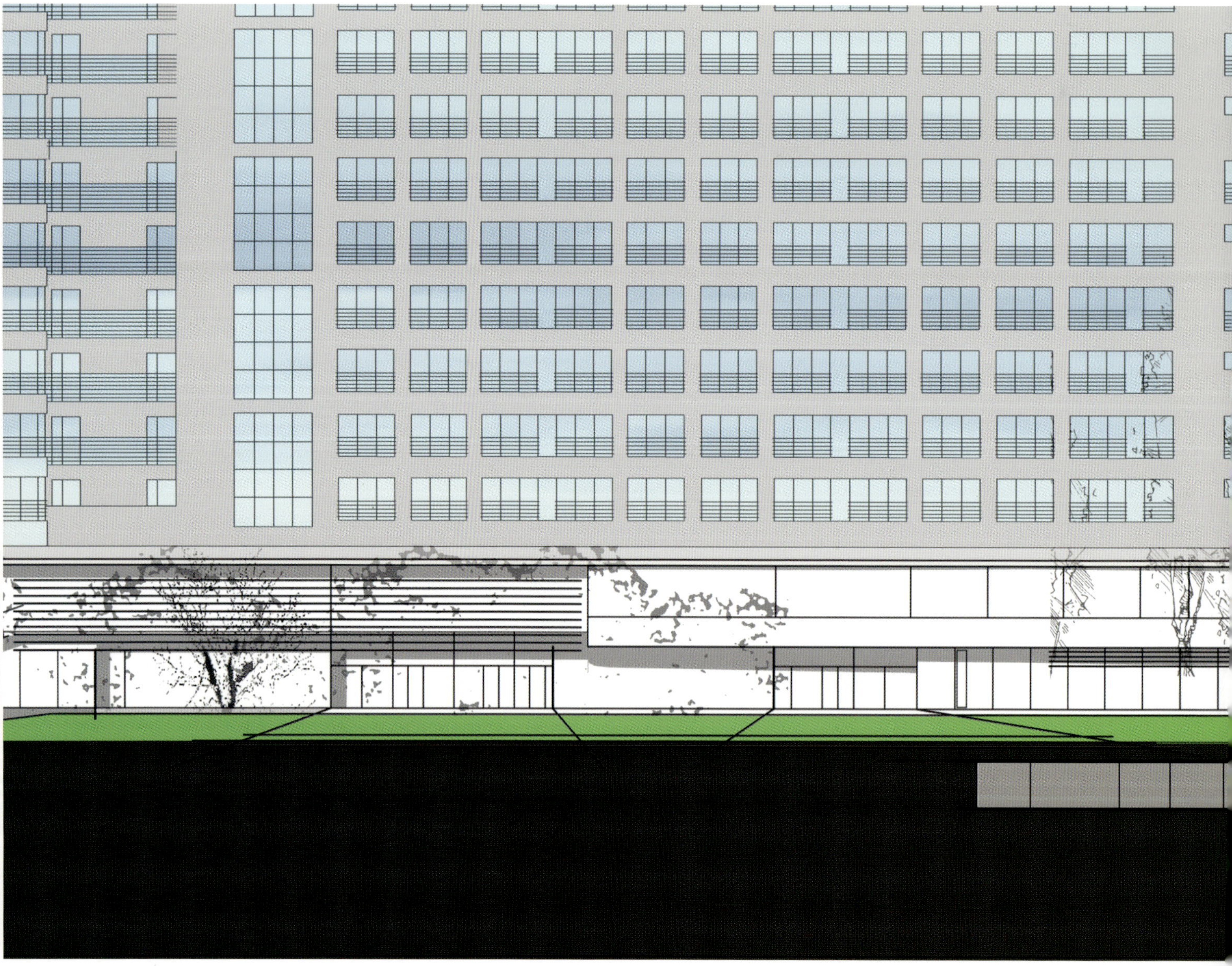

The 7,000-square-metre center comprises exclusive shops grouped around a central atrium and linked by open-plan staircases and panoramic elevators.

Das Einkaufszentrum umfasst eine Fläche von 7.000 Quadratmetern. Um ein zentrales Atrium gruppieren sich exklusive Verkaufsflächen, die durch freitragende Treppen und Panoramalifte untereinander verbunden sind.

School in Cheboksary
Schule in Tscheboksary

Architect
Meuser Architekten BDA (Berlin)

Design Team
Jennifer Tobolla
Fabio Schillaci
Elena Boyko

Client
000 Volgastroi Proektnyi Institut

Planning
2008

Completion
2009–2010

The challenge of this project lies in designing a high-quality school for the client, a local construction company with long experience of industrial prefabrication, with the construction itself being based on the Soviet tradition. The three-storey complex therefore consists of a reinforced concrete skeleton with a non-bearing concrete component façade made up of repeated panels. The use of pilaster strips and structured concrete surfaces to create three-dimensional façades reinterprets the principle of mass-produced apartment blocks and exploits the potential of industrial prefabrication. These details add variety to what would otherwise be plain perforated façades, and the use of reflection and varied panels creates an overall harmony which draws the different floors of the building together visually. The interwoven ring motif continues in the printed areas on the large glass façades. As part of the new "Finnish Meadow" residential area, this will be the first new school to be built in the Federated Republic of Chuvashia for twenty years. The ribbon-shaped complex, with a capacity of some 825 pupils, is located directly on the street with a large forecourt outside the main entrance. This is surrounded by buildings on three sides, and can be used as a playground in good weather.

Здание школы представляет собой сборно-монолитный каркас с самонесущими железо-бетонными панелями. Оформление фасада решено с помощью выступающего орнамента в форме меандра и структурированного бетона. Благодаря зеркальности и поворотам, а также различным вариантам стыковок панелей возникает оптическая игра, которая позволяет обыграть строгое поэтажное деление фасада.

Die Herausforderung dieses Projekts besteht darin, für den Auftraggeber, ein örtliches Bauunternehmen mit langjähriger Erfahrung in der industriellen Vorfertigung, eine gestalterisch anspruchsvolle Schule zu entwerfen, die in ihrer technischen Umsetzung an die sowjetische Tradition anknüpft. Bei dem dreigeschossigen Gebäudekomplex handelt es sich daher um einen Stahlbetonskelettbau mit vorgehängter Betonfertigteilfassade, die sich aus repetitiven Paneelen zusammensetzt. Mit der durch Lisenen und strukturierte Betonflächen plastisch gegliederten Fassade wird zum einen das Prinzip der seriell hergestellten Plattenbauten neu interpretiert, zum anderen werden die Potenziale der industriellen Vorfertigung genutzt. Im Detail entfaltet sich die differenziert gestaltete Erscheinungsform der zugleich streng erscheinenden Lochfassade. Durch Spiegelung und Variationen der Paneele ist zudem eine übergeordnete Fassadenordnung entstanden, die die Geschosse optisch ineinander greifen lässt. Zusätzlich setzt sich das Motiv der ineinander verschlungenen Ringe in Form von bedruckten Flächen auf den großflächigen Glasfassaden fort. Im Kontext des neu entstehenden Wohngebiets *Finnische Aue* wird mit diesem Entwurf in der Föderationsrepublik Tschuwaschien nach 20 Jahren der erste Neubau eines Schulgebäudes realisiert. Der für etwa 825 Schüler konzipierte, bandartig geformte Gebäudekomplex ist direkt an der Straße positioniert und bildet vor seinem Haupteingang einen großen Vorplatz aus. Dieser wird dreiseitig von Gebäudeteilen umschlossen und kann bei entsprechender Witterung als Erweiterung des Innenraums von den Schülern als Pausen- und Freizeitfläche genutzt werden.

The design exploits the advantages of industrial prefabrication, while offering a modern interpretation of this mode of construction.

Der Entwurf nutzt die Vorteile industrieller Vorfertigung und bietet zugleich eine gelungene Neuinterpretation.

The strict, classical perforated façade varies in the details.

Die klassisch streng gegliederte Lochfassade zeigt im Detail Differenzierungen.

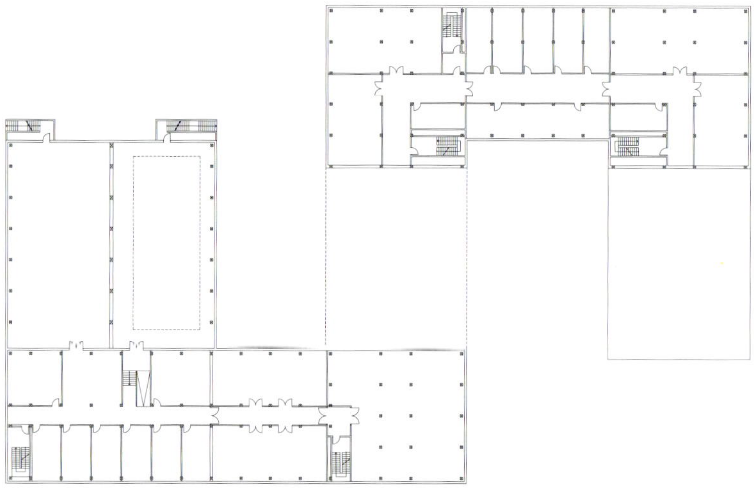

Basement floor

Kellergeschoss

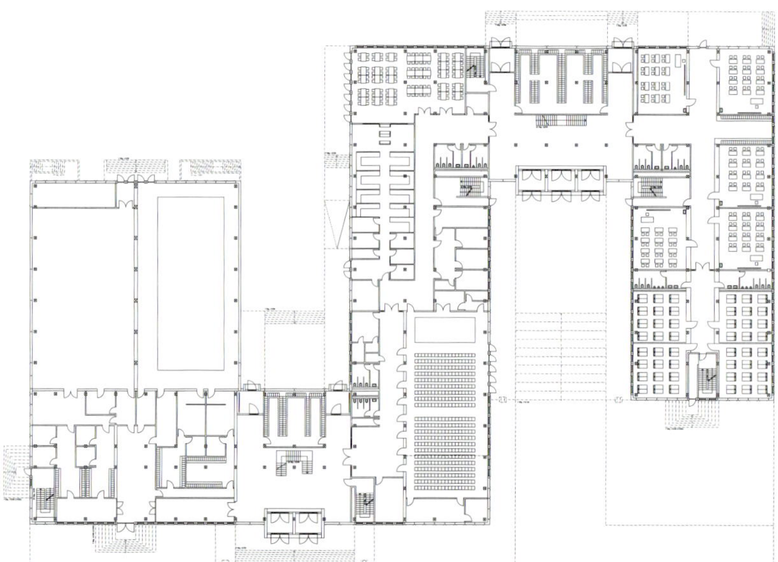

Ground floor

Erdgeschoss

First floor

1. Obergeschoss

Second floor

2. Obergeschoss

Kindergarten in Cheboksary
Kindergarten in Tscheboksary

Architect
Meuser Architekten BDA
(Berlin)

Design Team
Inna Bagrikova
Fabio Schillaci
Elena Boyko

Client
000 Volgastroi Proektnyi Institut

Planning
2008

Completion
2009–2010

The butterfly motif appears both inside and outside this new kindergarten for the "Finnish Meadow" residential area in Cheboksary, some 600 kilometres east of Moscow. The design is initially intended as a prototype which will later be mass produced. The main façade of the new building, which has space for 140 children, faces the street, while the rear is surrounded by a lawn and play areas. The four cubes, like butterfly wings, serve different functions, and are connected by a large glazed two-storey entrance hall forming a 36-metre square. One houses a swimming pool, sauna and changing rooms, another a large kitchen and medical room on the first floor and sports and music rooms above. The remaining cubes, facing southeast, house eight classes of the kindergarten with their own sleeping and play areas. The 4- by 4.5-metre modular façade slabs can be combined to create a wide variety of designs. The butterfly motif is repeated on each slab, and also appears in various forms inside the building: printed wallpaper, windows in the inner walls and as a graphic element in the signage. The technical requirements of serial prefabrication have been playfully combined with an architecture specifically designed to appeal to children.

Данный проект детского сада с самонесущими бетонными панелями 4x4,5 м является прототипом для последующего серийного строительства. Четыре крыла здания соеденены между собой чередой вестибюлей с верхним остеклением. Здание включает в себя бассейн с сауной, кухонный и медицинский блоки, помещения для занятий музыкой и спортом, а также компьютерную. В двух ориентированных на юг и восток блоках расположены 8 групп детского сада.

Das Erscheinungsbild des neuen Kindergartens für das Wohngebiet *Finnische Aue* in Tscheboksary, einem Ort etwa 600 Kilometer östlich von Moskau, ist mit einem Schmetterlingsmotiv sowohl im Inneren als auch im Äußeren eng verbunden. Der Entwurf ist zunächst für einen Prototypen gedacht, der zukünftig als serieller Bau realisiert werden soll. Für 140 Kinder geplant, ist der Neubau mit seiner Hauptfassade zur Straße orientiert und im hinteren Bereich von einer Grünanlage mit Spielplätzen umgeben. Den vier Gebäudekuben – vier Schmetterlingsflügeln gleich – sind verschiedene Funktionen zugeordnet. Sie sind durch eine großzügig verglaste, zweigeschossige Eingangshalle miteinander verbunden und bilden eine quadratische Form mit einer jeweiligen Kantenlänge von 36 Metern. Den vier Gebäudevolumen sind unterschiedlichen Funktionen zugeteilt. Einer der Kuben beherbergt das Schwimmbad mit Sauna und Garderoben, im anderen befinden sich im Erdgeschoss eine große Küche und der medizinische Bereich sowie im Obergeschoss die Sport- und Musikräume. Die restlichen, süd-ost-orientierten Kuben sind den acht Gruppen des Kindergartens mit eigenen Schlaf- und Spielbereichen vorbehalten. Die vier mal 4,5 Meter großen Fassadenplatten sind als Module kombinierbar, so dass eine breite gestalterische Variation entsteht. Auf jedem Plattenelement wird das Schmetterlingsmotiv wiederholt. Es taucht auch im Inneren des Gebäudes immer wieder auf: auf den bedruckten Tapeten, als verglaster Ausschnitt in den Innenwänden sowie als Grafik-Element im Leitsystem. Die technische Anforderung an die serielle Vorfertigung wird so spielerisch mit einer kindgerechten Architektur kombiniert.

Small concrete seats with the same playful butterfly motif are grouped around the spacious entrance area.

Am großzügigen Eingangsbereich wurden kleine Sitzgruppen aus Beton, ebenfalls im verspielten Schmetterlingsdesign, platziert.

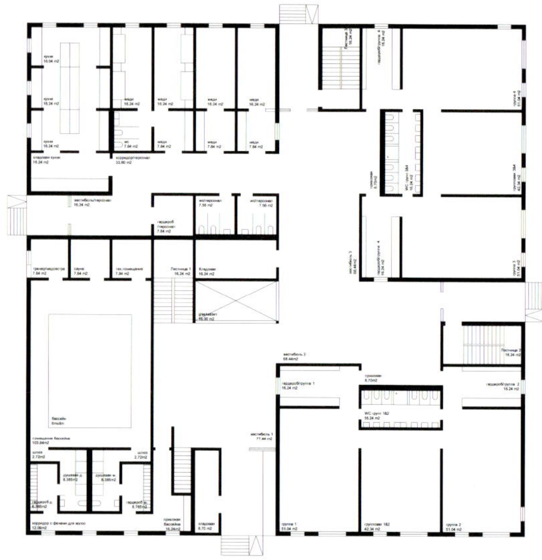

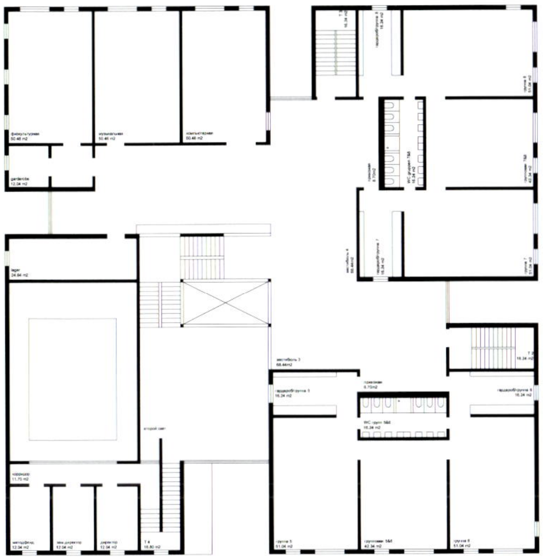

Mass-produced butterflies: motifs from the panels on the façade.

Schmetterling in Serie: Motive auf den Plattenelementen der Fassade.

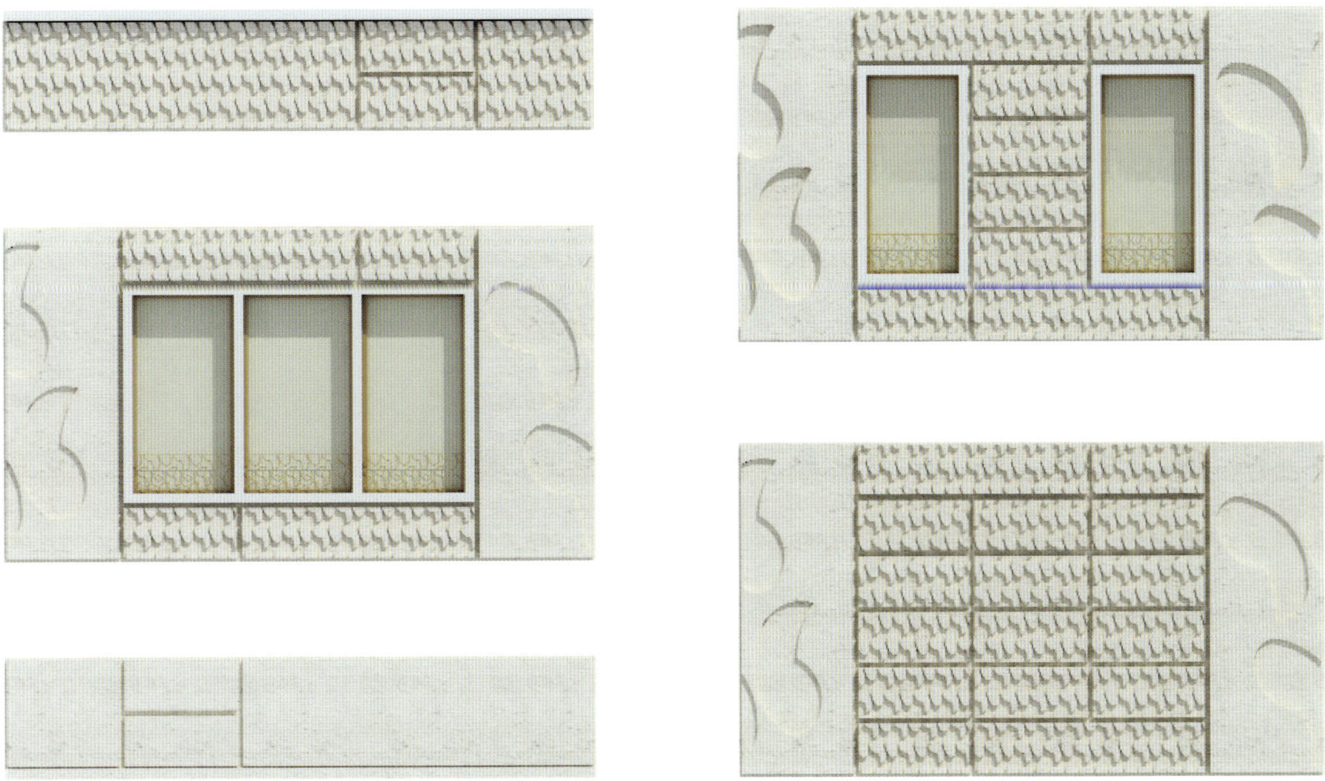

German Historical Institute Moscow
Deutsches Historisches Institut Moskau

Architect
Eller + Eller Architekten (Düsseldorf/Berlin/Moscow/Kiev)

Client
Deutsche Geisteswissenschaftliche Institute im Ausland

with the collaboration of *Krupp Stiftung* and *Stiftung DIE ZEIT* (Bonn)

Planning
2005

Completion
2005

In the mid-1990s, two German charitable foundations, the Alfried Krupp von Bohlen und Halbach-Stiftung and ZEIT-Stiftung, began setting up a center for German and Russian historical research and academic cooperation in Moscow. However, this politically important project was shelved during the rouble crisis of 1998. In 2004, a contract was awarded for the rebuilding of INION, the Moscow Institute for Academic Information and Social Sciences. The interior design by Eller + Eller Architekten needed to preserve the autonomy of the 1969 Alvar Aalto-inspired building, whose circular skylights are some of the most distinctive examples of Russian modernism. The contrast between the light-filled public library and the private offices creates a very special atmosphere of calm concentration in which to work. The offices are located in an orange box which sits alone within the existing space and stands out starkly from the public areas of the library. The construction process was not easy, as the elaborate interior required the planners to obtain and use materials which had never before been employed in Russia. Eventually, on 12 September 2005, the German Historical Institute of Moscow was formally opened.

В проекте реконструкции знаменитого института ИНИОН в Москве архитекторами был создан контраст между открытым пространством библиотеки, наполненным светом, проникающим через проемы в крыше и затененностью офисного пространства. Благодаря этому возникла особая рабочая атмосфера. Офисы компании DHI представляют собой оранжевые кубы, которые возвышаются в окружающем пространстве как отдельные кристаллы и особенно четко отделяются от всей библиотечной зоны.

Die Gründung des Deutschen Historischen Instituts in Moskau als Zentrum für deutsch-russische Geschichtsforschung und Wissenschaftler-Kooperation wurde bereits Mitte der Neunzigerjahre von der *Alfried Krupp von Bohlen und Halbach-Stiftung* und der *ZEIT-Stiftung* initiiert. Die Realisierung dieses kulturpolitisch bedeutsamen Projekts musste jedoch aufgrund der Rubelkrise von 1998 zunächst auf unbestimmte Zeit verschoben werden. Erst 2004 wurde der Auftrag zum Umbau des Moskauer Instituts für wissenschaftliche Information und Gesellschaftswissenschaften INION erteilt. Bei der Innengestaltung standen Eller + Eller Architekten vor der Herausforderung, die Selbstständigkeit des eigens für das INION im Jahr 1969 errichteten Gebäudes zu wahren, dem Bauten von Alvar Aalto als Vorbilder dienten und das mit seinen kreisrunden Deckenöffnungen zu den prägnantesten Vertretern der russischen Moderne zählt. Durch die Gegenüberstellung des lichtdurchfluteten, öffentlichen Bibliotheksbereichs mit dem abgeschirmten Bürobereich ist es gelungen, eine besondere Arbeitsatmosphäre von konzentrierter Ruhe und Information entstehen zu lassen. Die Büroräume sind in einer orangefarbenen Box untergebracht, die als Solitär in den bestehenden Raum eingefügt wurde und sich auffallend von den allgemeinen Bereichen der Bibliothek abhebt. Der Bauprozess gestaltete sich nicht einfach, da das aufwendige Interieur den Planern große Anstrengungen bei der Beschaffung und Verarbeitung der Baumaterialien abverlangte, die teilweise erstmals in Russland zum Einsatz kamen. Am 12. September 2005 konnte schließlich das Deutsche Historische Institut Moskau feierlich eröffnet werden.

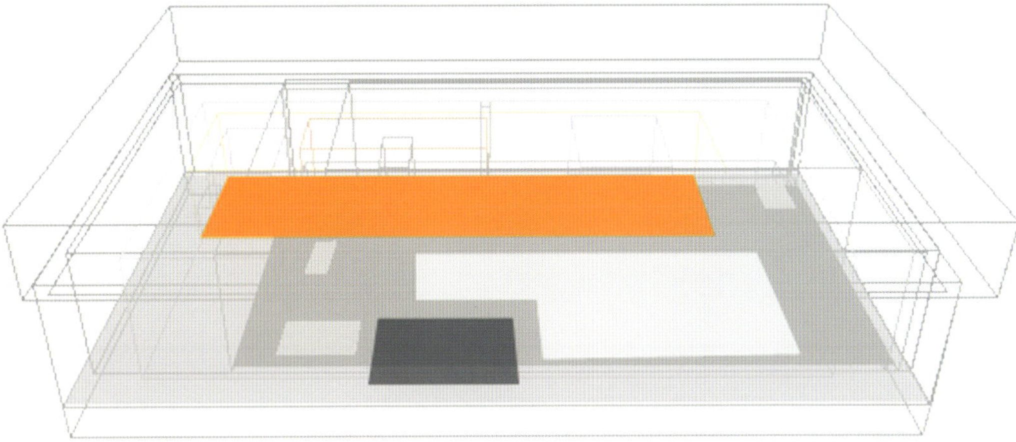

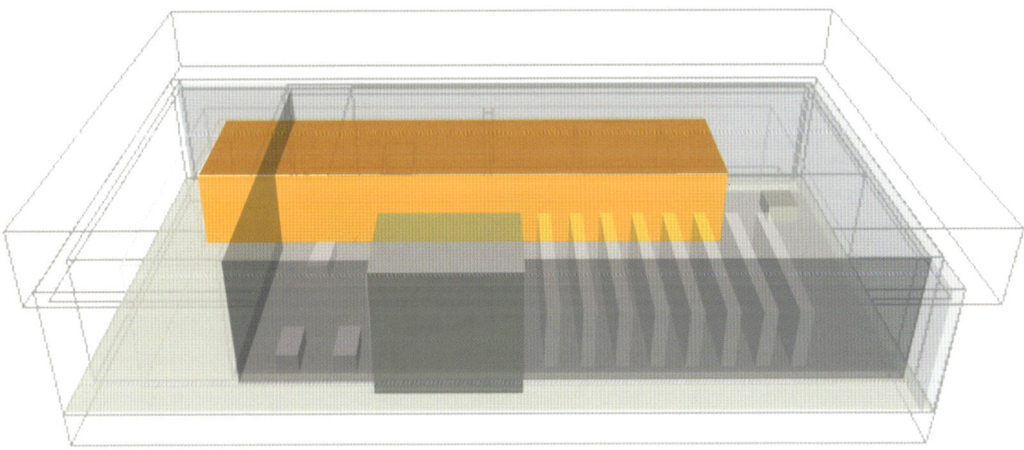

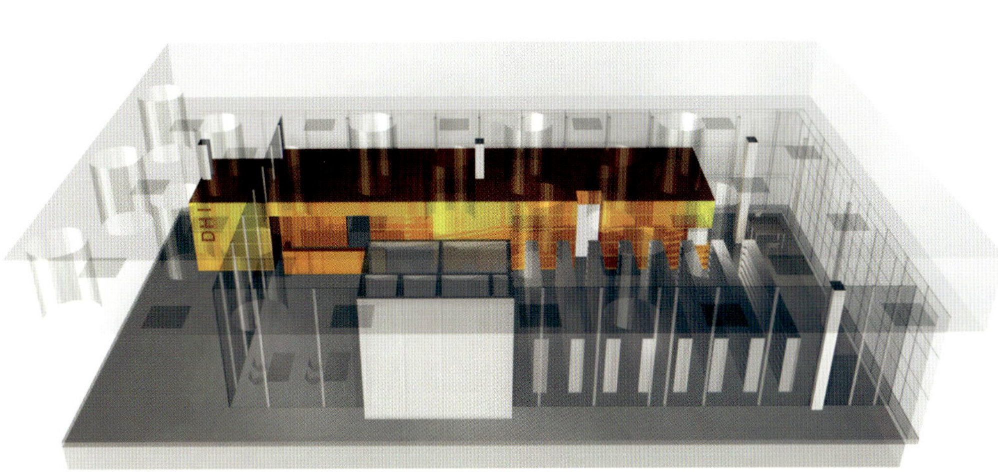

An orange box containing the offices was inserted prominently into the existing space, its bright colour designed to welcome visitors.

In den bestehenden Raum wurde eine orangefarbene Box eingefügt, in der sich die Büroräume befinden. Durch ihre auffällige Farbigkeit schafft sie für den Besucher eine offene und klare Empfangssituation.

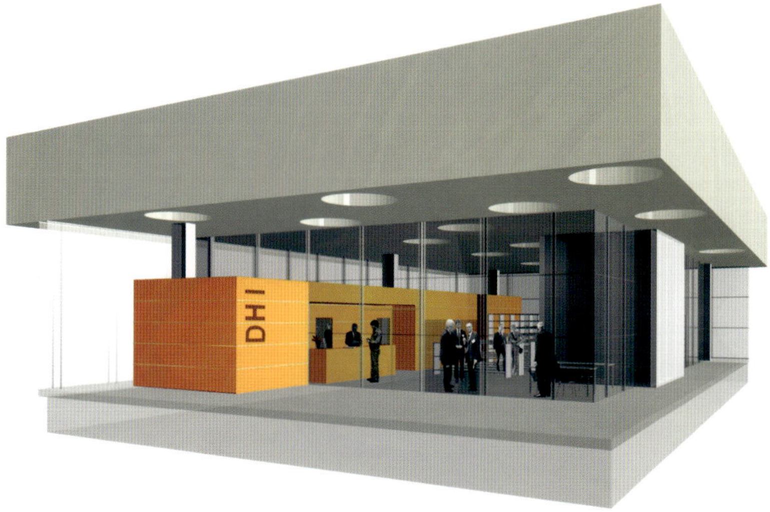

The circular skylights of the existing building create a bright, pleasant working atmosphere in the institute's public library.

Die kreisrunden Deckenöffnungen des Bestandsgebäudes versorgen den öffentlichen Bibliotheksbereich mit ausreichend Tageslicht und schaffen so eine angenehme Arbeitsatmosphäre.

German Consulate General Kaliningrad

Deutsches Generalkonsulat Kaliningrad

Architect
Meuser Architekten BDA (Berlin)

Design Team
Philipp Meuser
Martin Spielau
Miriam Weber

Engineers
Ingenieurbüro Rehberg (Berlin)

Client
Bundesamt für Bauwesen und Raumordnung (Bonn)

Planning
2006

Completion
2007

The histories of Germany and Russia are intertwined in Kaliningrad, which was formerly part of East Prussia and is now an oblast in its own right. As a result the German consulate-general, which opened in 2004, has a special political significance. Originally located in a hotel, it fulfilled only limited consular functions, and visa applicants had to travel to the German embassy in Moscow for personal interviews. Later, following an agreement between the two governments, a temporary visa department was hurriedly set up in a three-storey office building on ul. Leningradskaya so that Russian citizens could apply directly to the Kaliningrad consulate for Schengen visas. This was constructed in 1993 in the style of a modern urban villa. The main priority during the renovation was to fulfill security requirements while allowing visitors to enter with the minimum of disruption, so a new fence and gatehouse. Both were essential, but neither had particularly welcoming connotations, so the entrance building was decorated in warm-coloured vertical stripes. This cheerful mood continues inside the building, where the wall ornamentation is untypical of a place where officials decide whether to admit foreigners to their home country. Because this was a temporary office lasting only two years, the project had a limited budget.

Чтобы предоставить российским гражданам возможность получения шенгенской визы на территории российского ексклава, в качестве неотложной меры было возведено временное офисное здание визового отдела. Главной задачей проекта являлось создание свежей и динамичной атмосферы, учитывая при этом соблюдение строгих мер безопасности, присущих дипломатическому представительству.

Dem deutschen Generalkonsulat Kaliningrad, 2004 eröffnet, kommt vor dem Hintergrund der gemeinsamen Geschichte im ehemaligen Ostpreußen beziehungsweise im heutigen Oblast Kaliningrad besondere politische Bedeutung zu. Da das Generalkonsulat zunächst in einem Hotel untergebracht war, konnte es nur eingeschränkt konsularische Aufgaben wahrnehmen. Visa-Antragsteller mussten zur Deutschen Botschaft nach Moskau reisen, um dort zum Interview zu erscheinen. Um russischen Staatsbürgern gemäß der Regierungsvereinbarung die Möglichkeit zu bieten, direkt beim deutschen Generalkonsulat Kaliningrad Schengen-Visa zu beantragen, wurde im Rahmen einer Sofortmaßnahme ein dreigeschossiges Bürogebäude in der ul. Leningradskaja als provisorische Visa-Stelle hergerichtet. Es handelt sich um ein Haus, das 1993 in der Typologie einer modernen Stadtvilla errichtet wurde. Bei den Umbauarbeiten stand im Vordergrund, die Sicherheitsanforderungen zu erfüllen und den Besucherverkehr störungsfrei zu regeln. Dazu wurden ein neuer Sicherheitszaun und ein neues Pförtnerhaus errichtet. Die gestalterische Herausforderung bestand darin, die technisch erforderlichen Funktionen, zumeist mit abweisenden Assoziationen versehen, mit einer einladenden Geste zu schmücken. So präsentiert sich das Eingangsgebäude mit einer warmen, vertikal gestreiften Farbvariation. Die heitere Gestaltung setzt sich im Innenraum fort. Dort sind die Wände mit Dekorelementen geschmückt, die nicht an einen Ort erinnern, an dem eine Behörde über die Einreiseerlaubnis eines Antragstellers entscheidet. Vor dem Hintergrund einer provisorischen Unterbringung für zwei Jahre war das Projekt mit einem schmalen finanziellen Budget ausgestattet.

Brightly coloured wallpaper enlivens the interior of the visa department.
Tapeten in verspieltem Dekor lockern den Innenbereich der Visastelle optisch auf.

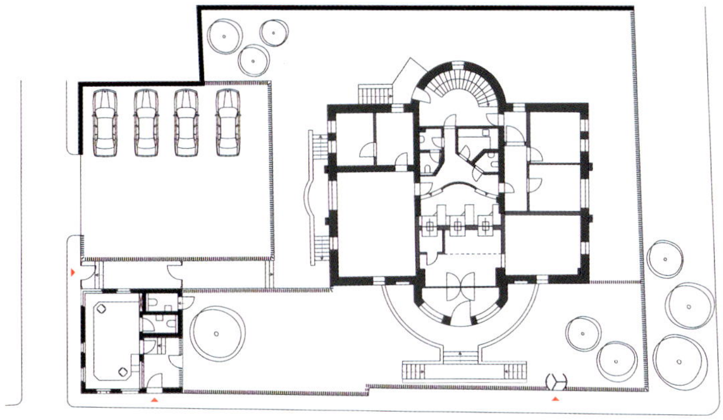

The colourful entrance building gives little hint that a government office lies inside.
Das Eingangsgebäude präsentiert sich in einer expressiven Farbigkeit, hinter der man wohl kaum eine Behörde vermuten würde.

Otradnoye Shopping Mall

Einkaufs- und Freizeitzentrum *Otradnoje*

Architect
4a Architekten
(Stuttgart)

Matthias Burkart
Alexander von Salmuth
Ernst Ulrich Tillmanns

Design Team
Tanja Otte

Client
KROST Konzern (Moscow)

Planning
2005

This modern, multipurpose complex in the Otradnoye district was designed by 4a, a Stuttgart firm of architects, for the Moscow investment and construction group KROST. Consisting of a shopping mall, aquapark, office complex and hotel, its interior and exterior resemble a cruise ship. The modern and exclusive mall is located on the lower two levels, and a spacious central foyer leads visitors via stairs and elevators to the aquapark, which includes a spa and wellness facility, various relaxation areas, a sauna and a restaurant. The offices are located at the 'stern' of this stone ship, while the 23-storey 'bow' houses an upscale hotel, conference rooms and restaurants. With a little imagination, this multipurpose structure could be seen as a transatlantic liner steaming its leisurely way across the grey ocean, its passengers enjoying a brief spell of rest and relaxation. The design adds a contemporary accent to this rather colourless district, providing a respite from everyday monotony.

В густонаселенном районе Отрадное на севере Москвы по заказу инвестиционно-строительного концерна KROST бюро 4a разработало проект современного мультифункционального комплекса. Главное здание комплекса с торговым центром, аквапарком, офисными помещениями и отелем напоминает своим обликом круизный лайнер. Торговый центр занимает два нижние этажа, где расположены эксклюзивные магазины и бутики. Через просторное центральное фойе посетитель попадает в аквапарк, где находятся бассейн и фитнес-клуб, зона отдыха, сауна и ресторан. Офисные помещения размещены на «корме» комплекса. В 23-этажной «носовой части» находятся отель, конференц-залы и рестораны.

Der dicht besiedelte Stadtteil Otradnoje befindet sich im Norden Moskaus unweit des Botanischen Gartens. Übersetzt man den Namen des Viertels ins Deutsche, bedeutet er soviel wie »erfreulich«, »tröstlich«. Der graue und monotone Stadtteil hat mit seiner Bezeichnung jedoch wenig gemein. Im Auftrag des Moskauer Investitions- und Baukonzerns KROST plante das Stuttgarter Architektenbüro 4a für Otradnoje einen modernen Multifunktionskomplex mit gleichem Namen, der diesem alle Ehre machen soll. Im Entwurf ist das Bauwerk mit Einkaufszentrum, Aquapark, Bürokomplex und Hotel an das äußere und innere Prinzip eines Kreuzfahrtschiffes angelehnt. In den beiden unteren Geschossen befindet sich das Einkaufszentrum mit modernen und exklusiven Geschäften. Durch das zentrale, großzügige Foyer gelangt der Besucher über Treppen und Aufzüge zum Aquapark, der über einen Bade- und Wellnessbereich, verschiedene Erholungszonen, eine Sauna und ein Restaurant verfügt. Die Büroräume liegen im »Schiffsheck« des Gebäudekomplexes. Der 23-geschossige »Bug« des steinernen Schiffes beherbergt ein Hotel mit Zimmern der gehobenen Klasse sowie Konferenzräumen und Restaurants. Mit etwas Fantasie könnte man sich das multifunktionale Bauwerk als einen Überseedampfer vorstellen, der gelassen durch die Wogen eines grauen Ozeans schwimmt und in seinem Inneren für begrenzte Zeit Entspannung und Erholung zum wichtigsten Lebensinhalt werden lässt. Mit ihrem Entwurf setzen die Architekten nicht nur einen modernen Akzent in der tristen Umgebung von Otradnoje, sondern schaffen für die Stadtteilbewohner auch einen Ort, an dem diese in ihrer Freizeit den monotonen Alltag vergessen können.

The multipurpose Otradnoye shopping mall offers a cruise ship-style shopping and leisure experience to the inhabitants of this district of Moscow.

Nach dem Muster eines Kreuzfahrtschiffs soll der Multifunktionskomplex Otradnoje den Einwohnern des gleichnamigen Moskauer Stadtteils Einkaufs- und Freizeitvergnügen bieten.

The rear of the complex is a twin-tower skyscraper housing high-quality individual and open-plan offices.

Ein Hochhaus aus zwei Türmen bildet das »Heck« des Bauwerks, in dem hochwertige Großraum- und Einzelbüros untergebracht werden.

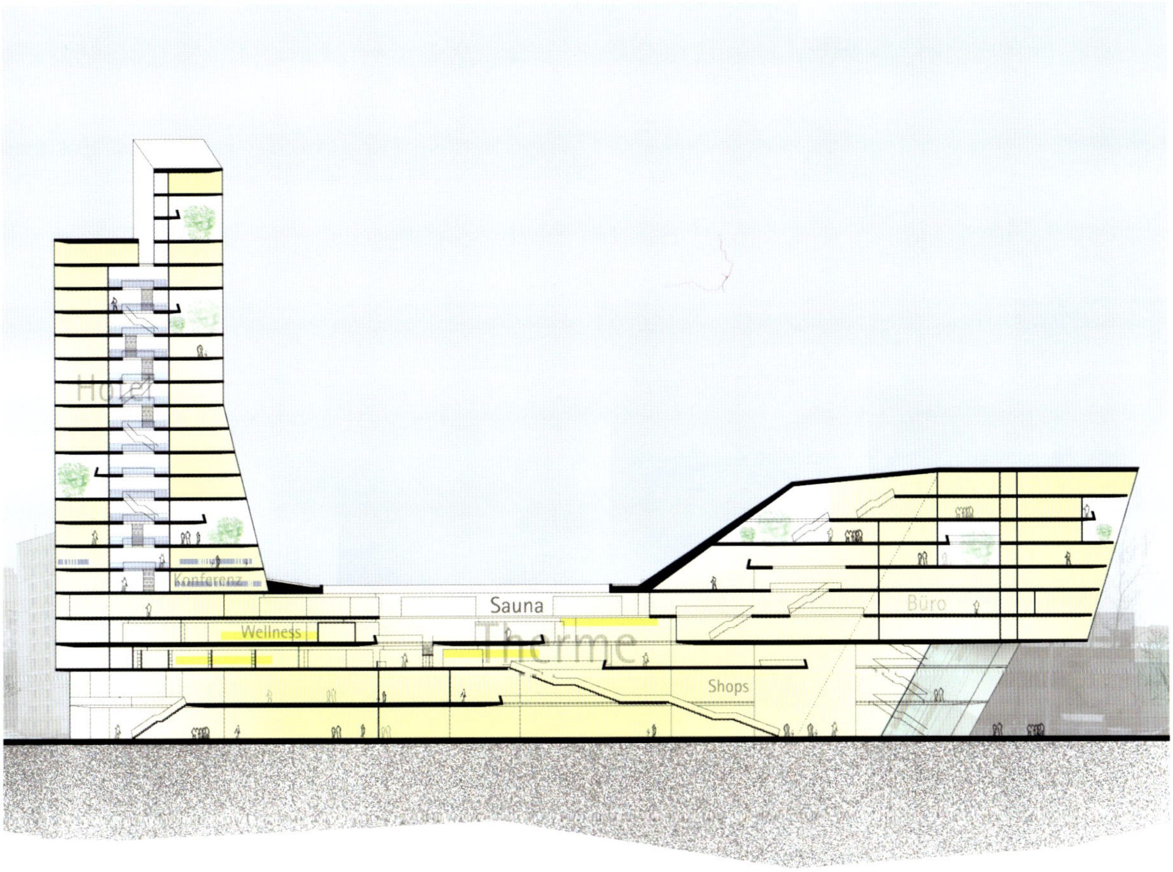

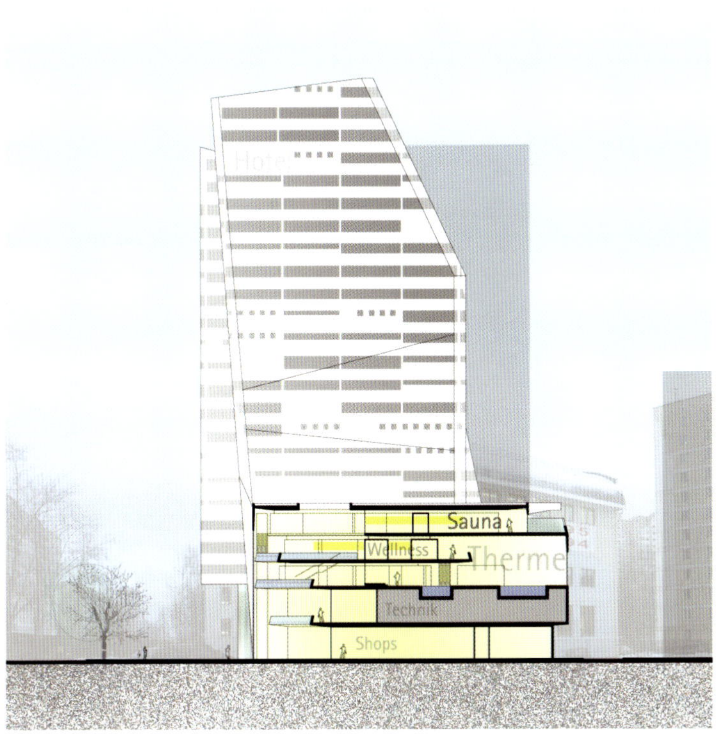

ELSE Wellness Club

Wellnesspark *ELSE-Club*

Architect
4a Architekten GmbH
(Stuttgart)

Matthias Burkart
Alexander von Salmuth
Ernst Ulrich Tillmanns

Design Team
Birgit Wäldin
André Georg

Client
KROST Konzern (Moscow)

Planning
2002

Completion
2002–2007

The Moscow-based KROST group, established 15 years ago, is one of the largest construction companies of its kind in Russia. As well as new residential building and renovations, it is seeking profitable niche markets in which to invest; one of these is fitness, now an essential part of the affluent middle- and upper-class lifestyle. The five-star ELSE fitness club is located on the bottom two floors of Alissa, a luxury housing complex in northwest Moscow. It has a larger floor area than the rest of the building and seems almost to have been pushed beneath it, giving it a very different architectural image. The two storeys are tied together by a large roof clad in silver-coloured sheet metal which turns downwards on the north and south sides, while the large area of windows on the east and west façades gives an expansive view of the parkland outside. The impression of being outdoors is enhanced by the bright, fresh green of the rotating panels mounted in front of the glass façade and level with the first of the upper storeys, serving as air filters that allow the building to breathe through its façade. Inside, the architects have placed a great deal of emphasis on space, catering to the needs of an affluent Moscow elite with no shortage of time or money to spend on beauty and relaxation.

Пятизвездочный фитнес-центр «ELSE-Club» разместился в двух просторных цокольных этажах жилого комплекса «Алиса». Крыша цокольного элемента, выделяющегося на общем фоне за счет своего размера и формы, перекрыта серебристыми стальными листами. Через большое остекление фасада открывается вид на парк. Атмосферу клуба подчеркивают подвижные ламели в ярко-зеленых тонах.

Der Moskauer »Baulöwe« KROST gehört zu den größten seiner Art in Russland und ist seit 15 Jahren erfolgreich auf dem russischen Immobilienmarkt aktiv. Neben dem Wohnungsneubau und der Altbausanierung versucht der Konzern auch gewinnbringend in Marktnischen zu investieren. Eine solche ist der Bereich Wellness, der für die gehobene russische Mittel- und Oberschicht bereits einen unverzichtbaren Teil ihres komfortablen Lebensstils darstellt. Der Fünf-Sterne-Wellnesspark *ELSE-Club* befindet sich in den beiden unteren Geschossen des Luxuswohnkomplexes *Alissa* im Nordwesten Moskaus. Durch einen Sockel, im Grundriss größer als die Wohngeschosse und sozusagen unter das Gebäude geschoben, grenzt sich der *ELSE-Club* architektonisch vom darüber liegenden Wohnhaus ab und verfügt über ein eigenständiges Erscheinungsbild. Ein großes, mit silberfarbenen Blechpaneelen verkleidetes Dach, das an der Nord- und Südseite heruntergezogen ist, fasst beide Etagen zusammen. Mit einer großzügigen Verglasung an der Ost- und Westfassade wird der Blick von innen nach außen auf die Parklandschaft freigegeben. Den Eindruck eines »Wellnessparks im Grünen« unterstreichen auch die vor den Glasfassaden auf der Höhe des ersten Obergeschosses montierten drehbaren Lamellen in kräftig frischen Grüntönen. Sie dienen als Luftfilter und lassen das Gebäude über seine Fassade »atmen«. Bei der Innengestaltung haben die Architekten viel Wert auf die Großzügigkeit der Räume gelegt. Bestens abgestimmt auf die Bedürfnisse seiner zahlungskräftigen Zielgruppe bietet der Wellnesspark der neuen Moskauer Elite alle Voraussetzungen, ihre Zeit und ihr Geld in Schönheit und Entspannung zu investieren.

An open staircase leads from a gallery to the spa and wellness area, the most exclusive part of the club, with three pools, a relaxation area, and one mixed and two single-sex saunas.

Von einer Galerie gelangt man über eine freie Treppe zur Badelandschaft mit drei Becken und einem Liegebereich. Es schließen sich eine gemischte Sauna und zwei getrennte Saunabereiche an.

At its center is a stone-shaped relaxation room surrounded by a decorative water trough, its outer wall clad in gold leaf.

Der Spa- und Wellnessbereich ist der exklusivste Teil des ELSE-Clubs. Im Zentrum befindet sich ein »steinartiger« Ruheraum. Inmitten eines dekorativen Wasserbeckens stehend, ist er an seiner Außenwand mit Blattgold belegt.

The wellness center is reached by an entrance hall on the second floor which in turn is accessed by a long staircase, a panoramic elevator, or an elevator from the underground parking garage.
Die Erschließung des Wellnessparks erfolgt durch eine Eingangshalle im 1. Obergeschoss, die über eine lang gezogene Treppe, einen Panoramalift oder mit dem Aufzug von der Tiefgarage erreichbar ist.

The architecture of the exclusive two-storey club at the base of the building is quite different from that of the high-rise apartment block above.

Architektonisch grenzt sich der zweigeschossige Gebäudesockel klar vom darüber liegenden Wohnhaus ab und verleiht dem ELSE-Club ein eigenständiges, exklusives Erscheinungsbild.

Inside the ELSE club, the emphasis is very much on spaciousness. The rooms flow together, forming a walk-through sculptural space whose different areas and functions are interwoven.

Bei der Innengestaltung wurde viel Wert auf die Großzügigkeit der Räume gelegt. Diese fließen ineinander und bilden so eine begehbare Raumskulptur, deren einzelne Funktionsbereiche »landschaftlich« miteinander verwoben sind.

In keeping with the center's target market, the building is constructed to very exclusive standards, using high-quality materials such as flamed Brazilian granite in the entrance and spa areas and bamboo parquet in the fitness area.

Es wurden ausschließlich qualitativ hochwertige Materialien eingesetzt, wie beispielsweise brasilianischer Granit mit geflammter Oberfläche im Eingangs- und Badebereich und Bambusparkett im Fitnessbereich.

Moscow Shopping Malls 1–6
Einkaufszentren 1–6 in Moskau

Architect
Meinhard von Gerkan
(gmp – von Gerkan, Marg und Partner)

with Walter Gebhardt
(Hamburg)

Design Team
Evelyn Pasdzierny
Elena Melnikova
Kerstin Steinfatt
Hans Münchhalfen
Hito Ueda
Niko Rickert
Matthias Meinheit
Jan Stecher
Enno Maass
Alexander Behn

Planning
2001–2002

Since the early 1990s, Moscow's traditional marketplaces have increasingly been replaced by modern shopping centers. The advent of capitalism has meant that stallholders have had to pay rent to private companies acting on the city's behalf. These pay the city a usage fee based on the stall area and pocket the difference, which is often a significant amount. This business became increasingly lucrative towards the turn of the millennium, turning small-scale entrepreneurs into rich and influential "new Russians". In 2001, two market operators commissioned gmp Architekten to produce six designs for modern shopping centers. Two of these were on Kutuzovsky Prospekt; one was in the north of the city and three were in the densely populated southern suburbs. Because they were built at similar times and for similar purposes, it was important to develop a corporate identity for all of them. In 2002, after the clients approved the six designs, the city created a serious and unexpected bureaucratic obstacle, setting up a special construction committee to ensure that all new large buildings complied with specific esthetic guidelines. Shopping centers 1-6 did not measure up to the committee's "postmodernist dictates" and the Hamburg-based architects were unwilling to adapt their designs.

Торговые центры 1–6 были спроектированы и разработаны гамбурским архитектурным бюро gmp Architekten в едином корпоративном стиле. Однако проект не был реализован, так как облик уже согласованных с заказчиками торговых центров не соответствовал эстетическим требованиям и «постмодерновому диктату» строительной комиссии Москвы, а от адоптации своих проектов архитекторы отказались.

Seit Anfang der Neunzigerjahre werden die traditionellen Marktplätze in Moskau zunehmend von modernen Einkaufszentren abgelöst. Die Inhaber der Marktstände müssen ihre Mieten an von der Stadt beauftragte Privatunternehmer zahlen, die eine auf die Standfläche berechnete Nutzungsgebühr abführen und den nicht geringen Rest für sich kassieren. Dieses Geschäft wurde bis zur Jahrtausendwende immer lukrativer und machte kleine Unternehmer zu finanzstarken und einflussreichen »neuen Russen«. Eine Bebauung der Marktplätze hatte nicht nur eine Gewinnmaximierung zum Ziel, sondern war auch im Interesse der Moskauer Stadtregierung, die das »bunte Markttreiben« unter Kontrolle halten wollte. Im Jahr 2001 gaben zwei Marktbetreiber bei gmp Architekten sechs Projekte für moderne Einkaufszentren in Auftrag. Zwei der Standorte befinden sich am Kutusowski Prospekt, einer im Norden der Stadt und drei in den dicht bewohnten südlichen Außenbezirken. Aufgrund der Gleichzeitigkeit und Gleichartigkeit der Nutzungen lag es nahe, für alle Einkaufszentren eine Art Corporate Identity zu entwickeln. 2002, als die Auftraggeber bereits ihre Zustimmung zu den sechs Entwürfen gegeben hatten, stellte sich der Realisierung unerwartet eine schwerwiegende bürokratische Hürde in den Weg: Die Moskauer Stadtregierung berief eine spezielle Baukommissionen ein, die sicherstellen sollte, dass alle in der Hauptstadt geplanten größeren Neubauten bestimmten ästhetischen Richtlinien folgen. Das Erscheinungsbild der Einkaufszentren 1–6 entsprach diesem »postmodernen Geschmacksdiktat« nicht. Eine Anpassung ihrer Entwürfe kam für die Hamburger Architekten nicht in Frage.

Форд

The floor plans show the main differences between the six shopping centers; from the outside they have a single and easily recognizable image.

In den Grundrissen lassen sich die Unterschiede im Architekturkonzept der sechs Einkaufszentren ablesen. Nach außen zeigen sie ein einheitliches, wiedererkennbares Erscheinungsbild.

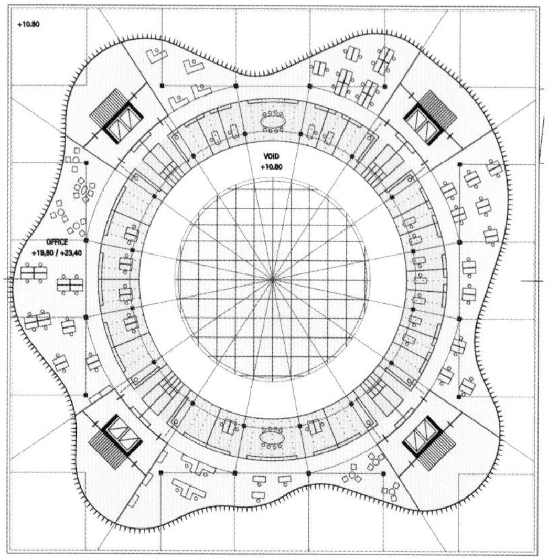

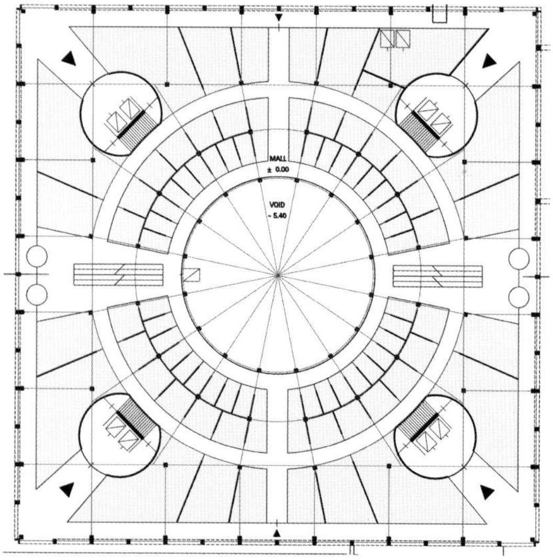

gmp chose a neutral, gridlike façade as the corporate design of all six shopping centers.

Für alle sechs Einkaufszentren wählten gmp eine neutral gerasterte Fassadenstruktur als Corporate Design.

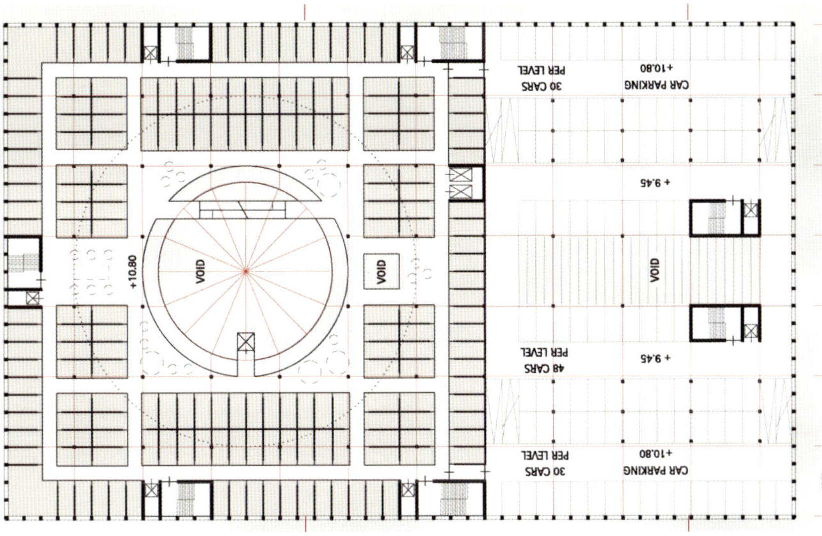

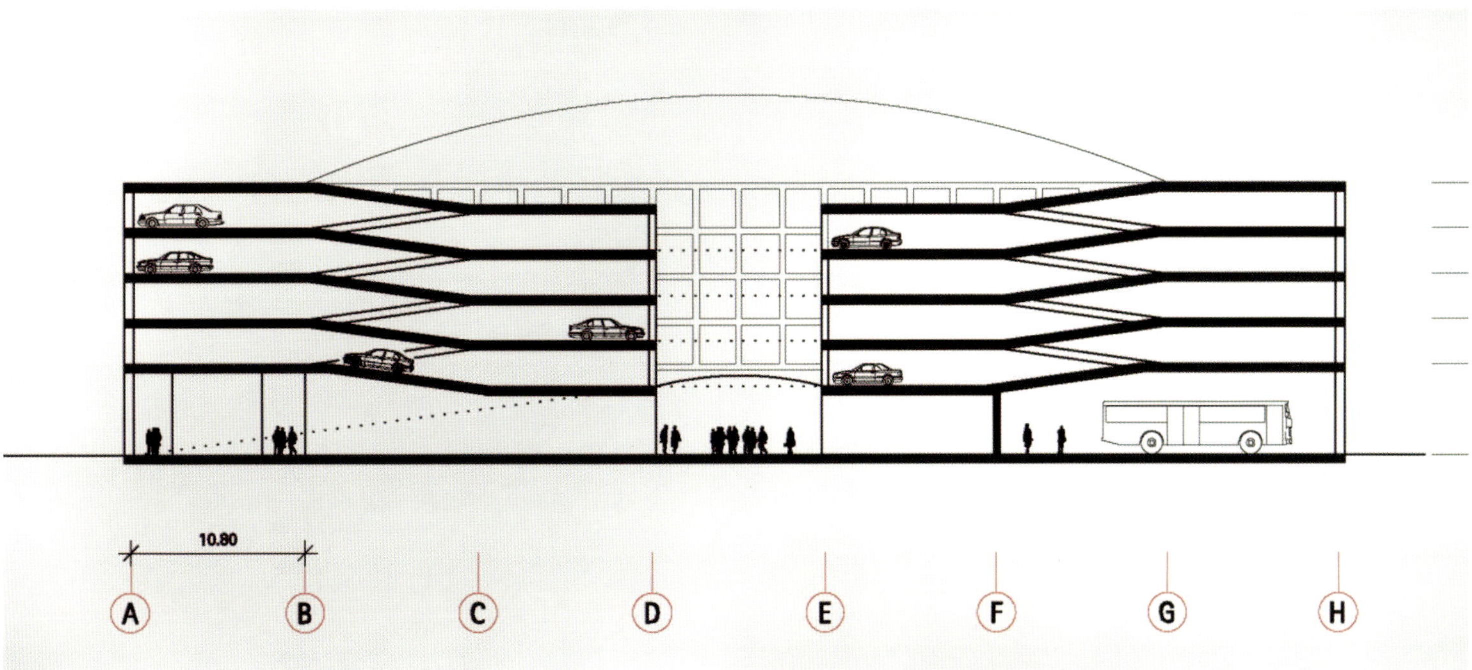

These modern buildings will also include exclusive apartments and offices.

Die Nutzungen der modernen Bauwerke sollten zum Teil auch mit exklusiven Wohnungen und Büros kombiniert werden.

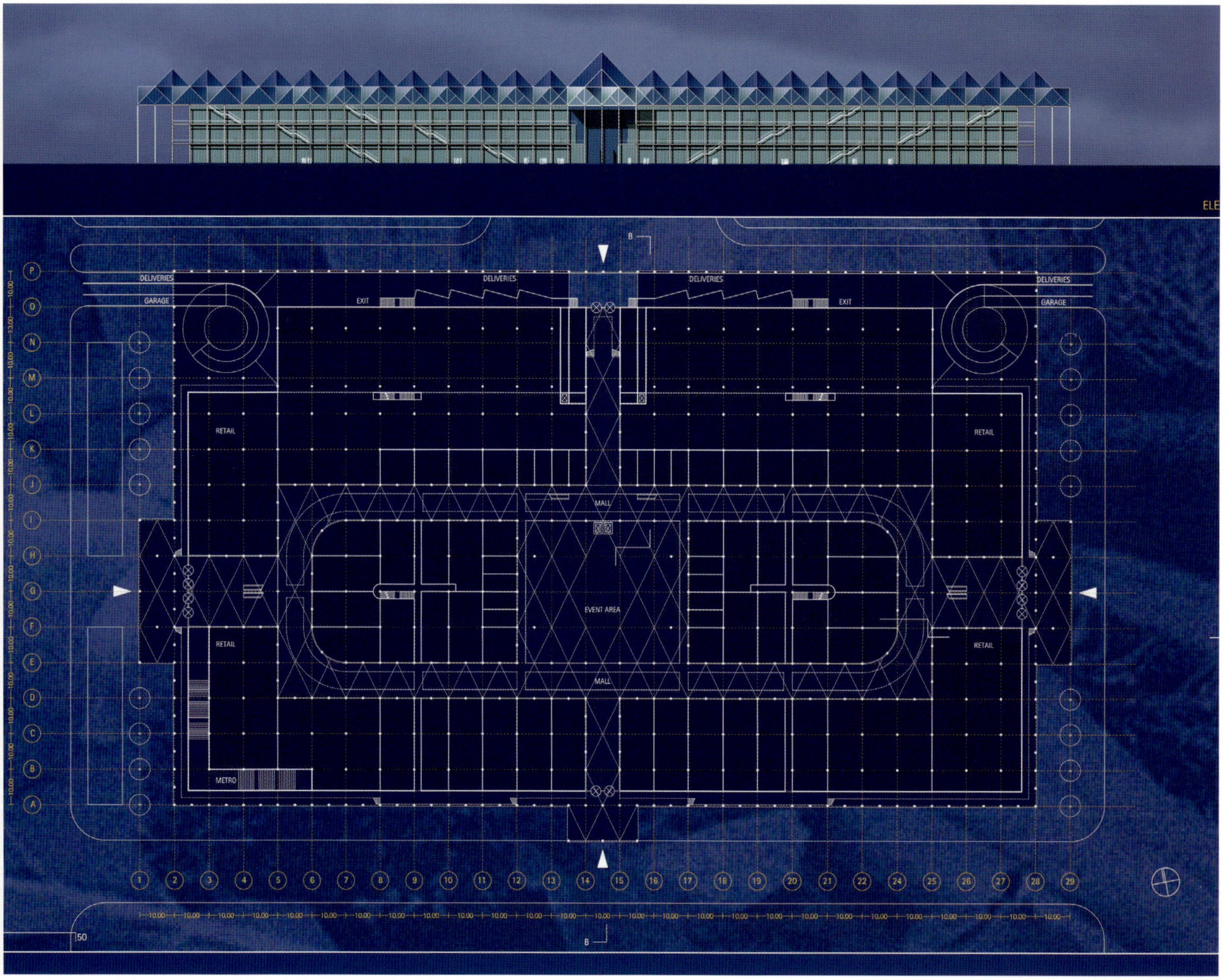

Moscow's traditional marketplaces are increasingly being replaced by modern shopping centers. gmp's "temples of consumerism" failed to impress.

Die traditionellen Moskauer Marktplätze werden zunehmend mit modernen Einkaufszentren bebaut. Die von gmp entworfenen »Warentempel« trafen jedoch nicht den Architekturgeschmack der Stadtregierenden.

SkiDom Leisure Center
Freizeitzentrum *SkiDom*

Architect
buromoscow
(Berlin/Moscow)

Design Team
Andreas Huhn
Olga Aleksakova
Julia Bourdova
Jörn Börner
Eva Dietrich
Natalia Sukhova
Lidya Kolojarskaya
Igor Aparyn
Anna Fedoseenko
Kristina Felde

Client
ZAO SU-155 (Moscow)

Planning
2004

Completion
2007

Indoor skiing in Dubai may have a certain exotic appeal, sailing down artificial slopes in temperatures of 50 degrees – but in Moscow, where winter lasts at least five months, such a project might seem slightly misguided. Perhaps the Moscow investment and construction company SU-155 is pre-empting the effects of global warming. The group, established more than 50 years ago and one of the three largest of its kind in the city, normally specializes in prefabricated high-rises, but regards "SkiDom" as a potentially profitable and prestigious project. The skiing complex was designed by superstar architect Mikhail Khasanov and his firm, Kurortprojekt. Resembling an inflated concrete tunnel, it lies surrounded by apartment blocks to the northwest of the outer ring road, beside "Krokus City", a trade fair center and luxury shopping mall. The team of German and Russian architects wanted to create a separate identity for each of this multifaceted building's various functions. Two 16-square-metre light cubes in the atrium serve as a projection screens, creating the illusion of being in the lobby of an alpine hotel or in a nightclub. "SkiDom"'s popularity lies in its suggestion of luxury, its ability to create artificial environments that feel like remote, exotic vacation destinations.

Здание крытого горнолыжного полигона, напоминающее вздутый цементный туннель, находится в центре одного из районов новостроек на северо-западе Москвы. При оформлении интерьеров архитекторы попыталась придать каждому помещению здания неповторимый облик. Интересным элементом интерьера центрального атриума являются два куба на поверхности которых проецируются разнообразные сюжеты, меняющие атмосферу интерьера.

Indoor Skiing in Moskau? In Dubai mag es durchaus exotisch sein, bei 50 Grad Hitze in einer künstlich gebauten Winterlandschaft Ski zu fahren. Aber in Moskau, wo der Winter mindestens fünf Monate dauert, fragt man sich nach dem Sinn eines solchen Projekts. Will das traditionsreiche Moskauer Investitions- und Bauunternehmen SU-155 den Auswirkungen des Klimawandels vorgreifen? Der über ein halbes Jahrhundert alte Konzern, der zu den drei größten seiner Art in Moskau gehört und mit der Spezialisierung auf Plattenbauten sonst auf Masse setzt, sieht im *SkiDom* ein zukunfts- und gewinnträchtiges Prestigeprojekt. Entworfen hat den modernen Skiabfahrtskomplex kein Geringerer als der Stararchitekt Michail Chasanow mit seinem Büro Kurortprojekt. Das wie ein »aufgeblasener« Betontunnel anmutende Bauwerk liegt mitten in einem Plattenbaugebiet nordwestlich des Außenstadtrings, neben *Krokus City*, einem Messezentrum mit einer Luxus-Shoppingmall. Das deutsch-russische Architektenteam will den einzelnen Nutzungen individuelle Identitäten geben und ein facettenreiches Nebeneinander unterschiedlicher Funktionen entstehen lassen. Zwei 16 Quadratmeter große Lichtkuben im Atriumbereich des Gebäudeeingangs dienen als Projektionsfläche und können verschiedene Stimmungen erzeugen – etwa das Gefühl, sich in der Lobby eines Alpenhotels oder auch in einem Nachtclub zu befinden. Die Popularität des *SkiDom* erklärt sich von innen heraus; das Projekt steht stellvertretend für neuartige, dem Luxus entsprungene Typologien in Russland. Es werden künstlich Orte geschaffen, die dem Besucher das Gefühl suggerieren, in einer fernen Urlaubswelt zu sein.

FREE

The interior of the tubular building is a combination of urban leisure center and winter wonderland, and includes a ski slope, skating rink, bowling rink, swimming pool, fitness center, shops, cafes and restaurants.

Das Innere ist ein Konglomerat aus städtischer Freizeitkultur und alpinem Lebensraum mit Skipiste, Eislauffläche, Bowlingbahn, Schwimmbad, Wellnessbereich, Shops, Restaurants und Cafés.

The four floors are linked by a glass-roofed atrium in the entrance area, serving both as a lounge and a meeting place. This leads to the shops, restaurants, and sports facilities.

Ein glasüberdachtes Atrium im Eingangsbereich verbindet vier Geschosse miteinander. Es ist sowohl Lounge als auch Treffpunkt, von hier haben die Gäste Zugang zu den Läden, Restaurants und Sportbereichen.

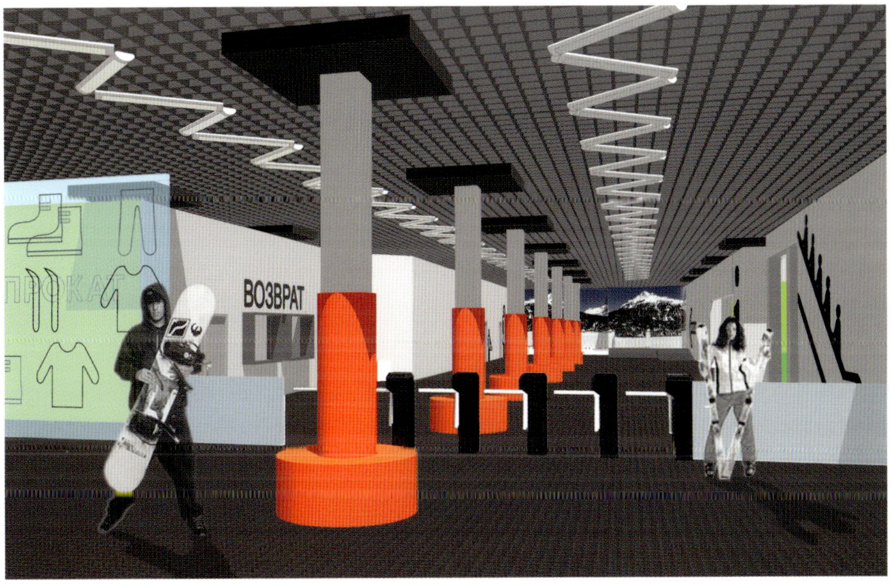

In the sports areas, oversized pictograms act both as distinguishing design features and aids to navigation.

In den Sportzonen sind übergroße Piktogramme und Grafiken sowohl Hauptgestaltungsmerkmal als auch Orientierungshilfe.

The wood-paneled walls and ceilings of the restaurants and relaxation areas are decorated with animal motifs, suggesting the inside of an alpine hut, but the furniture is the very latest in interior design.

Während die holzvertäfelten, mit Tiermotiven dekorierten Wände und Decken an das Innere einer Alpenhütte erinnern, ist die Möblierung dem Neuesten im Interior Design entnommen.

Spartak Moscow Stadium
Stadion *Spartak Moskau*

Architect
ar.te.plan
Architektur + Technik
(Dortmund)

Client
000 Stadion Spartak
(Moscow)

Planning
2006

Completion
2009

Spartak Moscow won the Soviet Union's first football championships in 1936, and 20 national victories since then have made it Russia's most popular and successful club, but ever since its creation it has fought for its own stadium in Moscow. The club's current president, Leonid Fedun, who is also vice president and chief strategist of the LUKOIL group, brought all of his political influence to bear on Vladimir Putin and was given the green light for an ultramodern sports arena and multipurpose indoor venue in northwest Moscow. LUKOIL, the club's main sponsor, invested $150 million in turning the dream into reality. The stadium was planned by Dortmund-based ar.te.plan, a subsidiary of Assman Planen + Beraten GmbH, and in November 2006 the German architects published the model and plans for what they described as the only stadium of its kind in the world. Two expressive, diagonal arched roof girders with a span of 250 metres dominate this major architectural landmark. The building is based on simple, clearly defined geometrical forms, with a full-length oval glass and metal band tying the stadium and multipurpose indoor venue together into a single entity. The indoor venue houses 35,000 spectators, almost twice as many as the average crowd at a Spartak Moscow home game. After 70 years in the wilderness, the club plans to move to its new home in the near future.

Две выразительные арочные фермы крыши нового стадиона пролетом в 250 м видны издалека. Корпус здания основывается на четких геометрических формах, а опоясывающая овальная лента из стекла и металла символически объединяет стадион и концертный зал в единую композиционную структуру.

Spartak Moskau gewann 1936 die ersten Fußballmeisterschaften in der Sowjetunion. Weitere 20 nationale Siege haben die Mannschaft zur erfolgreichsten und beliebtesten Elf ganz Russlands gemacht. Seit seiner Gründung kämpft der Verein allerdings nicht nur um Tore, sondern auch um ein eigenes Fußballstadion in Moskau. Der heutige Vereinspräsident Leonid Fedun, der auch Vizepräsident und Chefstratege des Ölkonzerns LUKOIL ist, musste seinen ganzen politischen Einfluss beim damaligen Präsidenten Wladimir Putin geltend machen, um seinem Club eine hochmoderne Sportarena mit Multifunktionshalle im Nordwesten Moskaus bauen zu dürfen. Damit der Traum von *Spartak* endlich wahr wird, investiert LUKOIL als Hauptsponsor des Vereins 150 Millionen Dollar in das Projekt. Mit der Planung wurde das Dortmunder Büro ar.te.plan, eine Tochtergesellschaft der Assman Planen + Beraten GmbH, beauftragt. Im November 2006 präsentierten die deutschen Architekten der Öffentlichkeit Modell und Pläne für das, nach ihrer Aussage, weltweit einzigartige Stadion. Zwei expressive, schräg gestellte Bogenträger des Dachs mit einer Spannweite von 250 Metern bilden die weithin sichtbare Landmarke der kreisrunden Architektur. Der Baukörper basiert auf klaren geometrischen Grundformen: Primärfunktion »Stadion« und Nebennutzung »Halle« verschmelzen durch ein umlaufendes ovales »Band« aus Glas und Metall zu einer gestalterischen Einheit. 35.000 Zuschauer finden in dem Multifunktionsbau Platz – fast doppelt so viele, wie bislang durchschnittlich zu einem Heimspiel von *Spartak Moskau* kommen. In naher Zukunft wird der Club nach über 70 Jahren eine neue sportliche Heimat erhalten.

The stadium is ship-shaped in section, enclosed by two diagonal arched girders which give it a unique dynamism.
Der im Querschnitt schiffsförmig gestaltete Sportbau wird von zwei schräg gestellten Bogenträgern eingefasst, die der Architektur ihre Dynamik und Unverwechselbarkeit verleihen.

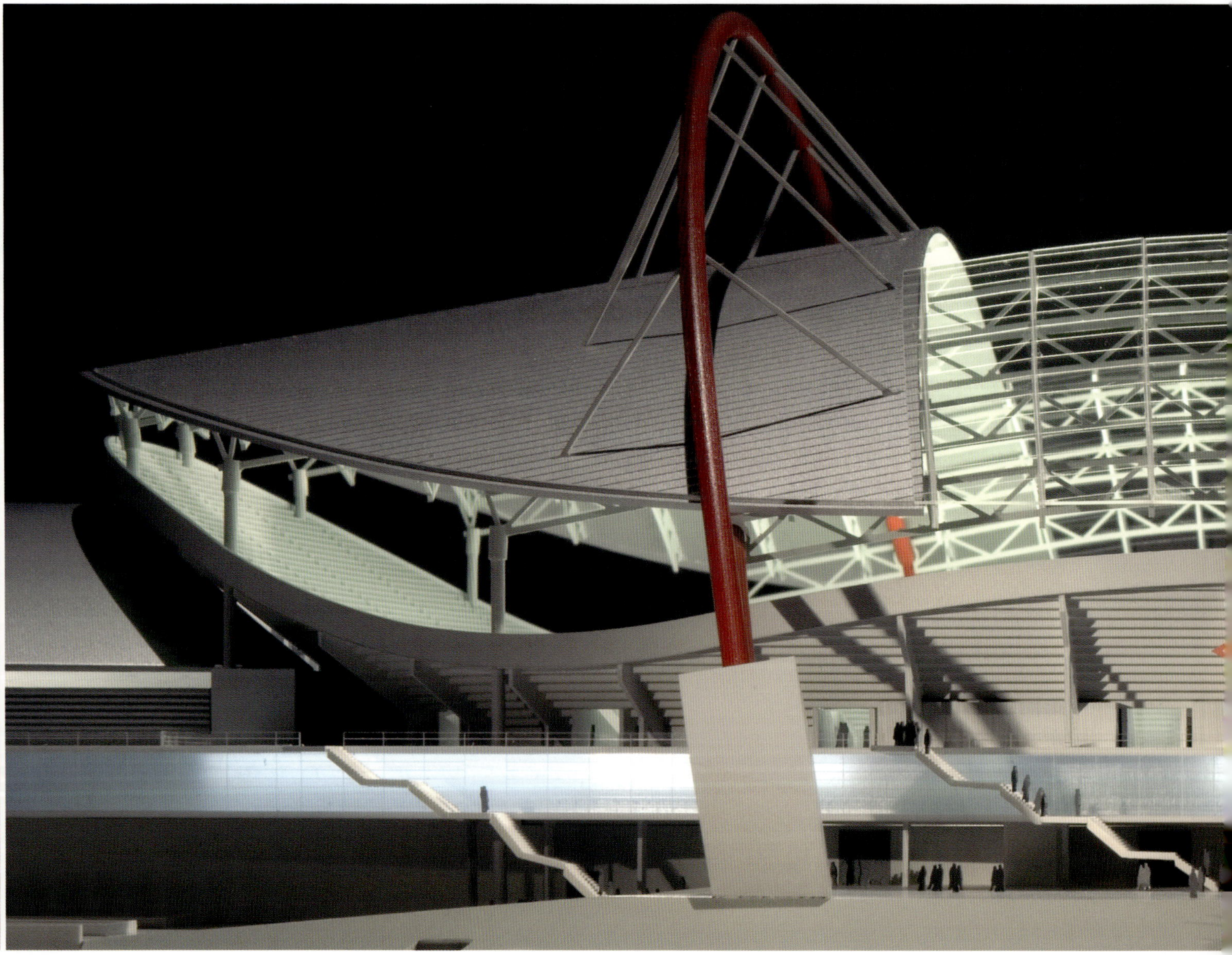

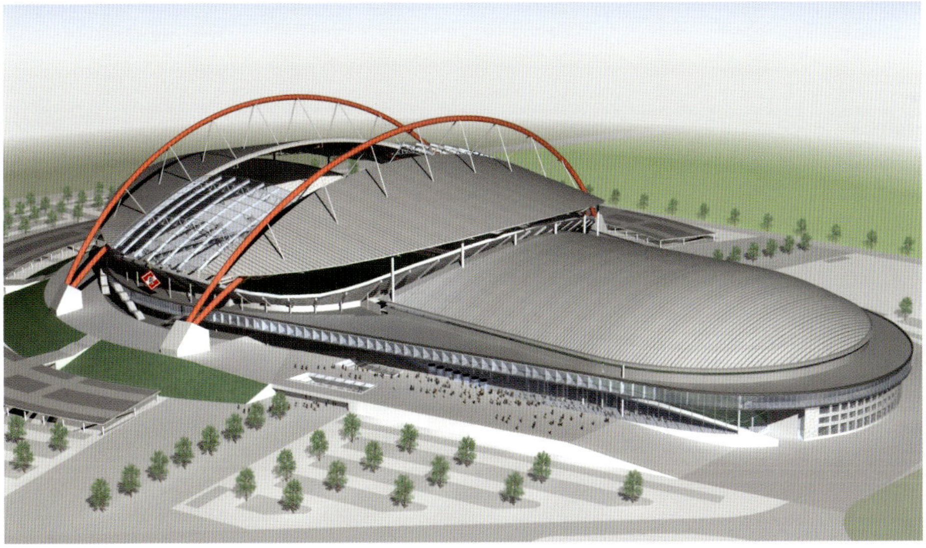

The strong, distinctive geometry of the stadium and adjoining event arena have garnered recognition for the club, its sponsor, and the city of Moscow.

Durch die klare Geometrie und Ablesbarkeit der verschiedenen Funktionen erhält das Stadiongebäude mit der angegliederten Veranstaltungsarena einen hohen Wiedererkennungswert für den Moskauer Verein, seine Stadt und seinen Sponsor.

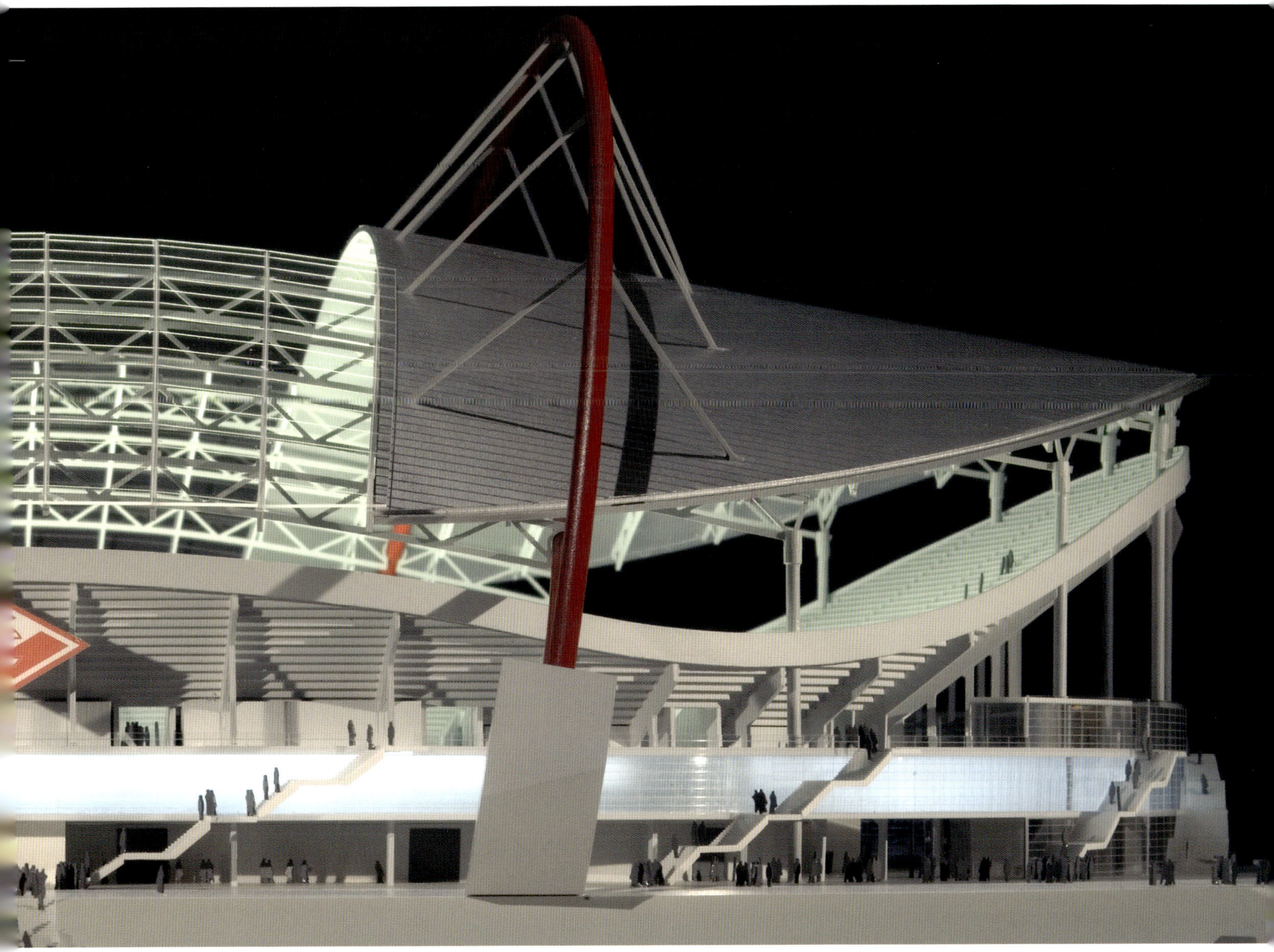

Uliza Ilyinka Hotel
Hotel an der uliza Iljinka

Architect
BRT Engineering GmbH
(Hamburg)

BRT RUS (Moscow)

General Planning
BRT RUS (Moscow)

Project Manager
Kay Miksch

Design Team
Stefan Hofmann
Irina Moor
Gunnar Dittrich
Petra Sevecke
Denise Riesenberg

Engineers
Arup Moscow
(Structural Engineering)
Puls Moscow (Fire Safety)
Wodoley Moscow
(Restorer)

Client
UKS Inteko (Moscow)
TUKS-1 (Moscow)

Planning
2003–2009

Completion
2009–2010

Ilyinka Street leads northeast out of Red Square into Moscow's oldest and busiest district, Kitay-Gorod, which is east of the Kremlin. The area's name probably comes from kit, the large bundles of wooden posts used in 1534 to build the white city walls. The former market halls, whose redevelopment into a luxury hotel was planned by BRT Engineering, lie immediately beside the arcades of the famous GUM department store. The historic part of the complex, which is a listed monument, consists of three buildings, two of which form a narrow street. This was given a glass roof to become the hotel's first-floor foyer, around which the reception area, restaurants and shops are grouped. One distinctive feature of the rebuilding is a glass arched roof covering three storeys of the hotel, which are reached by elevators from the foyer. All rooms in the roof area have glass outer walls, giving them a unique panoramic view of the old city. The materials, style and colour of the existing façade have been retained, and the hotel roof has a row of transparent raised glass vaults to match the adjoining GUM arcade, bringing the different types of building and the street together into a single unit. The redevelopment clearly distinguishes between old and new: the modern elements use boldly contrasting colours and materials, reinforcing the identity of the historic original and creating an exciting sense of unity in the heart of Moscow.

Данный проект предусматривает регенерацию памятника архитектуры – комплекса зданий «Теплые торговые ряды». При этом увеличение полезной площади происходит за счет надстройки ряда прозрачных куполов, аналогичных по форме крышам соседних исторических зданий – ГУМа и Гостиного двора.

Die Iljinka-Straße führt vertikal vom Roten Platz in das älteste und geschäftigste Moskauer Stadtviertel *Kitaj-Gorod*, das sich östlich vom Kreml befindet. Der Quartiersname stammt wahrscheinlich von den 1534 für den Bau der weißen Stadtmauer verwendeten *Kit* – großen Bündeln aus Holzstangen. Die ehemaligen Markthallen, deren Revitalisierung zum Luxushotel durch die Architekten BRT Engineering geplant wurde, befinden sich direkt neben den Passagen des berühmten Moskauer Kaufhauses GUM. Die unter Denkmalschutz stehende historische Substanz des Ensembles setzt sich aus drei Gebäuden zusammen, von denen zwei Hauseinheiten eine Gasse bilden. Diese wird durch eine gläserne Überdachung zur Eingangshalle des Hotels, um die sich im Erdgeschoss die Rezeption sowie Restaurants und Ladengeschäfte gruppieren. Die Besonderheit des Umbaus ist ein Glastonnendach, das drei Hotelgeschosse beherbergt, die über Aufzüge aus der Eingangshalle erschlossen werden. Alle Zimmer im Dachbereich verfügen über verglaste Außenwände, die einen einzigartigen Panoramablick auf die Moskauer Altstadt bieten. Die Bestandsfassade bleibt in ihrer Materialität, Originalität und Farbe erhalten. Das Hoteldach wird in Anpassung an die benachbarte GUM-Passage durch eine transparente, aufgesetzte Gewölbereihe aus Glas erweitert, die die unterschiedlichen Gebäudetypen mit der Gasse zu einem einheitlichen Bauwerk verbindet. Das Sanierungskonzept zielt deutlich auf einen Gegensatz zwischen Alt und Neu: Über einen klaren Farb- und Materialkontrast stärken die modernen Elemente die Identität der historischen Substanz und lassen so eine spannungsvolle Einheit im Herzen Moskaus entstehen.

Inspired by the adjoining GUM arcade, the three historic buildings are connected by a series of raised glass vaults. The narrow street between them forms the hotel foyer.

In Anlehnung an die benachbarte GUM-Passage wurden die drei historischen Bestandsgebäude durch eine aufgesetzte Gewölbereihe aus Glas miteinander verbunden. Die dazwischen liegende Gasse bildet die Eingangshalle des Hotels.

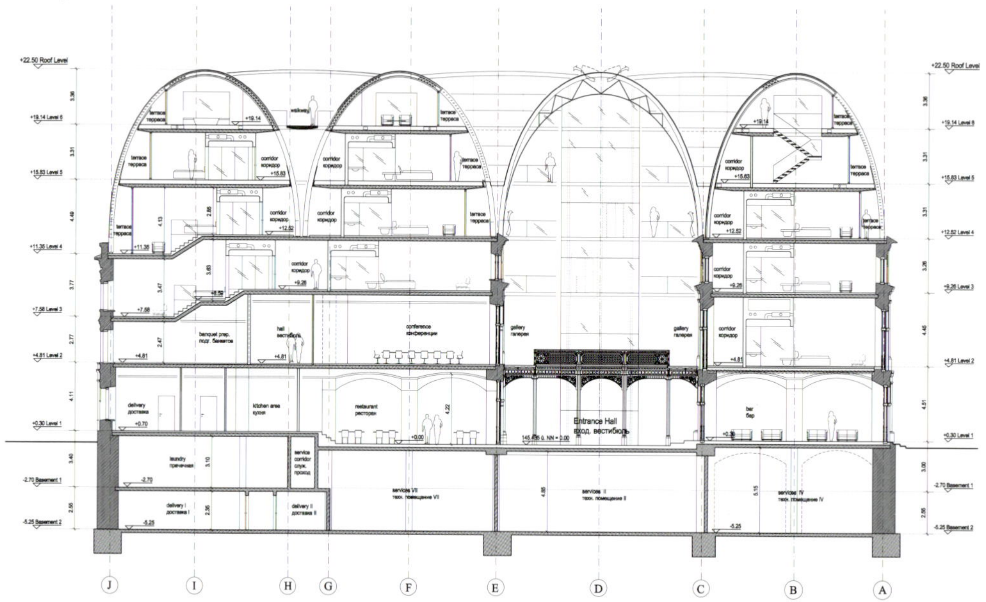

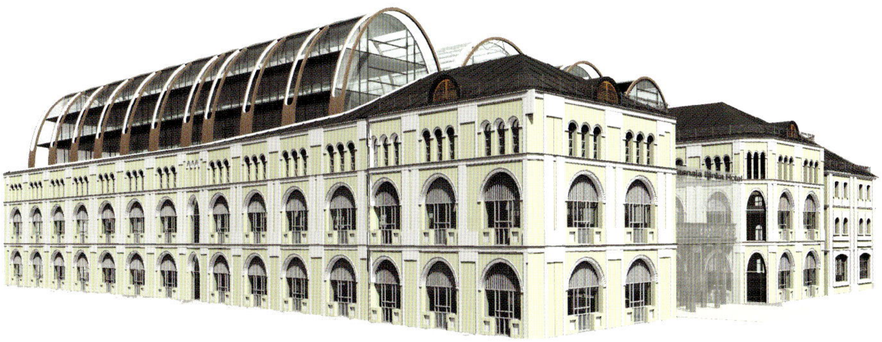

The glass arched roof rests on a timber-clad steel structure, and consists variously of heat-insulated, glass-clad sections, openings and sun blinds. The fronts of the arches are fully glazed.

Das Tragwerk des Glastonnendachs besteht aus einer holzverkleideten Stahlkonstruktion. Das Dach ist je nach Ausrichtung aus wärmegedämmten, glasverkleideten Abschnitten, Öffnungen oder Sonnenschutzlamellen zusammengesetzt. Die Stirnseiten der Bögen sind komplett verglast.

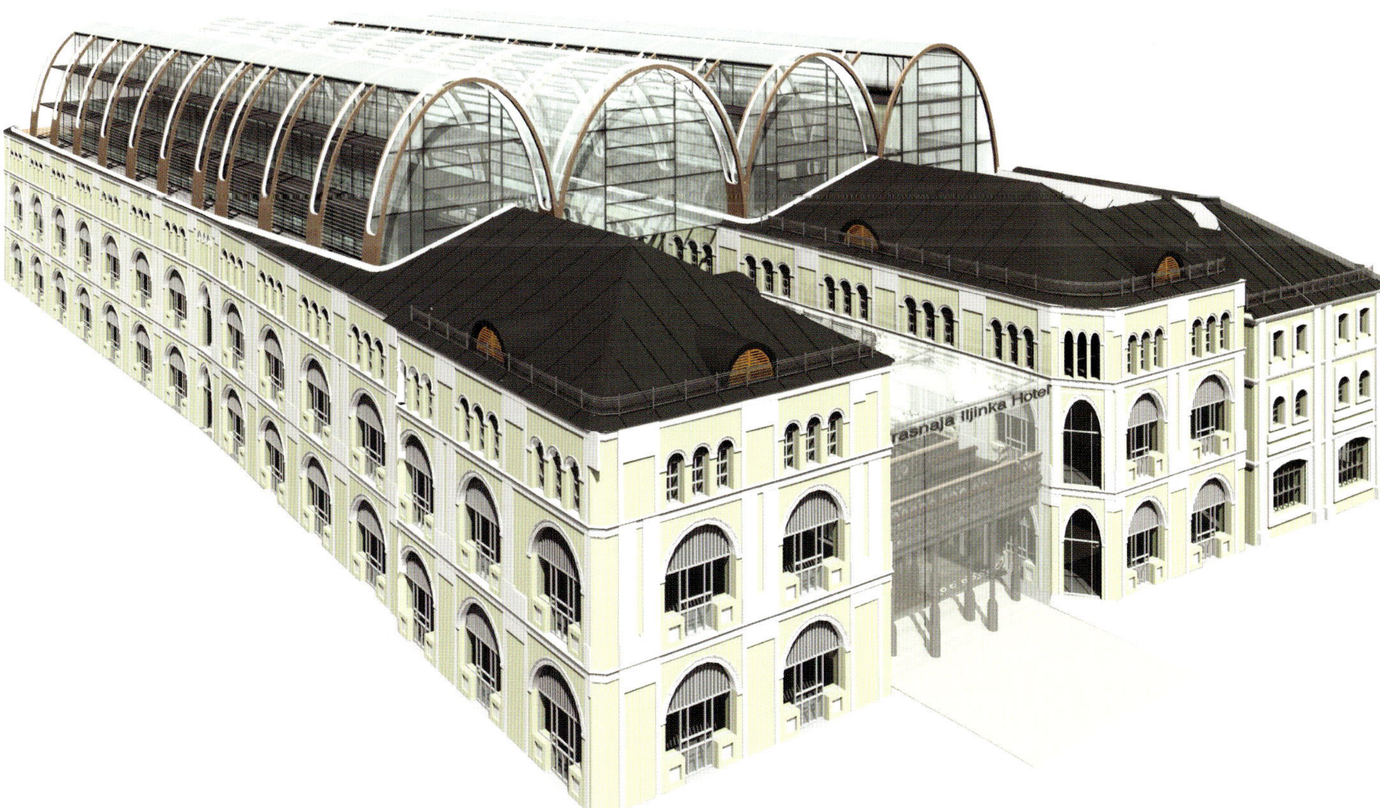

The building's various functions combine in the glass-roofed arcade. Some parts of the foyer are public, and others reserved for guests; the basement houses an underground car park, machine rooms and a fitness centre.

In der glasüberdachten Passage sind alle Nutzungen räumlich miteinander vernetzt. Die Eingangshalle steht je nach Konzept den Hotelgästen oder auch der Öffentlichkeit zur Verfügung. Im Untergeschoss befindet sich neben der Tiefgarage und Technikräumen auch ein Wellnessbereich.

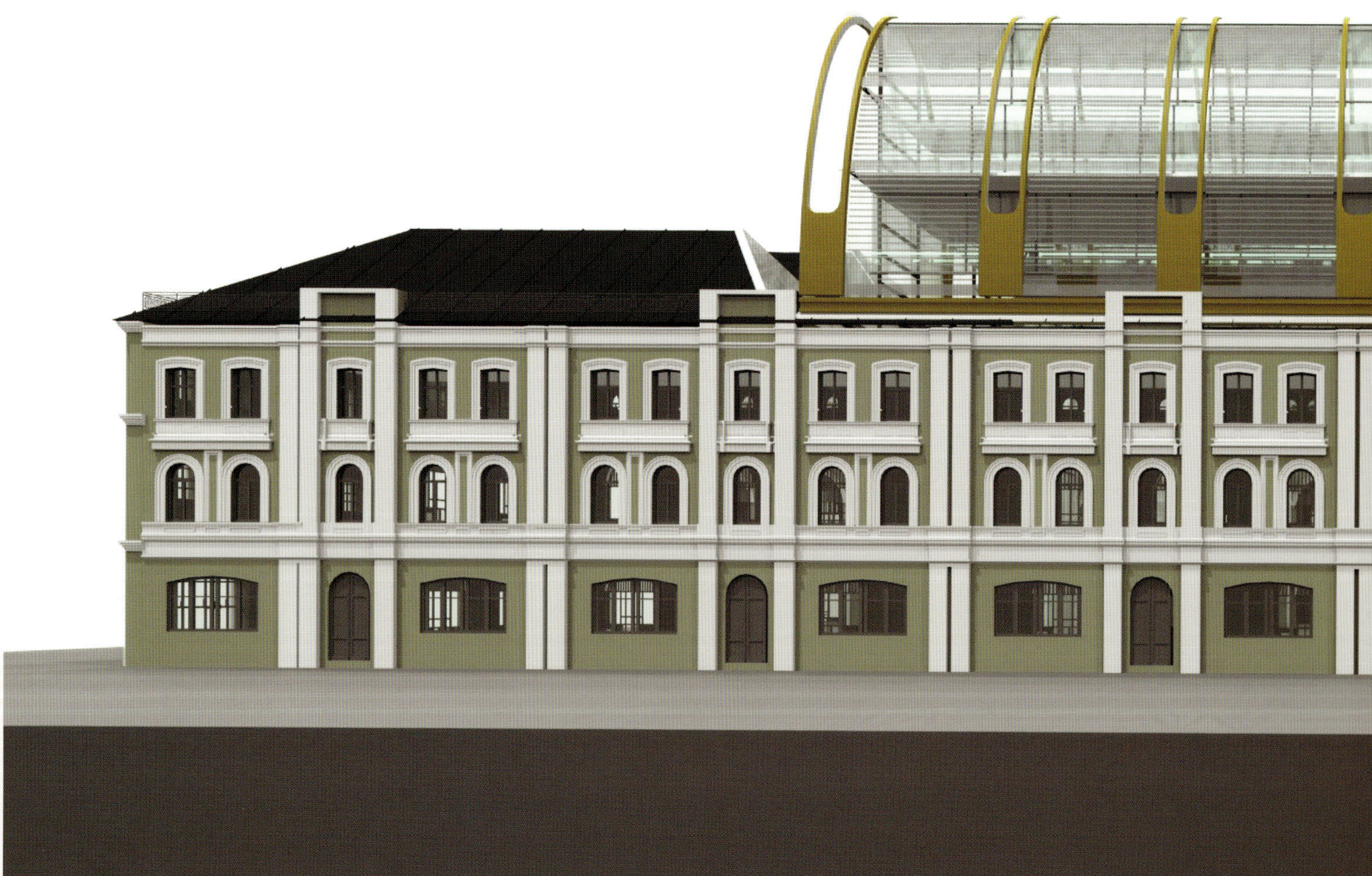

One distinctive feature of this listed building's reconstruction is the way in which it places new uses within a historical context.

Eine Besonderheit des Architekturkonzepts für den Umbau des denkmalgeschützten Gebäudes ist die Implementierung der neuen Nutzung in den historischen Kontext.

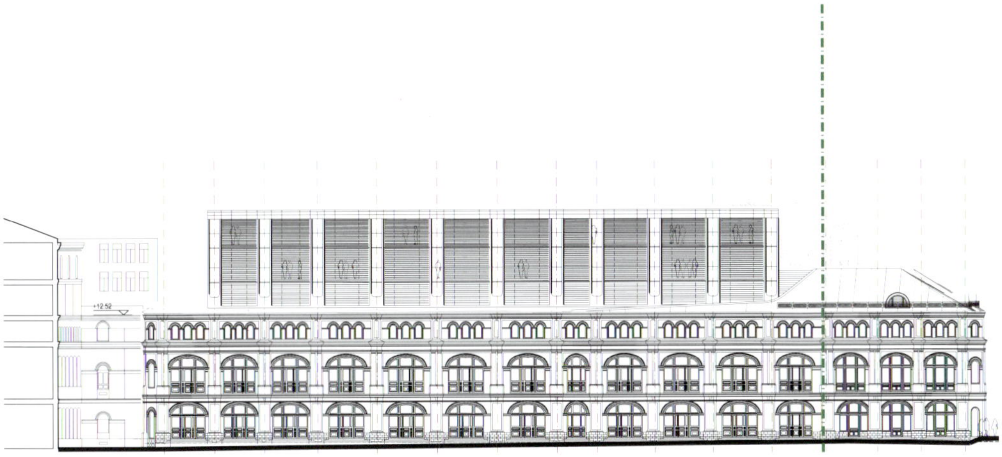

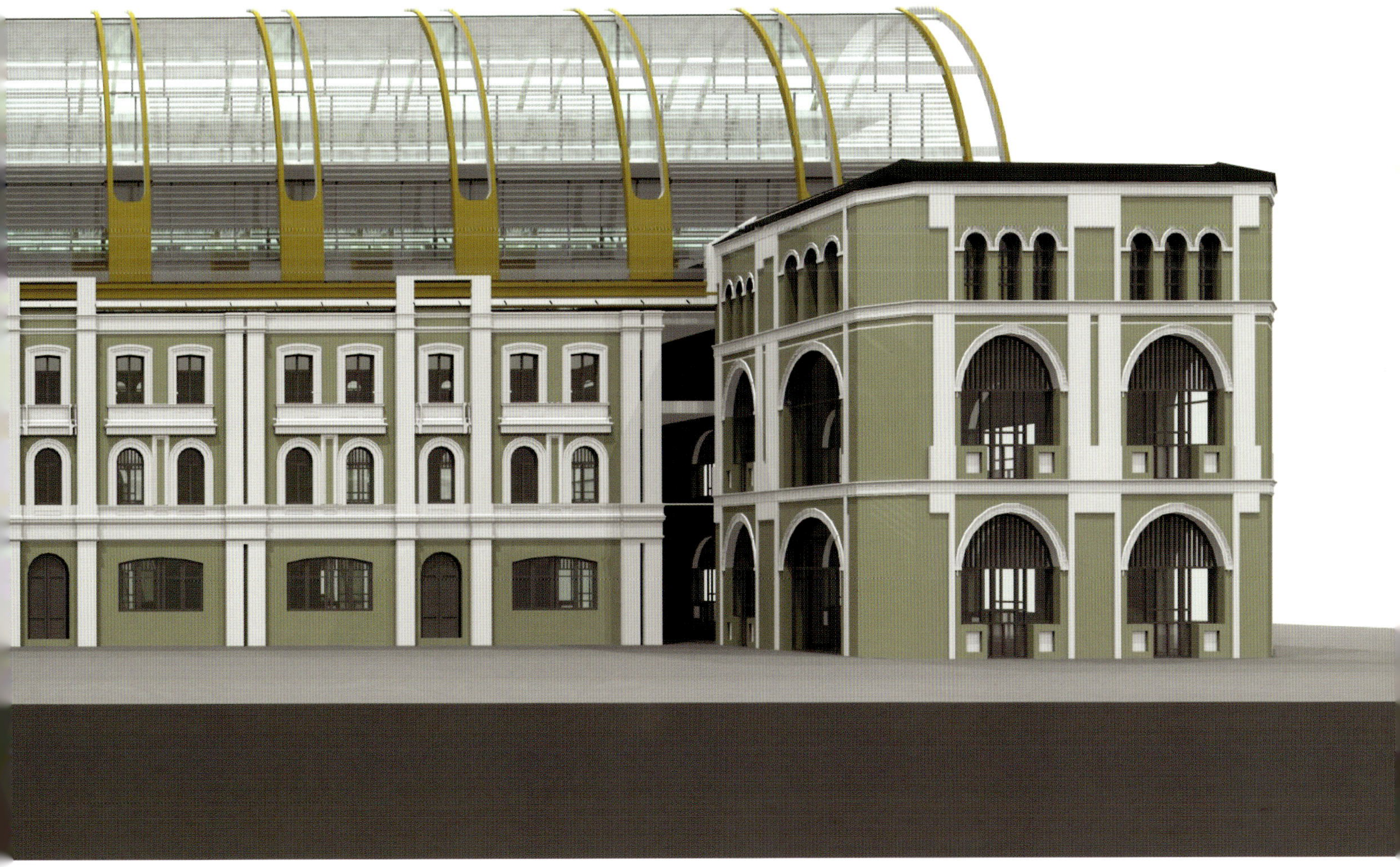

Park City Residence
Wohnquartier *Park City*

Architect
Eller + Eller Architekten
(Düsseldorf/Berlin/
Moscow/Kiev)

Client
PIK Group (Moscow)
Absolut Bank (Moscow)

Planning
2007

Completion
2010

The 15-hectare riverside site of the Park City project is located near the "Ukraina hotel", one of Moscow's famous socialist-classical "seven sisters". The master plan for the redevelopment of the prestigious residential area on Kutuzovsky Prospekt was drawn up by London architects Kohn Pedersen Fox Architects in 2006 for the PIK group, a Russian investment and project development company established in 1995. It will form a whole new district of the city, with spacious residential, office and shopping areas and extensive landscaping, built on the principle of a "City within a City". The competition to plan an area in the heart of the district was won by Eller + Eller Architekten, and entails the construction of three 19- to 25-storey apartment blocks facing the river, three 7-storey post-and-beam buildings and a recessed penthouse. The raised first floors contain shops and restaurants, creating a lively and sophisticated atmosphere. The façades of the apartment blocks match the different types of apartment on the upper storeys and make the internal divisions visible from the outside: maisonettes are recessed into the façade, while some of the loggias are recessed and others project outwards. The shapes of the buildings and façades give this modern city district a strong constructivist feel, and the architectural contrast with the monumental Ukraina hotel has been handled sensitively rather than provocatively.

Комплекс включает в себя три обращенных в сторону Москва-реки высотных зданий и три семиэтажных вытянутых блока. Оформление фасадов отражает внутреннюю структуру зданий и перекликается с различными типологиями квартир. Торговые ряды в центре комплекса придают ареалу живую атмосферу.

In der Nähe des Hotels *Ukraina* – einer der berühmten Moskauer »Sieben Schwestern« im Stil des Sozialistischen Klassizismus – liegt das 15 Hektar große Ufergrundstück für das Projekt *Park City*. Im Auftrag der Unternehmensgruppe PIK, die seit 1995 auf dem russischen Investitions- und Projektentwicklungsmarkt agiert, hat das Londoner Büro Kohn Pedersen Fox Architects 2006 den Masterplan zur Bebauung des lukrativen Wohnareals am Kutusowski Prospekt erarbeitet. Das Konzept sieht ein neues Stadtviertel mit umfangreichen Wohn-, Büro- und Einkaufsflächen sowie großzügigen Grünanlagen vor, das auf dem Stadtentwicklungsprinzip der »City in the City« beruht. Eller + Eller Architekten haben im Rahmen eines Wettbewerbs die Planung für ein Teilareal im Herzen des Quartiers vorgenommen. Diese umfasst den Bau von drei zum Fluss ausgerichteten Wohnhochhäusern mit 19 bis 25 Geschossen sowie von drei Riegelgebäuden mit je sieben Geschossen und zurückgesetztem Staffelgeschoss. In den erhöhten Erdgeschossen entstehen Einkaufsflächen und Gastronomien, die eine urbane, lebendige Atmosphäre schaffen sollen. Die Fassadengestaltung der Wohngebäude korrespondiert mit den verschiedenen Wohnungstypen in den oberen Geschossen und macht die innere Aufteilung von außen ablesbar; Maisonetten springen im Fassadenbild zurück, Loggien strukturieren durch Rück- und Vorsprünge. Das Formenvokabular der Baukörper und Fassadenelemente verleiht dem modernen Stadtquartier eine klare, konstruktivistische Struktur. Der architektonische Kontrast zum benachbarten monumentalen Hotelbau *Ukraina* wirkt an dieser Stelle keineswegs provokativ, sondern konsequent durchdacht.

Eller + Eller Architekten planned part of this "City within a City", designing three apartment blocks 71 and 92 metres high, three 7-storey post-and-beam buildings and a recessed penthouse.

Eller + Eller Architekten übernahmen die Planung für ein Teilareal der »City in the City«. Sie entwarfen drei Wohnhochhäuser mit 71 und 92 Meter Höhe sowie drei Riegelgebäude mit je sieben Geschossen und einem zurückgesetzten Staffelgeschoss.

The Park City residential area is located on Kutuzovsky Prospekt, on the site of the former Badayevski brewery and the "Sacco and Vanzetti" stationery factory. The master plan is by Kohn Pedersen Fox Architects.

Nach einem Masterplan von Kohn Pedersen Fox Architects entsteht am Kutusowski Prospekt auf dem Gelände der ehemaligen Bierbrauerei Badajewski und der anliegenden Schreibwarenfabrik Sacco und Vanzetti das Wohnquartier Park City.

Profsoyuznaya Tower Residential Building

Wohnhochhaus *Profsoyuznaya Tower*

Architect
BRT Engineering GmbH (Hamburg)

General Planning
BRT RUS (Moscow)

Project Managing
Michael Horn
Bernd Muley

Design Team
Frank Goerge
Dirk Huenerbein
Robert Erlac
Marcus Pape
Evgeny Stolyarov
Irina Moor
Johannes Schmeesahl

Engineers
Arup Berlin (Structural Engineering)
Arup Moscow
Puls Moscow (Fire Safety)
Hundt und Partner (Lifts)

Client
OAO Moscow New Ring (Moscow)

Planning
2006–2008

Completion
2008–2010

The Profsoyuznaya Tower is one of 60 multipurpose skyscraper complexes to be built by 2015 as part of the 13-year "Moscow New Ring" investment program. The city government committee established in 2003 to implement the program is chaired by the mayor, Yuri Lushkov. "Moscow New Ring" is also the name of the public company, wholly owned by the city, established to coordinate the project. Three of the skyscrapers have already been completed, including the high-rise "Vorobjovy Gory" complex on Minskoye Chaussee. The 40-storey building planned by BRT Architekten in southwest Moscow is known as project 15 and forms part of the first of three phases of the project. It is designated by the city as an office and residential building, and is also required to include a four-storey underground garage. However, the architects were given greater free rein when it came to deciding on the shape of the building. The design comprises three structures, equal rectangles in plan and almost triangular in section, arranged in a star. To underline the visual unity of the individual structures, they are linked by a rhombus-shaped fassade framework which forms the outer load-bearing structure. This geometric pyramid of skyscrapers is one of southwestern Moscow's main landmarks, designed with the surrounding prefabricated high rises very much in mind: the perfect symbol of the advent of modern architecture in Moscow's outer suburbs.

В проект 40-этажного комплекса на юго-западе Москвы включены жилые, торговые и офисные помещения, а также четырехэтажный подземный гараж. Главный элемент комплекса представляет собой три соединенные между собой в центре пирамиды с ромбовидным растром наружной несущей конструкции.

Der *Profsoyusnaya Tower* gehört zu den 60 multifunktionalen Hochhauskomplexen, die bis 2015 im Rahmen des auf 13 Jahre angelegten Investitionsprogramms *Moskauer Neuer Ring* gebaut werden. Bürgermeister Juri Luschkow höchstpersönlich leitet die im Frühjahr 2003 zur Umsetzung des Programms gebildete Stadtregierungskommission. Als Projektkoordinator wurde die gleichnamige offene Aktiengesellschaft gegründet, die zu 100 Prozent der Stadt Moskau gehört. Drei Wolkenkratzerprojekte sind bereits fertiggestellt – darunter auch der weithin sichtbare Komplex *Worobjowy Gory* an der Minskoje Chaussee. Das von BRT Architekten geplante 40-geschossige Hochhaus im Südwesten Moskaus trägt die Projektnummer 15 und gehört zur ersten von insgesamt drei Realisierungsphasen des Stadtentwicklungsprojekts. Gemäß der städtischen Vorgabe soll es als Wohn- und Bürogebäude genutzt werden; ebenfalls obligatorisch ist eine viergeschossige Tiefgarage. Mehr kreativen Freiraum überließ man den Architekten bei der Form des Gebäudes. Der Entwurf beinhaltet drei im Grundriss gleiche rechteckige und im Schnitt annähernd dreieckige Baukörper, die sternförmig angeordnet sind. Um die optische Einheit der solitären Architektur zu unterstreichen, werden die drei Einzelkörper durch ein rautenförmiges Fassadenraster zusammengefasst, das die äußere Tragstruktur bildet. Die Hochhauspyramide ist mit ihrem geometrischen Charakter eine Landmarke am südwestlichen Rand Moskaus und wird ihre Wirkung inmitten der Plattenbauten nicht verfehlen. Der Turm an der Profsojusnaja Straße könnte durchaus symbolhaft für den Aufbruch der Moskauer Peripherie in das Zeitalter der modernen Architektur stehen.

Public tenders for the "Moscow New Ring" programme began in 2004. The Profsoyuznaya Tower is 15th on the construction list.

Im Rahmen des Programms Moskauer Neuer Ring werden seit 2004 offene Investorenauktionen zur Auftragsvergabe durchgeführt. Der Profsoyusnaya Tower steht an 15. Stelle der Realisierungsliste.

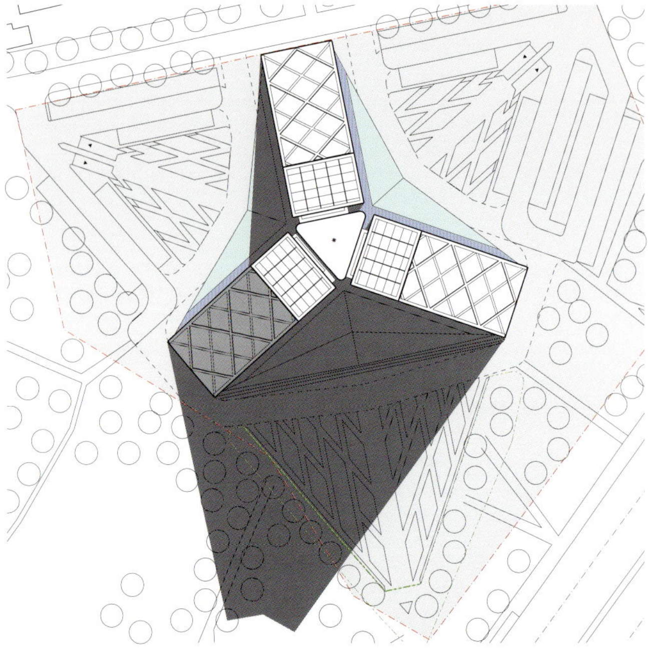

Two of the trapeze-shaped buildings will house one- to four-room apartments. The third will contain flexible offices of between 300 and 1,100 square metres.

Zwei der trapezförmigen Baukörper werden Ein- bis Vierzimmerwohnungen beherbergen. Im dritten Gebäude entstehen flexible Büroflächen zwischen 300 und 1.100 Quadratmetern.

The floorplan shows the three individual rectangular buildings arranged on the sides of a triangular core providing access to the upper storeys.

Der Grundriss zeigt die drei rechteckigen Einzelgebäude des Komplexes, die an den Seiten eines dreieckigen Kerns angeordnet sind. Die Erschließung der Geschosse erfolgt über den zentralen Kern.

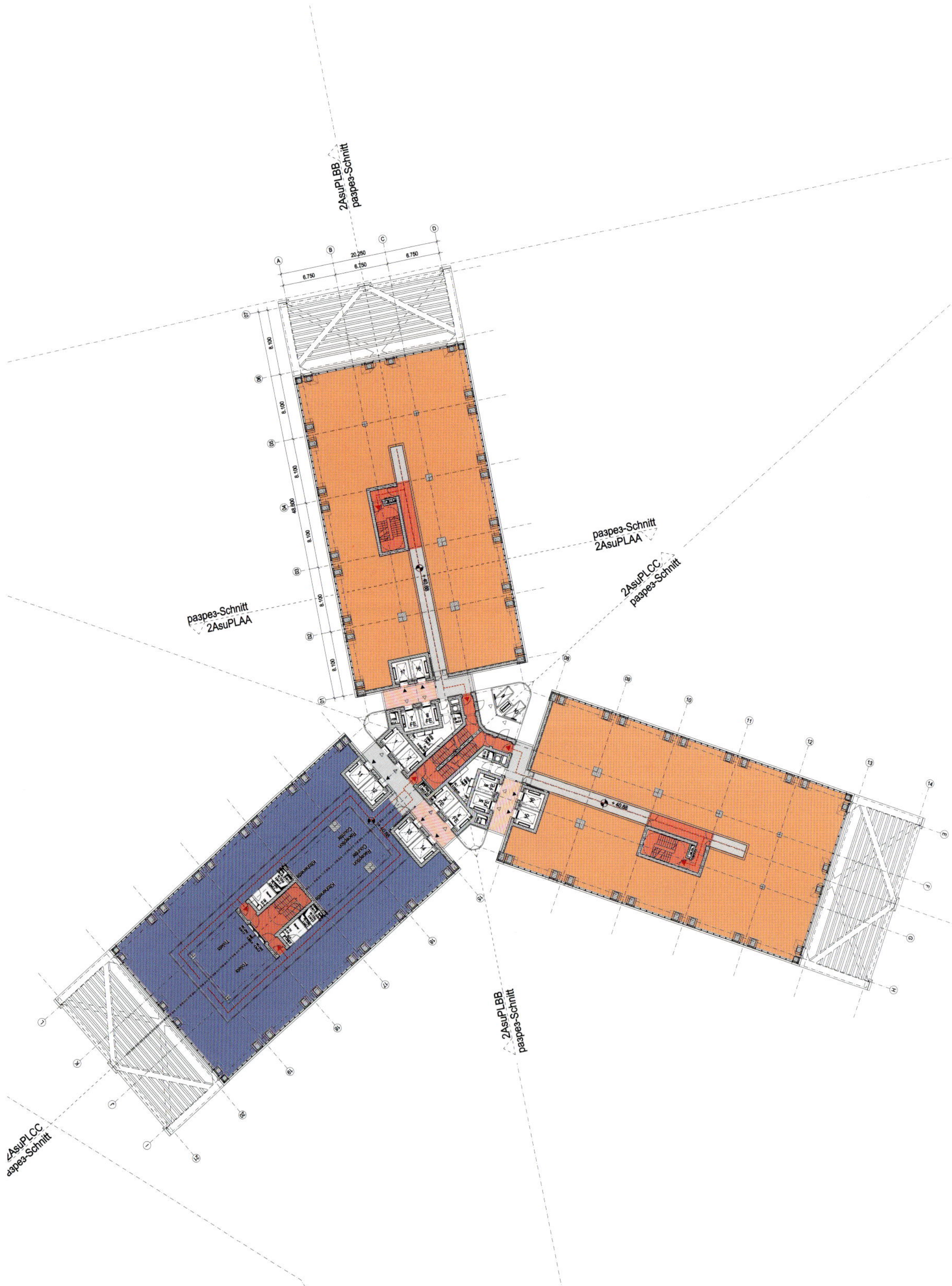

The triangle and trapezium are the basic shapes of the skyscraper's façade.

Dreieck und Trapez bilden die Grundformen der Fassadengestaltung des Wolkenkratzers.

Karbysheva 21 Residential Building, Union Park
Wohnhochhaus *Karbyschewa 21*, Union Park

Architect
buromoscow
(Berlin/Moscow)

Design Team
Andreas Huhn
Olga Aleksakova
Julia Bourdova

Engineers
000 NABAD

Client
KROST (Moscow)

Planning
2004

Completion
2006

The boulevard in northwest Moscow is named after General Dmitri Karbyshev, but this is far from being the only reminder of the Soviet era. This residential district is dominated by 1960s and 1970s socialist architecture. Most of the architecture on the outer fringes of the city is low-cost mass housing, making it difficult for expensive modern architecture to fit in. This was the problem facing KROST, the construction group responsible for the "Karbysheva 21" apartment block and many of Moscow's more interesting buildings. The team of young and creative German and Russian architects at buromoscow had to break with the grey monotony of the surroundings and develop a design for the outer cladding of the façade which was suitable for mass production. They took to this task with alacrity, using projections and windows to vary the volume of the building, and arranging the apartments so that the outside is divided up in the same way as the interior. The panels were constructed using seven different colours of brick, which are molded in stripes directly into the concrete on the outer shell during the fabrication process. From a distance, the building appears to be clad in timber, a solution which not only gives a thoroughly modern twist to one of Moscow's less distinguished architectural manifestations, but could also herald a renaissance of Bauhaus doctrines in Russian residential construction.

Серая монотонность объемов панельных зданий этого жилого блока была изменена благодаря выступающим элементам. Облицовка панелей фасада выполнена из плитки семи различных цветов, что при сочитании панелей друг с другом создает рисунок в горизонтальную полоску, напоминающий дерево.

Der nach dem General Dmitri Karbyschew benannte Boulevard im Nordwesten Moskaus ist nicht nur durch seine Bezeichnung sowjetisch geprägt; das gesamte Wohnviertel ist durch die sozialistische Architektur der Sechziger- und Siebzigerjahre »gezeichnet«. Ebenso wie in den anderen Moskauer Außenbezirken dominieren hier industriell vorgefertigte Typenbauten, die auch als Muster für »neue« Wohnhochhäuser dienen. Am Rande der Metropole wird immer noch kostengünstig für die breite Masse gebaut, so dass sich teure und moderne Architektur nur schwer durchsetzen kann. Beim Bau des Wohnblocks *Karbyschewa 21* stand der Baukonzern KROST, der in Moskau eigentlich für architektonische Vielfalt sorgt, vor eben dieser Problematik. Um der grauen Plattenmonotonie dennoch eine Absage erteilen zu können, stellte er das deutsch-russische Team von buromoscow vor die Aufgabe, ein für die Massenproduktion taugliches Gestaltungskonzept für die Außenverkleidung der Fassade des neu errichteten Wohnblocks zu erarbeiten. Die kreativen Jungarchitekten gingen ihre Aufgabe ganzheitlich an; sie änderten das Volumen des Gebäudes durch Vorsprünge und Verglasungen und ordneten die Wohnungen so an, dass das Gebäudeinnere dem Kontext der jeweiligen Fassade entspricht. Für die Gestaltung der Paneele wurden Klinker aus sieben verschiedenen Farben ausgewählt, die im Fertigungsprozess in Streifen auf der äußeren Schale direkt mit in den Beton eingegossen werden. Aus der Ferne wirkt der Neubau wie mit Holz verkleidet; diese architektonische Lösung dient nicht nur der Aufwertung der »Platte«, sondern könnte auch eine Renaissance der Bauhaus-Lehre im russischen Wohnungsbau einleiten.

To make the 23-storey apartment block into a monolith, the architects used joints of equal size both for the bricks and concrete slabs.

Um das 23-geschossige Wohngebäude als Monolith erscheinen zu lassen, haben die Architekten die Fugenstärke – sowohl zwischen den Klinkern als auch den Betontafeln – gleich groß gewählt.

Balconies and filigree panels add life to the expansive façade and reduce the scale of this massive building.
Balkone und filigrane Paneele beleben die großflächige Fassade und verkleinern den Maßstab des wuchtigen Gebäudes.

Projections and recesses in the façade give structure to the block and emphasise its corner location. The small, jutting balconies in the courtyard are designed to prevent tenants from filling the gaps with glass or bricks.

Vor- und Rücksprünge in der Fassade gliedern das Gebäude und betonen die Ecksituation des Blocks. Die kleinen, springenden Balkone im Hof sollen eine spontane Verglasung oder Verblendung mit Ziegelsteinen durch die Mieter verhindern.

The low-cost, mass-market housing on the fringes of the capital makes it difficult for expensive modern architecture to fit in.

Am Rande der Hauptstadt wird kostengünstig für die breite Masse gebaut, so dass sich teure und moderne Architektur nur schwer durchsetzen kann.

The poured concrete filigree ornamentation on the fronts of the fire escape housings give a strong sense of individuality to what would otherwise be a dull façade.

Die aus Beton gegossenen filigranen Gestaltungselemente werden vor den Brandtreppenhäuschen angebracht und verleihen der Plattenbaufassade einen individuellen Charakter.

The new mass housing: grey monotony gives way to warm-coloured bricks which from a distance resemble timber cladding.

Die neue Platte: nicht mehr grau und monoton, sondern mit Klinkern in warmen Farbtönen, die aus der Ferne wie eine Holzverkleidung wirken.

Martinov Esplanade Apartment Hotel and Residential Complex

Apartmenthotel- und Wohnkomplex *Martinow-Ufer*

Architect
Evgeni Gerasimov
Evgeni Gerasimov
& Partners
(Saint Petersburg)

Sergei Tchoban
nps tchoban voss
Architekten BDA
(Berlin/Hamburg/
Dresden)

Engineers
LAP Leonhardt,
Andrä und Partner
(Structural engineering)

kbp Kühn, Bauer und
Partner (Technical installations)

Schueco (Windows)

Client
LSR Group/
Renaissance of Saint
Petersburg

Planning
2004

Completion
2007

This exclusive complex is currently being built on the Martinov Esplanade on Krestovsky island, located in the middle of a park to the north of St Petersburg's downtown area. The architects respected the site by arranging the twelve individual houses, some of them linked by an elevated ground level, in an S shape, thereby creating two independent spaces within the complex. One, lined with an avenue of trees, forms an extension of the Grebnoy canal, creating a central esplanade. The other is a quieter, more secluded recreational area with landscaping and walking paths. The four- to six-storey buildings contain 160 luxury apartments. The complex's façade combines modern styling with the historic architectural idiom of the former Russian capital. On the one hand, we see the traditional clean lines and logical spatial structure of St Petersburg; on the other, the project's use of the latest technology and materials gives it a thoroughly modern dimension. Functional details borrowed from French and Italian architecture, such as blinds and raised shutters, are transformed into stone ornamentation to give the ensemble a contemporary relevance. In 2004, this very special project won the St Petersburg chamber of architects' ARCHITEKTON prize and a silver diploma at the Russian architects' federation building arts festival.

Данный эксклюзивный комплекс был возведен в северной части центра Санкт-Петербурга на набережной Мартынова. Расположенные в форме S здания комплекса, частично соединенные между собой цокольном этажом, образуют два внутренних дворовых пространства. В оформлении фасадов были объединены современная стилистика и исторические принципы строительства северной столицы.

Im Norden des Sankt Petersburger Stadtzentrums entsteht derzeit am Martinow-Ufer der Krestowski Insel, die inmitten eines Parkgeländes liegt, ein exklusiver Apartmenthotel- und Wohnkomplex. Die ortskundigen Architekten ordneten die zwölf, teilweise durch ein Sockelgeschoss verbundenen Einzelhäuser s-förmig an, so dass zwei unabhängige Räume innerhalb des Ensembles entstanden sind. Der eine bildet mit einer Baumallee die verlängerte Achse des Grebnoj-Kanals, so dass sich eine zentrale »Esplanade« ergibt. Der andere Raum ist eine eher abgeschlossene, ruhige Erholungszone mit Spazierwegen und Grünanlagen. In den vier- bis sechsgeschossigen Gebäuden sind 160 Luxuswohnungen und Apartments untergebracht. Die Fassadenlösungen des Komplexes vereinen moderne Stilistik mit historischen Regeln der Baukunst in der ehemaligen russischen Hauptstadt. Einerseits findet man darin das traditionell geforderte »strenge und schlanke Stadtbild« Sankt Petersburgs mit seinen klaren Linien und einer logisch herausgearbeiteten Raumstruktur wieder. Andererseits wird dem Projekt – dank der Verwendung neuester Fassadentechnologien und -materialien – eine moderne Dimension gegeben. Die der französischen und italienischen Architektur entliehenen funktionellen Details, wie Jalousien und aufgesetzte Fensterläden, wurden in steinerne dekorative Elemente verwandelt und erlauben eine zeitgemäße Deutung des Ensembles. In dieser begründet sich die Besonderheit des Projekts, das 2004 von der Sankt Petersburger Architektenkammer mit dem Hauptpreis ARCHITEKTON und auf dem Baukunst-Festival des russischen Architektenverbandes mit einem silbernen Diplom ausgezeichnet wurde.

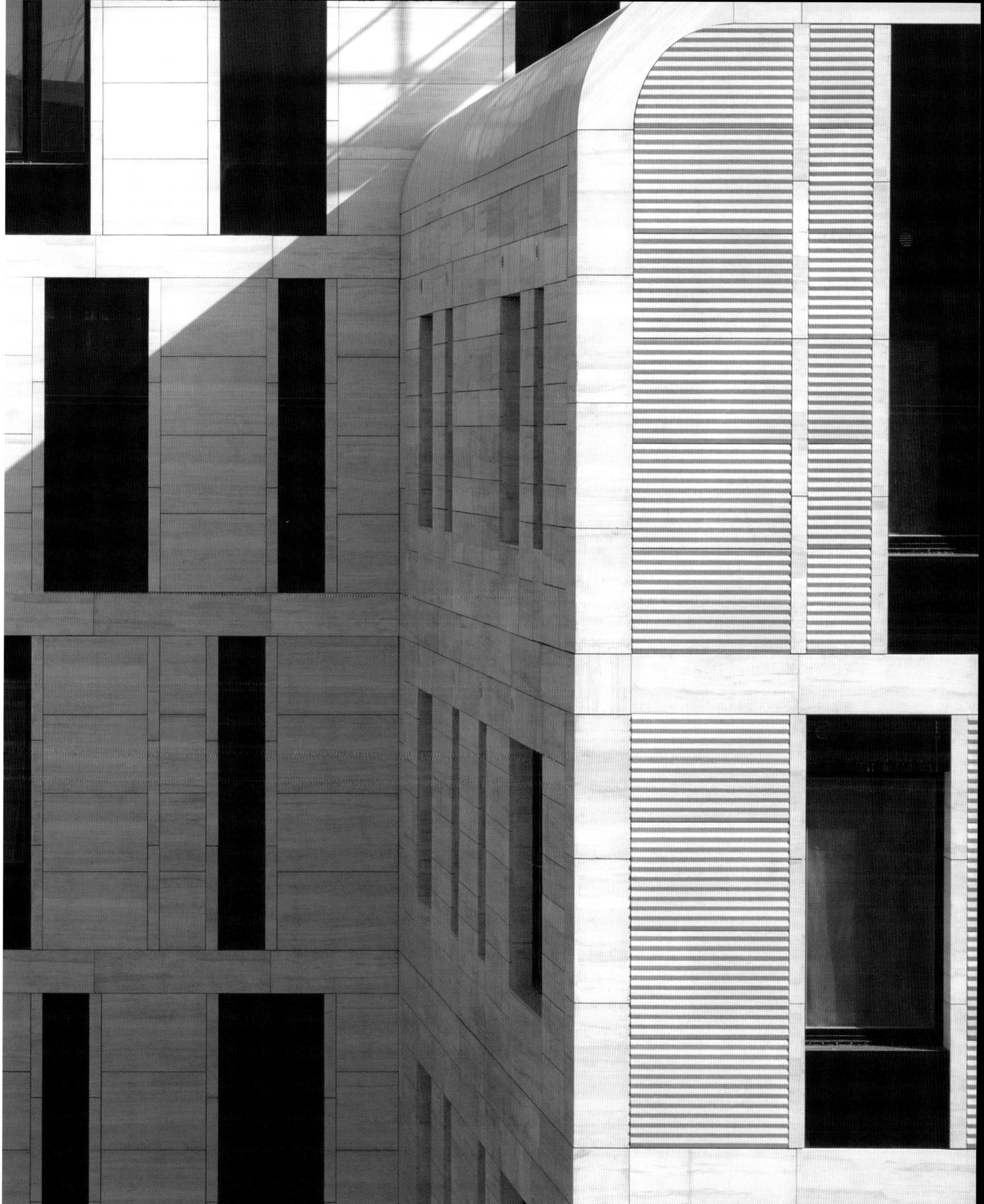

The site's magnificent position, between the Grebnoy canal and an arm of the river Neva, makes it ideal place to relax.

Die herrliche Lage zwischen dem Grebnoj-Kanal und einem Flussarm der Newa bietet optimale Möglichkeiten zur Entspannung am Wasser und im Grünen.

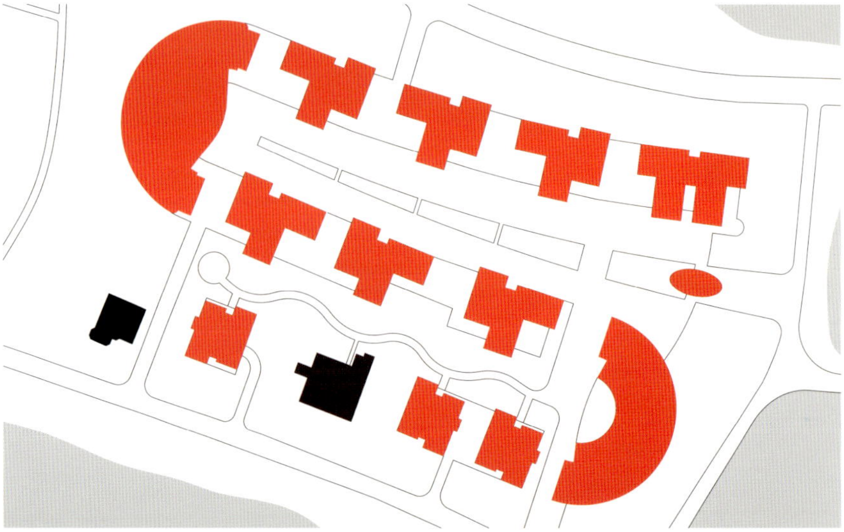

heller Naturstein, glatt geschliffen
светлый натуральный камень, шлифованный
heller Naturstein, glatt mit parallelen Rillen
светлый натуральный камень, профилированный
Holzfenster
деревянное окно
Wintergarten
зимний сад
Brüstungsgeländer, lackiertes Metall
ограждение, окрашенный металл
dunkler Naturstein, glatt poliert
темный натуральный камень, полированный

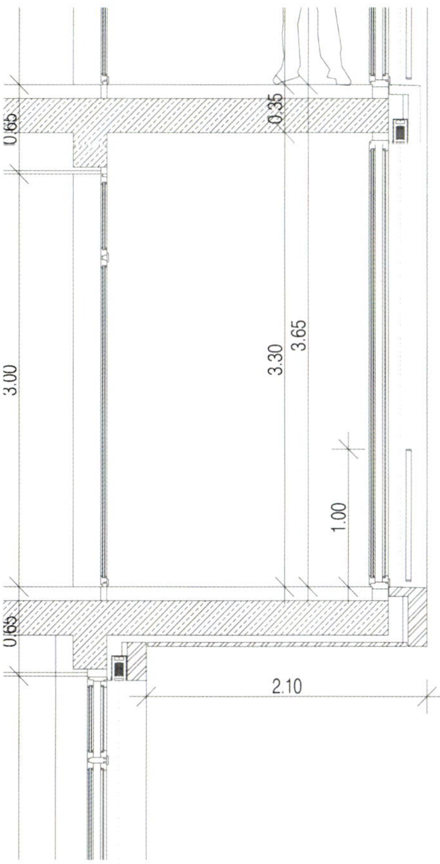
0.65
0.35
3.00
3.30
3.65
1.00
0.65
2.10

Holzfenster
деревянное окно
Wintergarten
зимний сад
Brüstungsgeländer, lackiertes Metall
ограждение, окрашенный металл
heller Naturstein, glatt geschliffen
светлый натуральный камень, шлифованный
dunkler Naturstein, glatt poliert
темный натуральный камень, полированный

The façade design is the only one of its kind in Russia, made from high-quality, warm-toned stone specially imported from Portugal and India. Each façade is made up of more than 5,000 individually built components.

Die Fassadengestaltung ist bislang einzigartig in Russland. Hochwertiger, in warmen Tönen gehaltener Naturstein wurde aus Portugal und Indien importiert. Jede Fassade ist aus mehr als 5.000 einzeln gefertigten Elementen zusammengesetzt.

The colours and materials of the interior are designed to match the exterior. Both inside and out, the complex is a blend of simple elegance and exceptional comfort.

Das Interior Design ist hinsichtlich der Materialien und Farbauswahl auf die Fassadengestaltung abgestimmt. Sowohl innen als auch außen zeichnet sich das Wohnensemble durch schlichte Eleganz und einen hohen Wohnkomfort aus.

First Love Villa
Stadtvilla *First Love*

Architect
Willen Associates Architekten (Wiesbaden)

Engineers
IB-ZAMMIT (Moscow)

Client
Boris Kuzinez/ ROSE GROUP (Moscow)

Planning
2002

Completion
2008

Since the 1990s, the biggest instigator of building projects in the Ostoshenka district has been the ambitious realtor Boris Kuzinez. His distinctive, high-quality homes are very popular among local Moscow personalities. One example is this villa, whose name pays homage to the 1860 novella "First Love" by a former neighbour, Ivan Turgenev. Its architecture expresses both the contrasts between the two ill-matched protagonists of "First Love" and the extremes of modern-day Moscow, juxtaposing a simple and striking cube with a much more gently rounded form. The cube's simplicity is emphasized by glass shutters and flush-fitted ribbon glazing, while the gleaming titanium skin and glass shingles of the exterior give the villa a luxuriously extravagant feel. The German architects intended its forms not just as mere decoration, but as a symbol of a modern, dynamic Moscow that is true to its historic heritage and serves as an inspiration to its inhabitants.

Проект городской виллы First Love – это один из примеров индивидуальных запросов современных московских заказчиков. В архитектурном облике этого строения отражается красивая литературная история противоречивой любви. Два элемента здания - строгий кубический и решенный в плавных закругленных формах - тесно соединенны между собой и олицетворяют экстремальность сегодняшней Москвы. Куб выделяется своей четкой формой, фасадом со стеклянными элементами и лаконично окантованными окнами. Второй элемент здания облицован титановыми гонтами, придающими вилле оттенок роскоши и расточительства. Облик здания может служить символом современной динамичной Москвы.

Das Moskauer Innenstadtviertel um die Hauptstraße Ostoschenka ist seit jeher eine bevorzugte Wohngegend, insbesondere für Geschäftsleute und Intellektuelle. Zahlreiche Stadtvillen sind mit Schildern, die an prominente ehemalige Bewohner erinnern, versehen und zeugen von der ruhmreichen Vergangenheit des Viertels. Größter Bauherr im Ostoschenka-Quartier ist seit den Neunzigerjahren der geschäftstüchtige Moskauer Immobilienmakler Boris Kusinez mit seiner ROSE GROUP. Seine individualistischen und erlesenen Wohnungsbauprojekte erfreuen sich bei bekannten Moskauer Persönlichkeiten der Gegenwart großer Beliebtheit. Die geplante Stadtvilla, als Hommage an den früheren Nachbarn Iwan Turgenjew nach dessen Novelle *Erste Liebe* benannt, ist nur ein Beispiel für die individuellen Ansprüche von Kusinez' Kunden. In der Architektur des Bauwerks wird die Geschichte einer von Gegensätzen geprägten Liebe aus dem Jahr 1860 reflektiert: Ein strenges, kubisches Gebäude und ein in sanften, runden Formen frei modellierter Baukörper stehen eng beieinander und lassen so die Extreme des heutigen Moskaus aufeinandertreffen. Der Kubus zeichnet sich durch eine klare, markante Form aus, die von einer Glaslamellenfassade und bündig eingefassten Fensterbändern unterstrichen wird. Der freie Baukörper besitzt eine Außenhaut aus glänzenden Titanium- und Glasschindeln, die der Villa einen luxuriösen, verschwenderischen Charakter verleiht. Die Formensprache der Villa wollen die deutschen Architekten nicht etwa als »Baudekoration« verstanden wissen, sondern als ein Symbol für das moderne, dynamische Moskau, das sein historisches Erbe nicht verleugnet sowie Inspirationsquelle für seine Bewohner ist.

The villa consists of two sections, one an oval and the other a cube. Quotations from Turgenev's novel First Love, from where its name derives, are inscribed behind glass panels on the façade.

Ein kubischer und ein ovaler Baukörper fügen sich zu einem Gebäude zusammen; hinter den Glaslamellen ist die Fassade mit Zitaten aus Turgenjews namensgebender Novelle Erste Liebe bedruckt.

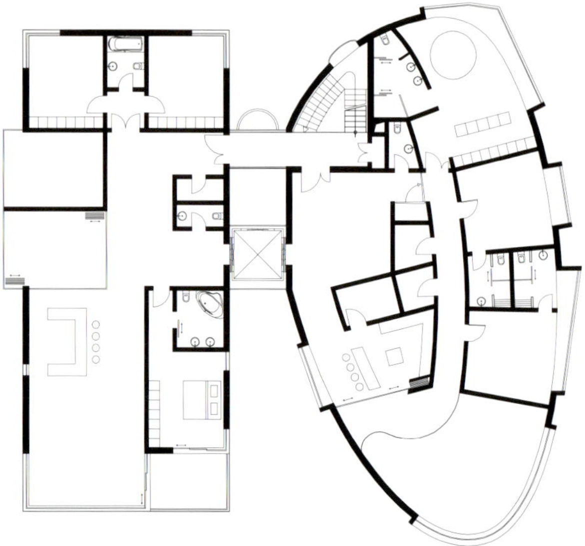

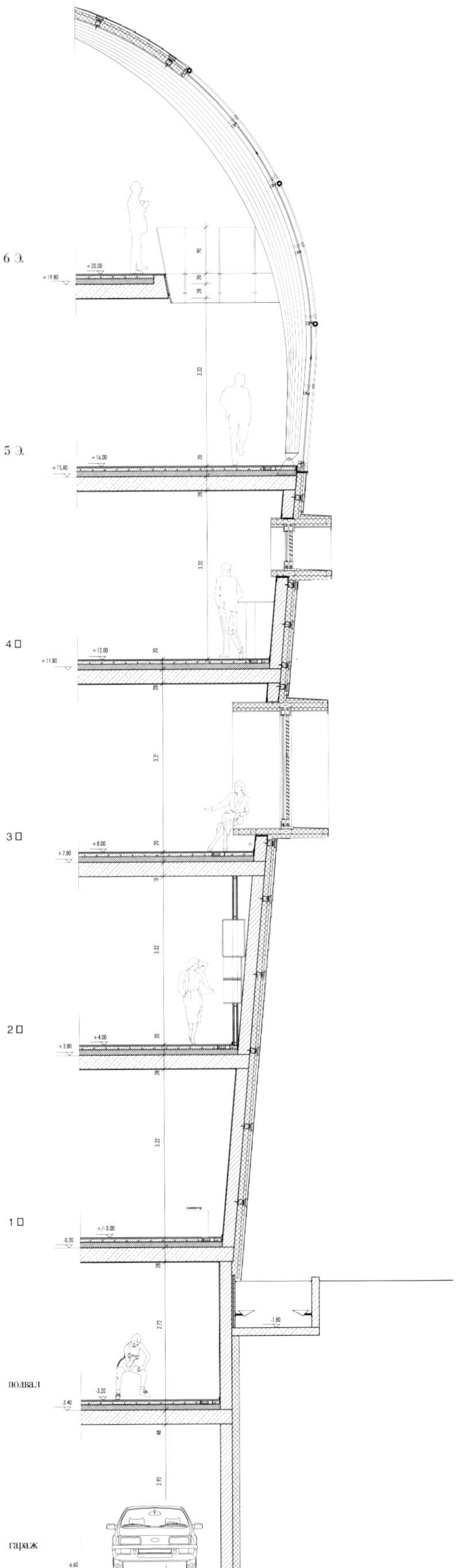

The multi-storey glazed central lobby uses airspaces and bridges to create expansive views and visual tensions. All functions of the apartments can be remotely controlled.

Die über mehrere Geschosse reichende verglaste Lobby bildet einen Zwischenbau, der mit Lufträumen und Brücken großzügige und spannungsreiche Blickbeziehungen schafft. Alle Funktionen der Wohnungen können ferngesteuert werden.

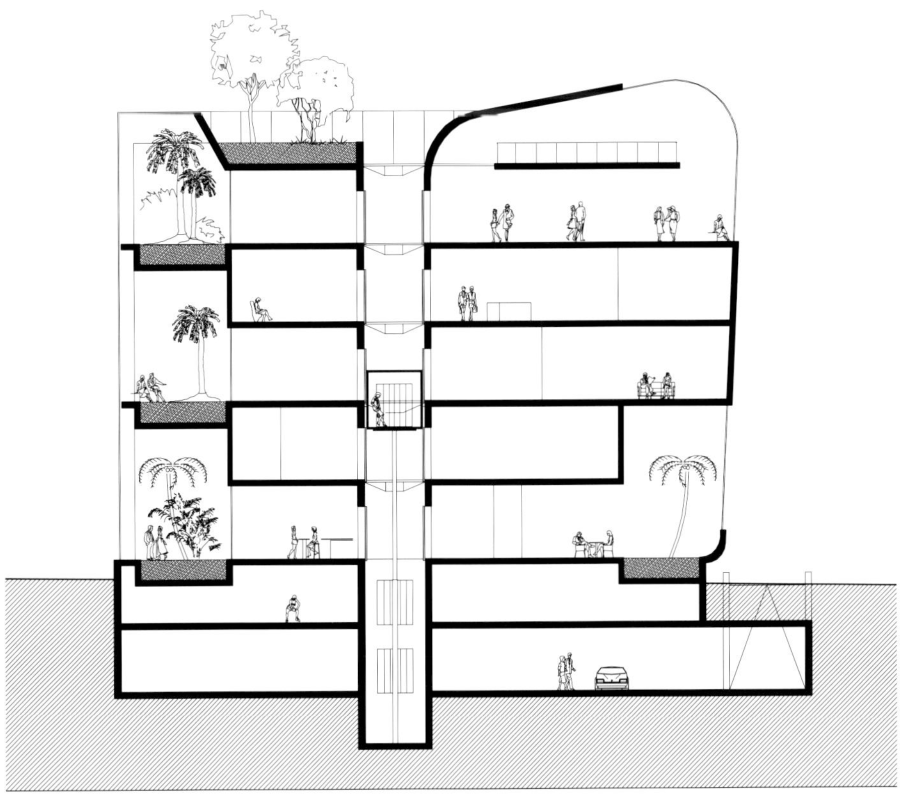

Kalchuga Villa near Moscow
Villa *Kalchuga* bei Moskau

Architect
Meinhard von Gerkan
(von Gerkan, Marg und Partner, Hamburg)

Design Team
Walter Gebhardt
Sona Kazemi
Beate Quaschning
Hinrich Müller

Planning
2002

In Russia, owning a dacha (a weekend or summer house) is not regarded as a particular privilege, especially as the garden is often used to grow fruit and vegetables for the owner's own use. However, the purpose and appearance of the dacha has fundamentally changed with the rise of the new social and political elite: it has become a permanent home away from the stresses of the city, as well as an important status symbol. A number of exclusive villas commissioned by the country's new dollar millionaires since 1998 have attracted public attention because they were designed by leading foreign architects. One of these is the Villa Kalchuga, built in 2002 by gmp Architekten for a young Moscow businessman on a woodland site to the northwest of the outer ring road, near the village of Kalchuga. The main building consists of three horizontally offset slices, opening out into a valley with a transparent glass façade to the south west. All five sections have double-shelled façades and roofs, exposed concrete internal shells and an outer layer of backlit recycled glass. Their shimmering green glazing and strictly geometric structure makes the villa resemble a crystal – the most coveted of luxury items.

Размер дачных участков и небычность возводимых на них строений являются в России показателем платежеспособности заказчика. Одним из таких примеров является вилла «Калчуга», спроектированная немецким архитектурным бюро gmp Architekten. Главным элементом здания являются три вытяннутых остекленных шайбы, обращенные на юго-запад с видом на долину. Все пять элементов комплекса имеют двуслойные фасады, наружную поверхность крыш покрывает стекло с зеленоватой подсветкой.

Eine Datscha – ein Wochenend- oder Sommerhaus – zu besitzen ist für Russen eigentlich kein besonderes Privileg, zumal die teils zum Obst- und Gemüseanbau nutzbaren Grundstücke noch heute oft der Selbstversorgung dienen. Die Funktion – ebenso wie ihr äußeres Erscheinungsbild – der Datscha hat sich jedoch für die neue russische Geschäfts- und Politikerelite grundlegend gewandelt: Sie ist zum festen Wohnsitz außerhalb der nervenaufreibenden Großstädte und zum wichtigen Statussymbol für Reichtum und Macht geworden. Bereits Anfang der Neunzigerjahre wurden am Rande der russischen Hauptstadt die ersten Cottage- und Villenviertel gebaut. Die Größe der erworbenen Grundstücke und die Ausgefallenheit der darauf gebauten Architektur standen schon damals in direktem Verhältnis zur Zahlungskräftigkeit der Besitzer. Nach 1998 erregten einige exklusive Villenprojekte öffentliche Aufmerksamkeit, die von neuen russischen Dollar-Millionären bei ausländischen Stararchitekten in Auftrag gegeben wurden. So auch die Villa *Kalchuga*, die 2002 von gmp Architekten für einen jungen Moskauer Geschäftsmann auf einem Waldgrundstück nordwestlich des Außenstadtrings, nahe der Ortschaft Kalchuga, geplant wurde. Das Hauptgebäude ist in drei horizontal versetzte, gläserne Gebäudescheiben gegliedert und öffnet sich mit einer transparenten Glasfassade nach Südwesten zum Tal. Alle fünf Baukörper haben zweischalige Fassaden und Dächer mit einer inneren Sichtbetonschale und einer äußeren Schicht aus hinterleuchtetem Recyclingglas. Mit ihrer grünlich schimmernden Verglasung und der streng geometrischen Unterteilung wirkt die Villa wie ein Kristall – das begehrteste aller Luxusgüter.

The four-storey buildings' diagonal positioning reflects the steeply sloping nature of the woodland site.

Durch die Schrägstellung passen sich die viergeschossigen Baukörper optimal an den Steilhang des Waldgrundstücks an.

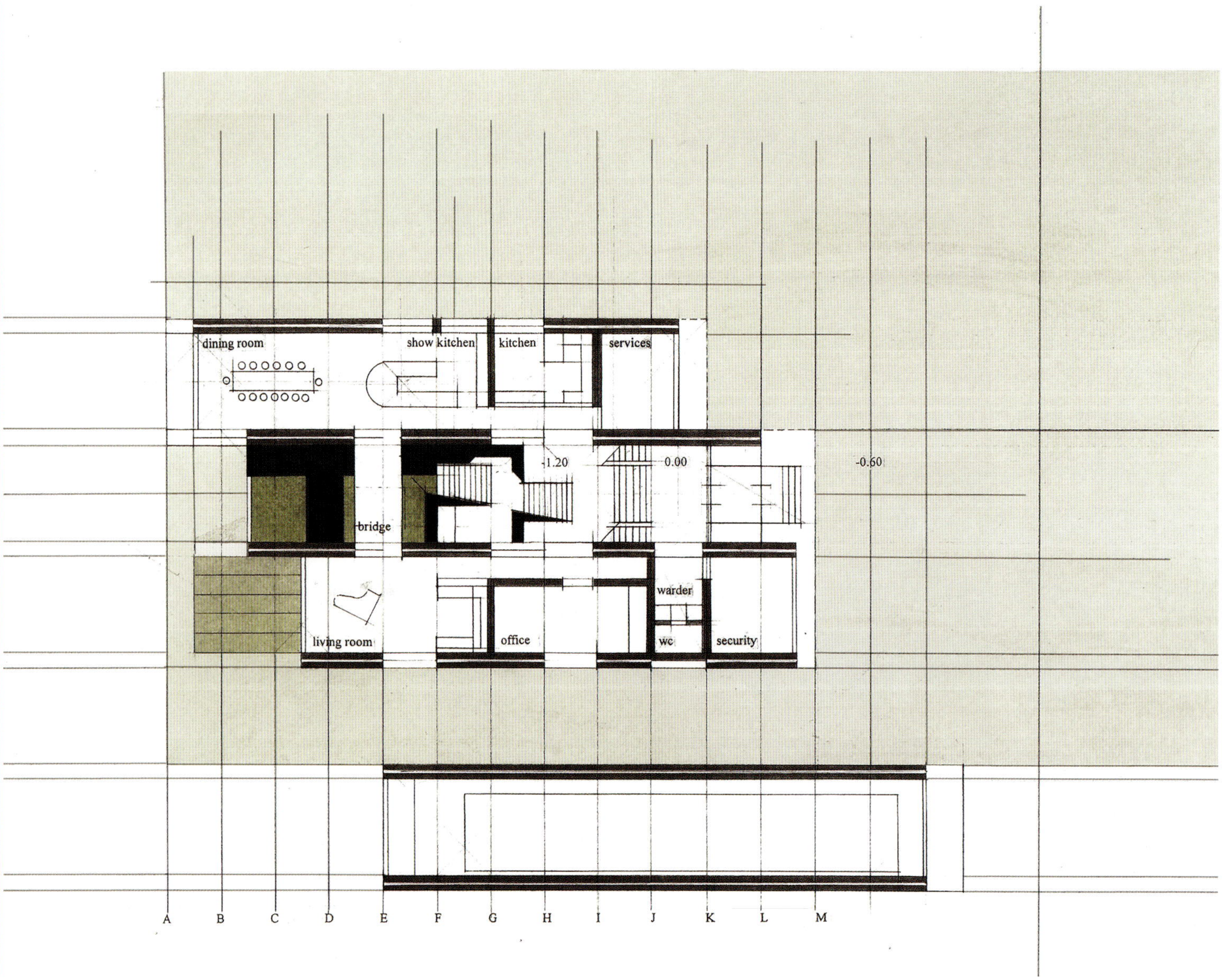

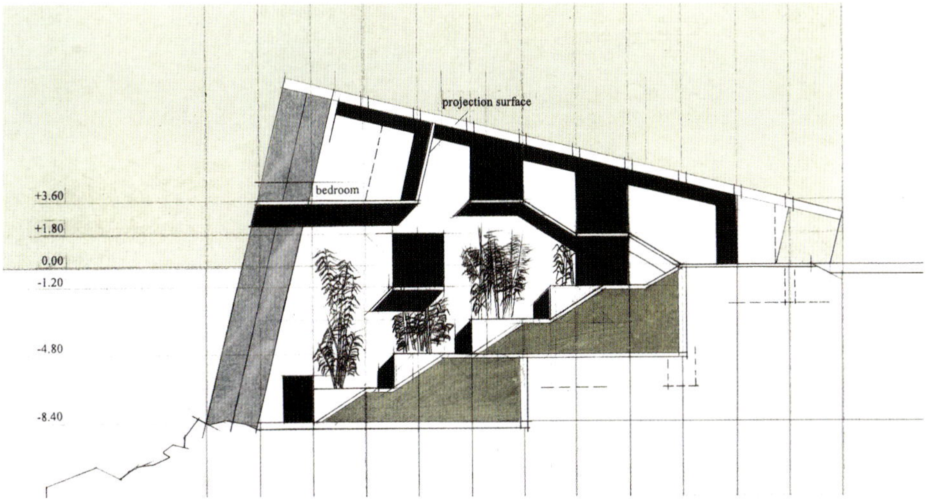

The green shimmering glass and strict geometry give the ensemble a lightweight, transparent air despite its relatively large overall size.

Das grünlich schimmernde Glas sowie die streng geometrische Unterteilung lassen das Ensemble trotz seiner relativ großen Gesamtfläche leicht und transparent wirken.

b box Experimental Housing

Experimentelle Wohnzellen *b box*

Architect
Willen Associates Architekten (Wiesbaden)

Engineers
A-TBN (London)

Client
GUTA Holding

Planning
2006

Completion
2007

As well as being a popular bathing and excursion destination for Muscovites, the Klyasma reservoir to the north of the city has, for the past five years or so, been an important showcase for contemporary Russian art and architecture. An art festival is held here every summer in the public space known as Art Klyasma, and the area around the lake and along the Klyasma river is home to a wide variety of distinctive experimental buildings by innovative Russian architects. This scenic and culturally important area inspired Georgian construction contractor Dmitri Chichikashvili to build a lakeside sanatorium for employees of the Russian conglomerate GUTA Holding. A total of twenty Russian and foreign architects were commissioned to design cube-shaped living units, each five meters wide, eight meters long and six and a half meters high. In its two designs for "b boxes", Willen Associates Architekten made reference to the surrounding water and forests. The shell is made of insulating glass and uses Priva-Lite glazing, which can be switched at will from transparent to opaque when viewed from the outside. This either reflects the lakeside landscape, or allows it to be viewed from the interior of the simple two-storey home.

20 российских и зарубежных архитекторов разработали проекты жилых блоков – 5 м шириной, 8 м длиной и 6 м высотой – для санoторного комплекса на берегу Клязменского водохранилища. В основе спроектированных Willen Associates Architekten боксов лежат элементы воды и леса. Оболочка бокса выполнена из электрооптического стекла «priva-lite» с регуляцией прозрачности, рефлектирующего наружу и в тоже время освещающего лаконичный интерьер.

Der Kljasma-Stausee nördlich von Moskau ist nicht nur ein beliebter Ausflugs- und Badeort der Moskauer, sondern seit etwa fünf Jahren auch ein wichtiger Schauplatz für aktuelle russische Kunst und Architektur. Jeden Sommer findet hier das Festival für Kunst im öffentlichen Raum *Art Kljasma* statt. Nicht zufällig entdeckt man daher um den See und entlang des Flusses Kljasma allerlei eigenwillige Bauwerke experimentierfreudiger russischer Architekten, so zum Beispiel ein Klubhaus des Studios XYZ, das *Museum der schwimmenden Künste* der Gruppe Art-Blja oder das Restaurant *95 Grad* von Alexander Brodski. Der landschaftlich schöne und kulturell anspruchsvolle Standort brachte den georgischen Bauunternehmer Dmitri Tschitschikaschwili auf die Idee, am Seeufer für die GUTA Holding ein Sanatorium zu errichten, das den individuellen Erholungsbedürfnissen der Topmanager und Mitarbeiter des großen russischen Mischkonzerns entsprechen sollte. Insgesamt wurden zwanzig russische und internationale Architekten mit der Gestaltung von kubusförmigen Wohnparzellen beauftragt, die fünf Meter breit, acht Meter lang und sechseinhalb Meter hoch sein sollten. Willen Associates Architekten beziehen sich in ihren beiden Entwürfen für die *b box* auf die unmittelbaren Gegebenheiten der Seenlandschaft: Wasser und Wald. Die Gebäudehülle ist aus Isolierglas in Verbindung mit »priva-lite glazing« aufgebaut und kann die Box nach außen entweder transparent oder auch opak erscheinen lassen. Einerseits reflektiert sie die mit Laubbäumen bewachsene Uferlandschaft, andererseits transferiert sie diese in das Innere des schlichten zweigeschossigen Wohngebäudes.

b box's open-plan design makes the attractive landscape of the Klyasma reservoir an integral part of the building.

Durch die offene Gestaltung der b box wirkt die reizvolle Landschaft des Kljasma-Stausees tief in den Wohnraum hinein.

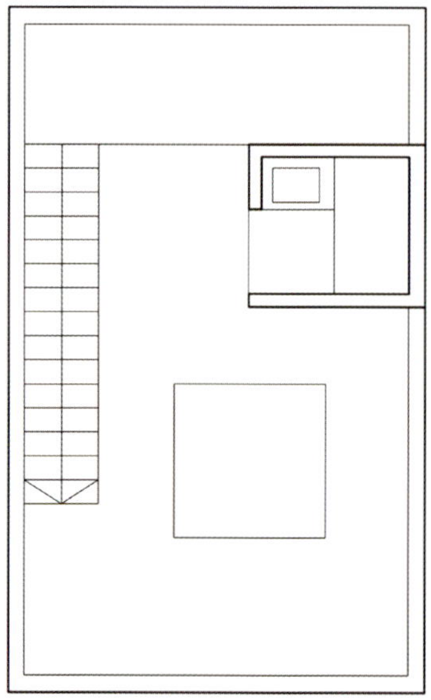

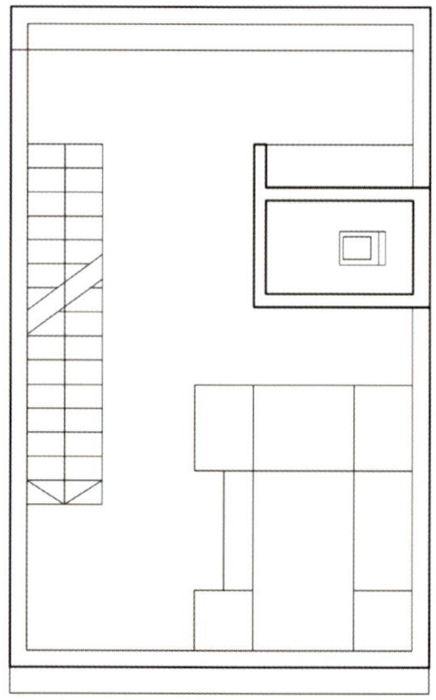

The design promises light, air, sunshine and greenery to stressed urbanites.

Der Entwurf verspricht Licht, Luft und Sonne sowie ausreichend Grün für den gestressten Großstädter.

Airport Vnukovo-1
Flughafen Wnukowo, Terminal 1

Architect
OBERMEYER
Planen + Beraten GmbH
(Munich/Moscow)

Client
International Airport
Vnukovo AG (Moscow)

Planning
2004–2006

Completion
2008

Vnukovo is one of Russia's oldest airports, and is now undergoing a dramatic rebirth after nearly 70 years. As the home of the state-owned Rossiya transportation company, it was once the main aviation gate to Moscow. Later, with the construction of the Sheremetyevo-2 international terminal and the expansion of Domodedovo to create Russia's largest airport, it became something of a backwater. When the Moscow City development was planned, the airport, only 20 kilometres from the city center, returned to the spotlight. Since businesspeople can reach the new inner-city district in as little as 15 minutes, Vnukovo was ideally placed to become Moscow's airport of the future. The first step in this direction was taken in 1998, when the Vnukovo-3 terminal was opened, followed in the spring of 2004 by the completion of a new international passenger terminal. Today the operating company, International Airport Vnukovo AG, is planning as far ahead as 2015, when Vnukovo should become Moscow's biggest airport. As part of this ambitious goal, the architectural firm OBERMEYER was commissioned to design a five-storey terminal for 20 million passengers a year, with a maximum capacity of 7,800 passengers. The €400 million project represents a major investment in the future, and this is reflected in the new terminal's high-tech architecture.

Старейший российский аэропорт переживает свое возрождение. Проект нового пятиэтажного терминала, расчитанного на 20 миллионов пассажиров в год и максимальной нагрузкой в 7.800 пассажиров, разработало немецкое бюро OBERMEYER. Сумма строительства составляет 400 миллионов евро и безусловно является продуманной инвестицией в будущее.

Der Flughafen Wnukowo ist einer der ältesten der russischen Luftfahrtgeschichte und erlebt mit seinen fast siebzig Jahren derzeit eine beispielhafte Wiedergeburt. Als Basis-Airport des staatlichen Transportunternehmens Rossija war er einst das wichtigste Luftfahrtstor Moskaus. Später, mit dem Bau des internationalen Terminals *Scheremetjewo-2* und der Erweiterung des Flughafens Domodedowo zum größten Lufthafen Russlands, geriet er ins verkehrspolitische Abseits. Erst durch die Planung von *Moscow City* rückte der nur 20 Kilometer vom Stadtzentrum entfernte, nahe der Ortschaft Wnukowo im Südwesten Moskaus gelegene Flughafen wieder in das Blickfeld der Verkehrsplaner. Im Idealfall können Geschäftsleute in nur 15 Minuten das neue Quartier in der Innenstadt erreichen; Wnukowo bietet also ideale Voraussetzungen, um Moskaus »Airport der Zukunft« zu werden. Als erster Schritt in diese Richtung wurde 1998 der Business-Terminal *Wnukowo-3* eröffnet. Im Frühjahr 2004 folgte die Fertigstellung des neuen internationalen Passagier-Terminals. Heute reichen die Zukunftsplanungen der International Airport Vnukovo AG bis ins Jahr 2015; dann soll Wnukowo der größte Flughafen Moskaus sein. Zur Realisierung dieses ehrgeizigen Ziels wurde das Büro OBERMEYER mit dem Bau eines fünfgeschossigen Terminals für 20 Millionen Passagiere pro Jahr und eine Spitzenbelastung von 7.800 Passagieren beauftragt. Das Auftragsvolumen beträgt 400 Millionen Euro und ist zweifellos eine Direktinvestition in die Zukunft. Die futuristisch anmutende Architektur des neuen Terminals wird dem Planungsziel durchaus gerecht. Ob als Flugzeug oder als Vogel interpretiert, der neue Flughafenbau symbolisiert Moskaus künftigen »Höhenflug«.

30 m
22

Last modernized in 1980 for the Summer Olympics, Moscow's conveniently located Vnukovo airport is undergoing major expansion. The new passenger terminal 1 has been under construction since November 2006.

Seit seiner letzten Modernisierung 1980 für die Olympischen Sommerspiele erfährt der verkehrsgünstig gelegene Flughafen Wnukowo derzeit eine beispiellose Erweiterung. Der neue Passagier-Terminal 1 befindet sich seit November 2006 im Bau.

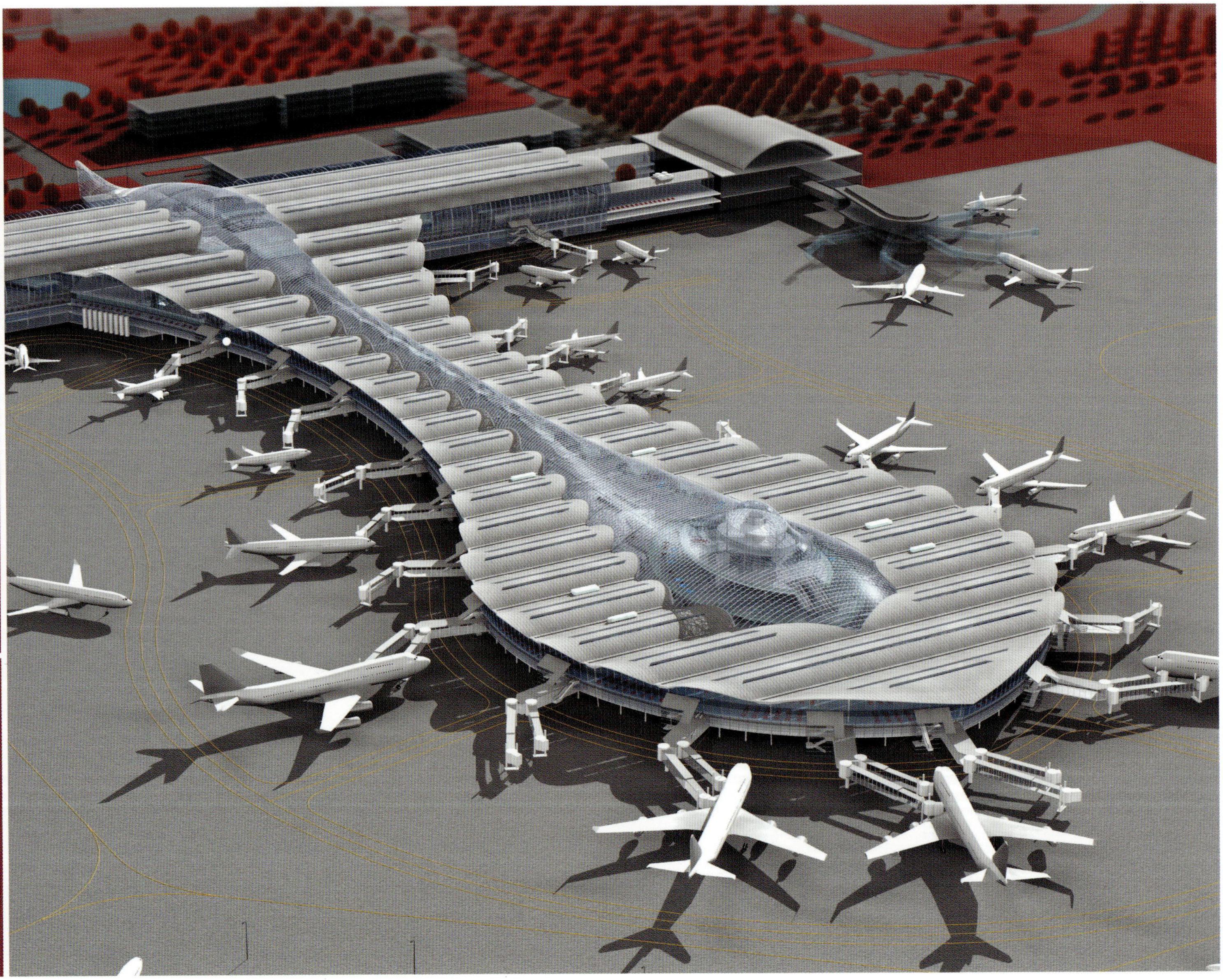

The terminal's uniquely distinctive character is underlined by the bold silhouette of the wave-shaped roof.

Der eigenständige und unverwechselbare Charakter des Terminals wird durch die dynamische Silhouette der wellenförmigen Dachtonnen unterstrichen.

As an international passenger terminal, the building is designed to create a complete separation between domestic and international flights and between arrivals and departures. This is clearly apparent both in the exterior and roof and in the internal layout.

Als internationaler Passagier-Terminal ist das Gebäude unter dem funktionellen Aspekt der klaren Vier-Wege-Trennung von Inland, Ausland, Abflug und Ankunft konzipiert. Sowohl in der Fassaden- und Dachgestaltung als auch in der inneren Zuordnung der funktionellen Abläufe bietet es eindeutige Überschaubarkeit.

The new airport building consists of a two-part structure with a 360- by 84-metre central unit and a 520- by 60-metre, 26-gate pier at right angles to it.

Das neue Flughafengebäude besteht aus einem zweiteiligen Baukörper mit einer 360 mal 84 Meter großen Zentraleinheit und dem senkrecht dazu ausgerichteten, 520 mal 60 Meter großen Pier für 26 Flugzeugpositionen.

Airport Domodedovo-2

Flughafen Domodedowo, Terminal 2

Architect
OBERMEYER
Planen + Beraten GmbH
(Munich/Moscow)

Traffic Engineering
OBERMEYER
Planen + Beraten
(Munich/Moscow)

Client
East Line Group (Moscow)

Planning
2006–2007

Completion
2020

Moscow's busiest airport is located some 45 kilometres southeast of the city center. Founded in 1962, it was opened to international flights in 1992 and greatly expanded to keep pace with the explosive growth of Moscow air traffic, leaving the operating company East Line and its 16 subsidiaries little time to pause for breath. Group chief executive Dmitri Kamenshchik plans to continue expanding the airport until 2020 and to build a second international terminal for up to 10 million passengers a year. The competition for the new two-part building with a central unit and 15-gate pier was won by OBERMEYER. One of the main factors in the jury's decision was the fact that the Munich-based general planning company had had a presence in Moscow for ten years, as the contract required detailed local knowledge. This demanding project, which included landside access roads and aprons, had to be completed in only 18 months. A two-level design has been used to separate arriving and departing passengers. The new building, with its vertically structured, rounded façades, is inspired by the existing terminal 1, and forms the airport's central axis, adjoining the trapeze-shaped central unit and pier to the northwest. A third terminal to the southeast is already being planned.

Полностью остекленные фасады этого нового терминала наиболее оживленного на сегодняшний день московского аэропорта Домодедово с четким вертикальным делением и скругленными формами перекликаются с оформлением фасадов старого терминала. Он образует центральную ось, которая связывает трапецивидную центральную часть с пирсом. Данный проект был так же разработан бюро OBERMEYER.

Der gegenwärtig verkehrsreichste Moskauer Flughafen Domodedowo liegt etwa 45 Kilometer südöstlich des Stadtzentrums. 1962 gegründet, wurde er 1992 für den internationalen Flugverkehr geöffnet und von 1996 bis 2003 umfangreich ausgebaut. Doch die rasante Entwicklung des Moskauer Luftverkehrs gönnt der Betreibergruppe East Line mit ihren 16 Tochterunternehmen keine Atempause. Deswegen plant Konzernchef Dmitri Kamenschtschik bis zum Jahr 2020 die Erweiterung des Flughafens um einen zweiten internationalen Passagier-Terminal, der für bis zu zehn Millionen Fluggäste pro Jahr ausgelegt ist. Die Ausschreibung für den Neubau des zweiteiligen Gebäudes mit Zentraleinheit und Pier für fünfzehn Flugpositionen hat das deutsche Büro OBERMEYER gewonnen. Ausschlaggebend für die Juryentscheidung könnte die über zehnjährige Marktpräsenz des Münchener Generalplaners in Moskau gewesen sein, denn der Auftrag fordert fundierte Ortskenntnis. Die Realisierung inklusive landseitiger Erschließung und Flugbetriebsflächen in nur 18 Monaten wird dem erfahrenen Generalplaner jedoch einiges abverlangen. Der Architekturentwurf basiert auf einem Zwei-Ebenen-Konzept, getrennt nach ankommenden und abfliegenden Fluggästen. In seiner Gestaltung ist der Neubau mit den vertikal gegliederten, abgerundeten Fassadenflächen an dem bereits bestehenden Terminal 1 orientiert. Dieser bildet die zentrale Mittelachse des Airports, an die die trapezförmige Zentraleinheit mit Pier nordwestlich anschließt. Ein südöstlich angrenzender dritter Terminal ist bereits in Planung. Domodedowo lässt sich seinen ersten Platz unter den Moskauer Flughäfen nicht streitig machen.

Вылет

The existing entrance building next to the trapeze-shaped central unit consists of two crescent-shaped structures, and houses an additional service level and space for feeder buses.

An die trapezförmige Zentraleinheit schließt ein aus zwei sichelförmigen Baukörpern bestehendes Eingangsgebäude an, das eine zusätzliche Ebene für den Service und die Zubringerbusse enthält.

Plans for the future of Russia's biggest airport include a passenger terminal to the southeast and two districts named Airport City and Aerotropolis.

Die Zukunftsplanung für den derzeit größten russischen Airport sieht bereits einen südöstlich anschließenden Passagier-Terminal und den Bau zweier Flughafenviertel namens Airport City und Aerotropolis vor.

Domodedovo's second international passenger terminal is designed to handle ten million travelers a year.
Der zweite internationale Passagier-Terminal von Domodedowo ist für ein Aufkommen von zehn Millionen Fluggästen pro Jahr konzipiert.

A computer simulation of the future terminal 2.

Computersimulation des zukünftigen Terminals 2.

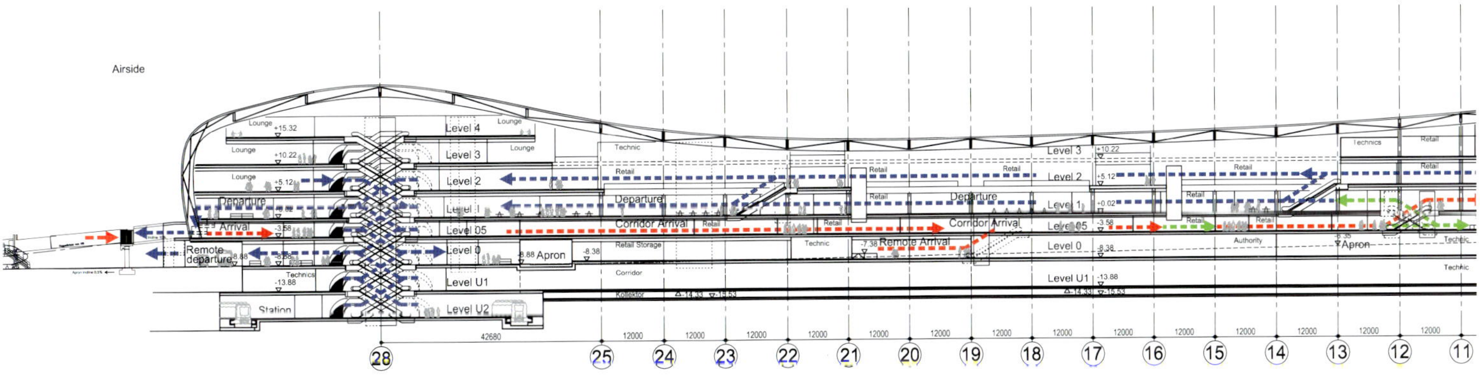

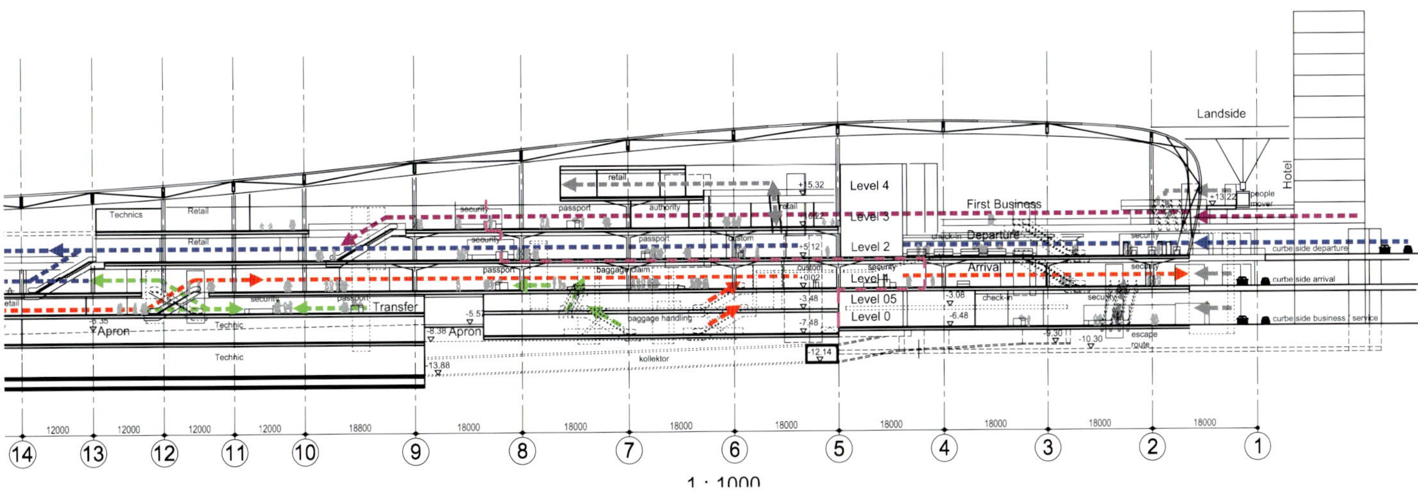

MoskCentr-City Parking Garage
Parkhaus *MoskCentr-City*

Architect
K+P Architekten und Stadtplaner GmbH (Munich)

Büro für Gestaltung Wangler & Abele (Munich)

Client
MoskCity/RusTrans AG (Moscow)

Planning
2005

Completion
2006

The "MoskCentr-City" shopping and event venue lies at the heart of Moscow City, surrounded by glass skyscrapers. This modern mall is intended as a pleasant place for local office workers, and also as an attraction for Muscovites and tourists. Because of this, and despite being located in a densely built business district, it had to be easily accessible by car with plenty of parking space. In the late 1990s, the lot on the central complex was prepared for the construction of an underground parking garage. In 2005, RusTrans, the developer of the center and Russia's leading supplier of lifting and transport equipment, awarded the contract to build the three-storey building with 3,600 parking spaces to the Munich architectural firm Koch+Partner which, together with the design company Wangler & Abele, designed a modern information and guidance system. One important aspect of the project was the creation of a positive, encouraging atmosphere designed to allay Muscovites' security fears, and a logical, easily understandable system of signage to help people find their way around the complex structure of the parking garage. The friendly colours invite visitors to see the garage not as a maze, but as a "gateway" to stress-free shopping in "MoskCentr-City".

Важным аспектом при разработке данной информационно-ориентировочной системы для трехэтажного паркинга на 3.600 мест являлось создание позитивной атмосферы и чувства уверенности у посетителей. Кроме того система указателей должна была быть удобочитаемой и логичной. Приветливое цветовое оформление позволяет посетителям воспринимать паркинг не в качестве лабиринта, а как парадный вход в современный «MoskCentr-City».

Im Herzen von *Moscow City* befindet sich – umringt von gläsernen Wolkenkratzern – das Einkaufs- und Veranstaltungszentrums *MoskCentr-City*. In dieser modernen Mall sollen nicht nur Geschäftsleute die Möglichkeit zum entspannten Einkaufen erhalten; sie wird auch ein Anziehungspunkt für Moskauer sowie für Touristen der russischen Hauptstadt sein. Entsprechend dieser Planung muss das Gebäude im dicht bebauten Geschäftsquartier per Auto bequem erreichbar und das Problem fehlender Parkplätze von vornherein ausgeschlossen sein. Daher wurde bereits Ende der Neunzigerjahre die Parzelle des Zentralkomplexes für den Bau eines unterirdischen Parkhauses vorbereitet. Im Jahr 2005 hat die RusTrans, Investor des *MoskCentr-City* und führender russischer Lieferant für Hebe- und Transportausrüstungen, den Auftrag für die Realisierung des dreigeschossigen Gebäudes mit insgesamt 3.600 Parkplätzen an die Architekten Koch + Partner aus München vergeben. Gemeinsam mit dem Büro für Gestaltung Wangler & Abele konzipierten sie dafür auch ein modernes Informations-, Orientierungs- und Leitsystem. Ein wichtiger Aspekt bei der Projektentwicklung war die Schaffung einer positiven, Vertrauen erweckenden Atmosphäre, die dem stark ausgeprägten Sicherheitsgefühl der Moskauer Bevölkerung gerecht werden soll. Um eine optimale Orientierung in dem kompliziert strukturierten Parkhaus zu gewährleisten, musste das Beschilderungssystem vor allem logisch und schnell lesbar sein. Die freundliche Farbgestaltung lässt den Besucher das Parkhaus nicht als ein Labyrinth, sondern als einen »Korridor« zum modernen *MoskCentr-City* empfinden, der ihn auf ein stressfreies Einkaufen einstimmt.

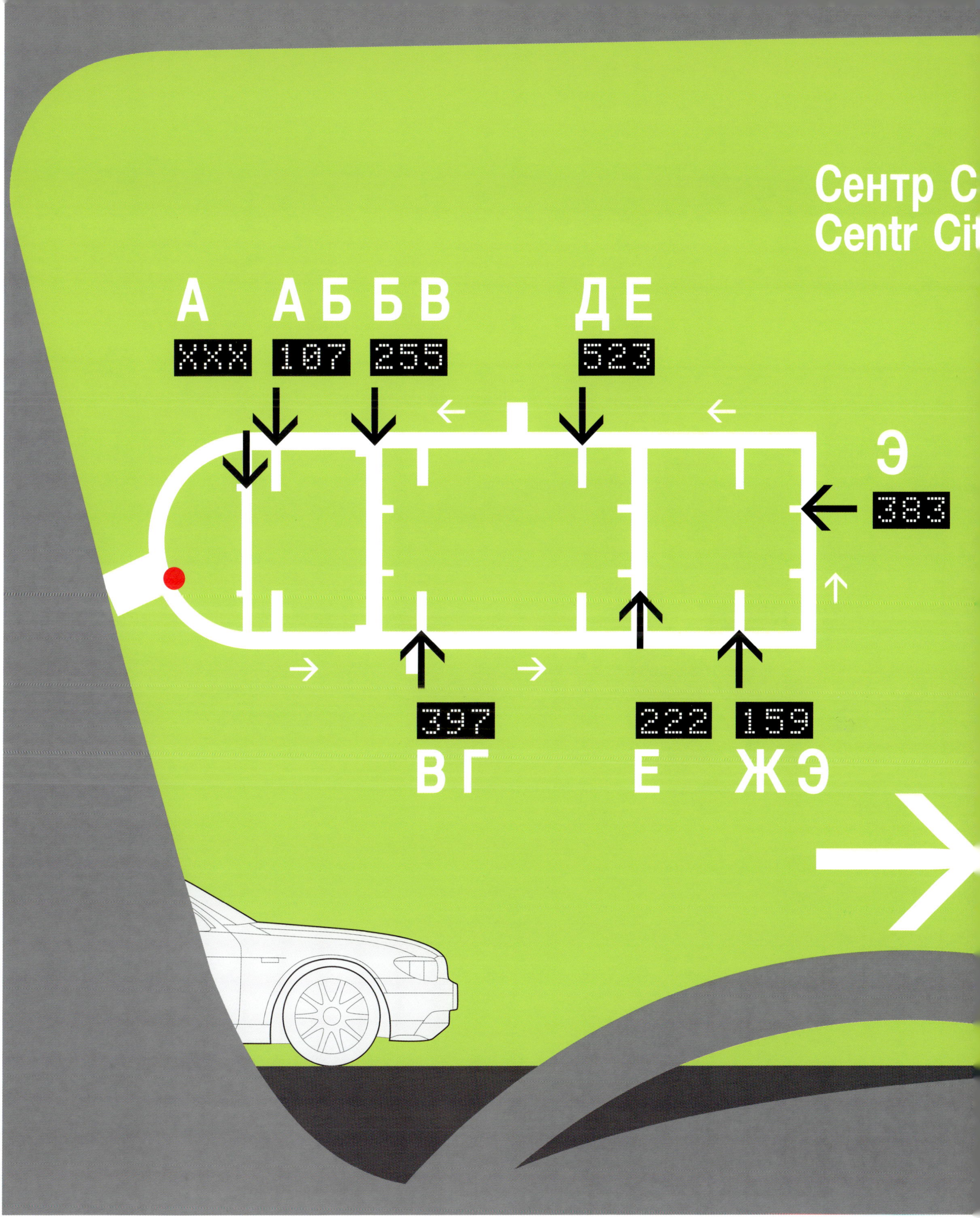
Сентр С
Centr Cit
А
XXX
А Б
107
Б В
255
Д Е
523
Э
383
397
В Г
222
Е
159
Ж Э

The building's signage is intended to create a uniform visual identity, and is combined with eye-catching information displays.

Die Beschilderung ist Teil eines einheitlichen visuellen Erscheinungsbilds. Leitende Beschriftungen sind mit dynamischen Anzeigen kombiniert.

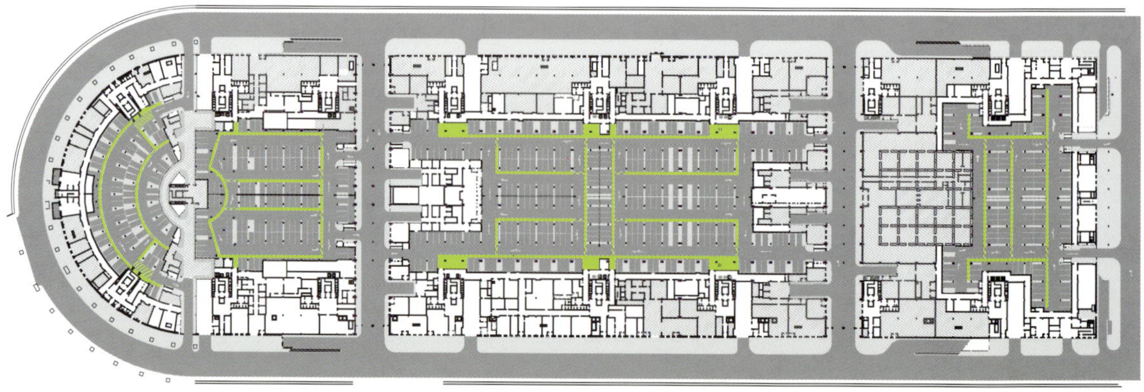

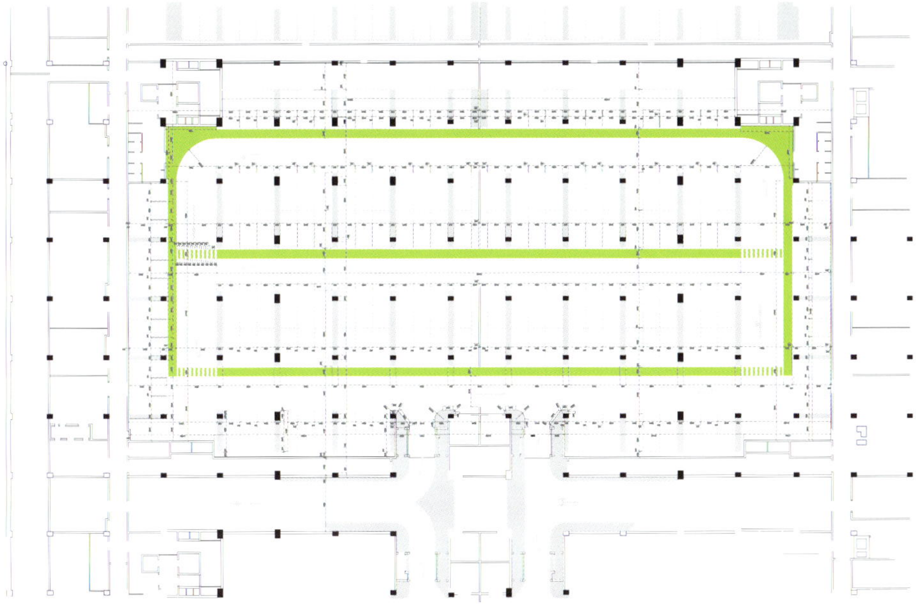

The style of the building and its infrastructure is inspired by elements of the existing architecture and complemented by wall and ceiling signs.

Die Kodierung der Gebäude, Bauteile und Einrichtungen ist auf den Elementen der bestehenden Architektur angebracht und durch Hänge- und Wandschilder ergänzt.

The basic structure of the parking garage is divided horizontally into three floors and vertically into up to eight separate parking decks.

Das Parkhaus ist in seiner Grundstruktur horizontal in drei Geschosse und vertikal in bis zu acht voneinander getrennte Parkdecks aufgeteilt.

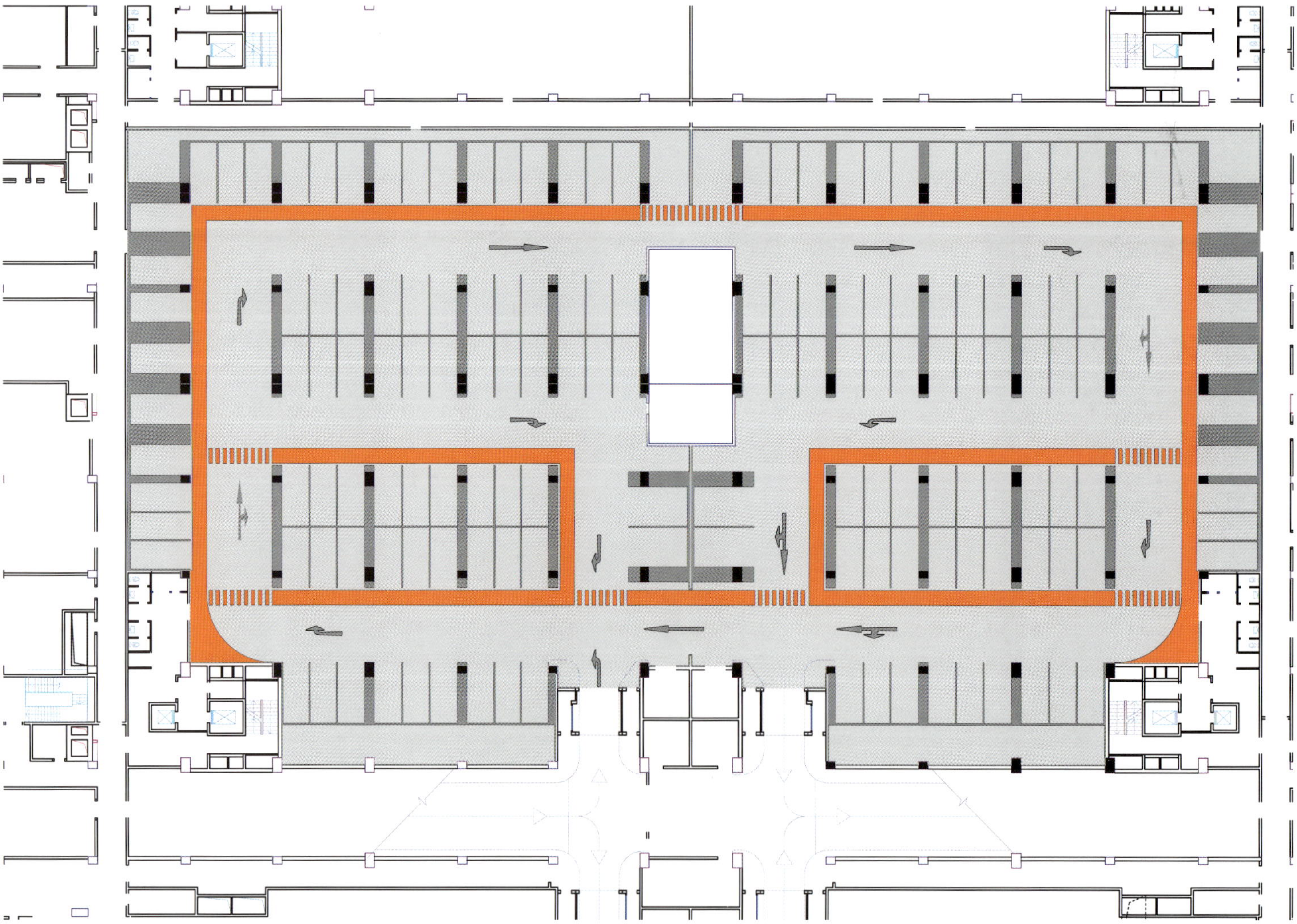

306
305
304
303
324
325
326

Planernaya Bus Terminal
Busbahnhof *Planernaja*

Architect
Meinhard von Gerkan
gmp – von Gerkan, Marg und Partner (Hamburg)

Partner
Jürgen Hillmer

Design Team
Enno Maass
Niko Rickert
Matthias Meinheit
Elena Melnikova
Alexander Behn

Client
Garantbau

Planning
2002

The stations at the ends of Moscow's metro lines are also the starting points for buses to the neighbouring dormitory districts and outer suburbs. Used by large numbers of locals and commuters, they fulfill an important transportation function in the Russian capital, whose population of 10 million expands by up to 5 million during the day. For practical reasons, these transportation hubs have attracted markets with large numbers of stalls and kiosks. Planernaya metro station lies on the northwestern edge of Moscow, and has become increasingly important over the last five years or so with the rapid expansion of the nearby Kurkino district. With increasing numbers of passengers using the station on a daily basis, it was an obvious decision to expand the bus station and create a modern shopping center. The design, by gmp Architekten, is based on the "shopping mall within a train station" concept found widely elsewhere in Europe. The bus terminals are on the outside of the complex and can be reached quickly from the other storeys by elevators or escalators. However, although the project looked very promising at the planning stage, the clients shelved it on cost grounds.

Проект нового автовокзала на окраине Москвы на конечной станции метро «Планерная» разработало немецкое архитектурное бюро gmp Architekten. Постоянно растущее число пасажиров предоставило оптимальную возможность для развития проекта автовокзала в современный торговый центр. Автобусные терминалы расположены с наружной стороны комплекса и соеденены с верхним уровнем лифтами и эскалаторами. К сожалению, из-за высокой стоимости проект был отстранен от реализации.

Die Endstationen der radialen Moskauer Metrolinien sind zugleich die Anfangspunkte für den Busverkehr in die angrenzenden Wohnquartiere, die sogenannten Schlafbezirke, und die Moskauer Vororte. Die von Stadtrandbewohnern und Pendlern stark frequentierten Umsteigestationen erfüllen eine wichtige verkehrstechnische Funktion in der russischen Hauptstadt, in der über zehn Millionen Menschen wohnen und die täglich bis zu fünf Millionen Besucher hat. Aus praktischen Erwägungen heraus sind an diesen Verkehrsknotenpunkten Marktplätze mit zahlreichen kleinen Verkaufsständen und Kiosken entstanden. Die Metrostation *Planernaja* liegt am nordwestlichen Rand Moskaus und gewinnt seit etwa fünf Jahren stark an Bedeutung, da der nahe gelegene Stadtteil Kurkino in rasantem Tempo städtebaulich erschlossen wird. Seit 2002 sind dort ein Viertel mit Cottages und Reihenhäusern sowie ein neues Hochhausquartier entstanden, ein weiteres befindet sich bereits im Bau. Die stetig wachsende Zahl von Passagieren, die den Bahnhof tagtäglich zum Umsteigen nutzen, bietet optimale Investitionsbedingungen für die Erweiterung des Busbahnhofs zu einem modernen Einkaufszentrum. Der Entwurf von gmp Architekten ist an die in Europa typischen Bahnhofsgebäude mit Einkaufsmöglichkeiten angelehnt. Die Busterminals befinden sich jeweils an den Außenseiten des Komplexes und sind von den oberen Etagen über Fahrstühle beziehungsweise Rolltreppen schnell erreichbar. Doch obwohl das Projekt zum Zeitpunkt der Planung ausgesprochen zukunftsträchtig erschien, haben sich die Auftraggeber aus Erwägungen der Kosteneffizienz letztlich gegen eine Realisierung entschieden.

Departures
отъезд
Départs
Departures
ЭРОФЛОТ
Российские авиалинии
Chrysler 300M -
лучшая машина года!
MAYBACH
@mail.ru
Элвис
Телеком
auto.ru

The bus station is a rounded rectangle in plan, with a central four-storey atrium. The individual shops are accessed by galleries connected by steps and bridges.

Der Busbahnhof bildet im Grundriss ein abgerundetes Rechteck. In dessen Mitte ist ein zentrales, viergeschossiges Atrium angelegt. Die einzelnen Ladenzellen sind über Galerien zugänglich, die durch Treppen und Brücken miteinander verbunden sind.

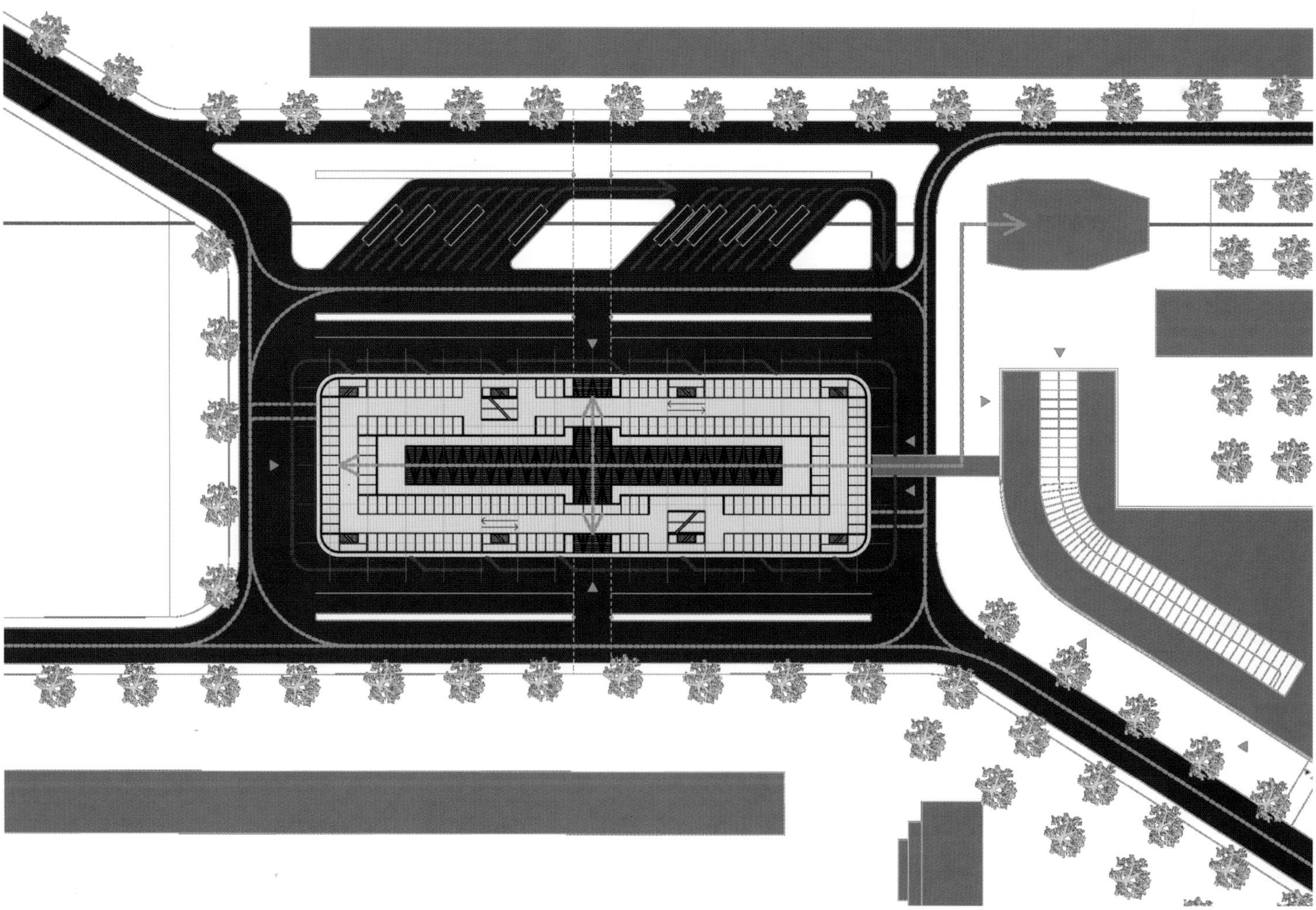

The bus terminals are grouped around the first-floor atrium. The use of panels on the façade allows natural light into the mall and adds to the building's visual appeal.

Um das Atrium der Mall herum gruppieren sich im Erdgeschoss die Busterminals. Die Fassadengestaltung mittels Lamellen ermöglicht den Einfall von natürlichen Tageslicht ins Innere der Mall und verleiht dem Gebäude eine optische Anziehungskraft.

Komsomolskaya Microrayon

Quartier *Komsomolskaja*

Architect
Eller + Eller Architekten (Düsseldorf/Berlin/Moscow/Kiev)

Client
Russische Eisenbahngesellschaft (Moscow)

in cooperation with
International Center 000 (Moscow)

Planning
2006

One of the most important projects being carried out by Moscow planners since 2002 has been the revitalization of Moscow's "railway triangle". Leningradsky, Yaroslavsky and Kazansky stations are located at the junction of the main street of Krasnoprudnaya Uliza and the Garden Ring, and linked below ground by the two-section Komsomolskaya metro station. Over the past seven years there has been a big decrease in freight traffic, particularly at the first two of these stations, which are located side by side. Large parts of this city-center district were little used. Russia's railroad company recognised that its exceptional infrastructure had considerable redevelopment potential for use as homes, shops and offices, and commissioned Eller + Eller Architekten to plan the first phase of this project. The design includes a link road to the south, alongside the station square, which forms the main axis of the site, together with the two train stations and the metro station between them. The northern part of the area centers on a distinctive brick building which ties in the third freeway ring. The main streets are bridged by a cross-building with integrated retail areas, which immediately adjoins the Rishskaya metro station and creates a link to the train station of the same name. In the second phase of the project, the railroad tracks will be entirely roofed over to create large open spaces.

Возрождение этого района давно является градостроительной задачей Москвы. Первый этап представленного проекта предусматривает новые, соединяющие северную и южную части ареала магистрали, с жилыми, торговыми и административными зданиями. Во второй этап включены масштабное озеленение и преобразование железнодорожных путей.

Die Revitalisierung des verkehrstechnisch und städtebaulich bedeutenden Moskauer Bahnhofsdreiecks ist bereits seit dem Jahr 2002 eine zentrale Aufgabe der Hauptstadtplaner. An der Schnittstelle zwischen der Verkehrsmagistrale Krasnoprudnaja Uliza und dem Gartenring liegen die drei Bahnhöfe Leningradski, Jaroslawski und Kasanski Woksal, die unterirdisch durch die zweiteilige Metrostation *Komsomolskaja* miteinander verbunden sind. In den vergangenen sieben Jahren ist – insbesondere an den beiden erstgenannten, nebeneinander liegenden Kopfbahnhöfen – der Güterverkehr stark zurückgegangen und große Flächen des Quartiers werden nur noch unzureichend genutzt. Die russische Eisenbahngesellschaft hat erkannt, dass die hervorragende Infrastruktur in Citylage ein großes Potenzial zur Revitalisierung von Teilflächen der Bahnanlagen für Wohn-, Gewerbe- und Büroareale bildet und beauftragte das deutsche Büro Eller + Eller Architekten mit der Planung der ersten Phase eines Umnutzungskonzepts. In diesem ist südlich, entlang des Bahnhofsplatzes, eine Querspange angelegt, die die Hauptachse des Quartiers bildet und die beiden Bahnhöfe sowie die dazwischen liegende Metrostation zusammenfasst. Der nördliche Teil des Areals wird durch ein charakteristisches Brückengebäude gekennzeichnet, das den dritten Autobahnring einbindet. Die Magistralen sind durch einen Querriegel mit integrierten Retailflächen überbrückt, der unmittelbar an die Metrostation *Rischskaja* anschließt und eine Verbindung zum gleichnamigen Bahnhof herstellt. In der zweiten Projektphase sollen die Gleisanlagen komplett überdacht und die neu gewonnenen Flächen in großzügige Freiflächen umgewandelt werden.

The second phase of the project involves the creation of a science park incorporating existing historic buildings, and an extensive city park with an area of luxury townhouses along its edge.

In einer zweiten Projektphase ist neben einem Wissenschaftspark, der historische Bestandsgebäude integriert, auch ein weitläufiger Stadtpark geplant. An dessen Rand soll ein Viertel mit luxuriösen Townhouses entstehen.

The area along the railroad tracks to the north of Leningradsky and Yaroslavsky overground stations at the Komsomolskaya metro station will soon be redeveloped into a modern housing, shopping and office district.

Das Areal entlang der Gleisanlagen nordöstlich der beiden Kopfbahnhöfe Leningradski und Jaroslawski Woksal an der Metrostation Komsomolskaja wird in naher Zukunft zu einem modernen Quartier für Wohn-, Gewerbe- und Büronutzungen umstrukturiert.

Lefortovo Urban Development
Stadtteilentwicklung in Lefortowo

Architect
Meier-Scupin & Partner
Architekten (Munich)

Mosprojekt-4 (Moscow)

Landscape Design
Rainer Schmidt
(Munich)

Traffic Engineering
Obermeyer
Planen + Beraten GmbH
(Munich/Moscow)

Client (Auslober)
Moskomarchitektura
(Moscow)

Oberste Baubehörde
München

Planning
2004

Completion
2010

In the late 16th century, Boris Godunov founded a new settlement to the east of Moscow, on the right bank of the Yausa River, for the large number of German-speaking emigrants. During the time of Peter I, the German settlement acquired growing prestige with the arrival of European merchants, doctors and military officers. One of its inhabitants was the Swiss admiral Franz Lefort, a protégé of the tsar. The German settlement was later named after him and grew into what is now the prominent Lefortovo district. At the beginning of the new millennium, the city government decided to redevelop the district while preserving its historical traditions. Together with Munich's construction authority, the city organized a planning and landscaping competition for Lefortovo, for which entries were submitted by three firms from Bavaria and three from Moscow. The Munich bidding partnership and Moscow firm Mosprojekt-4 both won first prize for their designs, and were commissioned to turn their entries into a joint realization plan. The main focus of the revised plan is the northeastern area of the site, along the left bank of the Yausa. It comprises a fifth of the total area, and is the first phase of the development of Lefortovo, which by 2010 will have been transformed into a modern, green district built to German planning standards.

Данный проект реконструкции и благоустройства района Лефортово, знаменитого своими живописными природными террасами и приусадебными паркам, предложенный архитектурным бюро »Майер-Скупин« предполагает снос старого жилого фонда, новое малоэтажное строительство на этом месте и развитие берега реки Яуза в аттрактивную зону отдыха.

Ende des 16. Jahrhunderts gründete Boris Godunow für die zahlreichen deutschsprachigen Zuwanderer ein neues Siedlungsgebiet östlich von Moskau am rechten Ufer des Flüsschens Jausa: die *Deutsche Siedlung*. Unter Zar Peter I. gewann die Siedlung durch die verstärkte Niederlassung europäischer Kaufleute, Ärzte und Offiziere an Prestige. Auch der Schweizer Admiral Franz Lefort, ein Günstling des Zaren, lebte hier und bezog 1699 ein im Park erbautes Schloss. Die deutsche Siedlung wurde später nach ihm benannt und entwickelte sich zu dem bedeutenden Moskauer Stadtteil Lefortowo. Anfang des neuen Jahrtausends plante die Moskauer Stadtregierung die Revitalisierung dieses Quartiers, bei der an die historische Tradition angeknüpft werden sollte. Das *Deutsche Jahr in Russland* bot den passenden Rahmen, deutsche Architekten zur Mitwirkung einzuladen. Gemeinsam mit der Obersten Baubehörde München wurde ein städtebaulicher und landschaftsplanerischer Realisierungswettbewerb für Lefortowo ausgelobt, an dem sich drei Architekturbüros aus Bayern und drei aus Moskau beteiligten. Die Münchener Wettbewerbsgemeinschaft und das Moskauer Büro Mosprojekt-4 erhielten für ihre Entwürfe jeweils den ersten Preis sowie die Auflage, aus den prämierten Arbeiten ein gemeinsames Realisierungskonzept zu entwickeln. Schwerpunkt der überarbeiteten Planung ist der nordöstliche Bereich des Areals, das sich entlang des linken Jausa-Ufers erstreckt. Es umfasst ein Fünftel des Gesamtgebiets und bildet den Auftakt für die Entwicklung Lefortowos. Bis 2010 soll Lefortowo zu einem modernen und grünen Stadtviertel umgestaltet werden, das deutschen Maßstäben der Stadtplanung gerecht wird.

The new housing in the northern planning area to the left of the Yausa will be laid out in clearly defined blocks.

Die Wohnbebauung im nördlich gelegenen Planungsgebiet links der Jausa soll in klareren Blockstrukturen gefestigt werden.

The winning design in the competition covers one fifth of Lefortovo's total area, and marks the first stage in the future development of the former German settlement.

Der Wettbewerbsentwurf umfasst ein Fünftel des Gesamtgebiets von Lefortowo und bildet den Auftakt für die künftige Entwicklung der ehemaligen Deutschen Siedlung.

Avia Park Residential, Leisure and Business Parc
Wohn-, Geschäfts- und Freizeitquartier *Avia Park*

Architect
BRT Engineering GmbH
(Hamburg)

General Planning
BRT RUS (Moscow)

Project Manager
Sören Senkfeil

Design Team
Frank Goerge
Bernd Muley
Marcus Pape
Phillipp Gupkin
Matthaeus Wirth
Denise Riesenberg
Bernhard Aumayr
Louisa Dyckerhoff
Diana Vugner
Irina Moor

Engineers
Arup Berlin
(Structural Engineering)
Arup Moscow
Puls Moscow
Stangier Consulting GmbH

Client
TUKS-2 (Moscow)

Planning
2006–2008

Completion
2008–2012

The 136-hectare urban development area of "Chodynskoye Pole" lies in the northwest of Moscow close to Leningradskoye Chaussee. The city government decided to build one of Moscow's most modern districts, including the luxurious "Grand Park" residential area, on the site of Frunse aerodrome. This was originally intended to be completed by 2007, but in early 2005 one of the main projects was shelved when the construction company was declared insolvent. Although the city architect responsible, Aleksandr Kuzmin, and the wife of Moscow's mayor, Yelena Baturina, whose construction company INTEKO had been involved in the development of "Grand Park", they abandoned this ambitious and uncompleted project to its fate. In 2006, they pushed through plans for Avia Park, a modern residential, shopping and recreational area to the north of the former runways of Chodynskoye Pole. The project owes its name to the aerospace museum and to the park in the center of the site, and offices, a luxury hotel and apartments will be built in the eastern and western sections. INTEKO also commissioned BRT Engineering to construct two multipurpose building complexes. Avia Park's combination of futuristic architecture and western know-how is intended to repair the damage to "Chodynskoye Pole"'s image, and to create a striking counterpart to Moscow City by 2010.

После своего неудавшегося проекта «Grand Park» инвестиционно-строительная компания INTECO занялась разработкой ареала «Авиапарк» в районе Ходынское поле. Немецкому бюро BRT Engineering была поручена реализация двух мультифункциональных комплексов, современная архитектура и технологии которых должны поправить репутацию INTECO.

Im Nordwesten Moskaus, unweit der Leningradskoje Chaussee, liegt das 136 Hektar große Stadtentwicklungsgebiet *Chodinskoje Polje*. Auf dem Flugfeld des zentralen *Frunse-Aerodrom* plante die Moskauer Stadtregierung – ursprünglich bis 2007 – die Erschließung eines der modernsten Stadtgebiete Moskaus mit dem Luxuswohngebiet *Grand Park*. Doch Anfang 2005 stagnierte eines der Großprojekte, dessen Bau über eine Vielzahl von privaten Co-Investoren finanziert werden sollte, wegen Insolvenz des Bauunternehmens. Der Skandal um die betrogenen Wohnungskäufer fügte dem gesamten städtischen Investitionsprojekt einen beträchtlichen Imageschaden zu. Doch sowohl der verantwortliche Moskauer Stadtarchitekt Alexander Kusmin als auch die Ehefrau des Moskauer Bürgermeisters, Jelena Baturina, deren Baukonzern INTEKO an der Entwicklung des *Grand Park* beteiligt war, überließen das ehrgeizige städtische Bauvorhaben seinem unvollendeten Schicksal. Sie forcierten 2006 die Planung von *Avia Park*, einem modernen Wohn-, Geschäfts- und Freizeitquartier nördlich der ehemaligen Start- und Landebahnen von *Chodinskoje Polje*. Seinen Namen verdankt das Projekt dem Luft- und Raumfahrtmuseum sowie dem im Zentrum des Areals gelegenen Park. Im östlichen und westlichen Teil des Planungsgebiets werden Büros, ein Luxushotel sowie Apartmentwohnungen entstehen. BRT Engineering erhielten von INTEKO den Realisierungsauftrag für zwei multifunktionale Gebäudekomplexe. Mit moderner, zukunftsweisender Architektur und westlichem Know-how soll der *Avia Park* das beschädigte Image von *Chodinskoje Polje* retten und bis zum Jahr 2010 ein markanter Gegenpol zu *Moscow City* werden.

The Avia Park planning area is located to the north of the former airport's two runways, which form the area's architectural axis. The "Grand Park" luxury residential area is currently being built on the southern edge.

Das Planungsgebiet für den Avia Park befindet sich nördlich der beiden Start- und Landebahnen des ehemaligen Flughafens, die die städtebaulichen Achsen des Gesamtareals bilden. Am südlichen Rand wird derzeit das Luxuswohnviertel Grand Park gebaut.

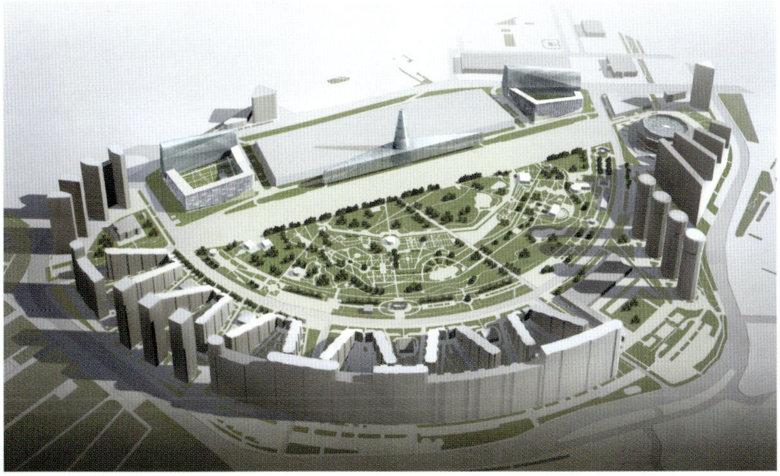

BRT Engineering designed two trapeze-shaped multipurpose building complexes, containing a luxury hotel and offices and apartments, for the eastern and western edges of Chodynskoye Pole.
BRT Engineering entwickelten für die Bebauung am östlichen und westlichen Rand von Chodinskoje Polje zwei trapezförmige, multifunktionale Gebäudekomplexe für ein Luxushotel, Büros und Apartmentwohnungen.

Marina Microrayon
Stadtquartier *Marina*

Architect
Willen Associates Architekten (Wiesbaden)

Engineers
IB-ZAMMIT (Moscow)

Client
ROSE GROUP (Moscow)

Planning
2002

Completion
2008

The Marina residential district being planned by the ROSE GROUP on a site between Otoshenka and the riverside Prechistenskaya street will be one of the biggest and most prestigious luxury residential areas in Moscow's historic center. In 2002, ten selected Russian and foreign architectural firms were invited to bid for the concept and realization competition for the development on the Moskva, and Willen Associates Architekten won first prize for their bold marina-style design. The idea of bringing a touch of the Côte d'Azur to the busy streets of Moscow appealed to the Russian developers. The terrace-style design of the buildings grouped around the harbour, and the large open spaces, allow plenty of daylight into the apartments. The glazed exteriors and luxuriant foliage of the outdoor areas give the site an unusually airy feel by Moscow standards. Each building will have its own yacht mooring. The first stage of the project, due for completion in 2008, involves the construction of the large harbour forming the center of the development. Even though the city has seven months of cold weather and an average year-round temperature of 12 degrees, and swimming in the Moskva is illegal, this exclusive residential site brings a touch of the Mediterranean to the heart of Moscow.

Бюро Willen Associates, победившее в конкурсе предложений новой застройки, представила свой проект в виде небольшой гавани, окруженной террасированными домами. Благодаря террасам и широким пространствам между строениями дневной свет свободно попадает внутрь помещений. Фасады со сплошным остеклением и обильное озеленение придают ареалу исключительно воздушный, солнечный облик.

Das Wohnquartier *Marina*, das die ROSE GROUP auf einem Grundstück zwischen der Ostoschenka und der Pretschistenskaja Uferstraße plant, zählt zu den großen Prestigeprojekten des First-Class-Wohnungsbaus im historischen Stadtzentrum Moskaus. Zehn ausgewählte russische und internationale Architekturbüros wurden 2002 zu dem Ideen- und Realisierungswettbewerb für das Luxusquartier an der Moskwa eingeladen. Für ihren gewagten Entwurf einer als Jachthafen konzipierten Wohnanlage erhielten Willen Associates Architekten den ersten Preis. Dabei überrascht es keineswegs, dass die Idee, mitten ins verkehrsgestresste Moskau einen maritimen Hauch der Côte d'Azur zu bringen, bei den russischen Investoren auf Begeisterung stieß. Schließlich sind die potenziellen Käufer der Luxuswohnungen genau jene »neuen Russen«, die ihre freie Zeit gern in Monaco, Nizza oder Cannes verbringen. Durch die terrassenförmige Gestaltung der Gebäude, die sich um das Hafenbecken gruppieren, und die großzügigen Zwischenräume in der Bebauung gelangt reichlich Tageslicht in die Apartments. Die verglasten Fassaden und die üppige Begrünung der Freiflächen verleihen dem Areal einen für Moskauer Verhältnisse ausgesprochen luftigen Charakter. Für jedes Gebäude ist ein separater Bootssteg geplant, an dem die Jachten der betuchten Bewohner anlegen können. In der ersten Realisierungsphase des Projekts ist das großzügige Hafenbecken als Zentrum des Quartiers angelegt worden. Ungeachtet der sieben kalten Monate im Jahr, einer Moskauer Durchschnittstemperatur von zwölf Grad und des Badeverbots in der Moskwa bietet die exklusive Wohnanlage *Marina* ein mediterranes Lebensgefühl im Herzen der russischen Hauptstadt.

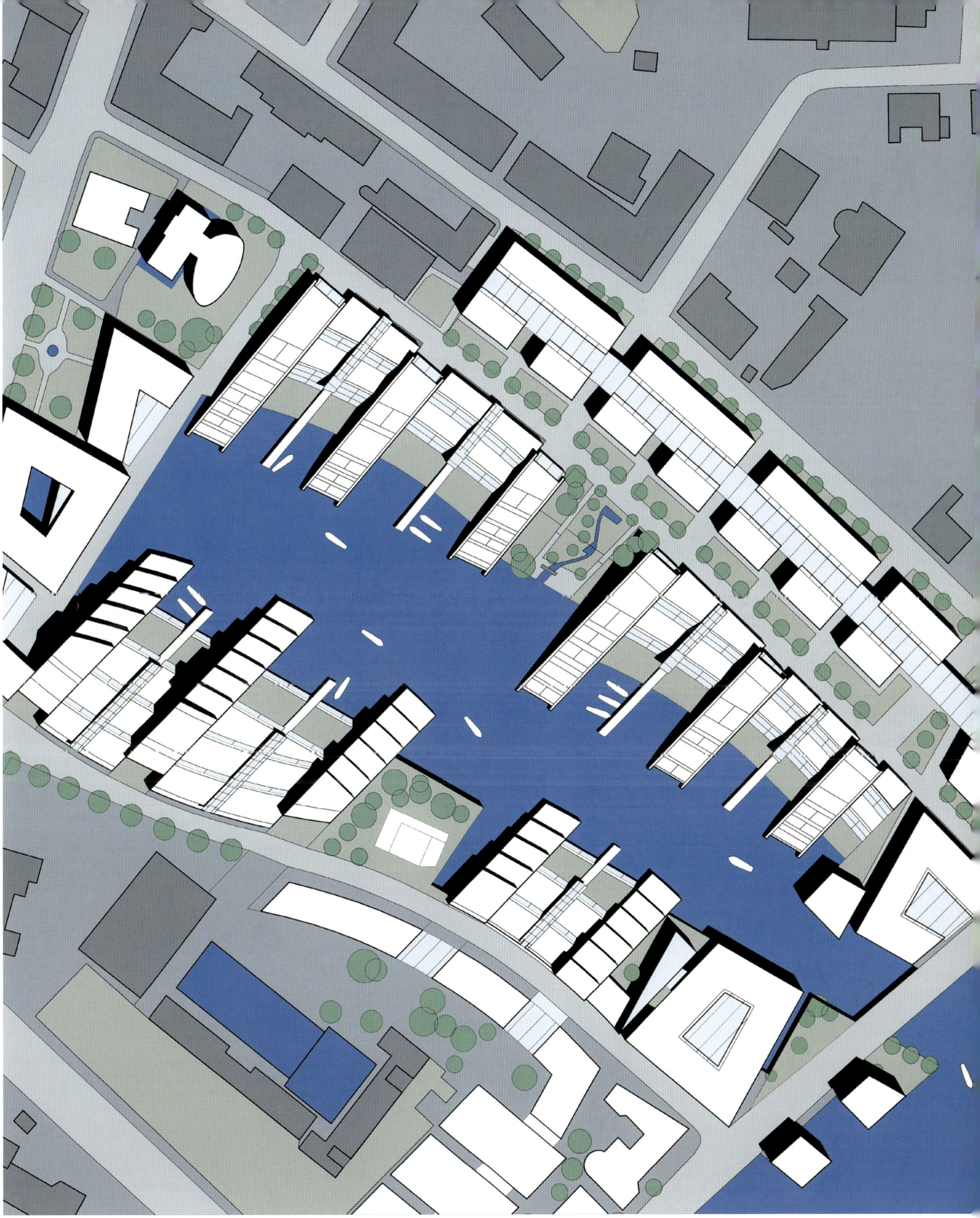

The terrace-style design of the apartments around the harbour, with their glazed exteriors and generously landscaped open spaces, creates a Mediterranean environment amidst the bustle of Moscow's city center.

Die Wohngebäude der Hafenanlage schaffen durch ihre terrassenförmige Gestaltung, die verglasten Fassaden und die üppige Begrünung der Freiflächen ein mediterranes Ambiente mitten im verkehrsdichten Moskauer Stadtzentrum.

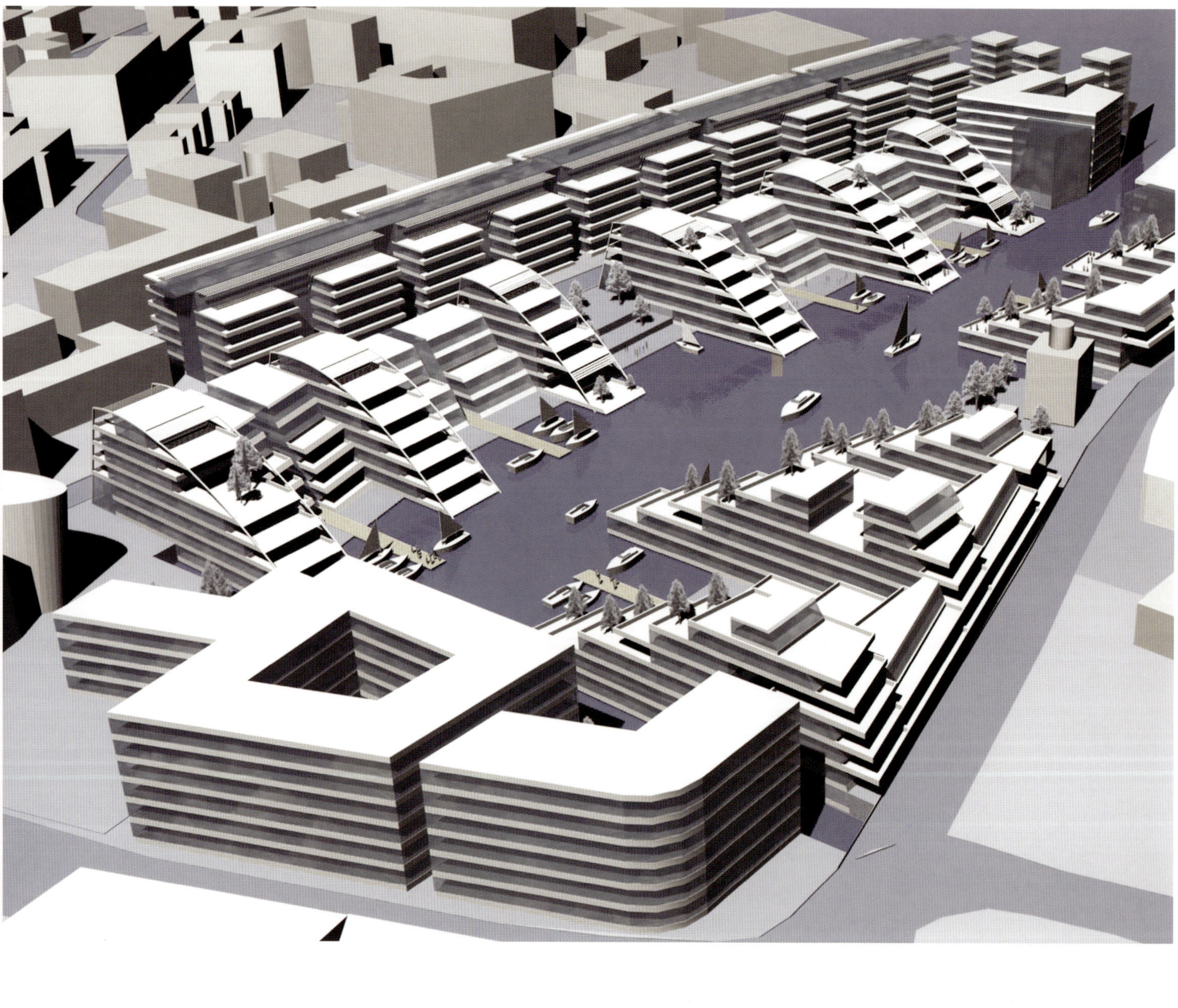

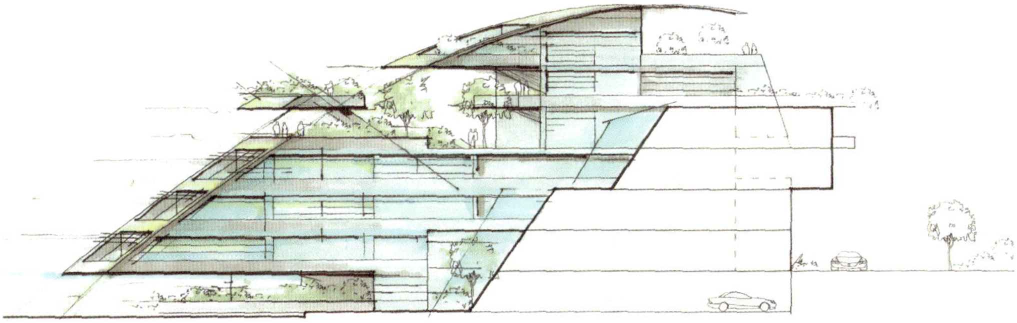

The inhabitants of Marina will be able to sail their yachts from the Moskva through a lifting bridge on Prechistenskaya street to the large harbour of this exclusive residential district.
Über eine Klappbrücke in der Pretschistenskaja Uferstraße sollen die Jachten der Marina-Bewohner von der Moskwa in das große Hafenbecken der exklusiven Wohnanlage gelangen.

Kommunarka Microrayon

Stadtquartier *Kommunarka*

Architect
AS&P – Albert Speer & Partner GmbH (Frankfurt am Main)

Design Team
ProProjekt Planungsmanagement & Projektberatung GmbH (Frankfurt am Main)

wgf – Werkgemeinschaft Freiraum (Nuremberg)

Engineers
Lahmeyer International GmbH (Bad Vilbel)

Client
Avgur Estate, Sobinbank, North West Developments (Moscow)

Planning
2005–2007

With Russia's economy growing at a dizzying pace and Moscow's population rising inexorably, there has been growing pressure to build more housing outside the city. As a result the Kommunarka sovchoz, or collective farm, located in southwest Moscow, will disappear beneath a layer of concrete over the next 20 years. The Moscow property company Avgur Estate, which specializes in large residential projects, will use the 3,000-hectare site to build 4,600 homes, a shopping mall, and a leisure and education center. The farm, a relic of the Soviet era, will be replaced by a new town with a population of 160,000. Despite its thoroughly capitalist credentials and ultramodern style, it draws on Soviet principles of urban planning, and Moscow's city government had a vote in the international competition held in 2005. Entries were received from AS&P of Frankfurt, John Thompson & Partners of London, and Maxwan of Rotterdam. The German master plan provided for a number of built-up areas along the north-south axis of what was otherwise an untouched landscape of forests, lakes and rivers. But this back-to-nature approach lost out to the Dutch sub-center-based plan.

На территории бывшего совхоза «Коммунарка» компания Avgur Estate запланировала строительство нового 160-тысячного города: 4.600 жилых зданий, торговые комплексы, развлекательные и образовательные центры. Проект немецкого бюро AS&P предусматривал нетронутый ландшафт с интегрированными кварталами различной величины, расположенные вдоль оси север-юг. Однако конкурс выиграл голландский проект Maxwan, напоминающий своим стилем градостроительство советского времени.

Parallel zum rasanten Wirtschaftswachstum in Russland steigen die Einwohnerzahlen Moskaus unaufhaltsam in die Höhe und der Druck, potenzielle Siedlungsflächen außerhalb des Stadtgebiets zu schaffen, nimmt proportional zu. Auch die ehemalige Sowchose *Kommunarka*, ein vormaliger staatlicher Agrarbetrieb im Südwesten Moskaus, erhält in den kommenden 20 Jahren eine urbane Zukunft. Auf 3.000 Hektar will das Moskauer Immobilienunternehmen Avgur Estate, das auf große Investitionsprojekte im Wohnungsbau spezialisiert ist, 4.600 Wohnhäuser, eine Shoppingmall sowie ein Freizeit- und Bildungszentrum bauen. Eine neue Stadt für 160.000 Einwohner soll entstehen und nichts mehr an Kollektivackerbau und -viehzucht erinnern. Das Vorhaben ist trotz seiner marktwirtschaftlichen Ausrichtung im Prinzip an sowjetische Stadtneugründungen angelehnt. Zwar sehen die Investoren in der *Kommunarka* kein politisches Planvorhaben, sondern ein hochmodernes Stadtentwicklungsprojekt; aber gewiss hatte die Moskauer Regierung ein Stimmrecht bei dem im Jahr 2005 international ausgeschriebenen Gutachterwettbewerb, an dem sich neben dem Frankfurter Büro AS&P auch die Londoner Architekten John Thompson & Partners und das Rotterdamer Büro Maxwan beteiligten. Der deutsche Masterplan sieht für das Planungsgebiet in unberührter Landschaft mit Wäldern, Seen und Flüssen unterschiedliche Verdichtungsbereiche entlang einer Nord-Süd-Achse vor. Im Wettbewerb letztlich durchgesetzt hat sich jedoch nicht der naturverbundene Ansatz der Deutschen, sondern der an die sowjetische Stadtplanung angelehnte Masterplan der Holländer zur Bildung von Subzentren.

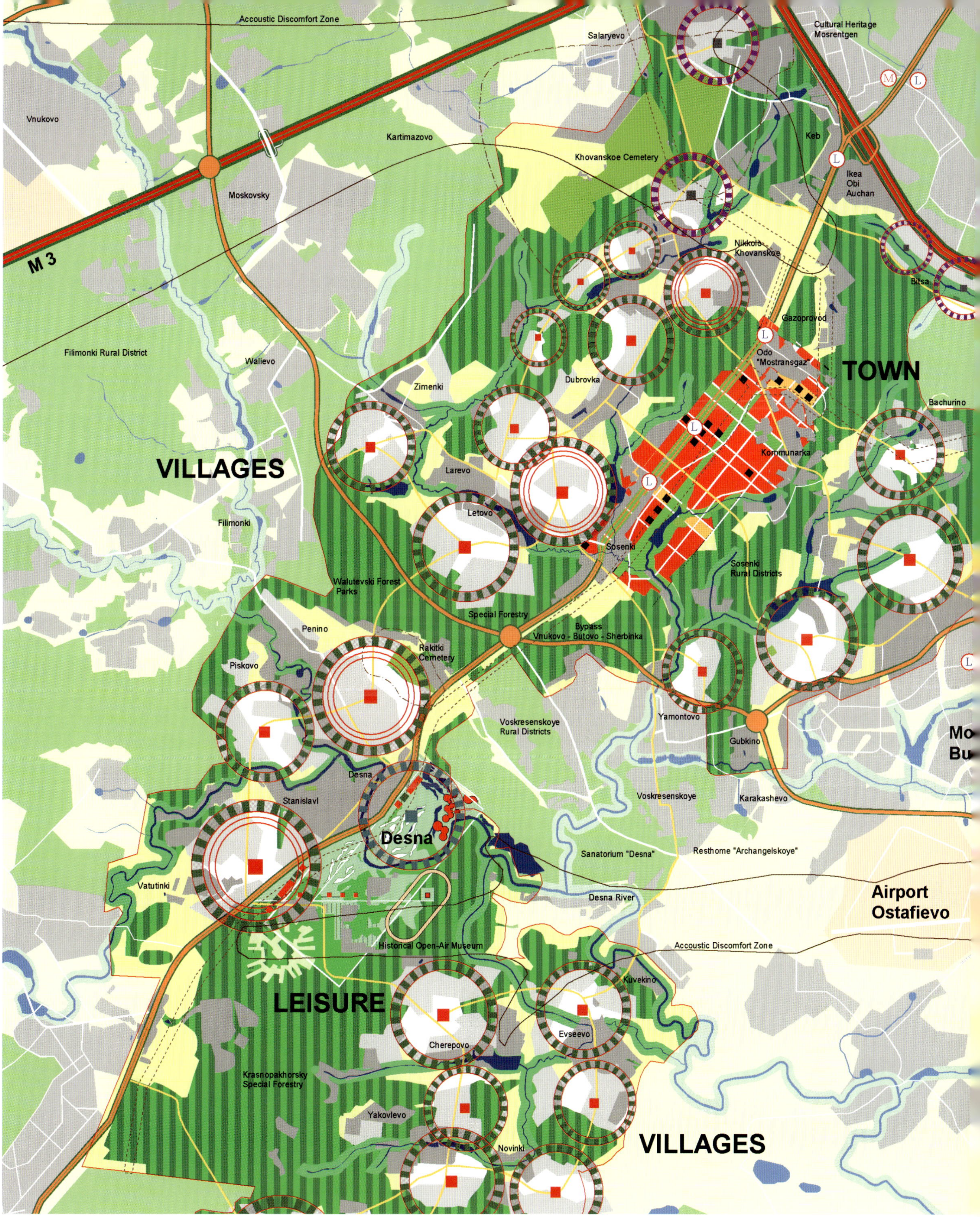
Accoustic Discomfort Zone
Salaryevo
Cultural Heritage
Mosrentgen
Vnukovo
Kartimazovo
Keb
Khovanskoe Cemetery
Ikea
Obi
Auchan
Moskovsky
M 3
Nikkolo-Khovanskoe
Bitsa
Gazoprovod
Filimonki Rural District
Walievo
Odo "Mostransgaz"
TOWN
Zimenki
Dubrovka
Bachurino
VILLAGES
Larevo
Kommunarka
Letovo
Filimonki
Sosenki
Sosenki Rural Districts
Walutevski Forest Parks
Special Forestry
Penino
Bypass
Vnukovo - Butovo - Sherbinka
Rakitki Cemetery
Piskovo
Yamontovo
Voskresenskoye Rural Districts
Gubkino
Desna
Stanislavl
Voskresenskoye
Karakashevo
Desna
Sanatorium "Desna"
Resthome "Archangelskoye"
Vatutinki
Desna River
Airport Ostafievo
Historical Open-Air Museum
Accoustic Discomfort Zone
Kuvekino
LEISURE
Evseevo
Cherepovo
Krasnopakhorsky Special Forestry
Yakovlevo
Novinki
VILLAGES

New Holland Urban Development

Kultur- und Geschäftsviertel *New Holland*

Architect
KSP Engel und Zimmermann Architekten (Cologne)

GDA Girzalsky Dohmen Architekten (Cologne)

General Planning
NEVISS –Complex (Saint Petersburg)

ACM Architectural Studio Mikhailov (Saint Petersburg)

Design Team
Michael Zimmermann
Sven Möller
Peter Schoof
Fabian Storch
Christoph Groth
Katalin Kompar
Zhiguo Du
Axel Brinkmann
A. Kunz

Client
CTP Stroy Holding (Moscow)

Planning
2005–2006

"New Holland" is a triangular island in the heart of Saint Petersburg, created in 1719 when Peter I excavated the Admiratelski and Kryukov canals from the existing Moyka canal to create a naval port. The 7.6-hectare site was used for military purposes until the end of the Soviet era, and later as a timber transshipment port. In 2005, the city administration decided to revitalize the area, and held an international competition for architects and developers. The entries by KSP Engel und Zimmermann Architekten and Moscow firm Stroy Holding use the historic bridges across the Admiratelski canal, and two new bridges over the Moyka and Kryukov canals, to provide access to a modern arts and event venue. A luxury hotel will be expanded to include an office block with conference rooms and a large spa and wellness area, and a shopping center will be added to the north. The lake at the center of the site is surrounded by promenades, terraces, landscaped areas and an open-air theatre. The old circular prison building will be converted into a festival hall, with a conference center above and a glass domed roof. Although the design by the Cologne firm lost out to Sir Norman Foster's submission, the jury probably appreciated the fact that the historical buildings formed an integral part of the architecture.

Данный проект развития территории «Новая Голландия» предполагает возведение на острове двух дополнительных мостов. Люксус-отель дополняют офисное здание с конференц-залами, спа- и велнесцентрами. Вдоль озера в центре ареала озера расположены променады, террасы и летний театр. Круглое здание бывшей военной тюрьмы перекрыто стеклянным куполом и преобразовано в зал-фестиваль.

New Holland ist eine dreieckige Insel im Herzen Sankt Petersburgs. Sie entstand 1719, als Peter I. vom Mojka-Kanal aus den Admiratelski-Kanal und den Krjukow-Kanal graben ließ, um einen Marinehafen anzulegen. Das 7,6 Hektar große Areal diente bis zum Ende der Sowjetzeit militärischen Zwecken und später als Holzumschlaghafen. Erst 2005 beschloss die Petersburger Stadtverwaltung eine Revitalisierung des Geländes und schrieb einen internationalen Architekten- und Investorenwettbewerb für *New Holland* aus. Planungsvorgabe war die Umwandlung des ehemaligen Militärarsenals in einen großzügigen und multifunktionalen öffentlichen Raum für Freizeit, Arbeit und Wohnen. Im Wettbewerbsbeitrag von KSP Engel und Zimmermann Architekten und der Moskauer Stroy Holding bilden die historischen Brücken über den Admiratelski-Kanal zusammen mit zwei neuen Brücken über Mojka- und Krjukow-Kanal den Zugang zu dem modernen Kultur- und Veranstaltungsgelände. Ein Luxushotel wird von einem Bürogebäude mit Konferenzräumen sowie einem großzügigen Spa- und Wellnessbereich ergänzt; nördlich ist ein Einkaufszentrum angegliedert. Im Herzen des Areals ist ein See angelegt, dessen Uferzone von Promenaden, Terrassen, Grünflächen und einer Freilichtbühne für 500 Besucher strukturiert wird. Der alte Gefängnisrundbau soll zu einer Festivalhalle für bis zu 2.000 Besucher mit darüber liegendem Kongressbereich umgebaut und von einer Glaskuppel überdacht werden. Auch wenn der Entwurf der Kölner Architekten im Wettbewerb gegenüber dem Projekt von Lord Norman Foster das Nachsehen hatte, dürfte die Jury das Architekturkonzept für die Einbeziehung der historischen Bauten gewürdigt haben.

The Cologne architects chose a user-friendly design for the revitalization of the historic triangular island of New Holland, in the heart of St Petersburg. The most striking building is an angular shopping center.

Für die Revitalisierung des historischen Inseldreiecks New Holland im Herzen Sankt Petersburgs haben die Kölner Architekten ein pragmatisches Konzept entwickelt, dessen auffälligstes Bauwerk ein kantiges Einkaufs- und Geschäftszentrum ist.

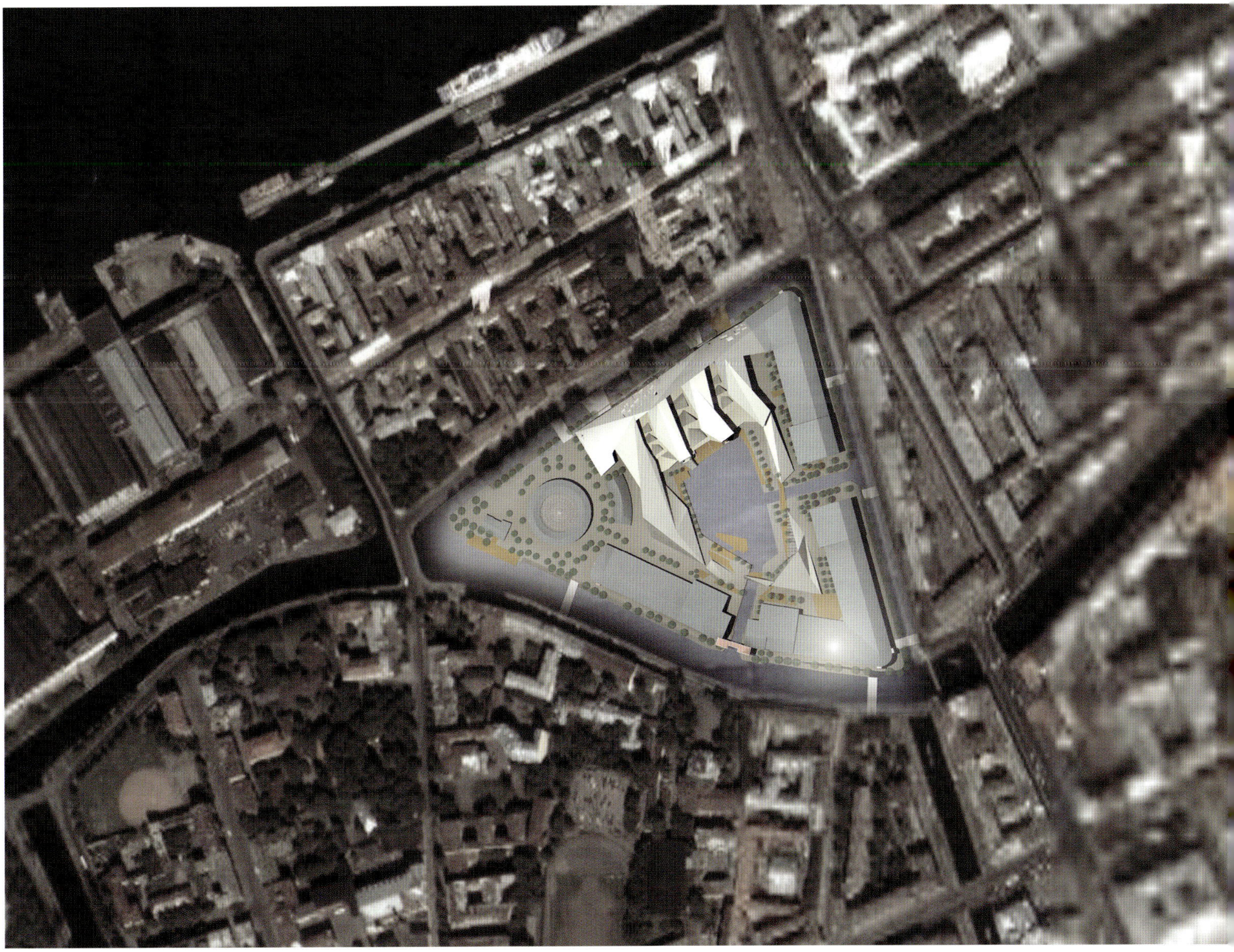

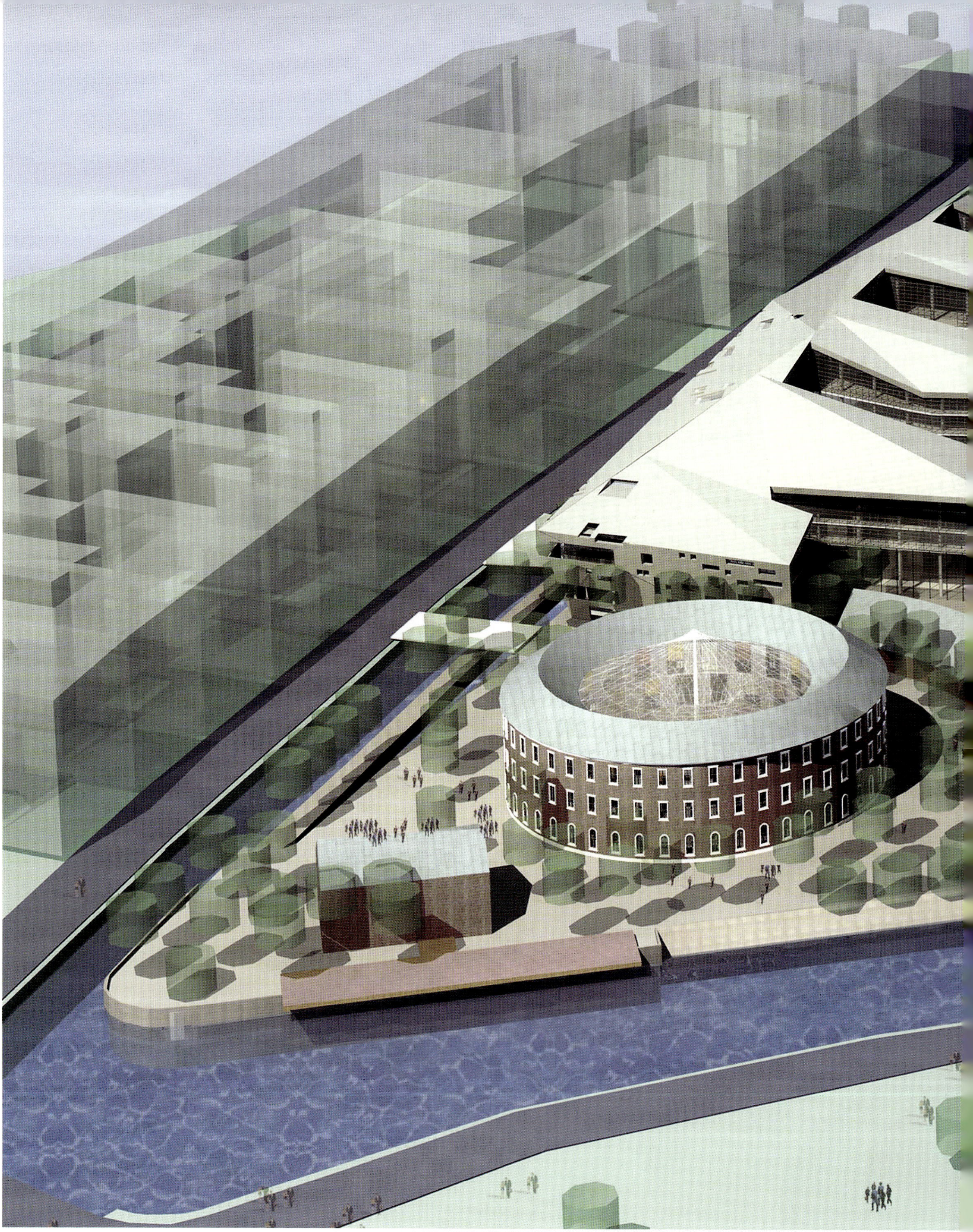

IT Parc Urban Development
Stadtteilentwicklung *IT-Park*

Architect
Willen Associates Architekten (Wiesbaden)

Project Controling
EXPO Service und Projektmanagement (Hannover)

Client
VMB Trust

Planning
2006

The firms of architects competing in the international concept competition for the new IT Park in the St Petersburg administration district of Nevskogo were asked to design a modern, multipurpose, environment-friendly complex for scientific research, living, working and recreation. The underlying principle of the masterplan by Willen Associates Architekten is to remove the physical boundaries between different functions, create meaningful relationships between them and provide the maximum ease of access for users. The focus of the site is a multipurpose glass-roofed event arena. The vertically arranged complex to the north includes a hotel and entertainment and shopping center, at whose feet the lowrise IT Parc stretches eastwards. Immediately beside this is the science and research area, which also includes a technology park and office buildings, and the university campus is on the southeast edge. The philosophy of the design lies in repetition, with the same forms and elements constantly being rearranged and reinterpreted for different uses; for example, the X shape of the apartment block occurs again in the technology park. Ultimately, as requested by the client, the architecture of the IT Parc combines advanced technology with maximum comfort.

Основной идеей проекта нового микрорайона в Санкт-Петербурге было стремление убрать физические границы между отдельными функциями. Различные зоны должны при этом стать единим целым. Для достижения высококачественной инфраструктуры схожии по назначению в эксплуатации зоны распологаются в относительной близости друг от друга. Этим обеспечивается оптимальное удобство для жизни, работы и отдыха.

Im Rahmen eines internationalen Ideenwettbewerbs für die Planung des neuen Stadtviertels *IT-Park* im Sankt Petersburger Verwaltungsbezirk Newskogo standen die teilnehmenden Architekturbüros vor der Aufgabe, einen modernen, multifunktionalen und umweltgerechten Komplex für Wissenschaft und Forschung, Arbeiten und Wohnen sowie Freizeit und Erholung zu entwickeln. Die Grundidee des Masterplans von Willen Associates Architekten ist die Aufhebung der physischen Grenzen zwischen den einzelnen Funktionen, bei der die Bereiche in einen sinnvollen Zusammenhang gebracht und die Wege für die unterschiedlichen Nutzer optimiert werden sollen. Den Mittelpunkt und das »Gelenk« bildet eine multifunktionale, glasüberdachte Veranstaltungsarena. Im Norden markiert ein vertikal ausgerichtetes Ensemble mit Hotelkomplex, Entertainment- und Shoppingcenter das Areal. Zu dessen Füßen erstreckt sich in östlicher Richtung der eigentliche *IT-Park*, dessen flache Bauten eine vielseitig nutzbare Mikroklimazone einschließen. Unmittelbar neben diesem ist der Wissenschafts- und Forschungsbereich angegliedert, zu dem auch ein Technologiepark und Bürobauten gehören. Am südöstlichen Rand liegt der Universitätscampus. Die Philosophie des Architekturkonzepts besteht in der Wiederholung – einer immer neuen Anordnung gleicher Gebäudeelemente und -formen –, die für die jeweilige Nutzung neu interpretiert werden. So findet sich beispielsweise die x-Form der Wohngebäude auch im Technologiepark wieder. Tatsächlich soll sich, so der Wunsch des Auftraggebers, in der Architektur des *IT-Parks* zukunftsweisende Technologie mit einer hohen Aufenthaltsqualität für den Nutzer verbinden.

Teledata
CINEMA + TECHNOLOG

The central building in this ultramodern science, business, residential and leisure district will be an oversized glass-roofed event arena.
Zentrales Bauwerk im hochmodernen Wissenschafts-, Geschäfts-, Wohn- und Freizeitquartier soll eine überdimensional große, glasüberdachte Veranstaltungsarena werden.

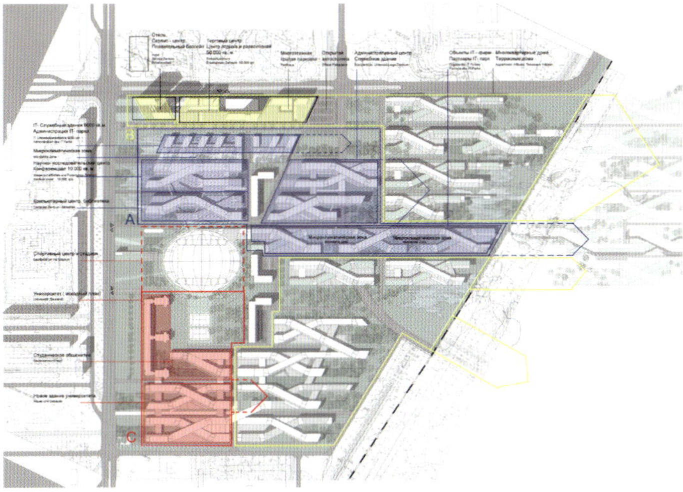

The Wiesbaden firm of architects used environment-friendly, recyclable materials and lowrise buildings in their innovative and futuristic plan for the IT Parc.

Mit dem Einsatz von umweltschonenden und recyclingfähigen Materialien in Niedrigenergiebauweise wollen die Wiesbadener Architekten für den IT-Park zukunftsweisend in Sachen innovativer Umweltfreundlichkeit sein.

Tourism Masterplans for Recreation Zones
Masterplan *Touristische Sonderwirtschaftszonen*

Architect
AS&P – Albert Speer & Partner GmbH (Frankfurt am Main)

Project Partners
Roland Berger Strategy Consultants (Munich)

agentur abold (Munich)

Landscape Design
Burger Landschafts-architekten (Munich)

Engineers
GROUP.IE Gesellschaft für Identity Engineering mbH (Frankfurt am Main)

Client
Ministry of Economics of the Russian Federation

Planning
2007

Together with Roland Berger Strategy Consultants and the Munich agency abold, AS&P has drawn up masterplans for five new special tourist economic zones for the Russian trade and industry ministry. The zones are located in highly scenic regions of Kaliningrad, Krasnodar, the Black Sea and the Altai mountains on the borders with Kazakhstan, China and Mongolia, and are intended to improve the national tourism infrastructure and open up the Russian market to foreign tourists. A general land usage and transport strategy was drawn up for each planning area, and key environmental and landscape protection issues were examined with a view to developing sustainable tourism. Each plan contains a balanced urban planning framework for the area, but within a regional context, and also makes statements about the transport and other infrastructures. In each case, the central focus was the region's unique environment, and the construction companies, architects and transport planners involved in this major project were also supported by a team of landscape architects. The general planning objective was to draw up a long-term strategy for the urban and economic development of each area, and to formulate a series of very different urban planning and architectural concepts.

Целью проектов развития новых туристических зон, расположенных в Калининграде, Краснодарском крае, на Черноморском побережье и в районе Алтая, являлось привлечение новых инвестиций и повышение сервисного уровня. Для каждого участка была составлена концепция транспортного обеспечения и определено функциональное использование площадей, щадящее окружающую среду.

Mit dem Unternehmensberater Roland Berger Strategy Consultants und der Müchener agentur abold haben AS&P für das Wirtschaftsministerium der Russischen Föderation Masterpläne für fünf neue Tourismus-Sonderwirtschaftszonen erarbeitet. Diese Sonderwirtschaftszonen befinden sich in sehr attraktiven Lagen, verteilt über das Gebiet der Russischen Föderation in Kaliningrad, in der Region Krasnodar, in der Schwarzmeerregion und im Altai-Gebirge an der Grenze zu Kasachstan, China und der Mongolei. Ziel ist die Erhöhung des nationalen Tourismus-Angebots, aber auch die Erschließung des russischen Tourismusmarktes für ausländisches Klientel. Für jedes einzelne Planungsgebiet musste ein allgemeines Flächennutzungs- und Transportkonzept erstellt werden. Auch Aspekte des Umwelt- und Landschaftsschutzes waren wesentliche Bestandteile zur Entwicklung eines nachhaltigen Tourismus. Der Masterplan enthält einen ausgewogenen städtischen Rahmen für jedes individuell entwickelte Gebiet, bewegt sich aber immer innerhalb des regionalen Kontextes. Zusätzlich werden Aussagen über das Transportsystem und die Infrastruktur getroffen. Ausschlaggebend für das Konzept des Masterplans war die einzigartige Umgebung. Um die umfangreiche Arbeit zu bewerkstelligen, wurden die Städtebauer, Architekten und Verkehrsplaner zusätzlich von einem Team von Landschaftsarchitekten unterstützt. Das allgemeine Planungsziel war eine Langzeitstrategie für die städtische und ökonomische Entwicklung der einzelnen Gebiete. Ein Schwerpunkt der Arbeit bestand in der Ausformulierung von sehr unterschiedlichen städtebaulichen und architektonischen Konzepten.

Апартаменты и бунгало
Appart□ents □ □un□alo□s
4□
Спа-комплекс
Spa □ □ellness □esort
Апартаменты
Appart□ents
5□
Спа-
Spa

right and below:
Masterplan "Grand Spa Yutsa" in the Stavropol territory

rechts und unten:
Masterplan Grand Spa Juza in der Region Stawropol

left and below:
Masterplan for Mayma, in the Altai region

links und unten:
Masterplan Mayma, am Altai-Gebirge

right:
Masterplan "New Anapa", in the Krasnodar region
below:
Masterplan for the Katun river, in the Altai mountains

rechts:
Masterplan Nowaja Anapa (Neues Anapa), in der Region Krasnodar
unten:
Masterplan für die Entwicklung des Katun-Tals im Altai-Gebirge

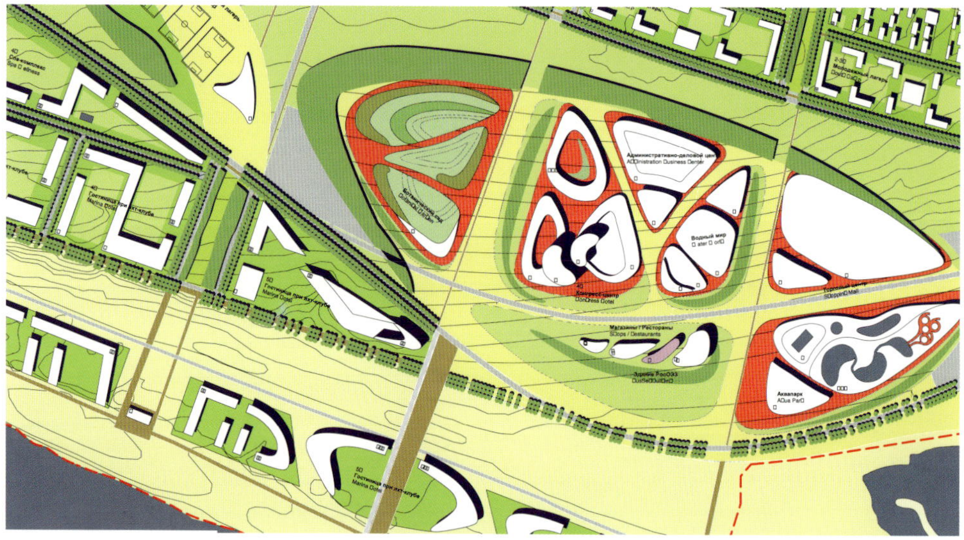

left:
Masterplan "New Anapa"
below:
Masterplan for the Curonian Spit peninsula, Kaliningrad region

links:
Masterplan Neues Anapa
unten:
Masterplan Kurische Nehrung, Region Kaliningrad

Masterplan for a New City Quarter in Atyrau
Masterplan für ein neues Stadtquartier in Atyrau

Masterplan and Architecture
Planungsgruppe 4 Architects and Urban Planners (Berlin / Frankfurt / Moscow / Almaty)

Landscape Design
Locodrom Landschafts-architekten (Berlin/Freising)

Client
Chagala Group (Almaty)

Planning
2007

Completion
2008–2011

The Chagala Group, based in Almaty, entrusted the Planungsgruppe 4 with the design of a master plan for a ten hectare site in the city of Atyrau. Atyrau is situated at the Caspian Sea, with the Ural River, which divides Europe and Asia, running through the city. The aim was to turn a former industrial area into a vivid city quarter in a European style, but at the same time to respect traditional Kazakh ideas of architecture. The unique features of the master plan are a promenade and a central square. The promenade connects the site to the quarters and the Ural River in the west. The square serves as a link between the various functions; hotel and residences, offices, restaurants and a shopping mall. In order to highlight the area in the cityscape, a number of tower buildings were added to the block structures. In the southern part of the site a residential area has been created. Services such as a medical centre and kindergarten have been integrated. Old Kazakh design was combined with modern elements in the architecture. Traditional ornaments were integrated into the façades and the shopping mall was provided with a glass dome shaped like the tents used in the Kazakh steppe. The Ural River was reinterpreted into curved light bands, running along the promenade and through the shopping mall.

Основной задачей данного градостроительного проекта являлось преобразование бывшей промышленной зоны в современный оживленный район. Главными элементами обновленного ареала служат широкий бульвар, соединяющий кварталы с берегом реки Урал и центральная площадь. Площадь окружает многофункциональный комплекс с отелями, офисами, жилыми зданиями, ресторанами и торговыми рядами.

Die Chagala Group mit Sitz in Almaty hat sich vom Büro Planungsgruppe 4 einen Masterplan für ihr zehn Hektar großes Grundstück in der Stadt Atyrau erarbeiten lassen. Atyrau liegt in der Nähe des Kaspischen Meers am Fluss Ural, der Europa und Asien voneinander teilt. Ziel war, eine Industriebrache zu einem lebendigen Quartier nach europäischem Vorbild zu entwickeln und gleichzeitig kasachische Architekturvorstellungen zu respektieren. Kernelemente des städtebaulichen Masterplans sind die Promenade und der zentrale Platz. Die Promenade verbindet das Gebiet mit den Stadtquartieren und dem Ural-Fluss im Westen. Der Platz bildet das Bindeglied zwischen verschiedenen Funktionen: Hotel und Wohnen, Büros, Gastronomie und eine Shoppingmall. Durch Turmbauten innerhalb der blockartigen Bebauung wurden städtebauliche Akzente gesetzt und das Gebiet wurde innerhalb der Gesamtstadt hervorgehoben. Die Shoppingmall befindet sich in der Verlängerung der Promenade und verbindet diese mit der Mahambet-Utemisow-Straße. Im südlichen Teil des Gebiets ist ein Wohnquartier mit ergänzenden Dienstleistungen, wie beispielsweise einer Klinik und einem Kindergarten, vorgesehen. Die Planer legten großen Wert darauf, in der Architektur landesspezifische Aspekte mit modernen Elementen zu kombinieren. So wurden in die Fassaden traditionelle Ornamente integriert und die Shoppingmall erhielt eine prägende Kuppel, die an ein Zelt in der kasachischen Steppe erinnert. Bei der Gestaltung der öffentlichen Räume ließen sich die Architekten von der Nähe zum Ural inspirieren: Der Fluss wurde in geschwungenen Glasbändern zitiert, die durch die Promenade und die Shoppingmall laufen.

The different functions are reflected in the choice of façade materials. The offices are provided with a modern glass steel façade while a warm terracotta has been chosen for the residential buildings. The shopping mall can be entered from four different directions. Much effort has been made to the convenient access for pedestrians and ample greenery.

Die unterschiedlichen Funktionen spiegeln sich in der Materialauswahl wider: Die Bürogebäude sind mit Glas-Stahl-Fassaden verkleidet, die Wohngebäude hingegen im warmen Terrakotta. Die Shoppingmall ist von vier verschiedenen Seiten zugänglich. Viel Wert wurde auf einen einfachen Zugang für Fußgänger sowie auf eine üppige Begrünung der Freiräume gelegt.

Kargaly City Masterplan
Stadtentwicklung *Kargaly City*

Architect
Planungsgruppe 4 GmbH Architects & Urban Planners (Berlin/Frankfurt am Main/Moscow/Almaty)

Project Management
Drees & Sommer Russia (Moscow)

Landscape Design
locodrom landschafts-architekten (Berlin/Freising)

Client
TS Engineering Group (Almaty)

Planning
2006

The investment and project development company TS Engineering Group is one of the leading players in Kazakhstan's building and property sector, helping to ensure that the construction boom continues apace both in the old capital, Almaty, and the new one, Astana. The company prefers to organize its own competitions to gain the maximum of international prestige right from the planning stage, and the new Kargaly City microdistrict in Almaty was no exception. Almaty means "city of apples", a reference to the wild apple trees that grow in the vicinity, and Berlin-based environmental planning company Planungsgruppe 4 chose a suitably organic form of architecture for the new district. Its structure follows the course of the Kargaly River, whose source lies to the north of the Alatau Mountains, and its central axis is a linear riverside park representing a tree trunk. The center of the district branches off this like the crown of a tree, with skyscrapers of up to 44 storeys serving as highly prominent landmarks. On either side of this axis, the arms of the Kargaly flow through the new residential districts, forming natural recreational areas and passing apartment buildings, a business center, a university, a technology park and finally an arts and recreation area. A wide boulevard connects the new Kargaly City to the historic center of Almaty.

Градостроительный проект «Каргалы Сити» включает в себя развитие 4 новых микрорайонов. Вдоль берега реки, проходящий через весь ареал, предполагается строительство жилых зданий, торгового комплекса и университета. В центре ареала расположены небоскребы, достигающие 44 этажа в высоту. Широкий бульвар соединяет ареал с историческим центром.

Das Investitions- und Projektentwicklungsunternehmen TS Engineering Group gehört zu den Marktführern im kasachischen Bau- und Immobiliengeschäft und sorgt dafür, dass Almaty in Sachen »Bauboom« der neuen Hauptstadt Astana in nichts nachsteht. Vorzugsweise schreibt das Unternehmen selbst Wettbewerbe aus, um das Prestige seiner Projekte schon in der Planungsphase auf höchstes internationales Niveau zu heben. So auch für die Neugründung des Stadtgebiets *Kargaly City*. Ausgehend von der kasachischen Bedeutung des Namens Almaty – »Stadt der Äpfel« –, der von den wild wachsenden Apfelbäumen in der Umgebung herrührt, entwickelten die Architekten der Planungsgruppe 4 für den neuen »Mikrorajon« ein Konzept der »natürlich gewachsenen« Architektur. Dessen Struktur prägt der Verlauf des im Norden des Alatau Gebirges entspringenden Flusses Kargaly. Die Hauptachse ist als linearer Park entlang des Flusses angelegt und stellt einen »urbanen Baumstamm« dar, von dem aus sich das Gebietszentrum als »Baumkrone« verzweigt. Als weithin sichtbare Landmarken sollen Wolkenkratzer mit bis zu 44 Geschossen fungieren. Zu beiden Seiten der Hauptachse führen die Nebenarme des Kargaly in die neuen Wohnquartiere und bilden natürliche Erholungszonen. Der Flusslauf passiert Apartmenthäuser, ein Geschäftszentrum, die Universität sowie einen Technologiepark und trifft am Ende auf einen Kultur- und Erholungsbereich. Der großzügige Boulevard verbindet das neue Quartier *Kargaly City* mit dem historischen Stadtkern von Almaty. Der Berliner Masterplan folgt der Überzeugung, dass sich am Rande der gewachsenen kasachischen Metropole Natur und Architektur bestens in Einklang bringen lassen.

Абая просп.
Abai Ave
Шаляпина ул.
Shalyapin St
Жандосов
Zhandosov

The Kargaly river forms the trunk in the tree-shaped plan of this new district of Almaty, with a crown of public buildings at its center and branches leading into the residential areas.

Der Flusslauf des Kargaly bildet eine »Baumstruktur« als natürliche Grundlage für die Planung des neuen Stadtgebiets von Almaty. Der »Baumstamm« ist von öffentlichen Gebäuden gesäumt, die »Verästelung« führt in die Wohnquartiere, in der »Baumkrone« befindet sich das Zentrum des Gebiets.

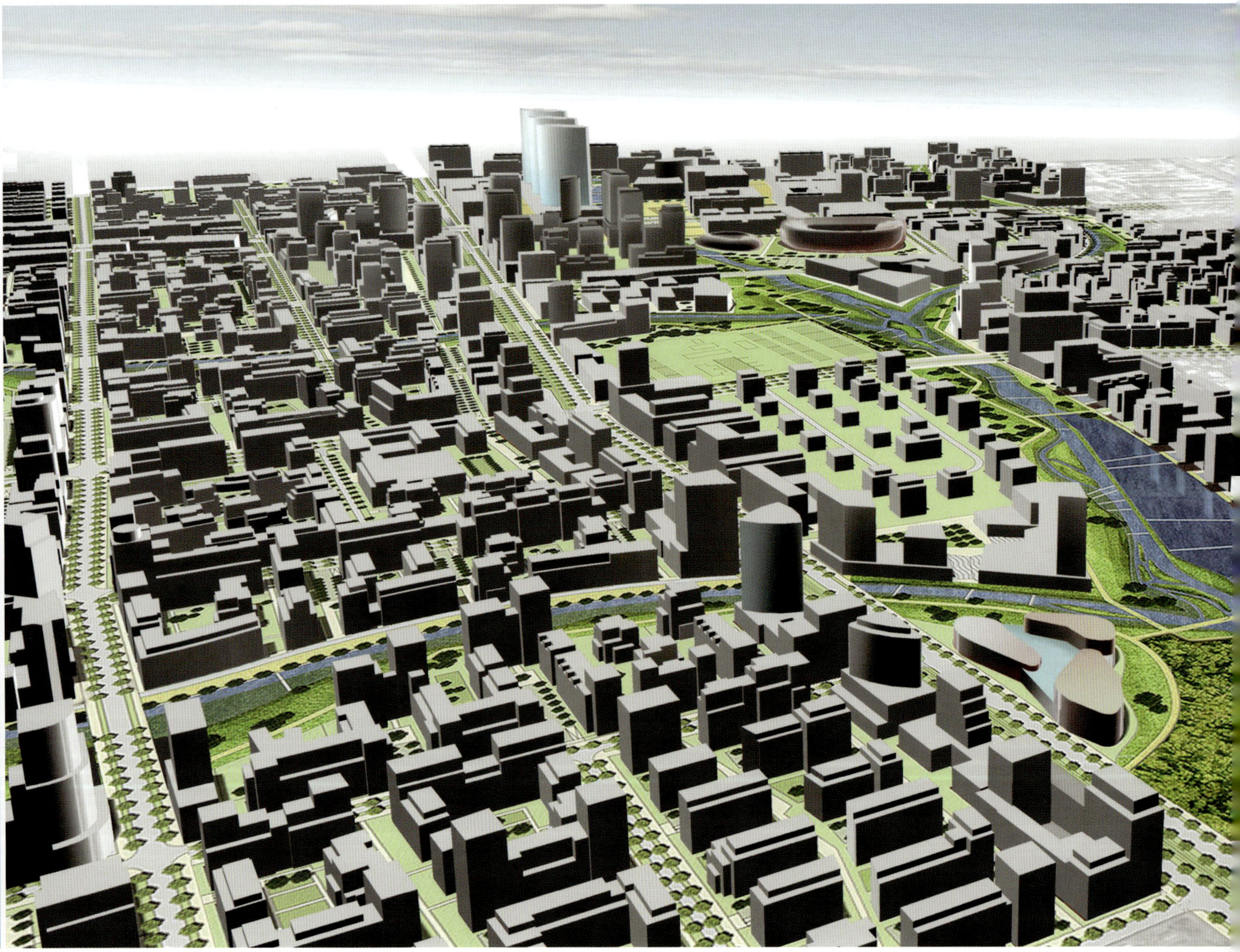

Natural recreation areas link each of the microdistricts to the rest of the city. The main axis is more densely built up towards the center of the district.

Natürliche Erholungszonen vernetzen die einzelnen »Mikrorajony« mit dem übrigen Stadtgebiet. Zum Gebietszentrum hin verdichtet sich die Bebauung der Hauptachse.

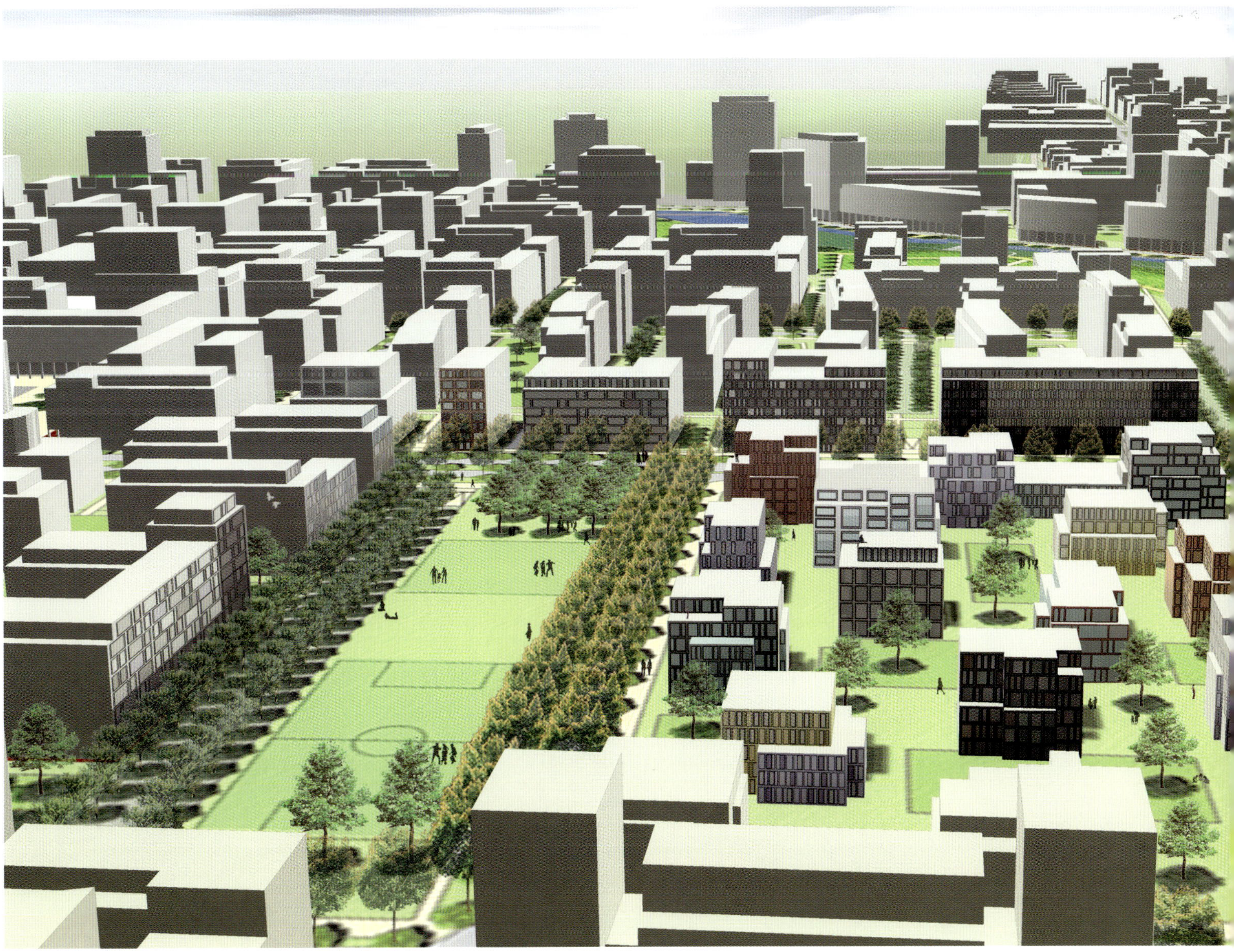

Peak Industrial Park near Almaty
Industrie- und Logistikpark *Peak* bei Almaty

Architect
aIB (Duisburg)

Developer
agiplan CIS (Moscow)

Design Team
Christof Nellehsen
Lars Seiler
Heinz-Günter Lang
Karsten Wiedehage

Client
TOO Peak Kazakhstan Kagazy (Almaty)

Planning
2007

Completion
from 2008

Kazakhstan has based its economic policy on the accelerated expansion of the processing, high-tech and science industries, and on the development of infrastructure, to reduce its dependence on oil production. The futuristic developments to the northwest of Almaty form a part of this new strategy. One such project is the Peak industrial and logistics park, built by the company of the same name and designed both to meet its successful parent company's need for modern industrial sites, and to provide logistics services to the Kazakh market. The masterplan for the park was drawn up by Duisburg planning bureau aIB, which for 45 years has been carrying out worldwide industrial and government building projects and city and regional planning. The design for the park in Almaty uses an archipelago concept, dividing the 480-hectare site into four densely built islands surrounded by ring roads and alternating with satellites which form smaller built-up areas along the transition to the countryside. Logistics, energy and communications are organized on an autonomous, decentralized basis.

Лейтмотивом развития индустриального парка «Пик» в Алматы служит концепция архипелага, которая предполагает деление ареала в 480 кв.м на 4 »островные« зоны. Плотно застроенные кварталы окружают кольцевые магистрали, обеспечивающие автономное существование каждого района, при этом соединяя их друг с другом. Градостроительное решение всего комплекса представляет собой оптимальный экономический и экологический вариант индустриального парка и удачно вписывается в окружающий ландшафт.

Kasachstan hat seine Wirtschaftspolitik auf den beschleunigten Aufbau der Verarbeitungs- und Hightech- sowie der wissenschaftsintensiven Industrie und auf die Entwicklung der Infrastruktur ausgerichtet, um die Abhängigkeit von der Erdölproduktion zu überwinden. Im Trend dieser neuen Strategie liegt schon jetzt die städtebauliche Entwicklung im Nordwesten Almatys. Eines der zukunftsweisenden Bauvorhaben ist der *Peak* Industriepark des gleichnamigen Unternehmens. Mit der Planung des hochwertigen Industrie- und Logistikparks will die finanzstarke Holding unter anderem ihren dringenden Eigenbedarf an modernen Industriestandorten decken und den kasachischen Markt mit Logistikleistungen versorgen. Die Masterplanung für den *Peak* Industriepark wurde dem Duisburger Planungsbüro aIB übertragen, das seit 45 Jahren weltweit Projekte im Industrie- und Verwaltungsbau sowie in der Stadt- und Regionalplanung realisiert. Das Entwicklungskonzept für den Industriepark in Almaty folgt dem städtebaulichen Leitbild eines »archipelago concept« und sieht eine räumliche Gliederung der 480 Hektar großen Gesamtfläche in vier Kernzonen – die sogenannten Islands – vor. Diese dicht bebauten Areale sind von Ringstraßen umschlossen und wechseln sich mit »Satelliten« ab, die entlang der Übergänge zur Landschaft kleinere Baugruppen bilden. Die Ver- und Entsorgung sowie die Energie- und Medienkreisläufe sind dezentral und autonom geregelt. Während die kasachische Ölindustrie ihren »Peak« bereits erreicht hat, sind die Investoren des wirtschaftlich optimierten und ökologisch nachhaltigen Industrieparks bereits dabei, einen neuen »Gipfel« der kasachischen Wirtschaft zu erklimmen.

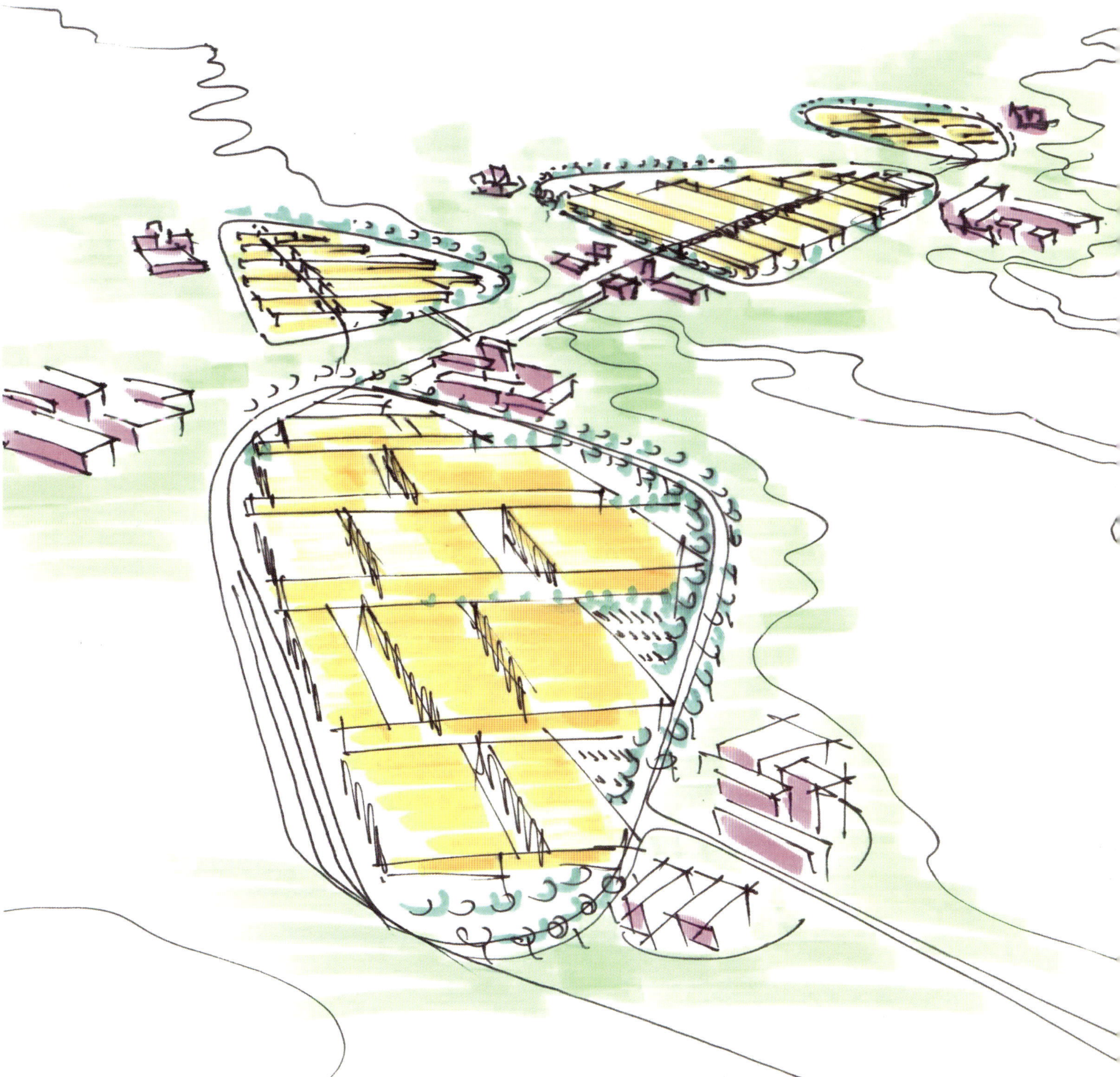

The Peak industrial park to the northwest of the city will house new production facilities for key industries, including food, timber, paper, printing and construction materials.

Im Peak Industriepark nordwestlich der Stadt werden neue, moderne Produktionsstätten für die wichtigsten Industriezweige – darunter die Nahrungsmittelproduktion, das Holz-, Papier- und Druckgewerbe sowie die Baustoffindustrie – entstehen.

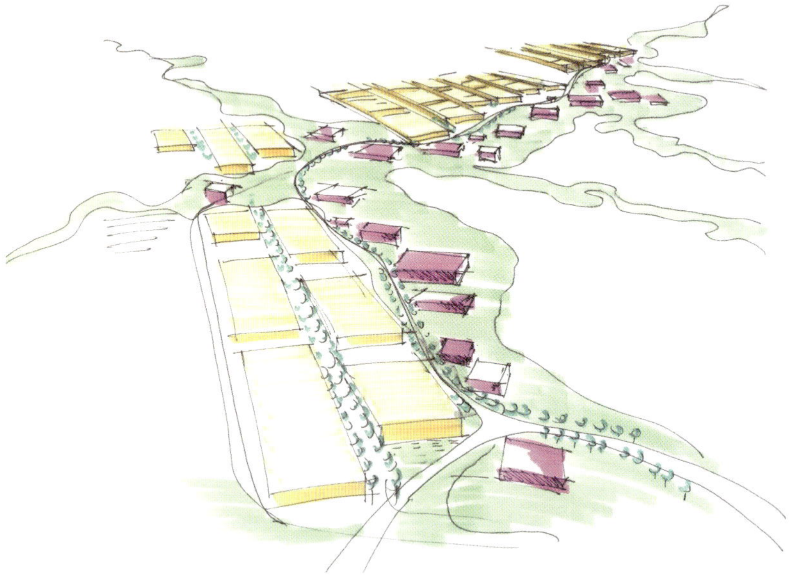

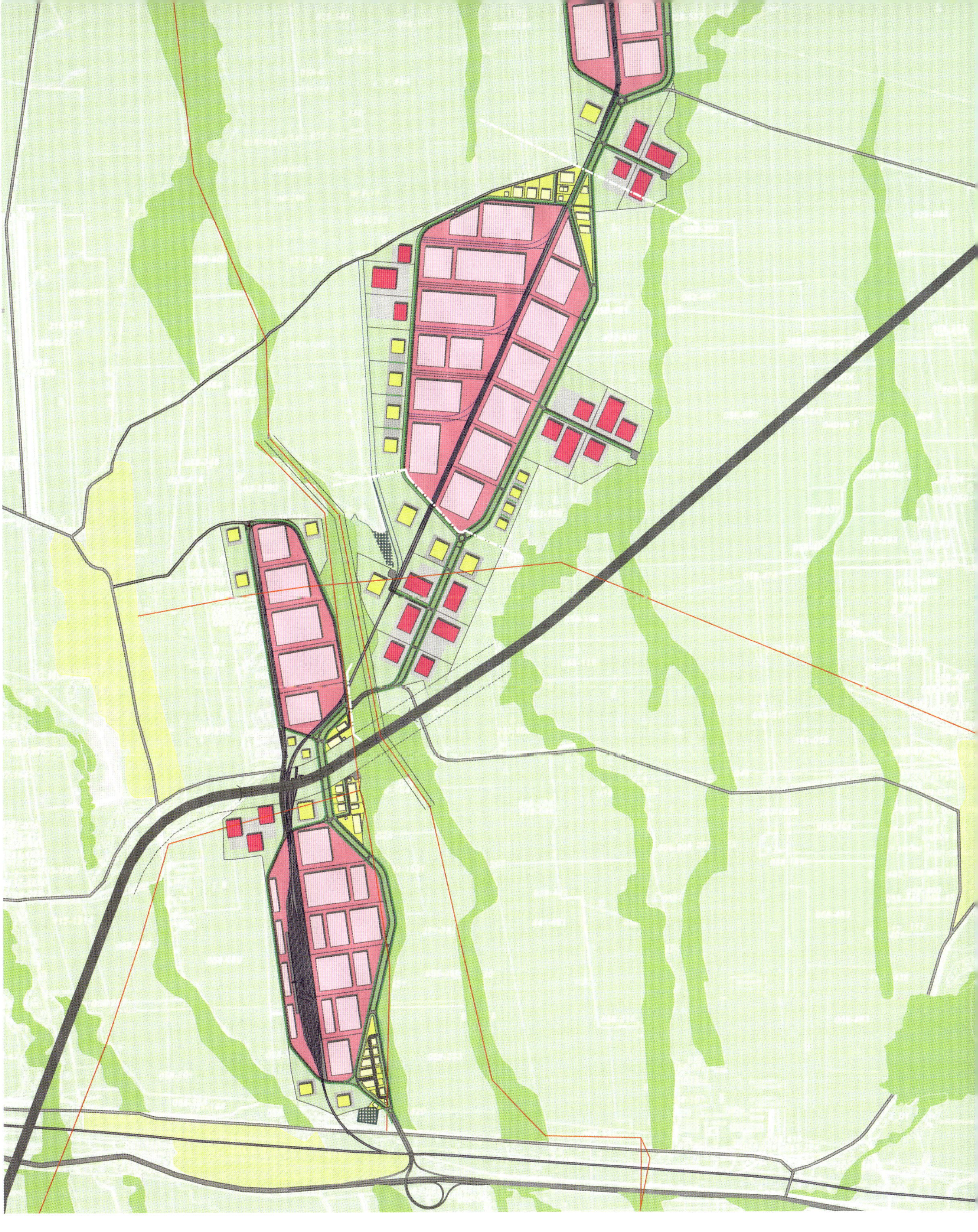

New Village in the Altai Mountains
Neue Wohnsiedlung im Altai-Gebirge

Architect
Meuser Architekten BDA

Design Team
Lena Boyko
Philipp Meuser
Martin Spielau
Jennifer Tobolla

Planning
2006–2007

This exclusive village of dachas in a high, otherwise deserted valley in the Altai mountains is being built by a private developer. The simple houses are a uniquely modern take on the traditional and robust gabled architecture of the high valleys, with usable areas of 150 to 300 square metres, built entirely of timber and standing on concrete platforms which also serve as foundations. The uncomplicated style and self-contained nature of the village in this previously uninhabited area is also reminiscent of a wild west stockade – a not inappropriate analogy given its social, historical and geographical context. Here in the Altai, as in the Rocky Mountains, gold diggers and fortune seekers have played a prominent part in the region's history. Its geology (Altai means "golden mountains") is rich in raw materials; allegedly, every element in the periodic table can be found here. The nearest town is Ridder, renamed Leninogorsk during Soviet times, founded in 1786 by the German geologist Philipp Ridder. This long-established metalworking center located close to the Mongolian border, with a population of 62,000, is currently enjoying an unprecedented economic boom. The new settlement, just under 30 kilometres away, also reflects the country's social change, with its growing demand for luxurious back-to-nature homes.

Дачный поселок в горах Алтая предусматривает строительство деревянных строений, площадью от 150 до 300 кв.м, на бетоных платформах, одновременно служащих им фундаментом. Простые по дизайну дачные дома оптимально вписываются в окружающий ландшафт. Новый поселок отделяют от близлежащего города 30 километров, население которого составляет 62.000 жителей.

Inmitten der unbebauten Weite eines Hochtals im Altaigebirge plant ein privater Investor die Errichtung einer exklusiven Datschensiedlung. Ausgehend vom Archetypus des Giebelhauses wurde dafür ein Gebäude entwickelt, das sowohl die charakteristischen Eigenschaften der russischen Datscha als auch die Parameter robuster Hochgebirgsbauweise auf neue Art miteinander verbindet. Die neuen, schlichten Häuser mit einer Nutzfläche von 150 bis 300 Quadratmetern sind vollständig aus Holz und stehen auf Betonplattformen, die auch als Fundament dienen. Mit ihrer simplen Architektur und der städtebaulich geschlossenen Formation erinnert diese Siedlung in dem noch unerschlossenen Gebiet an die Forts des Wilden Westens. Denn hier im Altai wie in den amerikanischen Rocky Mountains sind Goldschürfer und Glücksritter ein Topos der regionalen Entwicklungsgeschichte. Die geologischen Schichten des Altaigebirges (Altai = »Goldenes Gebirge«) bergen reiche Bodenschätze und kostbare Rohstoffe; angeblich findet man hier alle Elemente des Periodensystems. Die der neuen Siedlung am nächsten gelegene Stadt ist die unter Sowjetzeiten in Leninogorsk umbenannte Stadt Ridder, die 1786 von dem deutschen Geologen Philipp Ridder gegründet wurde und als »Perle des Erz-Altais« gilt. Bis heute ist die unweit der Grenze zur Mongolei gelegene Stadt mit ihren 62.000 Einwohnern Zentrum der Metallverarbeitung und erlebt derzeit einen wirtschaftlichen Aufschwung. Mit der neuen, knapp 30 Kilometer außerhalb des Zentrums befindlichen Siedlung wird auch der sich abzeichnenden sozialen Veränderung Rechnung getragen, die eine wachsende Nachfrage nach luxuriösen, naturnahen Wohnquartieren mit sich bringt.

These simple wooden buildings blend in perfectly with their natural surroundings.
Die schlichten, in Holzbauweise errichteten Häuser verschmelzen geradezu mit ihrer natürlichen Umgebung.

The village is intended mainly as a refuge for city dwellers in search of breathing space.

Die Siedlung soll vor allem erholungssuchenden Städtern als ein Refugium dienen.

Budakovka New Village
Wohnsiedlung *Budakowka*

Architect
Behnisch Architekten (Stuttgart)

in cooperation with
Harder III Stumpfl Architekten

Engineers
Energy concept: Transsolar Climate Engineering

Client
TSE Group Limited (Wellington, Auckland/ New Zealand)

Competition
2006

The village of Budakovka, on the edge of Almaty, will soon be one of Kazakhstan's most modern residential areas. In 2006, the New Zealand project developer TSE Group organized an international architectural competition for a number of sites in this unique hilly landscape. The brief was to design a lively, sustainable and comfortable environment for the inhabitants. The jury decided that the most artistic, innovative and environment-friendly entry was a joint venture between the German firms Behnisch Architekten and Harder III Stumpfl. In view of the sites' differing natures and locations, they divided the area into two residential districts. The Guest Resort on the northern slope serves a variety of purposes and forms a lively and well integrated part of the project. To the west of the central building, which nestles in a hollow, a series of townhouses respond playfully to the site's varied topography, a kind of spatial exclamation mark. A cluster of modular housing lies to the east, while the Club Resort on the steep southern slope of the planning area required sensitive remodeling of the site. The northern area is home to a densely planted terrace-shaped residential unit, whose futuristic German architecture will make it a beautiful place in which to live.

Комплекс, расположенный в непосредственной близости от бывшей столицы страны, вмещает в себя современные жилые здания, вписаные в живописный ландшафт. Их дополняет «зона отдыха»: отдельные бунгало, фитнес-клубы, кафе, рестораны, кинотеатры, детский сад и плавательный бассейн. Особое внимание архитекторов было уделено экологической чистоте и рациональному использованию ресурсов при эксплуатации будущего комплекса.

Die Ortschaft Budakowka liegt am Stadtrand von Almaty und soll schon in naher Zukunft eines der modernsten Wohngebiete Kasachstans werden. 2006 lobte der neuseeländische Projektentwickler TSE Group einen internationalen Architekturwettbewerb zur Bebauung der Grundstücke in einzigartiger Hügellandschaft aus. Aufgabe der teilnehmenden Architekten war es, ein neues Quartier zu entwickeln, das den lebendigen, nachhaltigen und gehobenen Bedürfnissen jedes einzelnen Bewohners entspricht. Den künstlerisch anspruchsvollsten, innovativsten und umweltverträglichsten Wettbewerbsbeitrag lieferte nach Meinung der Jury die Arbeitsgemeinschaft der deutschen Büros Behnisch Architekten und Harder III Stumpfl. Aufgrund der unterschiedlichen Ausprägung und Lage der Grundstücke haben sie das Planungsgebiet in zwei Wohnquartiere unterteilt. Das *Guest Resort* liegt am Nordhang; mit seinen unterschiedlichen Nutzungen dient es als lebendiger und integraler Bestandteil des Viertels. Westlich des zentralen Baukörpers, der sich in eine Geländemulde schmiegt, sind Stadthäuser platziert, die spielerisch auf die unterschiedlichen Topografien reagieren und ein städteräumliches Ausrufungszeichen setzen. Für den östlichen Teil wurden Wohneinheiten im Baukastensystem entwickelt. Das *Club Resort* liegt am steilen Südhang des Planungsgebiets und verlangte eine ortstypische Lösung durch sensible Modellierung des Geländes. Im nördlichen Areal befindet sich eine stark durchgrünte, terrassenförmige Wohnanlage. Das architektonische Konzept weist eine klare Zukunftsorientierung auf. Schönes Wohnen darf in Kasachstan auch mit deutscher Baukunst in Verbindung gebracht werden.

The Budakovka site is divided into two residential areas. The Guest Resort lies on the northern slope and is dominated by a hotel, nestling in a hollow amid the site's most dramatic scenery.

Im »Gästewohnquartier« bleibt die vorhandene Topografie weitgehend erhalten. Geplant ist eine aufgelockerte Bebauung aus individuellen Einzelhäusern. Das öffentliche Grün erstreckt sich großzügig entlang der Wegeverbindungen und Plätze.

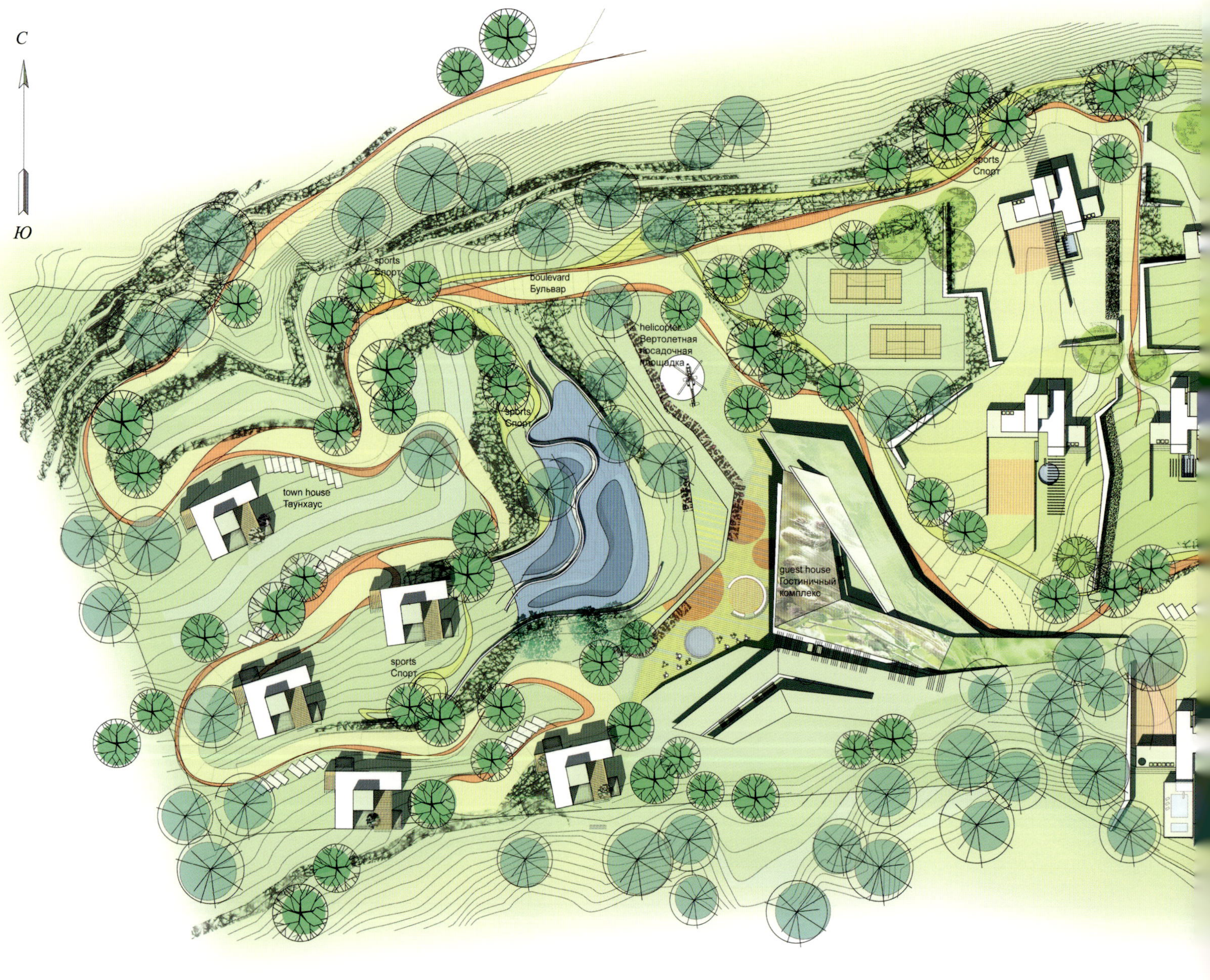

The most prominent feature of the Club Resort on the southern slope is a club-house, standing in an exposed position with folded, outstretched roof ridges spanning a promenade and serving as a gateway to the site above.

Das Club Resort am Südhang wird durch ein exponiert platziertes Clubhaus mit gefalteten, weit auskragenden Deckenkanten dominiert, das eine Promenade überspannt und als Tor zum darüber liegenden Gelände weist.

Embassy of the Federal Republic of Germany in Astana
Deutsche Botschaft Astana

Architect
Arbeitsgemeinschaft
Meuser Architekten BDA
Oppert + Schnee (Berlin)

Design Team
Philipp Meuser
Martin Spielau
Andreas Ullrich

Engineers
pin planende ingenieure (Berlin)

Fire Safety
CRP Ingenieure (Berlin)

Client
Bundesamt für Bauwesen und Raumordnung (Bonn)

Planning
2004–2006

Completion
2007

In 1997, Kazakhstan's president Nazarbayev decided to move the capital from Almaty to Astana. Shortly afterwards, in 1998, the Japanese architect Kisho Kurokawa won an international competition for the masterplan, which was published in 2002, and this former provincial town has since undergone radical change. The main construction projects, including government, parliament and administration buildings, are located in southern Astana, and many foreign embassies are transferring to the new capital. The German embassy is designed to guide the flow of outsiders, separating visa applicants from visitors to the chancellery, and occupies the first, second and third storeys, with the remaining six housing other diplomatic agencies. The first stage of the project involved preparing 2,000 square metres of office space for five years' temporary occupation, in accordance with German standards. There was little room for maneuver when it came to the design for the formal areas of the building, one of whose most striking features are the coloured walls designed to distract the eye from the low ceilings, only 2.6 metres high, and long 40-metre hallways. The ceiling-height doors had to be reduced to standard size on budgetary grounds. Other design accents including the fitted furniture and photographic wallpaper in the visa waiting room and interview room.

Посольство Германии в Астане занимает около 2.000 кв.м на трех первых этажах крупного бизнес-комплекса в непосредственной близости от административного центра города. Ярким элементом данного проекта оформления интерьера посольства являются насыщенные цвета. Залы ожидания и визовый отдел украшают встроеная мебель и фотообои.

1997 entschied Staatspräsident Nasarbajew, die Hauptstadt von Almaty nach Astana zu verlegen. Kurze Zeit später, im Jahr 1998, gewann der japanische Architekt Kisho Kurokawa einen internationalen Wettbewerb für die Erstellung des Masterplans, der 2002 verabschiedet wurde. Seitdem vollzieht sich in der ehemaligen Provinzstadt ein grundlegender Wandel. Vor allem im Süden Astanas sind die wichtigsten Bauvorhaben angesiedelt, darunter Regierungs-, Parlaments- und Verwaltungsgebäude. Inzwischen verlegen viele Botschaften ihre Aktivitäten nach Astana. Die Deutsche Botschaft Kasachstan nimmt eine besondere Stellung ein, da sie mit jährlich über 50.000 Schengen-Visa die meisten Sichtvermerke in der Region ausstellt. Beim Entwurf der neuen Botschaft in Astana standen deswegen die Lenkung des Besucherstroms sowie seine räumliche Trennung in Visa-Antragsteller und Kanzlei-Besucher im Vordergrund. Neben dem Erdgeschoss nutzt die Deutsche Botschaft auch das erste und zweite Obergeschoss eines bestehenden Gebäudes. In den übrigen sechs Geschossen sind weitere diplomatische Vertretungen untergebracht. Es wurden 2.000 Quadratmeter Bürofläche nach deutschen Normen zunächst für eine Zwischenunterbringung von etwa fünf Jahren hergerichtet. Entsprechend wenig Spielraum blieb beim Entwurf für die repräsentativen Bereiche. Auffallendes Element der Innenarchitektur sind die farbig gestalteten Wände, die von der niedrigen Deckenhöhe (2,60 Meter) und den langen Fluren (über 40 Meter) ablenken sollen. Raumhohe Türen mussten aus Budgetgründen wieder auf Standardmaß reduziert werden. Im Visa-Warteraum und im Besprechungsraum setzen Einbaumöbel und Fototapeten gestalterische Akzente.

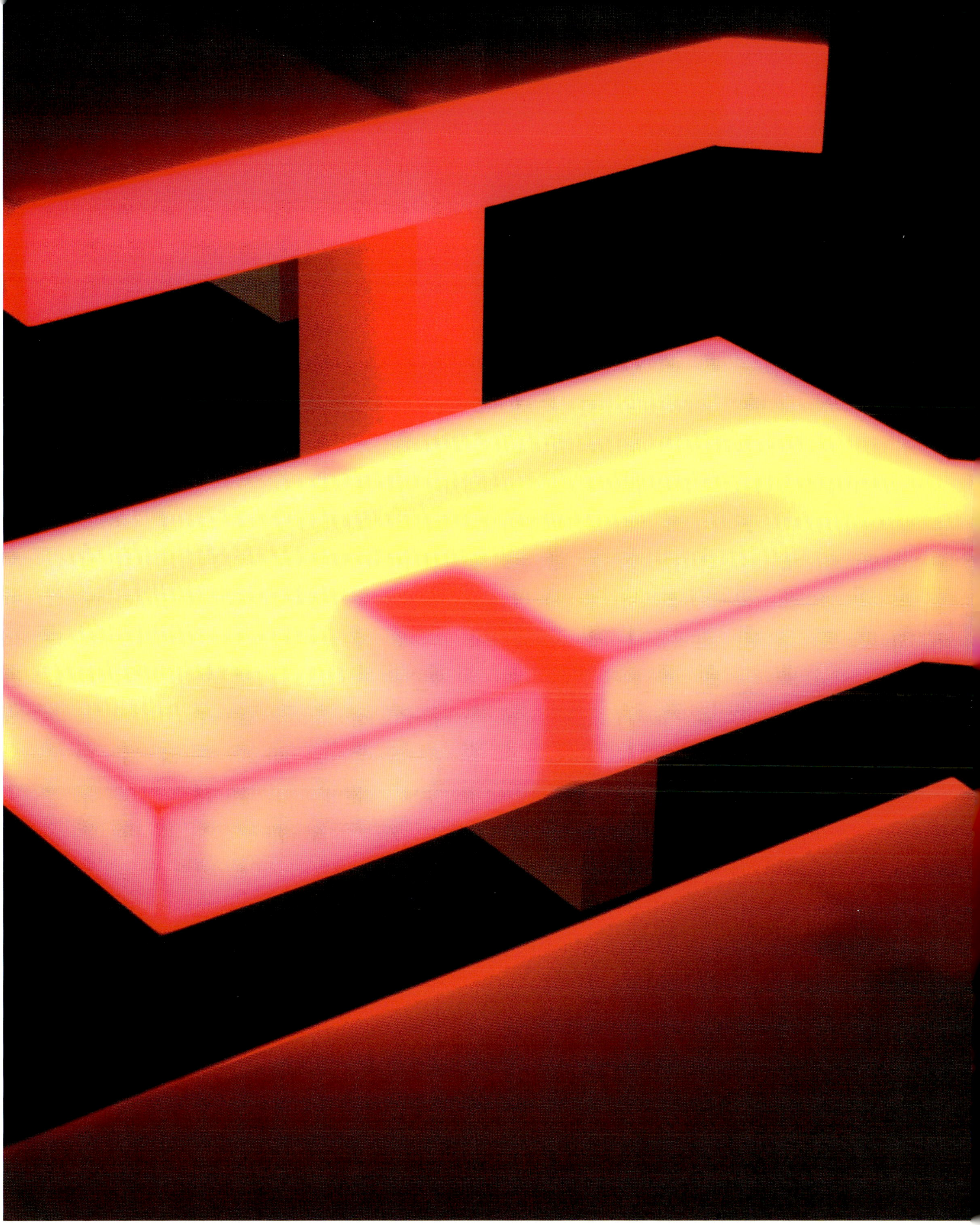

5
6

A waiting people motif has been used on the walls of the visa visitors' room.

Das Motiv von wartenden Menschen bestimmt die Wandgestaltung im Visa-Besucherraum.

Floral wall decorations distract the eye from the low ceilings and create a friendly atmosphere.

Dekorative Wandelemente in floralem Design lenken von der niedrigen Deckenhöhe ab und vermitteln eine freundliche Atmosphäre.

The long corridor walls are ornamented in similar fashion, not at all like the customary monotony of government buildings.

Auch die Wände der langen Flure haben dieses Dekor erhalten und entgehen so der sonst üblichen Eintönigkeit einer Behörde.

British Embassy Astana
Britische Botschaft Astana

Architect
Meuser Architekten BDA (Berlin)

Design Team
Philipp Meuser
Martin Spielau
Andreas Ullrich

Engineers
Ingenieurbüro Rehberg (Berlin)

Client
Foreign & Commonwealth Office (London)

Planning
2005–2006

Completion
2006

The British Embassy moved to a single 1,200-square-metre floor of an existing office building between Astana's new government district and the Soviet old town. The design brief required the interior to convey a modern image of the Foreign and Commonwealth Office, emphasizing the fact that Britain has one of the longest diplomatic traditions of any country, but also taking account of the fact that in today's political climate, it faces a very high security threat. It had to be conservative while meeting very strict security guidelines, so the architectural details required a great deal more planning than most normal offices, particularly in a country whose Soviet past means that high-quality craftsmanship can be thin on the ground. The interior is dominated by dark flooring (red Kazakh granite in the hallways and lobby, and anthracite carpets in the offices) and brilliant white walls. One of its most distinctive features is the wall and ceiling ornamentation consisting of variations on a Union Jack theme. The office of the British Council has striped wallpaper in the organization's corporate colours. Similar furnishings and interior designs have been used in the management areas and in ordinary offices, to create a uniform image and avoid any suggestion of a hierarchy.

Для Посольства Великобритании в Астане должен был быть перестроен целый этаж в одном из уже существующих офисных зданий. Главным элементом оформления интерьеров является мотив и цвета британского флага *Union Jack*. Покрытие пола коридоров и главного вестибюля выполнено из темно-красного казахского гранита. В офисных помещениях преобладают спокойные тона.

Die Britische Botschaft hat ihre Arbeit in Astana in einer 1.200 Quadratmeter großen Etage in einem bestehenden Bürogebäude zwischen dem neuen Regierungsviertel und der sowjetischen Altstadt fortgesetzt. Hier bestand die gestalterische Herausforderung darin, eine Innenarchitektur zu schaffen, die ein modernes Bild des *Foreign & Commonwealth Office* (FCO) vermittelt. Im Vordergrund steht, dass Großbritannien einerseits ein Staat mit einer der längsten diplomatischen Traditionen ist, andererseits vor dem Hintergrund der weltpolitischen Entwicklung ein hohes Gefährdungspotenzial besitzt. Dies bedeutet, dass neben einem konservativen Erscheinungsbild sehr umfangreiche Sicherheitsrichtlinien erfüllt werden müssen. Die Umsetzung architektonischer Details erfordert daher einen höheren Planungsaufwand als bei einem vergleichbar repräsentativen Büroausbau, zumal in einem Umfeld, dessen postsowjetische Vergangenheit eine Struktur qualitätvoller Handwerksbetriebe vermissen lässt. Kerngedanke der innenarchitektonischen Gestaltung sind dunkle Fußböden (roter kasachischer Granit in den Fluren und der Lobby, anthrazitfarbener Teppichboden in den Büros) und strahlend weiße Wände. Besonderes Augenmerk der Gestaltung liegt auf Ornamenten und Grafiken, die vereinzelt Wände und Decken zieren. Sie thematisieren und variieren die britische Flagge, den *Union Jack*. Das Büro des British Council wurde darüber hinaus mit einer gestreiften Tapete gestaltet, die dem Farbkanon des Kulturinstituts entspricht. Zwischen der Möblierung und Innenraumgestaltung des Leitungsbereichs und jener der »Normalbüros« wird, zugunsten des einheitlichen Erscheinungsbilds, keine Hierarchisierung vorgenommen.

British Embassy Astana

Bold, cleverly positioned graphics provide striking accents on the walls.
Auffallende grafische Muster an den Wänden, geschickt eingesetzt, setzen markante Akzente.

This unusual wall decoration was inspired by the Union Jack.
Der Union Jack inspirierte die Architekten zu dieser ungewöhnlichen Wandgestaltung.

Ambassade de France en Kazakhstan
Französische Botschaft Astana

Architect
Meuser Architekten BDA

Design Team
Philipp Meuser
Martin Spielau

Client
Ambassade de France en Kazakhstan (Almaty)

Planning
2005–2006

Completion
2007

The French embassy, too, has moved into an existing office building in the center of Astana. France's foreign ministry decided to relocate its chancellery to Astana and leave the visa department in Almaty, which is more central and easily accessible. As a result, the diplomats of the grande nation occupy only half a floor of the building, and the budget for the interior was pared down to the essentials. The area of just over 650 square metres was laid out so that the chancellery and diplomatic functions are intertwined into a harmonious whole while meeting strict security requirements. In the lobby, visitors are greeted by a tricolour with a silhouette of France's national emblem, Marianne. This bold use of the country's most powerful icon is a simple, elegant solution to the need for a strong and unmistakable statement at the entrance. As well as offices for employees, the embassy has conference and media rooms, their simple, contemporary layout influenced by such great protagonists of western modernism as Mies van der Rohe, Eames and Paulin, while the lights are by the Swedish lighting design company Fagerhult. For all its western inspiration, France's embassy in Kazakhstan still has a slightly post-Soviet air, probably thanks to the red granite floor, whose gravitas forms an unusual contrast to the bright, airy feel of the rooms themselves.

При оформлении интерьеров посольства Франции, была использована мебель таких известных западных дизайнеров как Мис ван дер Рое, Имес и Паулин. Стены украшают национальные цвета и символ Франции – Марианна. Темно-красный гранит пола контрастирует с общим лаконичным оформлением интерьеров и придает помещениям необычную атмосферу.

Auch die Französische Botschaft hat ihr Quartier in dem bestehenden Bürogebäude im Zentrum Astanas bezogen. Die Repräsentanz Frankreichs entschied, in Astana nur die Kanzlei der Botschaft zu etablieren, den Visa-Bereich der besseren Erreichbarkeit wegen jedoch am zentraler gelegenen Standort Almaty zu belassen. Daher beanspruchen die Diplomaten der Grande Nation in Astana nur eine halbe Etage des Gebäudes. Die Beschränkung auf das Notwendige diktierte auch das Budget für die Einrichtung. Die Fläche von gut 650 Quadratmetern war so zu gestalten, dass Kanzleifunktionen und repräsentative Ansprüche ineinander greifen und eine harmonische Einheit bilden, dabei aber auch den strengen Sicherheitsauflagen gerecht werden. In der Lobby empfängt den Besucher eine Trikolore mit dem Schattenriss der Nationalheiligen Marianne. Der beherzte Umgang mit den stärksten ikonografischen Symbolen Frankreichs kann durchaus Anleihen bei der Pop Art für sich in Anspruch nehmen und löst das Problem eines aussagekräftigen und unverwechselbaren Empfangs auf einfache und elegante Weise. Neben den Büros für die Mitarbeiter verfügt die Botschaft über einen Konferenzbereich sowie einen Medienraum. Die schlicht-moderne Einrichtung der Räumlichkeiten setzt auf Klassiker der westlichen Moderne wie Mies van der Rohe, Eames und Paulin; die Beleuchtung stammt von der schwedischen Lichtdesign-Firma Fagerhult. Dass der Vertretung Frankreichs in Kasachstan bei aller westlich inspirierten Gestaltung dennoch eine gewisse postsowjetische Note eigen ist, liegt vermutlich am roten Granit, mit dem der Boden ausgekleidet ist. Seine gravitätische Anmutung bildet einen ungewöhnlichen Kontrast zur leichten, lebhaften Atmosphäre der Räume.

The restrained, modern interiors have a relaxed, cheerful feel.

Die Räume sind zurückhaltend und modern eingerichtet, sie vermitteln eine leichte, lebhafte Stimmung.

Antenne diplomatique d'Almaty

Außenstelle der Französischen Botschaft in Almaty

Architect
Meuser Architekten BDA (Berlin)

Design Team
Philipp Meuser
Martin Spielau

Contractor
OOO Winner Company (Almaty)

Client
Ambassade de France en Kazakhstan (Almaty)

Planning
2006–2007

Completion
2009

The process of converting the former US embassy in Almaty to an office of the French embassy involves taking a 100-year-old palace ruined by additions over the decades and restoring it to its former condition. This represents a challenge in many respects, not least because it involves protecting historical monuments, not always a priority in Kazakhstan's property market, and must also meet stringent safety requirements. The project therefore has an important role to play in educating people about the importance of sustainability and heritage protection. The architects removed all plant that was surplus to requirements, and returned the rooms to their original style. The building had to be earthquake-proof in accordance with Eurocode 8, and the planners also had to deal with the fact that the US embassy had installed soundproof steel baskets in sensitive security areas on the first floor, which also increased the building's overall stability. These were therefore reduced to the minimum and incorporated into the walls. The new air-conditioning plant was installed in the roof truss, and the rooms on the second floor receive their fresh air through ventilation outlets in the ceiling so that unattractive ventilation ducts did not need to be incorporated into historically important parts of the building. The existing fan coils used for temperature regulation were retained on cost grounds.

Главной задачей проекта являлось преобразование помещений старинной виллы в центре Алматы для нужд представительства посольства Франции с учетом необходимых требований к сейсмостойкости и безопасности, не нарушая при этом облик находящегося под охраной государства памятник архитектуры.

Bei der Herrichtung der ehemaligen US-Botschaft in Almaty zur Außenstelle der französischen Botschaft geht es darum, ein etwa 100 Jahre altes und im Laufe der Jahrzehnte durch technische Einbauten völlig entstelltes Palais weitgehend in seinen ursprünglichen Zustand zurückzuführen. Dies stellte in vielerlei Hinsicht eine Herausforderung dar. Zum einen galt es, im kasachischen Immobilienmarkt Baukultur und Denkmalschutz zu thematisieren, zum anderen ging es um die Erfüllung sicherheitstechnischer Anforderungen. Vor diesem Hintergrund kommt dem Projekt hinsichtlich der Nachhaltigkeit und des Umgangs mit dem kulturellen Erbe eine Vorbildfunktion zu. Hierzu haben die Architekten das Gebäude von überflüssigen haustechnischen Anlagen befreit und die Räume in ihren originalen Zuschnitt zurückgeführt. Hinzu kam, dass das Haus gemäß Eurocode 8 gegen mögliche Erdbebenschäden gesichert werden musste. Dabei kam den Planern entgegen, dass die US-Botschaft im Erdgeschoss in den sicherheitsrelevanten Räumen abhörsichere Stahlkörbe installiert hatte, die zugleich die Standsicherheit des Gesamtgebäudes erhöhen. Sie wurden daher auf ein Mindestmaß reduziert und in die Wände integriert. Die neue Lüftungsanlage konnte im Dachstuhl installiert werden. Die Räume im ersten Obergeschoss erhalten ihre Frischluft über Lüftungsauslässe in der Decke, auf gestalterisch nicht zufriedenstellende Lüftungskanäle in den historisch wertvollen Räumen konnte daher verzichtet werden. Lediglich aus Kostengründen mussten die vorhandenen Fan Coils zur Regulierung der Temperaturen erhalten bleiben. Ihre Entfernung ist in einem zweiten Bauabschnitt vorgesehen.

The interior of this urban palace, which is more than a hundred years old, has been carefully restored to its original condition.

Die Räumlichkeiten des über einhundert Jahre alten Stadtpalais wurden behutsam in ihren ursprünglichen Zustand zurückgeführt.

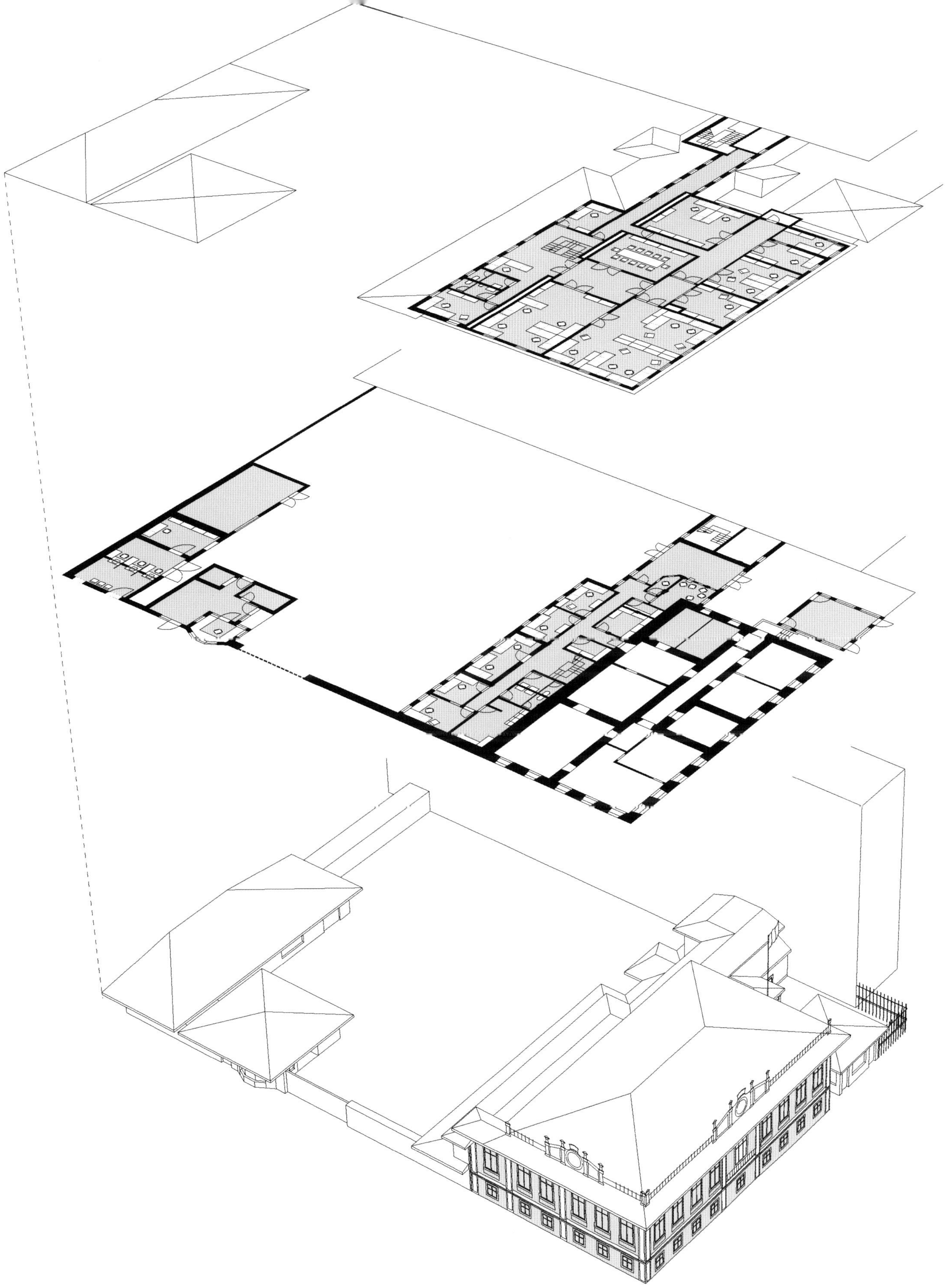

ABN AMRO Bank Kazakhstan
ABN AMRO Bank Kasachstan

Architect
Meuser Architekten BDA
(Berlin)

Design Team
Philipp Meuser
Jennifer Tobolla
Martin Spielau
Takashi Tsubokura

Engineer
Bernd Lehmann (Berlin)

Global Design Standards
Sinot Design Associates
(Laren/NL)

Client
ABN AMRO Bank
Kazakhstan (Almaty)

Planning
2007

Completion
2008

The economy of Kazakhstan has grown rapidly since opening up to the global markets. One of the leading investors in the country is the Netherlands-based bank ABN AMRO which, since the end of the cold war, has been one of the first major financial institutions to establish a presence in the region. Kazakhstan, which is rich in raw materials, is playing an important role in the bank's expansion strategy, and its new corporate design will be used for the first time in its new consumer branches in the central Asian country. The planners' brief was to implement the design by the Dutch firm SINOT Design in conjunction with local construction companies. The Aktau branch, located in a new hotel with a view of the Caspian Sea, played the leading role in this project. The 400-square-metre consumer banking area, which occupies the space originally intended for the casino, is being fitted out in accordance with a design manual prescribing exactly which colours and materials are to be used. The floor is clad in Kazakh marble and the walls in Russian timber. The green carpets and yellow chairs are the bank's traditional colours, and all displays, tables and counters have been specially designed. With this project, the designers and architects successfully confronted the challenge of creating high-quality design in a region of the world not known for this. Further branches in Atyrau, Astana and Almaty will follow suit.

В течении последних лет бюро Мойзер Архитекторы реализует по разработанному студией Sinot Design фирменному стилю проекты филиалов голландского ABN AMRO Банка в Казахстане. Основной задачей является воплощение дизайна интернационального уровня посредством местных строительных фирм.

Mit seiner Öffnung für den globalisierten Markt hat Kasachstan als aufstrebender Wirtschaftsstandort an Bedeutung gewonnen. Zu den größten Investoren hier gehört die niederländisch-schottische Bank ABN AMRO, die sich nach dem Ende des Kalten Kriegs als eines der ersten großen Finanzinstitute im östlichen Teil der Welt engagiert hat. Das rohstoffreiche Kasachstan spielt eine bedeutende Rolle in der Expansionsstrategie des Unternehmens. Daher wird das neue Corporate Design der Bank erstmalig am Beispiel der neu zu schaffenden Kundenfilialen in dem zentralasiatischen Land realisiert. Die Aufgabe der Planer bestand darin, das von dem holländischen Büro SINOT Design entwickelte Konzept gemeinsam mit lokalen Baufirmen umzusetzen. Der Filiale am Standort Aktau kam in diesem Projekt die Vorreiterrolle zu. Sie befindet sich in einem Hotelneubau mit Blick auf das Kaspische Meer. Die Räumlichkeiten für das *Consumer Banking* erstrecken sich über eine 400 Quadratmeter große Fläche, die ursprünglich für das Casino gedacht war. Die Gestaltung der Räume erfolgte anhand eines Design-Manuals, das exakt vorschrieb, welche Farben und Materialien zu verwenden waren. Der Boden ist mit kasachischem Marmor ausgekleidet, die Wandpaneele sind aus russischem Holz. Das Grün der Teppiche entspricht ebenso wie das Gelb der Stühle den traditionellen Farben des Unternehmens. Sämtliche Displays, Tische und Counter wurden nach speziellen Entwürfen der Designer angefertigt. Mit diesem Projekt lösten die Gestalter und Architekten den Anspruch ein, in einer von modischen Trends bislang abgekoppelten Weltregion ein hochwertiges Design zu etablieren. Weitere Institute in Atyrau, Astana und Almaty werden folgen.

Parts of the interior furnishings are bulletproof, to comply with security standards imposed by the Kazakh national bank.

Die Gestaltung der Bankräume mit teilweise beschusshemmender Möblierung entspricht den von der kasachischen Nationalbank geforderten Sicherheitsstandards.

Business Center Mirax Plaza
Multifunktionskomplex *Mirax Plaza*

Architect
Eller + Eller Architekten (Düsseldorf/Berlin/ Moscow/Kiev)

Design Team
Ost-West-Construction Ltd. (Düsseldorf)

Engineers
HVAC: HTW (Düsseldorf)

Fire Safety
Corall (Meerbusch)

Geotechnics
Katzenbach (Darmstadt)

Structural Engineering
Kunkel und Partner (Düsseldorf)

Client
MIRAX GROUP (Kiev)

Planning
2007

Completion
2010

18 years of Ukrainian independence have left their mark on the development of Kiev. Journalist Boris Yerofalov has divided this process into four stages: the "historic", from 1991 onwards, which involved the restoration of churches and historic buildings; the "political", beginning in 1997, during which the symbols of the new power structure were built; the "economic", from 2000, when many retail complexes were constructed; and the "infrastructural", which has lasted since 2001. In 2003, as stations, airport and bridges were being modernized, there was a boom in office and residential construction, and the planning structure of Kiev's historic center has since undergone major changes. The "Mirax Plaza" housing and leisure complex, scheduled for completion in 2010, is being built on the site of a former industrial estate. The Russian investment company MIRAX GROUP is currently also building the Federation Tower and the "Mirax Plaza", both in Moscow. The Kiev version will be built to similar international standards, and the design contract has been awarded to Eller + Eller Architekten. It consists of two 192-metre glass skyscrapers, towering above every other building in Ukraine and containing offices and 381 luxury apartments, with a five-storey shopping mall connecting the two. The curved towers herald the advent of a whole new architectural idiom in Kiev and, ironically, have once again given Moscow a role in the development of the Ukrainian capital.

Башни комплекса, фасады которых направлены в разные стороны света, имеют форму смещенных относительно друг друга сегментов, сгруппированных вокруг лифтового узла. Стеклянная архитектура этого комплекса очень необычна для облика Киева.

Die 18 Jahre währende Unabhängigkeit der Ukraine hat in der städtebaulichen Entwicklung Kiews Spuren hinterlassen, die der Journalist Boris Jerofalow vier zeitlichen Abschnitten zugeordnet hat: Ab 1991 vollzog sich die »historische« Etappe mit der Restaurierung von Kirchen und Baudenkmälern; ab 1997 die »politische«, die »Symbole« der neuen Macht hervorbrachte; ab 2000 die »ökonomische« Ära mit dem Bau von Handelskomplexen und seit 2001 währt nun die »infrastrukturelle« Etappe. Parallel zur Modernisierung von Bahnhöfen, Flughäfen und Brücken begann ab 2003 ein Boom im Büro- und Wohnungsbausektor. Mit diesem geht bis heute eine starke Veränderung der städtebaulichen Struktur im historischen Zentrum Kiews einher. An der Stelle eines ehemaligen Industriegebiets wird bis 2010 der Wohn- und Freizeitkomplex *Mirax Plaza* entstehen. Der russische Investor MIRAX GROUP baut gegenwärtig auch den *Federation Tower* als höchstes Gebäude Europas und das *Mirax Plaza* in Moskau. Das Kiewer Pendant soll beiden Bauwerken in nichts nachstehen; um das Projekt auf internationales Niveau zu bringen, erhielten Eller + Eller Architekten, mit denen der Investor auch in Moskau erfolgreich zusammenarbeitet, den Entwurfsauftrag. Ergebnis der Planung sind zwei 192 Meter hohe Wolkenkratzer, die alle Gebäude in Kiew und der Ukraine überragen werden. In den Büro- und Wohntürmen entstehen 381 Luxusapartments; eine fünfgeschossige Shoppingmall liegt zwischen den beiden Hochhäusern und verbindet diese miteinander. Die geschwungene Form der gläsernen Türme spricht eine ganz neue Architektursprache in Kiew und zeigt, dass Moskau in der ukrainischen Hauptstadt wieder mitreden darf.

The two towers face in different directions. Viewed from above, each consists of two offset segments of a circle grouped around an elevator and access core.

Die beiden Türme sind in verschiedene Himmelsrichtungen ausgerichtet und haben jeweils die Grundform zweier gegeneinander versetzter Kreissegmente, die sich um einen Aufzugs- und Erschließungskern gruppieren.

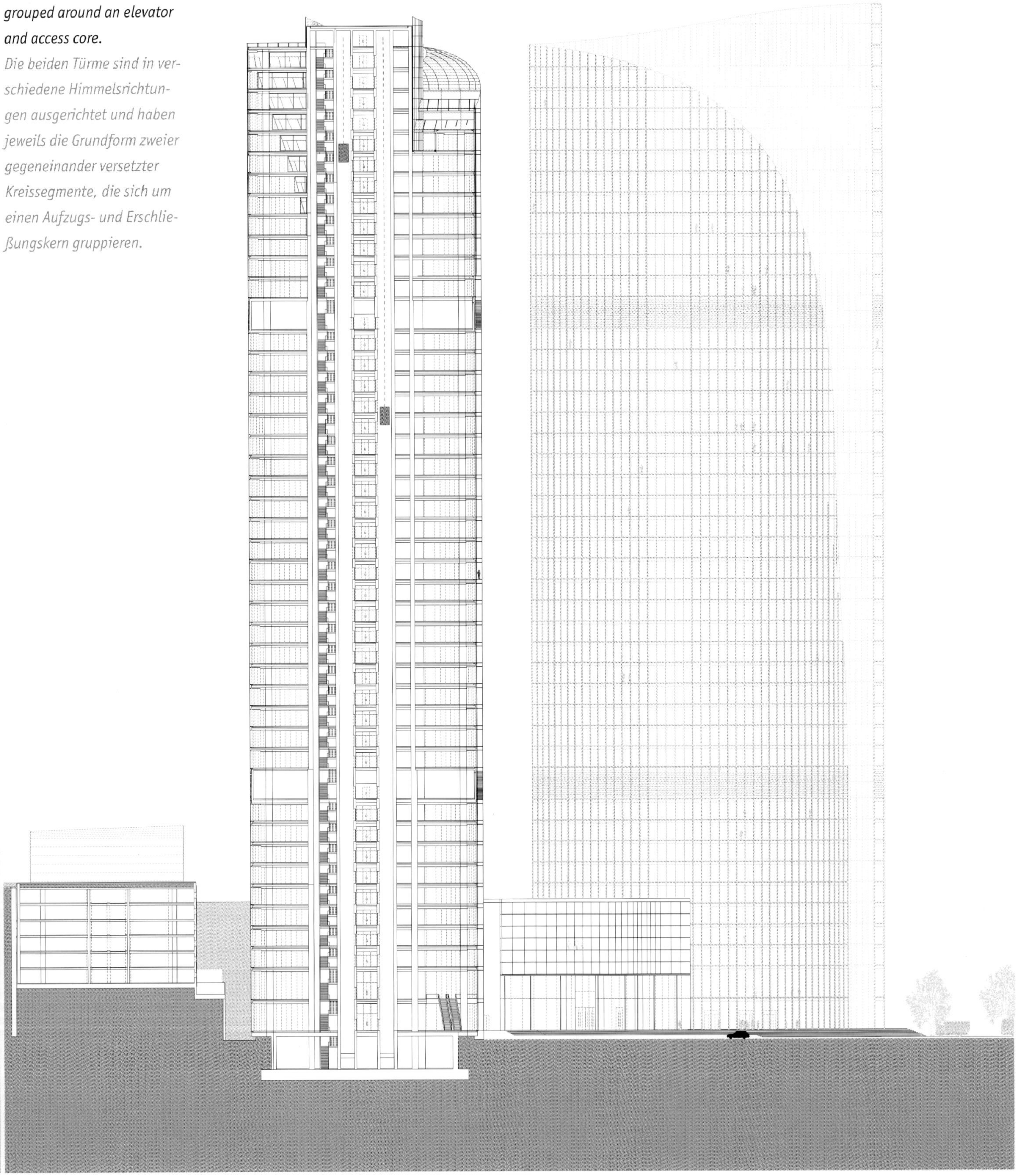

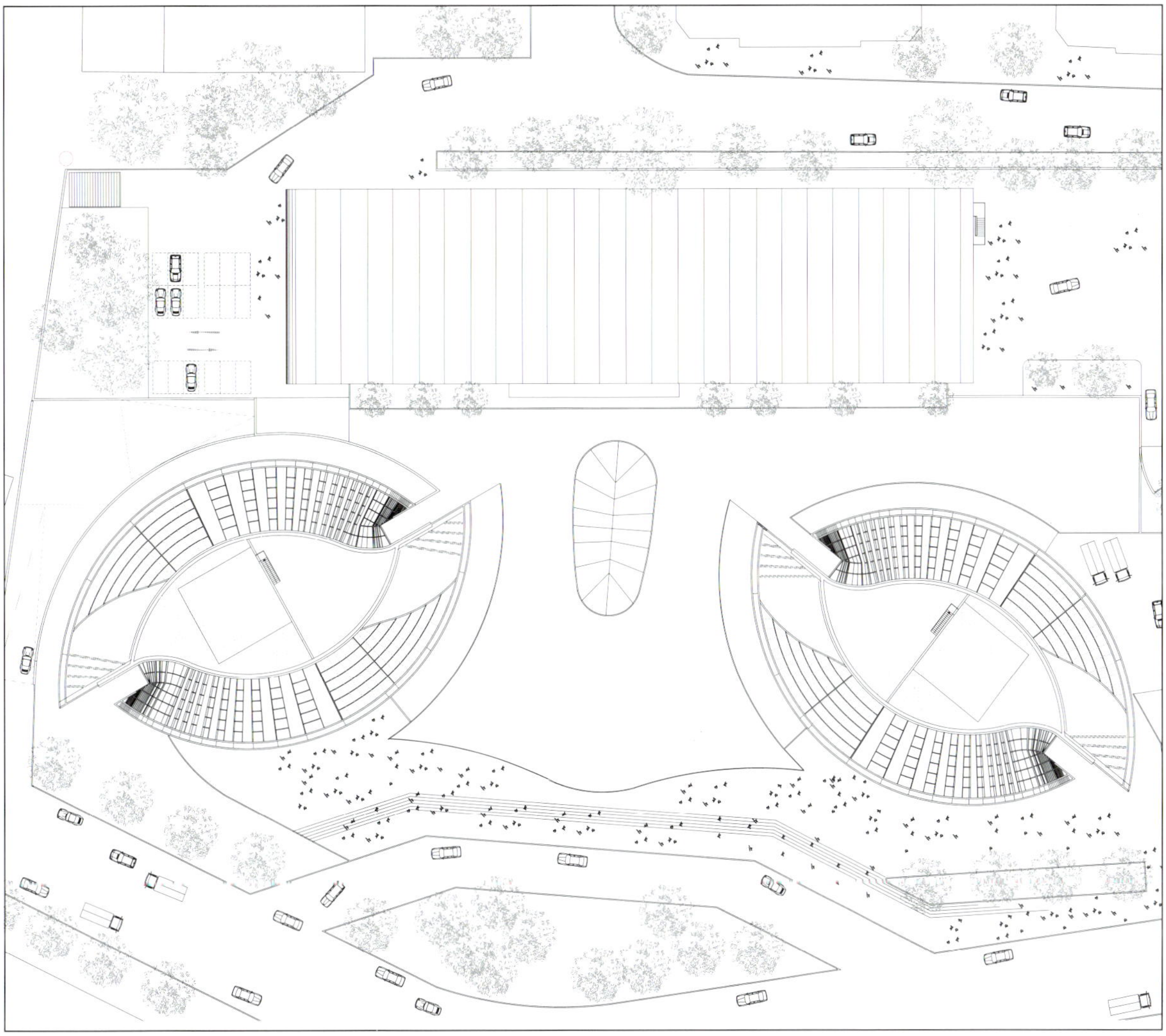

The skyscrapers curve equally in both the horizontal and vertical planes, an affect achieved by graduation and curving of the façades. They face in different directions, two segments of a circle at different angles grouped around an elevator and an enclosing core, and are themselves enclosed by a spacious, partially two-storey, 12-metre-high atrium.

Die geschwungene Figur der Wolkenkratzer ergibt sich nicht nur in der Horizontalen, sondern wird auch in der Vertikalen mit gleicher Dynamik durch Staffelung und Fassadenschwünge erreicht. Beide Hochhäuser werden über ein großzügiges, teilweise zweigeschossiges, zwölf Meter hohes Atrium erschlossen.

Radisson SAS Iveria Hotel
Hotel *Radisson SAS Iveria*

Architect
GRAFT (Berlin)

Lars Krückeberg
Wolfram Putz
Thomas Willemeit

Engineers
Happold Ingenieurbüro (Berlin)

Structural Engineering
Konex (Tbilisi)

Client
New Hotel Company JSC (Tbilisi)

REZIDOR SAS HOSPITALITY (Brussels) (User)

Planning
2007

Since 1994, planners in Tbilisi have had difficulty maintaining control over the rapid pace of development. The chief architect has been replaced every year for the past years, and there is no uniform planning strategy for the city, whose mountainous location makes it difficult to build on. The five districts are developing almost independently, and new ones are growing up with no planning input from the city administration. The political turmoil following independence from the Soviet Union has shaped the architecture of Tbilisi. The Iveria hotel, built in 1967 by Otar Kalandarishvili and Irakli Zchomelidse, is a living example of the architectural anarchy of the recent years. After the civil war in the winter of 1991/92, refugees transformed the 20-storey building, seriously damaged by tank and missile bombardments, into a "Persian carpet". The blush-green stoneclad façades were covered with cardboard screens, colourful blankets, and items of clothing. The city's tallest building, surrounded by magnificent 19th-century edifices, acquired a completely new identity for more than a decade. This jazzy local landmark is now being converted by Berlin architects GRAFT into a contemporary hotel complex with 234 rooms, 16 suites and a casino. The design is typical of a four-star hotel, its clear, simple lines a world away from the previous architectural anarchy.

Проект реконструкции разрушенной гостиницы «Иверия», предложенный архитектурным бюро GRAFT, предполагает преобразование бывшей гостиницы в комплекс с 234 номерами, 16 свитами и казино. Облицованные сине-зеленым натуральным камнем фасады отеля дополнены новыми элементами, не нарушающими общую лаконичность здания.

Die Stadtplaner von Tbilissi stehen seit 1994 vor dem Problem, dass sich ihre Vorgaben nur schwer mit der rasant ansteigenden Bautätigkeit vereinbaren lassen. In der jüngeren Vergangenheit wechselte jährlich der städtische Chefarchitekt und es gibt keine einheitliche Planungsgrundlage für die schwierig zu bebauende Stadt mit ihrem gebirgigen Bodenrelief. Die fünf Stadtbezirke entwickeln sich fast völlig losgelöst voneinander und es entstehen neue Quartiere, ohne dass die Stadtverwaltung an der Planung beteiligt ist. Die Unabhängigkeit von Russland und die politischen Wirren des Landes haben ihre Spuren in der Architektur hinterlassen. Das im Jahr 1967 von Otar Kalandarischwili und Irakli Zchomelidse erbaute Hotel *Iveria* ist ein lebendiges Beispiel für die architektonische Anarchie der vergangenen Jahre. Nach dem Bürgerkrieg im Winter 1991/92 haben Flüchtlinge das 20-geschossige Hochhaus, das durch Panzer- und Raketenbeschuss stark beschädigt war, in einen »Perserteppich« verwandelt. Sie versahen die mit blaugrünem Naturstein verkleideten Fassaden mit Kartonverblendungen, bunten Decken und Wäschestücken. So erhielt das höchste Gebäude von Tbilissi – inmitten von Prachtbauten des 19. Jahrhunderts gelegen – für über ein Jahrzehnt eine komplett andere Identität. Der urbane »Farbklecks« – oder eben doch Schandfleck – der georgischen Hauptstadt wird derzeit vom Berliner Büro GRAFT in einen zeitgemäßen Hotelkomplex mit 234 Zimmern und 16 Suiten sowie einem Kasino umgebaut. Das Konzept orientiert sich streng an den heutigen Maßstäben für Viersternehotels und verbietet mit seinen klaren, strengen Linien jeden Gedanken an architektonische Anarchie.

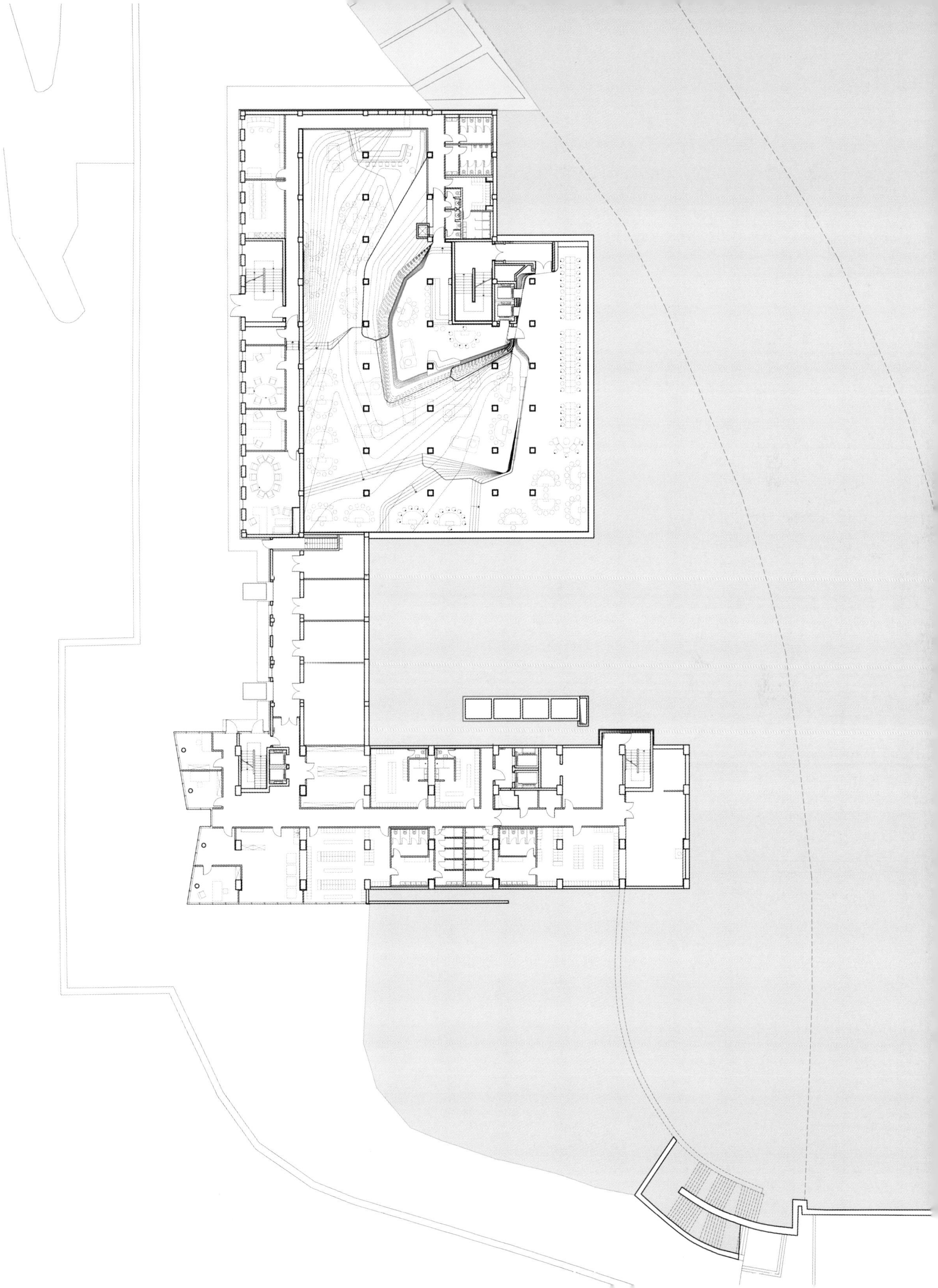

The fitness area and lounge bar beneath the roof of this very modern building offer a unique view of the city.

Aus dem Wellnessbereich und aus der Lounge-Bar unter dem Dach des modernen Hotelbaus eröffnet sich ein einzigartiger Blick auf die Kaukasusmetropole Tbilissi.

The contemporary design of the hotel rooms includes references to the folklore of this deeply traditional wine-growing country.

Im zeitgemäßen Design der Hotelzimmer finden sich Zitate aus der Folklore des traditionsreichen Weinlands Georgien.

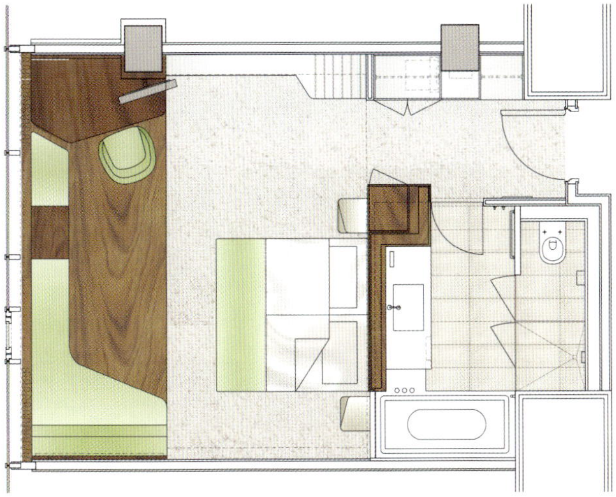

Masterplan Baku Corniche and Boulevard Road
Masterplan Baku Corniche and Boulevard Road

Architect
AS&P – Albert Speer & Partner GmbH
(Frankfurt am Main)

Landscape Design
Götte Landschafts-architekten GmbH
(Frankfurt am Main)

Lighting Design
Kardorff Ingenieure
(Berlin)

Utility & Structural Engineering
Dorsch Consult (Munich)

Client
Ministry of Culture and Tourism of Azerbaijan

Interconstruction Baku
(Masterplan 2005)

Planning
2005–2007

The world's first oil well was dug in Baku in 1848, and petroleum has played a major part in the city's fortunes ever since. The oil magnates of the time began a unique period of architectural renewal, erecting palaces in the southern part of the city designed by architects from western Europe and St Petersburg. During the Soviet era the Boulevard, the popular beachfront promenade to the south, became a major focus of urban planning. The last master plan, in 1987, called for the terrace-shaped construction to be extended, but for the next 18 years one chief architect after another failed to redevelop this 180-metre-wide, 3.3-kilometre-long landscaped area. In 2005 the project was taken on by a company, Interconstruction, which earns its income from contracts with Azerbaijan's biggest combined conglomerate, Azersum Holding. It commissioned the German company AS&P to come up with a master plan for the redevelopment of the area and create a modern residential, shopping and leisure district. The plan concentrates on three aspects: improving the western and eastern ends of the Boulevard, combining the small green landscaped areas, and connecting the area to the rest of the city by redesigning squares and reshaping the Boulevard. The revitalization of the district, including the historic promenade, is part of a facelift intended to transform Azerbaijan's capital into a global city.

Концепция градостроительного проекта Corniche and Boulevard Road в Баку предусматривает преобразования района в жилой квартал с торгово-развлекательными площадями, объединение разбросанных зеленых ареалов вокруг центрального бульвара и улучшение общей градостроительной ситуации.

Seit in Baku 1848 die erste Ölbohrung der Welt stattfand, ist das Schicksal der Stadt wesentlich vom Erdöl bestimmt. Die damaligen »Ölkönige« – darunter Robert Nobel, der ältere Bruder von Alfred Nobel – setzten eine architektonische Erneuerung in Gang, indem sie sich von westeuropäischen und Sankt Petersburger Architekten im südlichen Stadtteil Paläste errichten ließen. Schon zu Sowjetzeiten war der Boulevard – die beliebte Strandpromenade im Süden – ein Schwerpunkt in der Stadtplanung. Der letzte Generalplan von 1987 sah eine Erweiterung der terrassenförmigen Bebauung vor. Doch in den darauf folgenden 18 Jahren nahm sich keiner der ständig wechselnden Chefarchitekten der städtebaulichen und verkehrsplanerischen Neuordnung des 180 Meter breiten und 3,3 Kilometer langen Grünareals an. 2005 machte sich das Bauunternehmen Interconstruction, dessen Kapital aus Aufträgen vom größten aserbaidschanischen Mischkonzern Azersum Holding stammt, das Projekt zu eigen. Es beauftragte die deutschen Planer AS&P mit der Entwicklung eines Konzepts für die Umgestaltung des Areals in ein modernes Freizeit-, Wohn- und Geschäftsquartier. Der Masterplan konzentriert sich auf drei Aspekte: die Aufwertung der Anfangs- und Endpunkte des Boulevards im Westen und Osten, das Zusammenfassen von kleinteiligen Grünflächen und eine bessere Anbindung des Areals an die Stadt durch die Neugestaltung von Plätzen sowie die Rhythmisierung des Boulevards. Mit dem Revitalisierungsprojekt soll die historische Strandpromenade jedoch nicht einfach nur ein neues Gesicht erhalten; das Konzept drückt auch das Bestreben aus, die aserbaidschanische Hauptstadt durch das neue Quartier aufzuwerten.

Die *Deutsche Bibliothek* verzeichnet diese Publikation in der *Deutschen Nationalbibliografie*. Detaillierte bibliografische Daten sind im Internet über *http://dnd.ddb.de* abrufbar.

The *Deutsche Bibliothek* lists this publication in the *Deutsche Nationalbibliografie*; detailed bibliographic data is available on the internet *http://dnb.ddb.de*.

ISBN 978-3-938666-35-7

Redaktionelle Mitarbeit / Editorial staff
Madina Junussova (Bildrecherche / Picture research)
Cornelia Dörries, Jennifer Tobolla (Datenrecherche / Data research)

Layout und Lektorat / Design and proofreading
Brigitta Hahn-Melcher

Endlektorat / Final proofreading
Uta Keil

Übersetzung / Translation
archiTEXT s.a., Luxembourg (englische Texte / English)
Inna Bagrikova (russische Texte / Russian)

Titelgestaltung und Info-Grafiken / Cover design and diagrams
Daniela Donadei

Fotonachweis / Photo credits
Archiv Boris Hollender: 64; Brinckschmidt, Hans-Christoph: 91 re, 245-251; Foster and Partners: 28/29; Jaikbayeva, Juma: 117 li; Knoch, Peter: 26, 27; Kroll, Bernhart: 189-191; Lehmhaus, Christian: 108 li; Leiska, Heiner: 36/37, 299-301; Meuser, Philipp: 7, 8-13, 16/17, 19, 20, 22, 23, 25, 30, 44, 45, 48, 49, 63, 67 li, 68, 69 li, 82, 83, 86, 88, 89, 98, 99, 100/101, 103, 104, 107 li, 108 re, 109, 123, 128-133, 151, 381, 389, 391-393, 396, 399, 400; Naroditski, Alexei: 14/15, 84, 90, 92/93, 105, 107 re, 112, 113, 134-143, 146-149, 183-187, 237-239, 289-292, 382, 384-388; Nikolajew, Dimitri: 21 li; Palmin, Juri: 69 re. Alle anderen Fotos und Abbildungen wurden freundlicherweise von den genannten Architekten zur Verfügung gestellt.

Danksagung an / Thanks to

GOETHE-INSTITUT skywin RENCO